21世纪经济学系列教材

微观经济学十讲

李政军 ■ 著

Ten Lectures
on Microeconomics

中国人民大学出版社
·北京·

21 世纪经济学系列教材

总　序

改革开放以来，经济社会的发展对中国经济学教育、教学产生了重要的影响，提出了新的要求。为了使经济学教育、教学根植于我国改革开放和现代化建设的肥沃土壤，服务于时代和实践的需求，中国人民大学出版社从本世纪初就开始组织国内知名经济学者编写适应新时期经济学教学的“21 世纪经济学系列教材”。

十多年来，21 世纪经济学系列教材已经逐步推出了许多适合中国特点的经济学教科书，影响了一批又一批的青年学子。这其中，我国经济学界杰出教育家、西方经济学学科主要奠基人之一高鸿业先生主编的《西方经济学》，已成为我国高校经济学专业的权威性教材，读者早已超过千万！中国马克思主义政治经济学的奠基人宋涛先生的《政治经济学教程》，对马克思主义政治经济学在中国的传播、普及和发展发挥了重要作用。该系列已经出版的其他教材，如孙久文教授的《区域经济学教程》、彭刚教授的《发展经济学教程》、王则柯教授的《博弈论教程》、黄卫平教授的《国际经济学教程》等等，都产生了广泛的影响，为中国的经济学教育做出了贡献。

近几年来，中国的经济学教育、教学面临新的形势，取得了长足的进步：一是我国经济学界教育思想、教育观念已经发生了重大转变，更加重视素质教育；二是教学内容有了重大改革，在学科专业调整建设、课程体系、教学内容改革方面取得了进展；三是教育、教学方法有了重大进步，更加重视理论联系实际，实验、实践、案例教学逐步加强，现代化教学手段被广泛应用。

有鉴于此，为了应对新的形势与变化，中国人民大学出版社在认真调查研究高等学校经济学专业本科培养方案和课程教学大纲的基础上，组织专家学者，经过反复研究论证、合理定位、精心写作、吐故纳新，进一步整合优化了“21 世纪经济学系列教材”。这套教材将涵盖经济学专业所有的基础课、主干课、核心课，使学生通过《政治经济学》《微观经济学》《宏观经济学》等基础理论教材的学习，掌握经济学的基础理论，培养厚实的经济学理论功底；通过《产业经济学》《区域经济学》《国际经济学》等应用类主干课程教材的学习，掌握现实经济部门的运行和发展；通过《经济学说史》《经济思想史》《世界经济史》等经济史学类教材的学习，理解经济学的发展和演变规律；通过《计量经济学》《统计学》等经济学方法类教材的学习，掌握经济学的思考方法和具体的研究方法；通过《博弈论》《行为经济学》等专业教材的学习，了解经济学理论的前沿进展；通过《〈西方经济学〉典型题题解》《政治经济学学习与教学手册》等基础课程的配套教辅书，牢固掌握所学经济学理论。

这套教材的编写特色主要体现在以下几个方面：

第一，作者阵容强大，教学经验丰富。作者大都是来自中国人民大学、北京大学、清华大学、南开大学、复旦大学、浙江大学、武汉大学等国内重点大学的学科带头人，有很高的科研水平和丰富的教学经验。

第二，在教材编写和内容安排上，强调基础知识、基本理论、基本技能。同时充分吸收国内外优秀教材的优点，定位明确，体系科学，概念准确，深入浅出。

第三，融合本学科现有的研究成果，反映本学科研究的最新进展，反映中国改革开放和现代化建设实践中的新成果，反映当今世界发生的深刻变革对经济学理论和实践产生的影响。

第四，教材重视加入现实经济生活中的案例、新闻素材等内容，使教材的可读性更强，更能够与当前中国经济现实结合起来，使学生能够学以致用。

中国人民大学出版社希望通过这套教材的出版，与广大教师、学生一起研究和探讨，进一步提高中国经济学教材的编写水平，提高经济学教学质量，为经济学的发展，为培养具有创新能力与实践能力、具有国际视野又了解中国国情的高层次经济学人才做出新的贡献。

推荐者序一

我有幸粗读到李政军教授新著的《微观经济学十讲》书稿，感觉这确实是一本很有学术价值的经济学教材。与目前国内的教材相比，它有如下一些特点：

第一，理论上有广度、有高度。例如，第一章关于“经济理性”内涵的多角度阐述，实在令人耳目一新。

第二，内容上全面系统。此书参考了国内外许多权威论著和教材，包括国内流行的由高鸿业教授主编的《西方经济学》教材，但它突破了这些教材的局限，集中了这些教材的优点。例如，无差异曲线表述中的各种图示、关于消费者选择的图示、关于供给曲线的各种说明等，都有助于加深读者对经济理论的理解，扩大他们的知识视野。

第三，结构上独到合理。国内外同类教材大多是将完全竞争和不完全竞争连在一起，作为市场结构加以叙述。此书则是将完全竞争市场和一般均衡论及福利经济学讲完后，再讲不完全竞争市场。两种安排各有各的道理，但作为一种安排，此书有独到之处。

当然，金无足赤，人无完人。此书如果能从宏观经济以及国际经济波动对微观企业绩效影响的角度再加些叙述，尤其是联系我国经济改革实际再作些补充说明，也许能锦上添花。但是，本书作为一本微观经济学教材，很值得广大师生，特别是想报考研究生的读者参考，因为每讲后还有国内一些重点高校的考研题典型题解，包括解题技巧和解答步骤，这些都会对考生有所启发和帮助。

我与作者已是忘年之交，对他较了解。他理论功底深厚，工作态度认真，教学经验丰富。此书凝结了他多年研究的心血和成果。老朽无能，才疏学浅，实在不足以完全说清此书的长处，但有一点可以断言，此书问世后，不但一定会受到许多高校教师的重视，也一定会广受读者尤其是考研读者的欢迎！

尹伯成①

2019 年 11 月 23 日

① 尹伯成，复旦大学经济学院教授，博士生导师。

推荐者序二

多年从事经济学教学，我与许多老师和同学有相同的感受，那就是，学习经济学与踢足球类似：易学难精。2019 年 11 月 14 日，2022 年卡塔尔世界杯亚洲区预选赛小组赛，中国男足兵败叙利亚。中国球迷的心再次跌入了刺骨的冰水里……广大球迷深刻反思，认为中国男足屡屡失败的重要原因之一是“资源诅咒”。中国人口众多，市场广大，形成了丰富的“资源”，中国男足重金聘请国际顶尖教练，男足队员们球技虽差但待遇很高，这使他们丧失了体育竞技拼搏、进取的精神，这“诅咒着”中国男足的成绩……

在实现中华民族伟大复兴的“中国梦”的时代，“经济学热”“经济类人才热”方兴未艾。学习、掌握经济学理论，研究经济学现象、本质和发展规律越来越受到青年学子与社会各界的重视。经济学不仅是经济类大学生必须学习的课程，也是管理学等其他门类大学生学习的基础性课程。避免经济学“教”与“学”的“资源诅咒”现象，提高学生的经济学素养，培养优秀的经济学人才，就要强调经济学的“科学”和“创新”精神。

作为多年从事经济学教学的老师，我每当遇到学生关于期末考试或考研复习的咨询时，同其他老师一样，常常感到摆脱不了这样的荒诞状况：教材、参考书、习题册等的知识点极其泛滥，但缺乏创新。看过李政军教授的《微观经济学十讲》后，我想，这本书的主要目的不是辅导大学生掌握具体经济学习题的解题步骤，而是让大学生有关经济学易学难精的感受成为过去，让同学们摆脱“经济学就是为考试所学、考过就忘的经济理论”的尴尬景象，使同学们能够渐渐体会到：比背诵和记忆有关理论更重要的是通过分析和解决代表性的经济问题，培养解决经济学问题的科学的经济学思路和创新的经济逻辑与直觉思维，其中的“科学”和“创新”才是经济学的精髓，是经济学素养的核心。

李政军教授是改革开放尤其是高考制度改革后，我国自己培养的著名经济学家，是领军全国经济学教学研究的顶尖学者。与本书相关的视频我也学习过，这在全国许多高校都是经济学学子不可或缺的学习资料。李政军教授的讲解给我的印象是：用通俗、简洁的语言，对经济学现象体现的哲学作出高度解释；用严谨、缜密的科学推理，阐释经济定律之间的逻辑关系；用表格、几何图形等艺术形式，形象说明理论之间的区别和联系；用娴熟的技术与技巧，诠释令人费解的经济学奥秘。仔细回味，他的讲解可以让人享受用抽象的经济学理论解释经济现象的科学思维的严谨，赞叹用经济学理论诠释经济行为、创新探索的奇妙。

现在仔细翻看这部著作，我更感到这就是一部“百度”微观经济学，理由是：这本《微观经济学十讲》不仅代表着国内经济学教材编写的高端水平，还反映出世界经济学理论研究的最新进展。其中，本书最为突出的是以下三个特点：

(1) 难点浅化。本书每讲都清晰展示基本知识及其中的关键点，每讲都提出同学们需要掌握的基本内容，不仅与绝大多数教材相吻合，更为可贵的是：对于知识点、重点尤其是难点，作者根据多年的教学研究经验，呈现了创新的独到的科学见解，以独特的艺术方法予以浅化。萧伯纳说过：“经济学是一门使人生幸福的艺术”，李政军教授以身示范的是：“教授经济学是一门使学习幸福的艺术”。例如，从第二讲的需求函数、供给函数以及市场机制，到第九讲的市场失灵，每一讲均以作者独特的视角对各个知识点进行创新性解析，更便于读者理解。如第七讲中的三级价格歧视的均衡条件、第九讲中的外在性与科斯定理图形，等等，对有关知识点进行的深入浅出的、具有艺术性的分析比比皆是。

(2) 系统深化。从各个基本概念到整个理论体系框架结构，李政军教授在吸纳国内外经济学最新研究成果的基础上，站在哲学高度，对整个微观经济学概念、原理和定律进行体系和结构的优化，形成对于经济实践问题具有最大的解释力的理论框架。数学家魏尔斯特拉斯说过：“一个没有几分诗人才气的数学家不会成为一个完全的数学家。”李政军教授展现的是“一个没有几分哲学才气的经济学家不会成为一个完全的经济学家”。例如，在国内外重要的、广泛的研究成果的基础上，李政军教授站在哲学方法论的高度，充分整合翔实的资料，清晰说明了微观经济学的思维方法特征：方法论的个人主义、经济理性假设和实证主义的科学主义。在基本概念上，对微观经济学的核心概念——价格，从绝对和相对的哲学范畴作了区分，从学习方法的高度抽象出解题技巧，指导读者在学习中体会理解，把知识融会贯通。尤其是“典型题解”部分，该部分的题目分析可以作为学生提高阅读考试题目能力的训练模式，其解题技巧更是可以作为思考经济学问题的范型。

(3) 完备简化。本书简约呈现整个理论体系的各个知识点，最具有代表性的是第十讲“微观经济学的脉络与图解”，作者充分运用各种图、表、函数曲线等，完美呈现微观经济学的所有内容。书中其余各章也没有涉及过多过于复杂的概念和数学计算，而且精心设置每个段落，虽有理论的高度，但无烦琐的论述。本书按照经济学的逻辑依次展开、环环相扣，绝无冗余信息。详细分析解读本书对于掌握微观经济学基础知识的学生来说，也不会影响学习的效率与效益。作者独具匠心安排的“十讲”，恰似人的十个手指，缺一不可。略去任何章节都会影响全书逻辑的连贯性、系统性与完备性。正因如此，本书值得反复研读，因为作者的目的不仅仅是帮读者学好，而是帮读者学得更好。可特别指出的是：全书的写作格式和表述的清晰性非常出色，而且章节内容的安排简洁适宜，通篇阅读，除了难以言表的挚爱，我没有发现任何不足之处。

当然，如果配合李政军教授相关的视频讲解一起学习本书，成效必会激增！

总之，这是一部以“科学”“创新”精神精心著述的“经”典，可以把“科学”“创新”的经济学精髓植入心中。我相信：阅读本书，短期可以提高学习成绩，长期可以提高经济学的理论素养！

张宝贵①

于天津财经大学天健湖畔

2019 年 11 月 22 日

① 张宝贵，博士，天津财经大学经济学院研究员，硕士生导师。

前　言

本书是笔者 30 年来研读和讲授微观经济学的结果，它试图以最精练、最富有逻辑的方式，呈现微观经济学的思维方法、主要理论框架和分析工具，并展现它们三者之间的内在逻辑关系。只要你仔细阅读、反复揣摩本书，你就能够达到如下四个目的：

第一，清楚地了解微观经济学的思维方法，即微观经济学在解释社会现象时所必须遵守的原则、程序和假定。如果你能把它们运用于自己的日常生活，它们无疑将有助于你理解自己的生活、别人的生活。

第二，将微观经济学的思维方法用于分析资本主义市场经济，得到一个关于它如何运行的概念框架，即微观经济学的主要理论结构。这样一来，微观经济学在你的脑中将不再是一些孤立、散乱的概念，而是一系列被纳入一个逻辑框架的观点集合，它有助于你更好地理解市场机制与政府作用。

第三，学会一种经济学的语言，克服言不由衷、词不达意，或只能意会不能言传的烦恼，增加你说服家人、同学、朋友和老板的机会。

第四，如果你真正达到了上述三个目的，不要说微观经济学硕士研究生入学考试，就是一些大学的博士研究生入学考试、公务员考试以及其他涉及微观经济学的考试，都不再是一个考试，而是一个展示你有毅力、有能力实现自己梦想的机会。

本书能以现在的内容和方式呈现给读者，首先要感谢 30 年来，尤其是我加盟南京师范大学商学院 19 年以来，我教授过的每一届学生，是他们对知识的渴求，让我不敢怠慢教师这个职业，坚守教书育人的初心。

其次要感谢中国人民大学出版社经济分社刘晶编审和高晓斐编辑（现任经管之家总编辑），自 2014 年以来，他们连续四年邀请我给全国高校经济学骨干教师研修班的老师分享自己关于微观经济学和宏观经济学的教学心得。这些分享不仅促使我反思和深化对这两门课程的认识，更让我有机会结识了许多优秀的前辈和同行，他们是复旦大学的尹伯成教授、北京大学的刘文忻教授、中国人民大学的吴汉洪教授、上海财经大学的冯金华教授、河南财经政法大学的朱红恒教授、湖北民族大学的谭宇教授、鲁东大学的于敏教授、福建江夏学院的刘名远教授、四川外国语大学的许劲副教授、扬州大学的沈桂林副教授、山东理工大学的王振红副教授和包头师范学院的谷素华副教授等，他们的教导和鼓励，都是我前行的动力。

再次要感谢西华大学党委书记边慧敏教授、副校长费凌教授和教师发展中心主任赵修文教授，重庆工商大学融智学院常务副校长吴华安教授，感谢他们对我的信任，邀请我组建西方经济学教学团队并担任团队首席教授，让我有机会与两所学校的团队成员，更准确地说是队友，深入讨论微观经济学课程的教学目的、思维方法和理论结构，并在此基础上着力推进教学内容和教学方法的创新，打造金课，淘汰水课，惠及学生。

最后要感谢复旦大学的尹伯成教授、浙江大学的熊秉元教授、北京大学的苏剑教授、浙江财经大学的李井奎教授和天津财经大学的张宝贵研究员，他们阅读了本书的初稿，并热情为本书撰写推荐序和推荐语。在这里，我尤其要感谢尹伯成教授，他终生学习的精神，谦逊豁达的态度，恬淡乐观的心境，甘为人梯的胸襟，都是我终生学习的榜样。中国人民大学出版社的王晗霞博士积极推进本书的出版，刘美昱编辑非常仔细地编辑加工了本书的初稿，提出了宝贵的修改意见，两位出版人的专业精神让我肃然起敬，在此也一并致谢！

欢迎各位读者提出宝贵意见，我的邮箱是 lizhengjun@njnu. edu. cn。

李政军

于南京师范大学仙林校区

2019 年 12 月 5 日

目 录

第一讲 微观经济学概述 …… 1
第一节 微观经济学的思维方法 …… 1
第二节 微观经济学的研究对象与理论结构 …… 12
第二讲 需求、供给和均衡价格 …… 20
第一节 需 求 …… 20
第二节 供 给 …… 26
第三节 均衡价格与弹性分析 …… 30
第三讲 消费者选择 …… 46
第一节 消费者偏好 …… 46
第二节 预算线与消费者的理性选择 …… 58
第三节 个人需求曲线 …… 65
第四节 劳动、土地和储蓄的供给曲线 …… 73
第四讲 生产和成本函数 …… 82
第一节 生产函数 …… 83
第二节 成本函数 …… 100
第五讲 完全竞争市场 …… 127
第一节 完全竞争企业的短期均衡 …… 127
第二节 产品供给曲线与要素需求曲线 …… 137
第三节 完全竞争市场的短期均衡与经济效率 …… 145
第四节 完全竞争企业的长期均衡与行业长期供给曲线 …… 164

第六讲　一般均衡论和福利经济学 …… 173
第一节　一般均衡和帕累托最优 …… 173
第二节　交换经济 …… 178
第七讲　不完全竞争市场 …… 191
第一节　垄断市场 …… 192
第二节　垄断竞争市场 …… 205
第三节　寡头市场 …… 210
第八讲　博弈论初步 …… 224
第一节　博弈论与策略行动 …… 225
第二节　完全信息静态博弈：纯策略均衡 …… 235
第三节　完全信息动态博弈 …… 245
第九讲　市场失灵和微观经济政策 …… 255
第一节　外部性 …… 256
第二节　公共物品 …… 261
第三节　非对称信息 …… 263
第十讲　微观经济学的脉络与图解 …… 269
第一节　微观经济学概述 …… 269
第二节　消费者理论 …… 272
第三节　生产者理论 …… 274
第四节　市场理论 …… 276

第一讲

微观经济学概述

学习目的

本讲将从微观经济学的思维方法、研究对象和理论结构三个方面，对微观经济学的理论结构做一个有理论深度、有逻辑的概述，使学生在全局上统揽这门课程。通过本讲的学习，同学们需要掌握的内容有：

1. 微观经济学的思维方法，与此相关的主要概念有：方法论的个人主义、经济理性假设（理性与稀缺性）、经济理性主义（最优化与均衡分析）、实证主义（实证经济学、规范经济学和福利经济学）。

2. 西方经济学的研究对象，与此相关的主要概念有资本主义（市场经济或自由企业制度）。

3. 微观经济学的理论结构与本书的章节安排。

4. 考虑到微观经济学又被叫作价格理论，我们有必要区分价格的不同含义：绝对价格、相对价格、价格水平、价格指数与通货膨胀率。

5. 最后，我要给同学们介绍一下微观经济学练习题的性质与解题技巧。

第一节　微观经济学的思维方法

对微观经济学的思维方法的讨论，我将从笛卡儿的一句名言开始："我思故我在。"

我之所以选用笛卡儿的这句格言作为我们讨论微观经济学课程的出发点，无非想说明：

第一，思考（thinking）是你我生命的存在形式；

第二，思考要讲究方法，不能胡思乱想；

第三，学习经济学的根本目的在于学习经济学的思维方法（the economic way of thinking），这是马克思主义与非马克思主义经济学家的共同承诺。例如，在《恩格斯致韦尔纳·桑巴特》这封信中，恩格斯同样指出："马克思的整个世界观不是教义，而是方法。它提供的不是现成的教条，而是进一步研究的出发点和供这种研究使用的方法。"① 凯恩斯指出："经济学不是教条，而是一种方法，一种智慧工具，一种思维的方法，它有助于掌握它的人得出正确的结论。"②

那么，什么是微观经济学的思维方法呢？为了回答这个问题，我们首先需要定义什么是方法。按照《西方哲学英汉对照辞典》的定义，"方法（method）是决定一个主题的范围和界限，并确定在这些界限内可接受的获得真理的工作方式的准则、假定、程序和范例的组合。"③

根据对方法的定义，我们自然要问：第一，微观经济学的"主题"是什么？第二，微观经济学"可接受的获得真理的工作方式的准则、假定、程序和范例的组合"有哪些？

微观经济学的"主题"是论证亚当·斯密提出的"看不见的手"的原理，用科斯的话说："在我看来，自《国富论》（*Wealth of Nations*）出版之后的两个世纪以来，经济学家的主要活动似乎就是弥补亚当·斯密体系（Adam Smith's system）之不足、修正其错误以及使其分析更为精确。"④ 他说的"亚当·斯密体系"就是经济学家们宣称的"看不见的手"的原理，微观经济学把它叫作福利经济学的第一基本定理。

研究这个主题"可接受的获得真理的工作方式的准则、假定、程序和范例的组合"，即微观经济学的思维方法，隐藏在"微观经济学"这个术语之中，见图1-1。

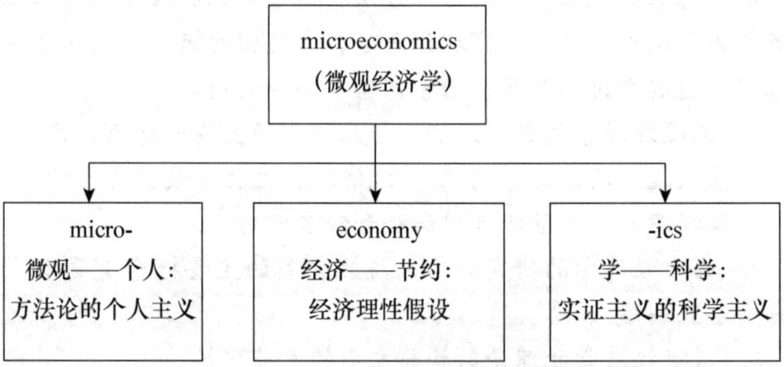

图1-1 "微观经济学"术语的构成与基本假设

从英文构词上看，"microeconomics"（微观经济学）一词由三部分构成：前缀"micro-"（微观）；词根"economy"（经济）；后缀"-ics"（……的科学）。它们分别对应着微

① 马克思，恩格斯. 马克思恩格斯选集：第4卷. 3版. 北京：人民出版社，2012：664.

② 彼德·格罗奈维根. 政治经济学与经济学//伊特韦尔，等. 新帕尔格雷夫经济学大辞典：第三卷. 3版. 北京：经济科学出版社，1992：970.

③ 尼古拉斯·布宁，余纪元. 西方哲学英汉对照辞典. 北京：人民出版社，2001：617. 英文原文是"Method: A combination of rules, assumptions, procedures and examples determining the scope and limits of a subject and establishing acceptable ways of working within those limits to achieve truth."

④ 罗纳德·H. 科斯. 论经济学和经济学家. 上海：格致出版社，上海三联书店，上海人民出版社，2010：4.

观经济学的思维方法的两个基本假设（方法论的个人主义与经济理性假设）和一个理论支撑（实证主义的科学主义）。

下面，我们就来依次进行讨论。

一、微观（micro-）——个人：方法论的个人主义

在古希腊语中，前缀“micro-”（微观）的含义是“微小的”（small），它与“macro-”（宏观）相对，后者是指“大的”（large）。在古希腊人的心目中，相对于“大的”自然现象而言，“微小的”、不可分的构成单位是“原子”。古罗马哲学家西塞罗（Cicero）将希腊词“atoma”翻译成了“individual”①，或许他已经把“个人”看成是分析社会现象的基本单位了，这种倾向被熊彼特叫作方法论的个人主义（methodological individualism）②。

方法论的个人主义是社会科学基本社会理论上的一种倾向，它要求有关社会整体的陈述能够依据个人特性的陈述来解释，所有对社会现象的解释都必须归结为关于个人的事实。③

对于上述定义，“个人特性的陈述”或“个人的事实”好理解，它就是个人的喜怒哀乐、高矮胖瘦等等。但是，什么是“社会现象”或“社会”呢？《辞海》定义：“社会现象：人们在相互交往、相互影响的过程中产生的具体事物的现象。”④“社会：以一定的物质生产活动为基础而相互联系的人类生活共同体。”⑤

在明确了“社会现象”和“社会”的含义以后，我们可以得到方法论的个人主义的两个要点：

第一，人是万物的尺度，即解释人们在相互交往、相互影响的过程中产生的具体事物，或者解释以一定的物质生产活动为基础而相互联系的人类生活共同体，必须以“个体特性的陈述”或“个人的事实”为出发点或基本单位。

第二，由于“社会现象”或“社会”都是人们相互交往、相互影响或相互联系的结果，因此，“所有对社会现象令人满意的成功（包括经济学当中的）解释，都包含了个体之间的互动关系。换言之，即使还原为个体，个体之间的互动关系仍然被包括在这个解释中。由于这个命题并没有正式的证明过程，它将被称为‘无名氏定理’。”⑥

这样一来，方法论的个人主义与社会现象的关系就可以用图 1－2 来说明：第一，个人是分析社会现象的基本单位或出发点；第二，个人之间的互动关系是分析社会现象的重点；第三，作为人与人互动的结果，社会现象是社会科学研究的对象。

方法论的个人主义原则在微观经济学中具有极其重要的地位。按照张五常的说法：“经济学上的第一个基本假设：个人（individual）是所有经济分析的基本单位。也就是说，任何经济问题不可以以一群人、一个团体、一个社会或一个国家为起点来分析。说什么宏

---

① 乔治·恩德勒，等．经济伦理学大辞典．上海：上海人民出版社，2001：205.

② 我们通常会听说“主义”，但未必能给“主义”下一个定义。根据《牛津高阶英汉双解词典》（霍恩比．牛津高阶英汉双解词典．6 版．北京：商务印书馆，2004：937），“ism”是名词，“used to refer to a set of ideas or system of beliefs or behaviour”（指一系列想法，或一个信念和行为系统），译作“主义、学说、体系、制度”。本讲所涉及的“主义”，如方法论的个人主义、理性主义和实证主义等，都是指一种“学说”或“一个信念系统”。

③ 尼古拉斯·布宁，余纪元．西方哲学英汉对照辞典．北京：人民出版社，2001：619．乔治·恩德勒，等．经济伦理学大辞典．上海：上海人民出版社，2001：206.

④ 夏征农，陈至立．辞海．第六版普及本．上海：上海辞书出版社，2010：1651.

⑤ 同④1648.

⑥ 杰弗瑞·霍格森．方法论个人主义的含义//姚中秋．自发秩序与理性．杭州：浙江大学出版社，2008.

观经济，社会福利，或什么政府策划，都一定要以个体或个人为分析单位。”①

这种说法在乔治·恩德勒等人编著的《经济伦理学大辞典》中也能看到：“方法论的个人主义是社会科学基本社会理论上的一种倾向（与结构主义倾向相对立），主流经济学理论尤其建立在这一基础之上。不过，最近其他社会科学（如社会学、政治学）和社会生物学也在这一基础上做理论努力。”②

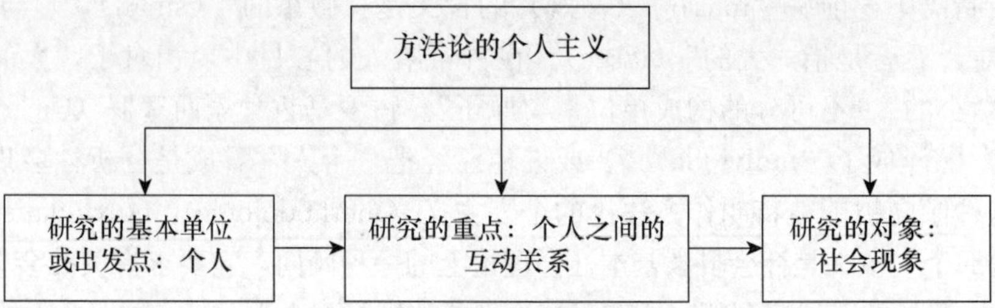

图 1-2　方法论的个人主义的结构

正如前面所指出的，方法论的个人主义仅要求关于社会整体的陈述能够依据个人特性的陈述来解释，所有对社会现象的解释都必须归结为关于个人的事实。但是，它并没有具体设定个人的特性或事实。为此，我们要问的问题是：微观经济学关于“个人特性的陈述”或“个人的事实”是什么？或者说，微观经济学与其他社会科学在使用方法论的个人主义上有什么区别？为了回答这个问题，我们需要转向对微观经济学的词根——“经济”（economy）一词的讨论。

二、经济（economy）——节约：经济理性假设

（一）经济与经济学

哪怕有的同学都研究生毕业了，他依然不能给“经济”和“经济学”下一个准确的定义。实际上，要做到这一点并不难。只要你翻开《牛津高阶英汉双解词典》，你就会找到“经济”（economy）一词的三个含义，见表 1-1。③

表 1-1　“经济”一词的含义

《牛津高阶英汉双解词典》：**economy**	性质
1. （often **the economy**）[C] the relationship between production, trade and the supply of money in a particular country or region（经济是指特定国家或地区中生产、贸易和货币供给之间的关系）经济；经济情况；经济结构	社会现象
2. [C] a country, when you are thinking about its economic system（经济是指一个国家的经济制度）国家；经济制度	
3. [C, U] the use of the time, money, etc. that is available in a way that avoids waste（经济是指避免以浪费的方式使用可得到的时间、金钱等）节约；节省；节俭	经济理性

结合前面关于“社会现象”的定义，我们不难发现，“经济”一词的第 1、2 个含义明

① 张五常．科学说需求．北京：中信出版社，2010：70.

② 乔治·恩德勒，等．经济伦理学大辞典．上海：上海人民出版社，2001：206.

③ 霍恩比．牛津高阶英汉双解词典．6 版．北京：商务印书馆，2004：542.

显属于“社会现象”的范畴，因为它们都是“人们在相互交往、相互影响的过程中产生的具体事物的现象”。与这个含义相关的经济学定义有：

> economics：the study of how a society organizes its money，trade and industry（经济学是有关一个社会如何组织它的货币、贸易和产业的研究）。①
>
> ——《牛津高阶英汉双解词典》

> 经济学（economics）就是研究产品和劳务的生产、分配和消费的社会科学。②
>
> ——保罗·克鲁格曼和罗宾·韦尔斯

上述两个定义都从研究对象的角度定义“经济学”。这也是统一宏观经济学与微观经济学的一个基础，另一个基础则是我们后面将要讨论的实证主义的科学主义。

“经济”的第3个含义是在刻画一种个人行为：“避免以浪费的方式使用可得到的时间、金钱等”。在日常生活中，我们把这种行为叫作“节约”、“节省”和“节俭”；在微观经济学中，它被叫作理性选择③，最优化④，“理性人”或“经济人”假设⑤。我更倾向于将它称为“经济理性（行为）”，它是微观经济学关于“个人特性的陈述”。与这个含义有关的经济学定义是：

> 经济学是关于理性选择的科学（science of rational choice）。⑥
>
> ——张维迎

这个定义最初由莱昂内尔·罗宾斯1934年在《经济科学的性质和意义》一书中提出，它自然没有考虑到现代宏观经济学的开创性著作——凯恩斯在1936年出版的《就业、利息和货币通论》——的特征。因此，该定义只适合于微观经济学。

（二）理性能力—理性行为—经济理性

微观经济学中第一个关于“个人特性的陈述”是：人是理性的（rational）。但是，如何定义“理性”却是一个备受争议的问题。根据我的阅读，微观经济学在三个层次或意义上使用着“理性”概念：

（1）在哲学层次上，理性是一种能力。

《西方哲学英汉对照辞典》中写道：“理性能力（rationality）：人类在演绎、归纳、计算和其他较少形式要求的智力活动中显示出的能力。”⑦

---

① 霍恩比．牛津高阶英汉双解词典．6版．北京：商务印书馆，2004：542.

② 保罗·克鲁格曼，罗宾·韦尔斯．微观经济学．北京：中国人民大学出版社，2009：2.

③ “理性选择模型强调个体单位总是在一定约束条件下追求目标函数极大化。”斯拉恩·埃格特森．经济行为与制度．北京：商务印书馆，2004：13.

④ “经济个体所面临的决策问题都可以抽象为有约束条件的优化问题。”周惠中．微观经济学．上海：上海人民出版社，1999：11.

⑤ “所谓的‘理性人’或者‘经济人’的假设是对在经济社会中从事经济活动的所有人的一个一般性的抽象。这个被抽象出来的基本特征就是：每一个从事经济活动的人都是利己的。也可以说，每一个从事经济活动的人所采取的经济行为都是力图以自己的最小经济代价去获得自己的最大经济利益。”高鸿业．西方经济学（微观部分·第六版）．北京：中国人民大学出版社，2014：13.

⑥ 张维迎．经济学：理性选择的科学．读书，2000（6）：64．类似定义还有《国际社会科学百科全书》（1968年）：“按照广泛接受的定义，经济学是研究稀缺资源在无限而有竞争性的用途中间配置的问题。它是一门研究人与社会寻求满足他们的物质需求和欲望的方法的社会科学，这是因为他们所支配的东西不允许他们去满足一切愿望。”（转引《西方经济学》编写组．西方经济学：上册．北京：高等教育出版社，人民出版社，2012。）

⑦ 尼古拉斯·布宁，余纪元．西方哲学英汉对照辞典．北京：人民出版社，2001：853.

在这个层次上，经济学家仅要求个人在二元关系排序中同时满足完备性和传递性。① 对于这一个定义，我将在第三讲讨论并使用。

(2) 在认知心理学层次上，理性是一种行为。

赫伯特・西蒙指出："广义而言，理性指一种行为，它 (1) 适合实现指定目标，(2) 而且在给定条件和约束的限度之内。"②

要讨论第三个层次的理性概念，需要引入微观经济学中第二个关于"个人特性的陈述"：个人感受资源是稀缺的，简称稀缺性 (scarcity)。这被克鲁格曼和韦尔斯称为微观经济学"第一法则"。③ 个人感受稀缺的资源需要满足如下三个条件：1) 相对于个人的欲望而言，资源在数量上是有限的；2) 相对于个人的用途而言，资源具有多样性，这个条件无疑会加剧资源在数量上的有限性；3) 个人对资源的每一个用途有不同的评价。我们通常把具有稀缺性的资源叫作经济物品 (economic goods)，把不具有稀缺性的资源叫作自由可取物品 (free goods)。显然，只有稀缺资源的使用才涉及权衡取舍，才需要使用人的理性能力和理性行为。

(3) 因此，将上述两个关于个人特性的陈述结合在一起，就可以得到第三个层次的理性概念：经济理性 (economic rationality)。

阿马蒂亚・森将它划分成两种情况、三个定义：

1) 确定性情况下的"二元论"定义。

阿马蒂亚・森指出："理性行为即在可供选择的全部子集中寻找一种二元关系 R 的能力，从而使得对于全部子集中任何特定子集的选择，恰好由那个子集的 R 最大元素组成。"④

这个定义太学究气了，换一个直白的：

戴维・弗里德曼指出："理性选择的逻辑很简单，在所有备选方案中，选择出你最喜欢的一个。"⑤

2) 确定性情况下的"自利"定义。

张五常指出："经济学的第二个基础假设是：每个人的任何行为都是自私自利的！那是说，每个人在有局限的情况下会为自己争取最大的利益。"⑥

上述两个定义与"经济"的第三个含义一致，我们在微观经济学中将频繁使用这个定义。

3) 不确定性情况下的"预期效用"定义。

阿马蒂亚・森指出："最广泛使用的模型是'预期效用'模型。它采用不同结果各自的概率权衡每种结果价值的形式。然后，再将由此得到的用概率加权的总'预期价值'最大化，这样就构成了不确定性情况下理性选择的方式。"⑦

在本书中，我们主要讨论确定性情况下的经济理性。

---

① 阿马蒂亚・森．理性行为//伊特韦尔，等．新帕尔格雷夫经济学大辞典：第四卷．3版．北京：经济科学出版社，1996：73.

② 赫伯特・西蒙．现代决策理论的基石：有限理性说．北京：北京经济学院出版社，1989：3．赫伯特・西蒙是1978年诺贝尔经济学奖获得者。

③ 保罗・克鲁格曼，罗宾・韦尔斯．微观经济学：第二版．北京：中国人民大学出版社，2012：9.

④ 同①.

⑤ 戴维・弗里德曼．弗里德曼的生活经济学．北京：中信出版社，2003：32.

⑥ 张五常．科学说需求．北京：中信出版社，2010：73.

⑦ 同①76.

（三）经济理性主义：最优化与均衡分析

我们有必要区分经济理性假设与经济理性主义。

首先，“假设”与“主义”在英文中有本质区别。按照《牛津高阶英汉双解词典》的解释有：

> presume（假设；假定）：（作动词时）to suppose that sth is true，although you do not have actual proof（虽然你没有实际的证据，但你认为是真实的事情）。①
>
> presumption（可能的事；你认为真实的事）：（作为名词时）sth that is thought to be true or probable（被认为是真实的或可能的事情）。②
>
> -ism（主义；学说；体系；制度）：（作为后缀）（usually disapproving）used to refer to a set of ideas or system of beliefs or behaviour（通常指一系列的想法、信念或行为）。③

其次，按照《西方哲学英汉对照辞典》的解释有：

> 一般而言，理性主义是指诉诸人类理性能力和理性原则的一切理论和实践，它与强调宗教信仰、道德情感和情绪以及其他非理性成分的见解相对立。④

微观经济学将“人类理性能力和理性原则”定义为“经济理性”。因此，我们对“经济理性主义”做如下定义：经济理性主义是指诉诸个人经济理性行为假设的一切理论。

只要我们把方法论的个人主义中有关“个人特性的陈述”假设成“经济理性”或“经济人”，方法论的个人主义就转变为经济理性主义。或者说，经济理性主义就是坚持经济理性假设的方法论的个人主义。具体地讲：

第一，经济理性主义同样坚持个人是分析社会现象的基本单位或出发点，它与方法论个人主义的区别是经济人（或经济理性，或最优化）假设，对应的数学分析工具是微积分，或叫作边际分析。⑤

第二，经济理性主义同样坚持人与人之间的互动关系是分析社会现象的重点，它与方法论个人主义的区别是均衡分析，即解释和预测经济人相互作用、相互影响的稳定性结果，对应的数学分析工具是联立方程组求解。

第三，由于经济理性主义把所有社会现象都还原（reduction）为个人的经济理性行为，因此，艾伦·科丁顿把经济理性主义叫作还原主义（reductionism）⑥。

我们把经济理性主义与方法论的个人主义之间的关系表示成图 1－3。

当然，经济学家们对我所说的经济理性主义有不同的叫法。下面，我们就来读读这些叫法：

罗伯特·D. 考特和托马斯·S. 尤伦指出：“经济学家的任何一种思维习惯都没有这种渴望把每一种社会现象都描述为经济人在追求最大化目标的相互作用中所达到的均衡这

---

① 霍恩比. 牛津高阶英汉双解词典. 6 版. 北京：商务印书馆，2004：1357.

② 同①.

③ 同①937.

④ 尼古拉斯·布宁，余纪元. 西方哲学英汉对照辞典. 北京：人民出版社，2001：853.

⑤ “微积分是微观经济学的基本分析工具，因为微观经济学中的很多内容涉及最大化（例如，效用或利润最大化）或最小化（例如，成本最小化）。微积分最适合分析最大化和最小化问题；借助微积分，微观经济学理论分析更直接、清晰和精确。”（罗伯特·塞拉诺，艾伦·M. 费尔德曼. 中级微观经济学精要. 上海：上海财经大学出版社，2014：1.）

⑥ Alan Coddington. Keynesian Economics：The Search for First Principles. *Journal of Economic Literature*，Vol. 14，No. 4（Dec.，1976），p. 1258.

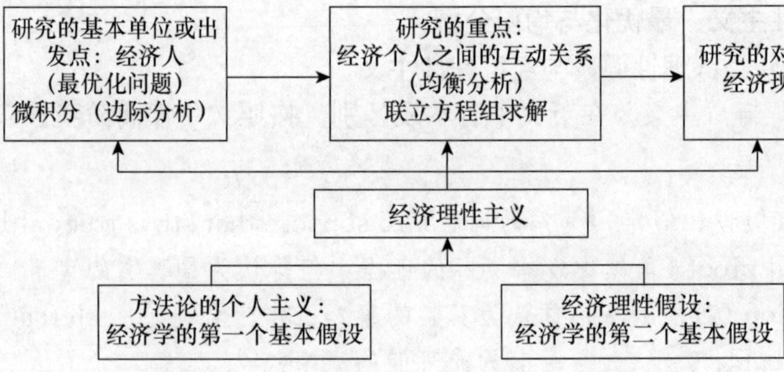

图1-3　方法论个人主义与经济理性主义

样根深蒂固。”①

加里·S. 贝克尔指出：“在我看来，最大化行为、市场均衡和偏好稳定的综合假定及其不折不扣的运用便构成了经济分析的核心。”②

保罗·海恩、彼得·勃特克和大卫·普雷契特科指出：“经济学的思维方式可以概括为由下述基本预设导出的一套概念：所有社会现象均源于个人的行为以及群体的合作，在这些活动中，人们基于他们预期的额外收益和成本进行选择。”③

在明白了经济理性主义的含义及其运用以后，我们或许会问：对社会现象的分析为什么要遵循经济理性主义？对此问题的回答就涉及微观经济学的后缀“-ics”。

三、学（-ics）——科学：实证主义的科学主义

在英文中，后缀词“-ics”表示“……的科学（或艺术、活动）”。但是，科学究竟是什么？

李醒民指出：“没有人能够给科学下一个完备的定义，没有人能够概括科学的全部内涵和确立它的明晰边界。”④

究其原因，在于不同的哲学派别，甚至不同的哲学家，对“科学”都有不同的理解。值得庆幸的是，坚持使用“经济科学”（economic science）或“经济学”（economics）的经济学家只是希望凸显“当代经济学的分析精神和思想方法论基础是实证主义的科学主义”⑤。在

---

① 罗伯特·D. 考特，托马斯·S. 尤伦. 法和经济学. 上海：上海财经大学出版社，1992：11.

② 加里·S. 贝克尔. 人类行为的经济分析. 上海：上海三联书店，上海人民出版社，1995：8.

③ 保罗·海恩，彼得·勃特克，大卫·普雷契特科. 经济学的思维方式：经济学大论. 北京：世界图书出版公司，2008. 显然，贝克尔、考特和尤伦只强调了经济理性主义，而保罗·海恩等人还强调了方法论的个人主义。

④ 李醒民. 科学是什么?. 湖南社会科学，2007（1）：1.

⑤ 韦森. 经济学的性质与哲学视角审视下的经济学. 经济学季刊，2007（3）：962. 著名的经济学方法论学者考德威尔指出：“经济学领域中的实证主义时代大约跨越了40年，从20世纪30年代末期到70年代末期。这并不是说在那个时期的经济学家自觉地采用了上面所提到的哲学观点。实际上所发生的是一些经济学家从实证主义的语言中借用了（有时是偶然的）方法论。另一些经济学家援引不同的实证主义论据为那个时期的经济学实践中发生的一定变化进行辩护，证明它是正确的。因此，实证主义影响了（尽管是间接的）方法论者的作品和实践者的工作。其著作最反映实证主义影响的3位经济学家是T. W. 哈奇森、保罗·萨缪尔森和米尔顿·弗里德曼”（布鲁斯·考德威尔. 实证主义//伊特韦尔，等. 新帕尔格雷夫经济学大辞典：第四卷. 3版. 北京：经济科学出版社，1996：988）。其中，后两位经济学家奠定了我们今天学习的微观经济学和宏观经济学范例。张五常教授用他的个人经历也生动地说明了20世纪60年代实证主义的科学主义对美国经济学家们的影响：“当年在加州大学还有一件今天不容易相信的事。那就是卡尔纳普（R. Carnap）在该校的哲学系教大学一年级的逻辑学，是关于科学检验的方法的。我当时不知道，但见成绩比较好的同学都嚷着要去听他的课，我就跟着去凑凑热闹了。一进教室，看到在人头涌涌的大堂的最后一排，坐着一个老头子。那是我们经济系的大教授布伦纳（K. Brunner）。这使我意识到我是走进了一个金矿，于是用心地听起课来。那是1960年，当时卡尔纳普69岁。”（张五常. 科学说需求. 北京：中信出版社，2010：25.）张五常这里所说的卡尔纳普，是逻辑实证主义的领军人物。

经济学中的体现是实证经济学与规范经济学的划分。下面，我们就通过实证经济学的定义，介绍实证主义科学观的基本观点。

（一）实证经济学

“实证经济学研究实际经济体系是怎样运行的，它对经济行为作出有关的假设，根据假设分析和陈述经济行为及其后果，并试图对结论进行检验。”①

根据实证经济学的定义，我们可以将实证主义科学观简单概括为三个要点，并且正好与实证经济学定义中的三句话相对应，见表 1－2。

表 1－2　实证经济学与实证主义科学观之间的对应关系

实证经济学	实证主义科学观
实证经济学研究实际经济体系是怎样运行的	（1）科学的目的在于解释和推测所观察到的社会和自然现象
它对经济行为作出有关的假设，根据假设分析和陈述经济行为及其后果	（2）和其他科学一样，经济学中的解释和预测都需要以理论为基础
并试图对结论进行检验	（3）科学理论要通过经验事实得到检验

（1）科学的目的在于解释和推测（prediction）所观察到的社会和自然现象。② 这个要点与“实证经济学研究实际经济体系是怎样运行的”这句话相对应。

（2）“和其他科学一样，经济学中的解释和预测都需要以理论（theory）为基础。”③这个要点与“它对经济行为作出有关的假设，根据假设分析和陈述经济行为及其后果”这句话相对应，后者实际上就是理论的逻辑形式。或者说，从逻辑形式上看，理论是一个演绎陈述的等级系统④，它可能被正式表达为一个有公理的、有前提的演绎结构⑤。因此，理论所涉及的概念要明确清晰，假设前提与结论之间要具有逻辑的一致性（或者说不能出现逻辑矛盾）。

（3）科学理论要通过经验事实得到检验。这个要点与“并试图对结论进行检验”这句话对应。用高鸿业的话说，“在西方经济学中，作为其哲学基础的实证论也坚持科学必须能经受事实检验的论点”⑥。

由于理论是一个演绎陈述的逻辑体系，对理论的哪一部分进行实证检验是一个富有争议的问题。有人主张对假设前提进行检验（如科斯）⑦，有人主张对结论进行检验（如弗里德曼）⑧，有人主张对整个理论进行检验（如哲学家奎因）。经济学的主流观点是对结论进行检验。

上面，实证经济学与实证主义科学观之间的对应关系不仅指出了实证经济学在什么意

---

① 高鸿业. 西方经济学（微观部分·第七版）. 北京：中国人民大学出版社，2018：254.

② “prediction”通常被我国学者翻译成“预测”，张五常将它翻译成“推测”，并与“forecast”（预测）区分开来。

③ 罗伯特·S. 平狄克，丹尼尔·L. 鲁宾费尔德. 微观经济学：第六版. 北京：中国人民大学出版社，2006：6.

④ 林定夷. 科学理论的结构. 哲学研究，1999（6）：72.

⑤ 布鲁斯·考德威尔. 实证主义//伊特韦尔，等. 新帕尔格雷夫经济学大辞典：第四卷. 3 版. 北京：经济科学出版社，1996：987.

⑥ 高鸿业. 西方经济学（宏观部分·第五版）. 北京：中国人民大学出版社，2011：631.

⑦ 罗纳德·H. 科斯. 经济学家应该如何选择//罗纳德·H. 科斯. 论经济学和经济学家. 上海：格致出版社，上海三联书店，上海人民出版社，2010.

⑧ 米尔顿·弗里德曼. 实证经济学方法论//弗里德曼文萃. 北京：首都经济贸易大学出版社，2001.

义上具有“科学”的性质，而且也间接证明了微观经济学的思维方法的经济理性主义的科学性质，从而为经济理性主义提供了辩护。经济理性主义具有实证经济学的三个性质的表现是：

第一，经济理性主义的目的是解释和推测社会现象；

第二，经济理性主义对社会现象的解释和推测以一定的理论为基础，该理论以方法论的个人主义和经济理性为假设前提；

第三，经济理性主义接受实证经济学的著名论点是：“一种理论假设的现实性是无关紧要的；对理论评价的重点在于它的相关预测性的准确和间接。”① 其中包含通过经济理性主义解释和推测的社会现象必须经得住实证检验。②

关于经济理性主义与实证主义科学观之间的关系，可用图 1-4 来表示。

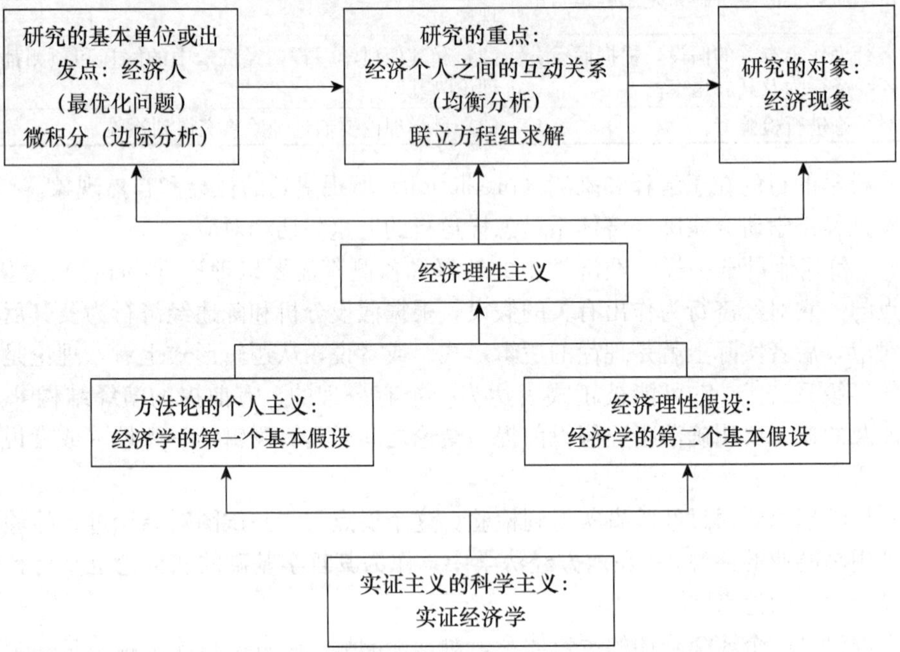

图 1-4　方法论的个人主义、经济理性主义与实证主义的科学主义

(二) 规范经济学

毫无疑问，实证经济学是微观经济学的核心。③ 但是，微观经济学并不满足于对社会现象作出解释和推测，停留在回答社会现实“是怎样”的问题上；它还希望回答社会现象“应该怎样”这类问题，这就涉及规范经济学（normative economics）：“规范经济学试图从一定的社会价值判断标准出发，根据这些标准，对一个经济体系的运行进行评价，并进一步说明一个经济体系应当怎样运行，以及为此提出相应的经济政策。”④

---

① 布鲁斯·考德威尔. 实证主义//伊特韦尔，等. 新帕尔格雷夫经济学大辞典：第四卷. 3 版. 北京：经济科学出版社，1996：988.

② 需要指出的是，在著名经济学方法论学者劳伦斯·博兰看来，实证主义的科学主义为经济理性主义提供的辩护是，它们的目的都是“提出推动归纳问题的长期解决的研究纲领”，或者说，都是“一种为长期的归纳主义研究纲领提供基础的手段”（劳伦斯·博兰. 经济学方法论基础. 长春：长春出版社，2008）。对此观点，我们在此不做讨论。

③ 罗伯特·S. 平狄克，丹尼尔·L. 鲁宾费尔德. 微观经济学：第六版. 北京：中国人民大学出版社，2006：7.

④ 高鸿业. 西方经济学（微观部分·第七版）. 北京：中国人民大学出版社，2018：255.

微观经济学中的规范经济学叫作福利经济学（welfare economics），或者说，“福利经济学是一种规范经济学”①。“资产阶级福利经济学以边沁的功利主义哲学作为思想基础。”②

> Utilitarianism/noun [U] (philosophy 哲) the belief that the right course of action is the one that will produce the greatest happiness of the greatest number of people. [功利主义是这样一种信念：提供大众幸福（或者直译为“最大多数人的最大幸福”）的行为方式是一种适当的行为方式。]③

这种信念也叫作“最大多数人的最大幸福”原则，简称功利原则，它可以更具伦理学味道，即：

> 一个行动是道德的，当且仅当，在各种可供选择的行动中，它能够最大限度地增加大众幸福。④

只要我们用微观经济学中的“效用”来衡量“幸福”，功利主义、旧福利经济学和新福利经济学之间对应的关系就可以用表 1-3 来说明。

表 1-3　功利主义、旧福利经济学和新福利经济学的内容与对应关系⑤

	功利主义	旧福利经济学	新福利经济学
主要观点	1. 追求自身利益是一个人的根本目的 2. 社会利益是各个人的利益的总和⑥ 3. 一个行动是道德的，当且仅当，在各种可供选择的行动中，它能够最大限度地增加社会利益	1. 个人行为在于求得最大效用 2. 社会福利是所有个人效用的总和 3. 经济效率标准：社会剩余最大化	1. 个人是他自己效用的唯一判断者 2. 社会福利取决于组成社会的个人的效用 3. 帕累托标准：如果至少有一人认为 A 优于 B，而没有认为 A 劣于 B，则认为从社会的观点看亦有 A 优于 B
适用范围		基数效用论 局部均衡论	序数效用论 瓦尔拉斯的一般均衡论
分析工具		消费者剩余 生产者剩余 社会剩余 无谓损失	帕累托标准 帕累托改进
使用目的		评价市场的成功与失败	论证福利经济学的三个基本定理
对应章节		第五讲　第七讲　第九讲	第六讲

---

① 高鸿业. 西方经济学（微观部分·第七版）. 北京：中国人民大学出版社，2018：255.

② 厉以宁，吴易风，李懿. 西方福利经济学述评. 北京：商务印书馆，1984：2，9.

③ 霍恩比. 牛津高阶英汉双解词典. 6 版. 北京：商务印书馆，2004：1952.

④ 陈真. 当代西方规范伦理学. 南京：南京师范大学出版社，2006：59-60. 因此，边沁的功利主义也被叫作行动功利主义。

⑤ 同②19. 阿伦·M. 弗里德曼. 福利经济学//伊特韦尔，等. 新帕尔格雷夫经济学大辞典：第四卷. 3 版. 北京：经济科学出版社，1996：961-962.

⑥ 功利主义主要观点中的第一、二点被认为是它的“假设条件”。“这些假设条件不承认一个国家机体是独立于组成它的个人的总体之外，并高于其上的，也不承认个人的存在只是为了推进国家的一些目标。毋宁说，这两大假设条件的观点是：经济体制的存在是用来满足每个人的需求和欲望的。”道格拉斯·格林沃尔德. 经济学百科全书. 北京：中国社会科学出版社，1992：767.

综上所述，我们可以将微观经济学的思维方式归纳为两个基本原则，见图 1-5。

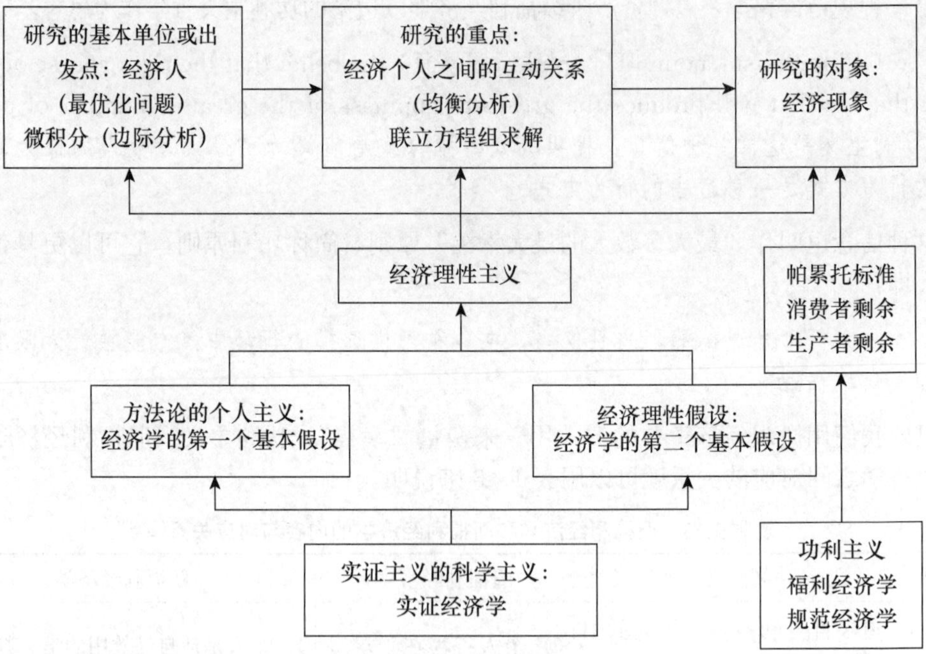

图 1-5　实证经济学与规范经济学的关系

微观经济学思维方式的第一个基本原则是经济理性主义，它以方法论的个人主义和经济理性这两个基本假设为基础，以最优化和均衡分析为工具，以实证检验为依托，解释和预测社会现象，属于实证经济学的范畴。

微观经济学思维方式的第二个基本原则是福利主义，它以功利主义为基础，以消费者剩余、生产者剩余或帕累托标准为工具，评价个人选择和社会选择的福利后果，属于规范经济学的范畴。

第二节　微观经济学的研究对象与理论结构

一、视错觉：观察渗透着理论

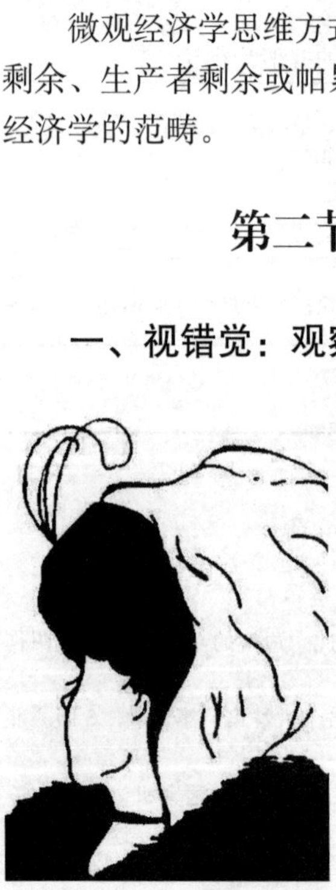

图 1-6　美女与老妇人

现在我们学习第二节——微观经济学的研究对象和理论结构。我们先轻松一下，来看一张图片，见图 1-6。套用一句流行语："同学，此图你怎么看？"

毫无疑问，此图有蹊跷。因为我们在这张图中既可以看到美女，也可以看到老妇人。这种情况在心理学中叫作视错觉。百度百科的解释是："视错觉就是当人观察物体时，基于经验主义或不当的参照形成的错误的判断和感知，是指观察者在客观因素干扰下或者自身的心理因素支配下，对图形产生的与客观事实不相符的错误的感觉。"

视错觉给哲学家的启发是："观察本身并不是客观的、中性的，一个人的知觉必定依赖于他的信念、价值观和以往的知识和经验。”① 在图 1-6 中，如果你没有见过美女或老妇人的经验感受，你也就无法看到这张图中的美女或老妇人。科学哲学家 N. 汉森据此感受提出一个命题：观察渗透着理论。这一命题也为科学家们普遍接受，例如，爱因斯坦指出：“以为仅仅依靠可观察的量就可以建立理论，是非常错误的。……是理论决定了我们能观察到什么。”② 萨缪尔森形象地把这个命题表述为：“对于戴上不同理论眼镜的科学观察者，事实可以具有不同的意义。”③

那么，微观经济学的“理论眼镜”是什么呢？戴上它观察资本主义又能得到什么呢？图 1-7 给我们提供了这个问题的答案。微观经济学的“理论眼镜”是一个双筒望远镜：一筒是实证经济学—方法论的个人主义—经济理性假设—经济理性主义（最优化与均衡分析）；另一筒是规范经济学—福利经济学—功利主义—消费者剩余、生产者剩余和帕累托标准。透过这副理论眼镜，将所看到的“资本主义”在我们大脑中用概念的方式呈现出来，就是教科书的主要内容——微观经济学的基本理论。

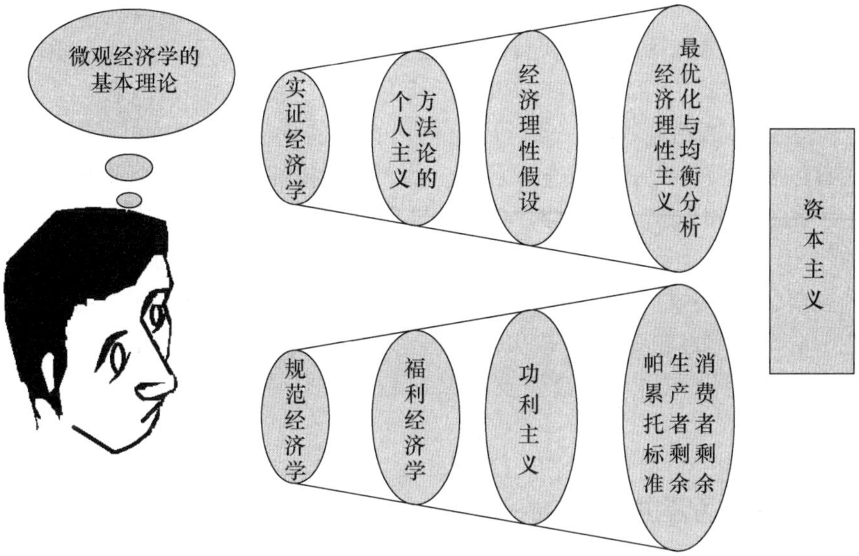

图 1-7　资本主义、微观经济学的思维方式和基本理论

下面，我们就来简要考察资本主义、微观经济学的思维方法与微观经济学的理论结构之间的关系。

二、微观经济学的研究对象：西方资本主义市场经济的运行

（一）什么是资本主义？

“资本主义常被经济学家称为**市场社会**，也常被企业和政府发言人称为**自由企业制度**。”④ 下面，我们就来读读权威辞书关于资本主义、市场社会（或经济）和自由企业制

① 刘大椿. 科学哲学. 北京：中国人民大学出版社，2006：23.

② 转引自查尔斯·琼斯. 经济增长导论. 北京：北京大学出版社，2002：1.

③ 萨缪尔森. 经济学：上册. 北京：商务印书馆，1979：17.

④ 罗伯特·L. 海尔布伦纳. 资本主义//伊特韦尔，等. 新帕尔格雷夫经济学大辞典：第一卷. 3 版. 北京：经济科学出版社，1996：377.

度的定义。

（1）《牛津高阶英汉双解词典》：“**capitalism**：an economic system in which a country's businesses and industry are controlled and run for profit by private owners rather than by the government.（资本主义是由以营利为目的的私人所有者而非政府控制和推动一个国家的生产和交换活动的经济系统。）”①

类似定义还可以参见詹姆斯·富尔彻的《资本主义》：“资本主义本质特征，即以营利为目的的投入。经济活动本身的性质并不重要，重要的是从中获利的可能性。的确，资本主义社会的典型特征就在于，几乎其中所有的经济活动都是由以获利为目的的资本投资所驱动的。”②

（2）《现代经济词典》：“**market-directed economy 市场经济**：一种经济组织方式，在这种方式下，生产什么样的商品，采取什么方法生产以及生产出来以后谁将得到它等问题，都依靠供求力量来解决。”③

（3）《现代经济词典》：“**free-enterprise system（capitalism）自由企业制度（资本主义制度）**：一种以私有制和私人首创精神为特征的经济制度。对于自由企业制度，即资本主义制度来说，最基本的是私有财产的概念、所有权以及利用财产赚取收入。私有财产导致私人企业的建立或私人企业的生产。厂商可以自由雇用工人、自由生产和自由定价。而且，私人首创精神使生产不断地进行下去。私人首创精神的动力是企业所有者赚取利润的愿望。由于私有制和私人首创精神，自由企业制度的特征是大多数决定都由生产者和消费者独立地作出。控制经济和协调许多独立决定的职能，是通过运用自由价格制度来实现的。人们主要依靠竞争的力量来确保自由价格制度有效而顺利地发挥作用。最后，自由企业制度意味着政府对经济的控制较少。政府的活动只限于少数领域，诸如国防和治安保卫，而在生产和定价方面，则希望政府采取自由放任主义的立场，较少甚至完全不加管制。”④

图1-8给上述“自由企业制度（资本主义制度）”定义提供了一个直观的表述。⑤

（二）什么是西方经济学的研究对象？

图1-8还说明，对于资本主义的研究，至少可以从三个层面展开：

第一个层面是研究资本主义“社会经济生活的基本理念”，涉及的问题有：“对于个人自由的尊重”和“对于公益的重视”的含义是什么？为什么？怎样做到？对于这些问题的回答，构成了经济哲学或政治哲学的内容。

第二个层面是研究资本主义经济制度“三原则”，涉及的问题是：人类是如何演化出私人财产制度的？私人财产制度又是如何演化出市场制度和自由企业制度的？对于这些问题的回答，构成了制度经济学的内容。

第三个层面是研究资本主义“经济运行”，在图1-9中表现为“消费者”与“生产者”在“市场进行交换”的行为及其后果，或者说市场如何组织一个国家乃至全球的产品与劳务的生产、分配、交换和消费活动。对这个层面的研究，构成了我们的“西方经济学”课程。

---

① 霍恩比．牛津高阶英汉双解词典．6版．北京：商务印书馆，2004：235.

② 詹姆斯·富尔彻．资本主义．南京：译林出版社，2013：13-14.

③ 格林沃尔德．现代经济词典．北京：商务印书馆，1981：275.

④ 同③189.

⑤ 中国社会科学院工业经济研究所．现代日本经济事典．北京：中国社会科学出版社，1982.

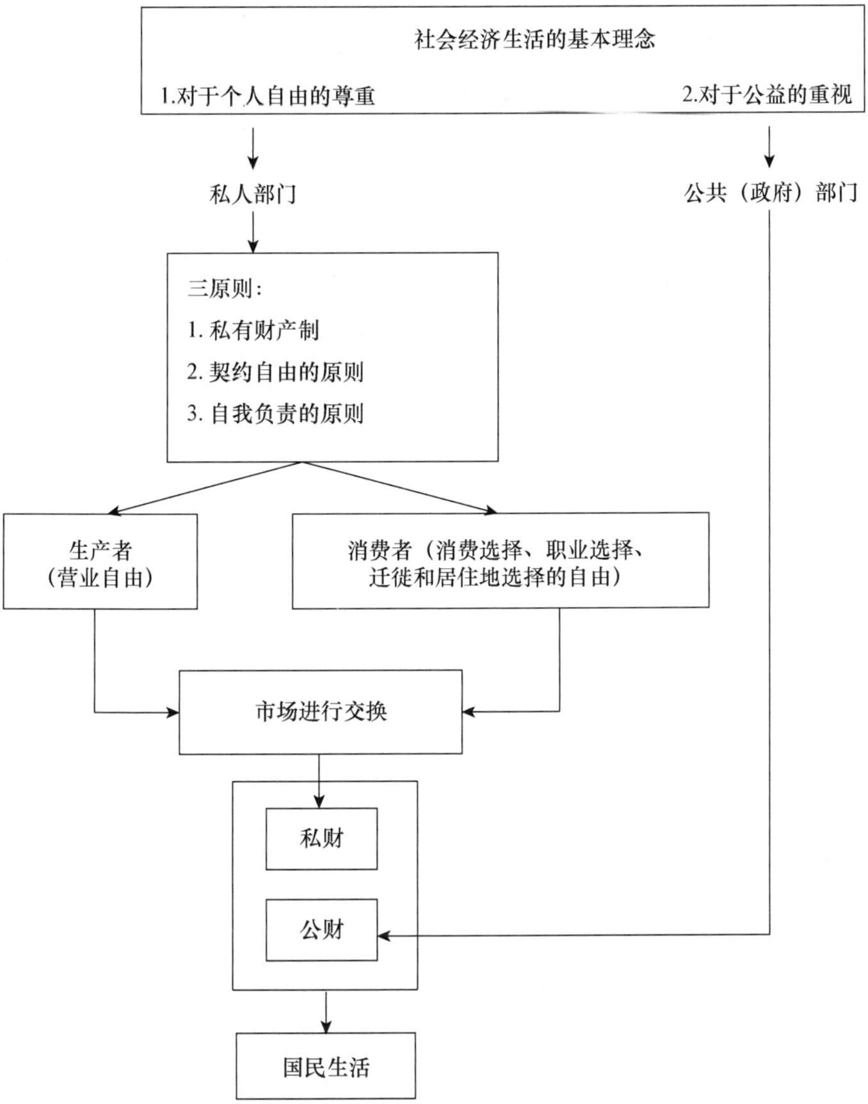

图 1－8　自由经济中财的供给途径

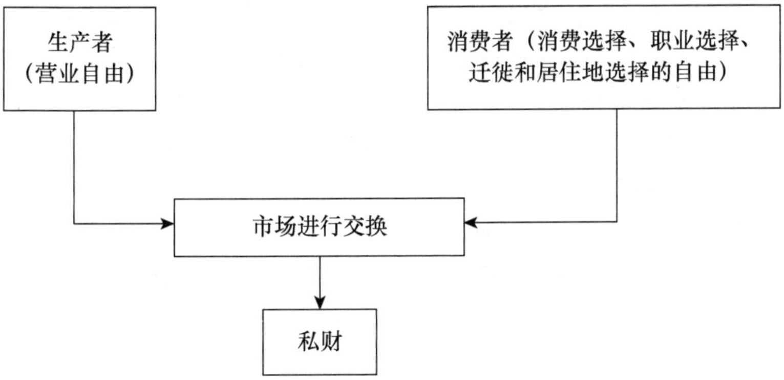

图 1－9　自由经济中财的供给途径（局部）

为了说明我的判断，我们不妨把图 1－8 中的第三个层面独立出来，见图 1－9，并把它与我们熟悉的高鸿业教授主编的《西方经济学》中的图 2－1[①] 和图 21－8[②] 做一个对比。我们不难发现，这三张图的构成要素都相同：生产者（企业）、消费者（家庭）和市场，而后两张图分别是微观经济学和宏观经济学的鸟瞰图。正如我在前面指出的，微观经济学和宏观经济学拥有相同的研究对象，不同的研究方法（或角度）。

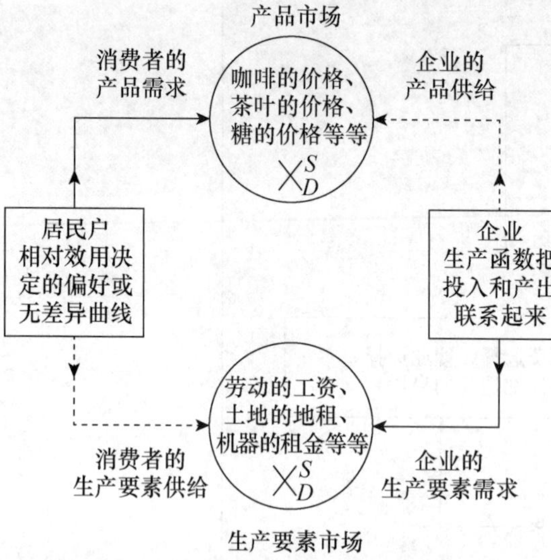

图 2－1　产品市场和生产要素市场的循环流动图

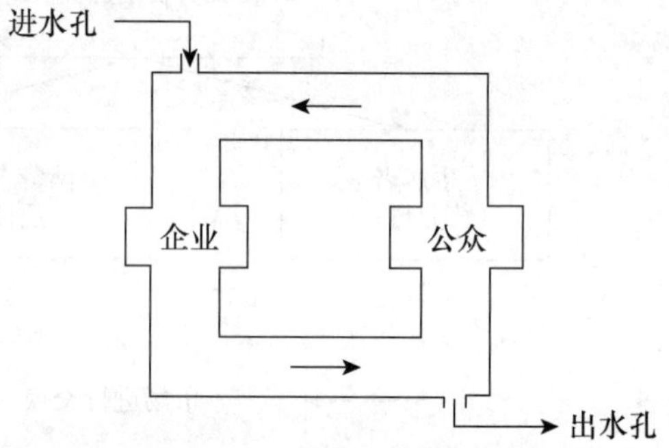

图 21－8　宏观经济学鸟瞰

三、微观经济学的基本理论

现在，让我们戴上微观经济学的“理论眼镜”，来看图 1－9，在我们大脑中形成的关于资本主义经济运行的概念框架就是微观经济学的理论结构，它们与微观经济学的思维方法及实证经济学和规范经济学的关系，可以用图 1－10 来说明。[③] 微观经济学的理论结构对应的章节安排如下：

（1）消费者理论：以最优化为分析工具，分析消费者的理性选择行为，据此推导产品的市场需求曲线和要素的市场供给曲线，产品的市场边际价值曲线和要素的市场边际成本曲线。这些内容构成了我们学习的第三讲的内容。

（2）生产者理论：以最优化为分析工具，分析生产者的理性选择行为（包括生产技术、生产要素最优组合），为（产品的市场）供给曲线和（要素的市场）需求曲线提供基础。这些内容构成了我们学习的第四、五讲的第一、二节的内容。

（3）市场理论：以均衡概念为指针，以市场需求曲线和供给曲线，边际价值和边际成本曲线（要素的边际产品价值曲线和机会成本曲线）为工具，在局部均衡的框架内说明市场的资源配置功能和经济效率，并解释它们之间的关系。这部分内容构成了局部均衡分析和旧福利经济学，我们将在第二讲、第五讲第三节、第七讲和第九讲学习。另外，以无差异

① 高鸿业．西方经济学（微观部分·第七版）．北京：中国人民大学出版社，2018：19.

② 高鸿业．宏观经济学（第七版）．北京：中国人民大学出版社，2018：623.

③ 我之所以用虚线将图 1－10 一分为二，根源在于微观经济学教材的主要内容是基本理论部分，而微观经济学的思维方式却很少得到系统且富有逻辑的论述。

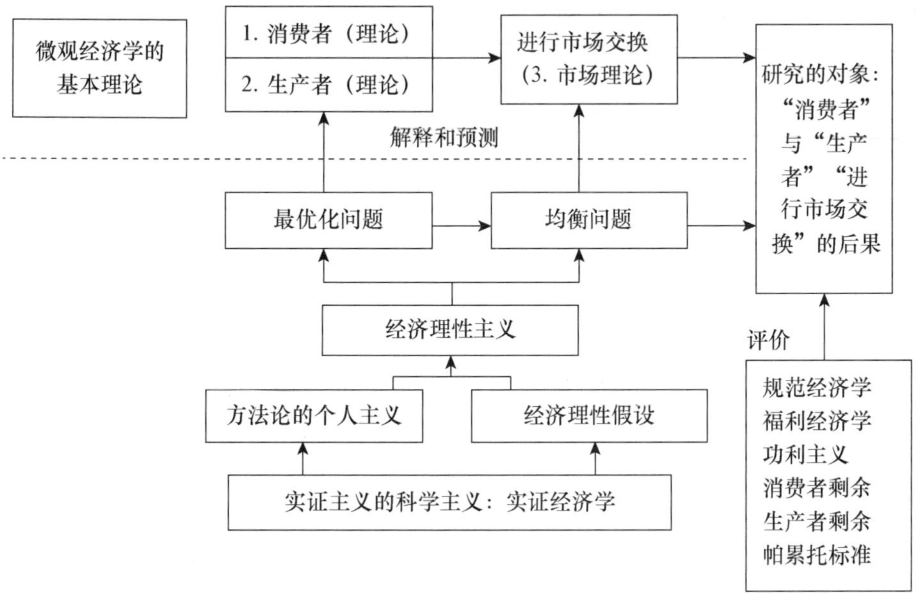

图 1－10　实证经济学、经济理性主义、微观经济学的研究对象与基本理论

曲线和预算线为工具，在一般均衡的框架内说明市场机制的资源配置功能和帕累托最优，并探讨它们之间的关系。这部分内容构成了一般均衡和新福利经济学，我们将在第六讲学习。

四、价格

鉴于微观经济学的核心是阐述价格的资源配置功能，因此它也被叫作价格理论。在本讲的最后，我们来一起区分商品价格的五个定义或衡量标准。

（1）绝对价格：用货币量来表现的商品价格。如一个杯子的绝对价格是 10 元。

（2）如果用 P_X、P_Y 分别表示 X 商品与 Y 商品的绝对价格，$\frac{P_X}{P_Y}$就是 X 商品的相对价格。由于绝对价格是单位商品的货币量，所以，两种商品的绝对价格之比$\frac{P_X}{P_Y}$就是单位 X 商品在市场上能够交换到 Y 商品的数量，或者说用 Y 商品的数量来表示的 X 商品的价格，即交换价值。如果 Y 商品就是货币，相对价格就是绝对价格。

（3）市场价值是指一篮子商品在某个时期绝对价格的加权总和，权数就是这组商品的数量。用公式表示为：

$$V = \sum_{i=1}^{n} P_i Q_i \tag{1-1}$$

其中，V 表示某组商品的市场价值，P_i 表示这组商品中商品 i 的绝对价格，Q_i 表示商品 i 的数量。

（4）价格指数是指现期某组商品的市场价值与基期同组商品的市场价值的百分比。用公式表示为：

$$P_t = \frac{V_t}{V_{t-1}} = \frac{\sum_{i=1}^{n} P_i^t Q_i^0}{\sum_{i=1}^{n} P_i^{t-1} Q_i^0} \tag{1-2}$$

根据衡量的目的和对象的不同，可以把物价指数分为：（家庭）消费品价格指数（CPI）、（企业）生产品价格指数（PPI）和 GDP 平减指数。

（5）通货膨胀是指在一定时期内一个经济的价格水平的持续、显著上涨。通货膨胀的衡量标准是通货膨胀率，即从一个时期到另一个时期的价格水平变动的百分比。用公式表示为：

$$\Pi_t=\frac{P_t-P_{t-1}}{P_{t-1}}\times 100\% \tag{1-3}$$

其中，Π_t 为 t 时期的通货膨胀率，P_t 和 P_{t-1} 分别是 t 和 $t-1$ 时期的价格水平或价格指数。

微观经济学所说的价格是相对价格（包括绝对价格）；宏观经济学所说的价格是指价格水平（绝对价格水平是市场价值，相对价格水平是价格指数），尤其是通货膨胀率。

五、微观经济学练习题的性质与解题技巧

在结束本讲的内容之前，我有必要给同学们讲一讲微观经济学练习题的性质与解题技巧。

正如前面所指出的，观察本身并不是客观的、中性的，观察渗透着理论。因此，对于戴上不同理论眼镜的科学观察者来说，“事实”不仅具有不同的意义，也会产生不同的问题。微观经济学练习题，实际上是考察同学们对于微观经济学基本概念和基本理论的识记、理解和运用程度的问题。

按照我国著名科学哲学家林定夷教授的定义，问题是“某个给定的智能活动过程的当前状态与智能主体所要求的目标状态之间的差距。相应地，可以把‘问题求解’定义为：设法消除给定的智能活动过程的当前状态与智能主体所要求的目标状态之间的差距”①。如果以 P 表示问题，以 S_t 表示智能活动主体所要求的“目标状态”，以 S_p 表示给定智能活动过程的“当前状态”，那么，一个问题就可以用公式表示为：

$$P=S_t-S_p \tag{1-4}$$

表现在微观经济学练习题中，任何一道练习题都是一个问题 P，智能活动过程的“当前状态”就是练习题的已知条件 S_p，智能活动主体所要求的“目标状态”则是练习题的求解目标 S_t，微观经济学练习题的回答过程，就是消除已知条件与求解目标之间的距离的过程。据此，可以将微观经济学练习题的解题技巧总结为两个原则：

（1）着力挖掘“已知条件”和“求解目标”。因为微观经济学练习题是根据微观经济学的基本概念和基本理论提出来的，所以，它的“已知条件”和“求解目标”一定包含微观经济学的基本概念和基本理论。

（2）努力寻找解题规则。因为对于任何一道微观经济学练习题来说，它的“求解目标”是确定不变的，但它的“已知条件”是可变的，考生要做的事情就是依据微观经济学的基本概念和基本理论（我们将其统称为解题规则），不断地转化试题的“已知条件”，使之接近并最终达到“求解目标”，从而实现练习题的求解。例如，在图 1-11（a）中，练习题给出了“已知条件”和“求解目标”，它们自然也就定义了一道练习题。假如这道练

① 林定夷. 问题与科学研究. 广州：中山大学出版社，2006：73.

习题只涉及两个解题规则，那么学生利用解题规则 1 就可以将练习题的“已知条件”转化为学生的“已知条件 1”，见图 1－11（b）。接着，学生只需再利用一次解题规则，就可以从“已知条件 1”得到求解目标，见图 1－11（c）。可见，一道练习题的难度完全可以通过使用解题规则的数量来度量，并与后者正相关。

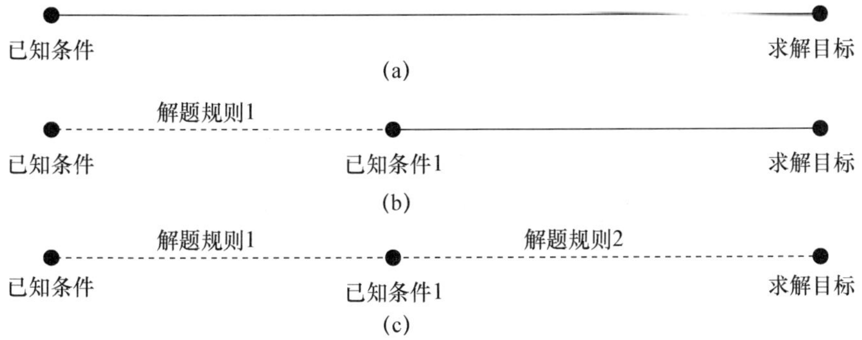

图 1－11　练习题的解题技巧

第二讲

需求、供给和均衡价格

学习目的

本讲将用完全竞争产品市场的需求、供给和均衡价格三个概念，说明市场机制的资源配置功能。通过本讲的学习，同学们需要掌握的内容有：

1. 个人需求与市场需求、需求定律和需求的变动；
2. 个人供给与市场供给、供给定律和供给的变动；
3. 均衡价格的决定和变动、市场机制的含义与功能；
4. 弹性分析的一般性质和它在微观经济学中的主要运用。

第一节 需 求

一、个人需求与市场需求

有关“需求”的一切讨论，都可以从“个人需求”的定义开始：**一种商品的个人需求（demand）是指消费者个人在一定时期内在各种可能的价格条件下愿意购买并且能够购买的数量。**

下面，我们就通过解读这个定义来学习相关概念。

（一）“愿意购买并且能够购买”

“愿意购买并且能够购买”反映了需求是消费者主观购买意愿和客观购买能力的统一，这种需求叫作**有效需求**（effective demand）。

在第三讲中，我们将用“无差异曲线”来刻画消费者的主观购买意愿，用预算线来刻画消费者的客观购买能力，用消费者最优选择（我们习惯上将其叫作消费者均衡）来分析有效需求。

（二）“在各种可能的价格条件下愿意购买并且能够购买的数量”

1. 需求量与需求

消费者在特定价格条件下愿意购买并且能够购买的数量叫作**需求量**（quantity demanded）；消费者在各种可能的价格条件下愿意购买并且能够购买的数量叫作需求。前者说明特定价格下的购买量，后者说明价格（price）与需求量之间的对应关系（或称价-量关系，*P*-*Q* relation）。因此，需求可以用需求表、需求曲线和需求函数来表示。

2. 需求表、需求曲线与需求函数

（1）**需求表**（demand schedule）是一张表示某种商品的各种可能的价格与各种可能的价格相对应的该商品的需求数量之间关系的数字序列表。见表 2-1。

（2）**需求曲线**（demand curve）是根据需求表中商品的不同价格-需求量组合，在平面坐标上所绘制的一条曲线。因此，只要我们假设商品的价格和相应的需求量的变化具有无限分割性，即具有连续性，就可以根据表 2-1，得到图 2-1 中的需求曲线。

表 2-1　某种商品的个人需求表

价格-需求量组合	*A*	*B*	*C*	*D*	*E*	*F*	*G*
价格	1	2	3	4	5	6	7
需求量	700	600	500	400	300	200	100

（3）**需求函数**（demand function）是用函数关系来表示的商品的价格与需求数量之间的一一对应关系。或者说，我们根据图 2-1 中的需求曲线拟合的函数，用公式表示为：

$$Q_d = d(P) \tag{2-1}$$

其中，Q_d 是消费者个人对某种商品的需求量，P 是某商品的市场价格，d 表示消费者个人关于市场价格与需求量之间的对应关系。

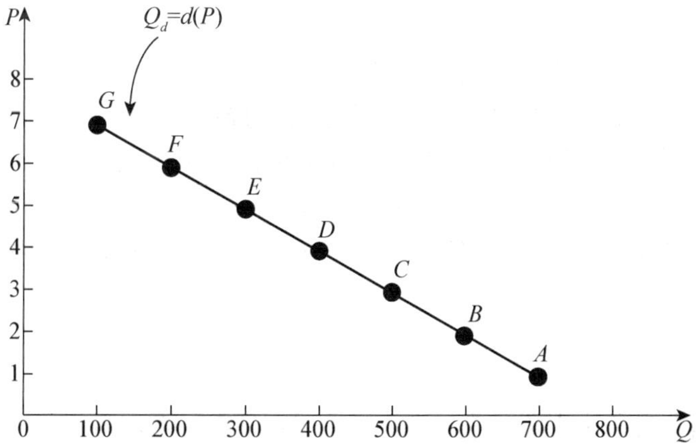

图 2-1　某种商品的个人需求曲线

3. 马歇尔需求函数与瓦尔拉斯需求函数

（2-1）式将需求量定义成市场价格的函数，叫作**瓦尔拉斯需求函数**。相反，将市场价格定义成需求量的函数，则叫作**马歇尔需求函数**，用公式表示为：

$$P=d^{-1}(Q_d) \tag{2-2}$$

4. 需求函数与需求价格函数

无论是瓦尔拉斯需求函数，还是马歇尔需求函数，它们反映的都是消费者在各种可能的市场价格条件下愿意购买并且能够购买的数量。其中，市场价格是原因变量，需求量是结果变量。这也是马歇尔用纵轴表示自变量 P，用横轴表示因变量 Q 的原因。这个习惯一直沿用至今。

但是，如果我们把（2-2）式中的价格看成是消费者在各种可能的购买数量下愿意支付的最高价格，此时的价格叫作**需求价格**（demand price，以 P_d 表示）①，（2-2）式就叫作**需求价格函数**。

马歇尔需求函数是消费者最优选择（或称消费者均衡）的条件式，而需求价格函数是需求价格的定义式。需求价格与市场价格，需求价格曲线与需求曲线，这两对概念之间的区别非常重要，我们在后面还要反复涉及。

5. 需求定律

图 2-1 中的需求曲线隐含着我们关于消费者行为的一个经验感受，那就是**在其他条件不变的情况下，消费者的需求量与市场价格呈反方向变动关系**。由于这种价量关系反映了普通消费者的购买行为，因此叫作**需求定律**（law of demand）。至于怎样从理论上证明这一定律，我们将在第三讲进行讨论。

（三）“在一定时期内”

“在一定时期内”表明需求是一个时期变量，而不是一个时点变量。经济学将时期变量叫作**流量**（flow），将时点变量叫作**存量**（stock）。

（四）“消费者个人”

需求的主体是消费者个人，需求概念反映的是消费者的理性选择特征或规律。因此，当我们看见需求表、需求曲线或需求函数时，不能简单地把它们看成是冷冰冰的表格、曲线或函数式，而应将其看成是有血有肉的消费者理性选择的特征或规律，切忌只见函数不见人。

上述有关需求的论述是指**消费者的个人需求**，与之相对应的是消费者的市场需求，或者说市场上所有消费者的需求。一种商品的**市场需求**是指在一定时期内在各种可能的价格条件下市场中所有消费者对某种商品的需求数量之和。因此，一种商品的市场需求不仅依赖于每一个消费者的需求函数，还依赖于该市场中所有消费者的数目。假设某一市场上有 n 个消费者，他们各自的需求函数为（2-1）式，该商品的市场需求函数就为：

$$Q_D=\sum d(P)=D(P) \tag{2-3}$$

其中，$d(P)$ 是消费者的个人需求量，Q_D 或 $D(P)$ 是市场需求量。

一种商品的市场需求量是每一价格条件下该商品的所有个人需求量的总和。因此，市场需求曲线是消费者的个人需求曲线的水平加总，简言之，加量不加价。②（见表 2-2 和

---

① 我们用 P_d 表示个人需求价格，用 P_D 表示市场需求价格。

② 我们在第九讲将讨论通过对个人需求曲线的垂直加总获得社会需求曲线。这两种不同的加总方法对应着两种不同性质的物品：私人物品（private goods）与公共物品（public goods）。

据此得到的图 2－2。）需要注意的是，即使消费者个人的需求曲线都是直线，但由此获得的市场需求曲线未必是直线。

表 2－2　　从单个消费者的需求表到市场需求表

商品价格 (1)	消费者 A 的需求量 (2)	消费者 B 的需求量 (3)	市场需求量 (4)＝(2)＋(3)
0	20	30	50
1	16	24	40
2	12	18	30
3	8	12	20
4	4	6	10
5	0	0	0

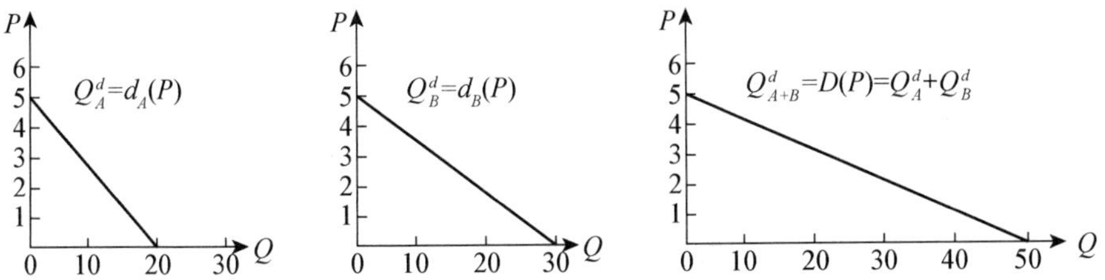

(a) 消费者A的需求曲线　(b) 消费者B的需求曲线　(c) 市场需求曲线

图 2－2　从单个消费者的需求曲线到市场需求曲线

由于市场需求曲线是消费者个人需求曲线的水平加总，因此，如同消费者的个人需求曲线一样，市场需求曲线一般也是向右下方倾斜的，或者说，市场需求曲线同样满足需求定律。

我们既可以用线性函数，也可以用非线性函数表示市场需求。但是，为了分析的方便，我们通常采用线性市场需求函数（见图 2－3）。用公式表示为：

$$Q_D=D(P)=\alpha-\beta P \tag{2-4}$$

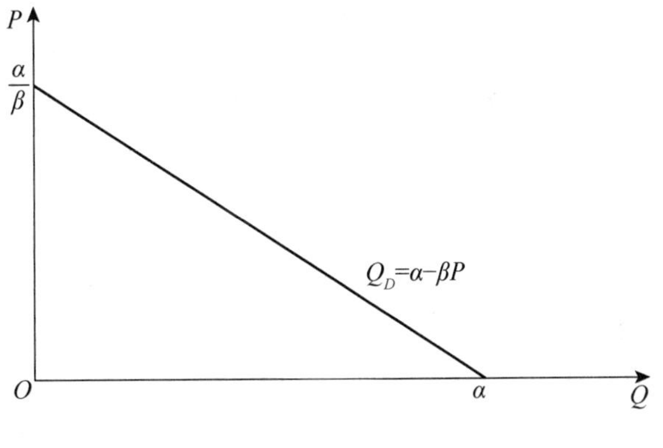

图 2－3　线性需求曲线

其中，α 是需求曲线在横轴上的截距，它衡量了消费者在某商品的市场价格等于零时所需要的商品数量，因此叫作**饱和数量**（satisfying quantity）；$\frac{\alpha}{\beta}$是需求曲线在纵轴上的截距，叫作**遏制性价格**（prohibitive price）①，它是指任何大于或等于$\frac{\alpha}{\beta}$的价格都将导致消费者在这一价格上的购买量等于零；$-\beta$ 表示需求曲线相对于价格轴的斜率，即$-\beta=\frac{\Delta Q_D}{\Delta P}$，或者$-\beta=\frac{\mathrm{d}Q_D}{\mathrm{d}P}$，$\alpha$ 与 β 为常数。

二、直接需求与广义需求

（一）广义需求函数与直接需求函数

从广义上讲，市场上所有消费者在一定时期内愿意购买并且能够购买的商品数量就是市场需求量。这样一来，市场需求量的影响因素就有很多。除了商品本身的市场价格以外，微观经济学主要关心的因素还有：

（1）**消费者的收入**（M）：消费者的收入增加会导致他对某种商品在每一价格水平上的需求量增加，或称需求增加，具有这种性质的商品被称为**正常品**（normal goods）；反之，被称为**劣等品**（inferior goods）。

（2）**相关商品（互补品和替代品）的价格**（P_o）：如果一种商品的价格提高，会导致消费者对另一种商品的需求上升，则后一种商品被称为前一种商品的**替代品**（substitutes），或者说，这两种商品之间可以相互替代，以满足消费者的某种欲望（wants）；反之，则后一种商品是前一种商品的**互补品**（complements），即必须同时使用这两种商品才能满足消费者的某种欲望。

（3）**消费者的嗜好或偏好**（T）：显然，对一种商品的喜欢程度增加，将导致对这种商品的需求增加，反之则减少。

（4）**消费者对未来商品价格的预期**（P_e）：当消费者预计某种商品的市场价格在未来某个时间会上升时，他将增加对该商品现在的购买，以套取未来的差价，反之则相反。

（5）**政府税收或补贴**（t）：政府税收或补贴等价于商品价格上升或下降。

（6）**消费者人数**（n）：一个市场上消费者人数的增减会直接影响该市场上需求数量的多少。

如果我们把上述影响市场需求量的因素作为自变量，把市场需求量作为因变量，那么，**需求函数就是表示一种商品的需求量和影响需求量的各种因素之间的相互关系**，用公式表示为：

$$Q_D=D(P,\ M,\ P_o,\ T,\ P_e,\ t,\ n) \tag{2-5}$$

当我们假定消费者的收入、相关商品的价格、消费者的偏好和预期、政府税收或补贴、市场上的消费者人数等因素保持不变时，（2-5）式就回到（2-3）式；当我们假定（2-3）式是一条线性函数时，消费者的收入、相关商品的价格、消费者的偏好和预期、政

① 它也被叫作“遏制需求的价格”（choke price for demand）。杰克·赫舒拉发，阿米亥·格雷泽，大卫·赫舒拉发．价格理论及其应用：原书第7版．北京：机械工业出版社，2009：33.

府税收或补贴、市场上的消费者人数等因素的变动，就可以通过 α 的变动得到反映，(2-3) 式就可以表现为 (2-4) 式。

为了将 (2-5) 式与 (2-3) 式表示的需求函数区分开来，有人将前者叫作**广义需求函数** (general demand function)①，将后者叫作**直接需求函数** (direct demand function)，即"在一段时间里，使所有其他影响需求的因素都保持不变，只研究价格与需求量的关系"②。

由于一种商品的市场价格是决定其需求量的最基本的因素，因此，在微观经济学中，我们通常只需使用直接需求函数，并将其简称为需求函数，需求量也只是指消费者在特定价格条件下的购买量。这样一来，广义需求函数中影响需求量的因素，除了市场价格以外，在直接需求函数中都变成了影响需求的因素。需求量的变动与需求的变动存在区别。

(二) 需求量的变动与需求的变动

(1) **含义不同：需求量的变动** (changes in the quantity demanded) 是指在其他条件不变时，由某种商品的价格变动所引起的该商品的需求量的变动；**需求的变动** (changes in demand) 是指在某种商品的价格不变时，由于其他因素变动所引起的该商品的需求量的变动。

(2) **原因不同**：需求量的变动原因是商品本身的价格变动；需求的变动原因是商品价格以外的其他因素（包括消费者的收入、偏好、预期和相关商品的价格等）的变动。

(3) **图示不同**：在几何图形中，需求量的变动表现为商品的价格-需求量组合沿着同一条既定的需求曲线的移动；需求的变动表现为需求曲线的位置的移动，见图 2-4。其中，需求量从 Q_1 到 Q_2 的变化可由两方面的原因解释：一是商品本身的价格下降导致需求量增加，二是商品价格以外的其他因素（如消费者的偏好、收入、预期和相关商品的价格等）的变化导致需求量增加。微观经济学把前者叫作需求量的变化（在图 2-4 中，表现为价格-需求量组合沿着需求曲线 Q_D 从 A 点移动到 B 点），把后者叫作需求的变化（在图 2-4 中，表现为价格-需求量组合从需求曲线 Q_D 上的 A 点移动到需求曲线 Q'_D 上的 C 点）。

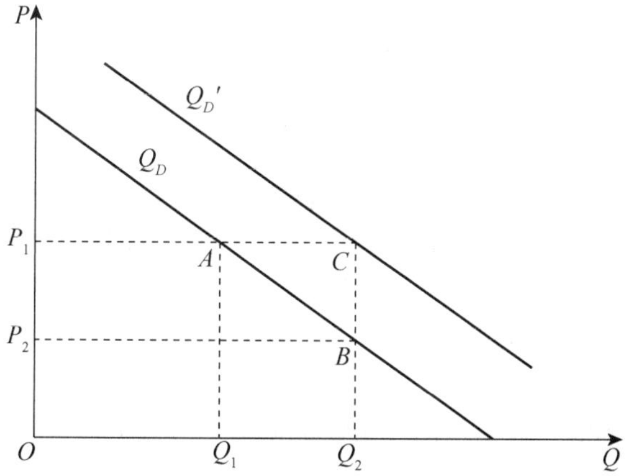

图 2-4 需求的变化与需求量的变化

① 克里斯托弗·R. 托马斯，S. 查尔斯·莫瑞斯. 管理经济学：第 9 版. 北京：机械工业出版社，2009：23.

② 同①25.

第二节 供 给

有关“供给”的讨论与前面有关“需求”的讨论完全对称。因此，我们在这里集中学习它们之间的不同之处。

一、个人供给与市场供给

有关“供给”的一切讨论，都从“个人供给”开始。

一种商品的个人供给（supply）是指生产者个人在一定时期内在各种可能的价格条件下愿意供给并且能够供给的数量。

下面，我们同样通过解读这个定义来学习供给的含义与相关概念。

（一）“愿意供给并且能够供给”

（1）“愿意供给并且能够供给”反映了供给是生产者主观供给意愿和客观供给能力的统一，这种供给被称为**有效供给**（effective supply）。

（2）本讲关于供给的讨论只适合于完全竞争企业的短期供给。因为完全竞争企业没有长期供给曲线，只有行业或市场供给曲线。不完全竞争企业更是没有供给曲线。

（二）“在各种可能的价格条件下愿意供给并且能够供给的数量”

1. 供给量与供给

生产者在特定价格条件下愿意供给并且能够供给的数量，叫作**供给量**（quantity supplied）；生产者在各种可能的价格条件下愿意供给并且能够供给的数量，叫作供给。前者说明特定价格条件下的供给量，后者说明价格与供给量之间的对应关系（或称价-量关系）。因此，供给可以用供给表、供给曲线和供给函数来表示。

2. 供给表、供给曲线和供给函数

（1）**供给表**（supply schedule）是表示某种商品的各种价格和与各种价格相对应的该商品的供给数量之间关系的数字序列表，见表 2－3。

表 2－3　某种商品的企业供给表

价格-供给量组合	*A*	*B*	*C*	*D*	*E*
价格	2	3	4	5	6
供给量	0	200	400	600	800

（2）**供给曲线**（supply curve）是根据供给表中商品不同的价格-供给量组合在平面坐标上所绘制的一条曲线。因此，只要我们假设商品的价格和相应的供给量的变化具有无限分割性，即具有连续性，就可以根据表 2－3，得到图 2－5 中的供给曲线。

（3）**供给函数**（supply function）表示一种商品的供给量和该商品价格之间存在一一对应的关系。图 2－5 中的企业供给曲线拟合的函数用公式表示为：

$$Q_s = s(P) \qquad (2\text{-}6)$$

其中，Q_s 表示生产者个人的供给量，s 表示供给量与市场价格之间的对应关系。

3. 马歇尔供给函数与瓦尔拉斯供给函数

（2-6）式将供给量定义成市场价格的函数，叫作**瓦尔拉斯供给函数**。相反，将市场

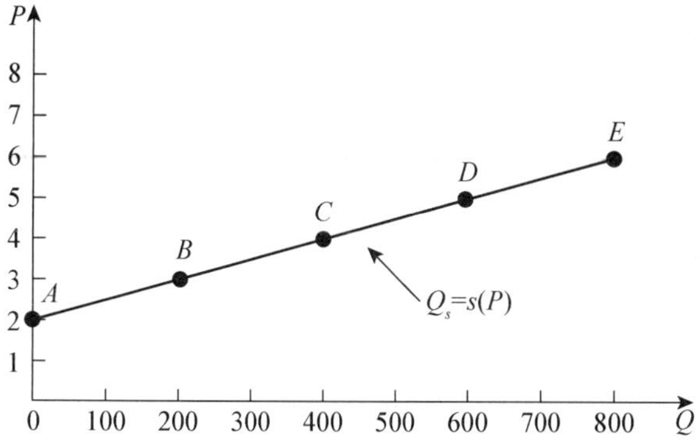

图 2-5　某种商品的企业供给曲线

价格定义成供给量的函数，则叫作**马歇尔供给函数**，用公式表示为：

$$P=s^{-1}(Q_s) \tag{2-7}$$

4. 供给函数与供给价格函数

无论是瓦尔拉斯供给函数，还是马歇尔供给函数，它们反映的都是生产者在各种可能的市场价格条件下愿意供给并且能够供给的数量。其中，市场价格是原因变量，供给量是结果变量。

但是，如果我们把（2-7）式中的价格看成是生产者在各种可能的供给数量下愿意接受的最低价格，此时的价格叫作**供给价格**（supply price，以 P_s 表示①），（2-7）式就叫作**供给价格函数**。

马歇尔供给函数是完全竞争企业的短期均衡条件，不完全竞争企业没有供给曲线，完全竞争企业也没有长期供给曲线；供给价格曲线就是高于收支平衡点（在特殊假定情况下，才是高于平均可变成本）的短期边际成本曲线，它是一个定义式。供给价格与市场价格、供给价格曲线与供给曲线，这两对概念之间的区别非常重要，我们在后面还要反复涉及。

5. 供给定律

图 2-5 中的供给曲线隐含着我们关于生产者行为的一个经验感受，那就是**在其他条件不变的情况下，生产者的供给量与市场价格呈正方向变动关系**。由于这种价量关系反映了普通生产者的生产行为，因此叫作**供给定律**（law of supply）。我们在第五讲中才对它做理论上的说明。

（三）"生产者个人"

供给的主体是生产者。当我们面临供给表、供给曲线和供给函数时，一定要意识到它们反映的是生产者的理性选择特征或规律，切忌只见函数不见人。

上述有关供给的论述是指**生产者的个人供给**，与之相对应的是生产者的市场供给，或者说市场上所有生产者的供给。一种商品的**市场供给**是指在一定时期内在各种不同的价格条件下市场中所有生产者对某种商品的供给数量。因此，一种商品的市场供给不仅依赖于每一个生产者的供给函数，还依赖于该市场中生产者的数目。假设某一市场上有 n 个生产者，他们各自的供给函数为（2-6）式，该商品的市场供给函数为：

---

① 我们用 P_s 表示个人供给价格，用 P_S 表示市场供给价格。

$$Q_S = \sum s(P) = S(P) \tag{2-8}$$

其中，$s(P)$ 是生产者的个人供给量，Q_S 或 $S(P)$ 是市场供给量。

一种商品的市场供给量是每一个价格水平上的该商品的所有个人供给量的加总。因此，市场供给曲线是单个生产者的供给曲线的水平加总。

由于市场供给曲线是单个生产者的供给曲线的水平加总，因此，市场供给曲线同样向右上方倾斜，满足供给定律。

市场供给函数既可以使用线性函数，也可以使用非线性函数。但是，为了分析的方便，在以后的分析中，我们主要采用线性供给函数。用公式表示为：

$$Q_S = S(P) = -\delta + \gamma P \tag{2-9}$$

其中，$\frac{\delta}{\gamma}$是供给曲线在纵轴上的截距，叫作**停止营业价格**（shut-down price）[①]，表示当市场价格等于或低于这一价格时，企业将停止营业或生产；γ 表示供给曲线相对于价格轴的斜率，即 $\gamma=\frac{\Delta Q_S}{\Delta P}$，或者 $\gamma=\frac{dQ_S}{dP}$。δ 与 γ 都为常数，它们将被用来表示影响供给量的其他因素。线性供给曲线见图 2-6。

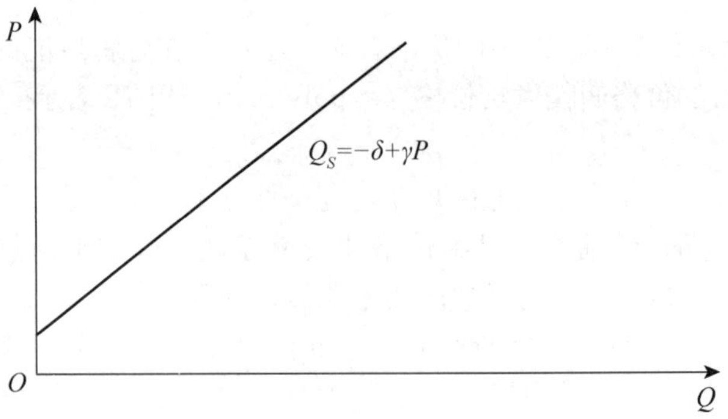

图 2-6 线性供给曲线

二、直接供给与广义供给

（一）直接供给函数与广义供给函数

从广义上讲，市场上所有生产者在一定时期愿意供给并且能够供给的某种商品数量就是市场供给量。市场供给量的影响因素有很多，除了市场价格以外，微观经济学主要关注：

（1）**生产者的目标**（A）：不同的生产单位具有不同的目标，它将直接影响生产单位的供给行为。

（2）**生产技术**（T）：它影响生产者——企业的投入-产出关系。

（3）**生产要素的价格**（P_f）：它影响供给的成本。

① 它也被叫作“遏制供给的价格”（choke price for supply）。杰克·赫舒拉发，阿米亥·格雷泽，大卫·赫舒拉发. 价格理论及其应用：原书第7版. 北京：机械工业出版社，2009：33. 有关它的性质，我们将在第六讲讨论。

（4）**生产者对未来商品价格的预期**（P_e）：它影响企业在现在与未来之间的供给决策；

（5）**生产者可生产的其他相关商品的价格**（P_r）：如果一家企业能生产多种商品，一种商品价格的变动无疑会影响其他商品的供给量。

（6）**政府税收或补贴**（t）：它影响企业的成本或收益。

（7）**生产者数量**（n）：一个商品市场上生产者数量的增加会使市场上该商品的供给量增加；反之则反是。

如果把影响供给的因素作为自变量，把供给量作为因变量，那么，就可以用函数关系来表示影响供给的因素与供给量之间的关系，用公式表示为：

$$Q_S=S(P,\ A,\ T,\ P_f,\ P_e,\ P_r,\ t,\ n) \tag{2-10}$$

当我们假定生产者的目标、生产技术、生产要素的价格、相关商品的价格、预期和生产者数量等因素不变时，（2－10）式就变成（2－8）式。当我们假定（2－8）式是一条线性函数时，生产者的目标、生产技术、生产要素的价格、相关商品的价格、预期和生产者数量等因素的变动就可以通过 δ 反映，（2－8）式就可以表现为（2－9）式。

为了将（2－10）式与（2－8）式表示的供给函数区分开来，有人将前者叫作**广义供给函数**（general supply function）①，将后者叫作**直接供给函数**（direct supply function）。②

在微观经济学中，我们通常只使用直接供给函数，并将其简称为供给函数，供给量也只是指生产者在特定价格条件下的销售数量。这样一来，广义供给函数中影响供给量的因素，除了市场价格以外，在直接供给函数中都变成了影响供给的因素。

（二）供给量的变动和供给的变动

（1）**含义不同**：**供给量的变动**（changes in the quantity supplied）是指在其他条件不变时，由某商品的价格变动所引起的该商品供给数量的变动；**供给的变动**（changes in supply）是指在某商品价格不变的条件下，由于其他因素变动所引起的该商品的供给数量的变动。

（2）**原因不同**：供给量的变动原因是商品本身的价格变动；供给的变动原因是其他因素（如生产者的目标、生产技术、预期和其他商品的价格等）的变动。

（3）**图示不同**：在几何图形中，供给量的变动表现为商品的价格-供给量组合沿着一条既定的供给曲线运动；供给的变动表现为供给曲线的位置发生移动，如图 2－7 所示。其中，供给量从 Q_1 到 Q_2 的变化可由两方面的原因解释：一是商品本身的价格上升所导致的供给量增加（或变化），二是商品价格以外的其他因素（如生产技术、生产要素的价格、预期和政府税收或补贴等）的变化所导致的供给量增加（或变化）。微观经济学把前者叫作供给量的变化（在图 2－7 中，表现为价格-供给量组合沿着供给曲线 Q_S 从 A 点移动到 B 点），把后者叫作供给的变化（在图 2－7 中，表现为价格-供给量组合从供给曲线 Q_S 上的 A 点移动到供给曲线 Q'_S 上的 C 点）。

---

① 克里斯托弗·R. 托马斯，S. 查尔斯·莫瑞斯. 管理经济学：第 9 版. 北京：机械工业出版社，2009：32.

② 同①33.

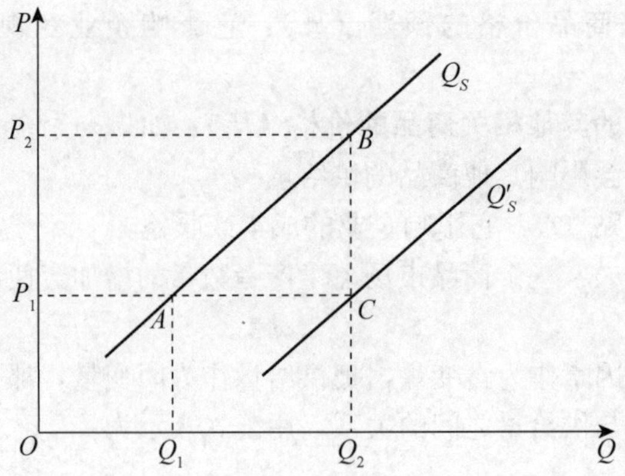

图 2-7　供给的变化与供给量的变化

第三节　均衡价格与弹性分析

前面我们分别学习了市场需求和市场供给，现在我们来学习“供给和需求的市场力量”①。《牛津高阶英汉双解词典》的解释如下：

> **市场力量（market forces）**：a free system of trade in which prices and wages rise and fall without being controlled by the government.（一个价格和工资的升降不受政府控制的自由贸易系统）。②

在“一个价格和工资的升降不受政府控制的自由贸易系统”中，价格和工资是如何被决定的？这样决定的后果是什么？对于前一个问题的回答叫作均衡价格的决定和变动，或者叫作市场机制；对于后一个问题的回答叫作市场机制的作用。对这两个问题的回答构成了本节的内容。

现在，我们来回答第一个问题：均衡价格的决定和变动。

一、均衡价格的决定和变动

在第一讲中我曾告诉过大家，微观经济学对人与人互动关系的分析是通过均衡概念展开的。但是，在那里我们并没有深入地讨论这个概念。下面，我将结合均衡价格的决定和变动，深入地讨论“均衡”的性质。首先，我们在一般意义上讨论这个概念。

（一）均衡的定义与分类

在不同的场合，**均衡**（equilibrium）有着不同的定义：

在日常用语中，“**equilibrium（平衡；均衡）**：a state of balance, especially between opposing forces or influence（尤指相反力量或影响之间的平衡）”③。

这个定义的缺点是，它没有告诉我们如何判断“相反力量或影响之间的平衡”。

《简明不列颠百科全书》写道：“平衡（equilibrium）：物理学中指作用在质点上的所

---

① 曼昆. 经济学原理（微观经济学分册·第六版）. 北京：北京大学出版社，2012：24.

② 霍恩比. 牛津高阶英汉双解词典. 6版. 北京：商务印书馆，2004：1068.

③ 同②574.

有力的合力（或矢量和）为零的状态。"①

"作用在质点上的所有力的合力（或矢量和）为零的状态"，就是作用在质点上的"相反力量或影响之间的平衡"状态。此时，"质点"处于相对静止状态，并成为判断"均衡"的指标。

马歇尔将物理学的"均衡"概念引入了经济学。

"在西方经济学中，均衡是一个被广泛运用的重要概念。**均衡的最一般的意义是指经济事物中有关的变量在一定条件的相互作用下所达到的一种相对静止状态。**"②

只要我们把"经济事物中有关的变量"看成是物理学中的"质点"，经济学中的均衡概念的一般意义就是物理学概念的一个套用或翻版。

在分析均衡价格的决定和变动时，我们将根据所考虑市场的范围，把均衡分为**一般均衡**（general equilibrium）与**局部均衡**（partial equilibrium），前者考虑到所有市场，后者只考虑一个市场。本讲属于局部均衡分析，第六讲才讨论一般均衡分析。根据是否考虑时间因素，把均衡分为**静态均衡**（static equilibrium）、**比较静态均衡**（comparative static equilibrium）和**动态均衡**（dynamic equilibrium）。静态均衡和比较静态均衡分析都不考虑时间因素，动态均衡分析考虑时间因素。本书只考虑静态和比较静态均衡分析，不考虑动态均衡分析。这样做的依据是：虽然高鸿业版《西方经济学》（第六版）教科书为了说明动态均衡分析的特征，专门讲了蛛网理论。但是，"近年来，人们对蛛网模型的兴趣已日渐消退，主要刊物上也很少出现有关这方面的文章"③。这种情况也蔓延到了教科书领域，我们在国外流行的微观经济学教科书中，也同样难觅蛛网模型的踪影。

（二）均衡价格的决定：图形分析

1．均衡价格是供求力量之间平衡的标志

这一性质我们可以从直接套用"均衡"的一般意义得到。在图 2－8 中，市场供求力量之间的平衡点是市场供给曲线与市场需求曲线的交点，我们把它叫作**均衡点**（E），它所对应的价格是**均衡价格**（equilibrium price，以 P_E 表示），它所对应的产量是**均衡产量**（Q_E）。

对于图 2－8，我们需要回答的问题是：为什么 E 对应的市场价格和数量具有稳定性？对这个问题的回答，就引出了均衡价格的第二个性质。

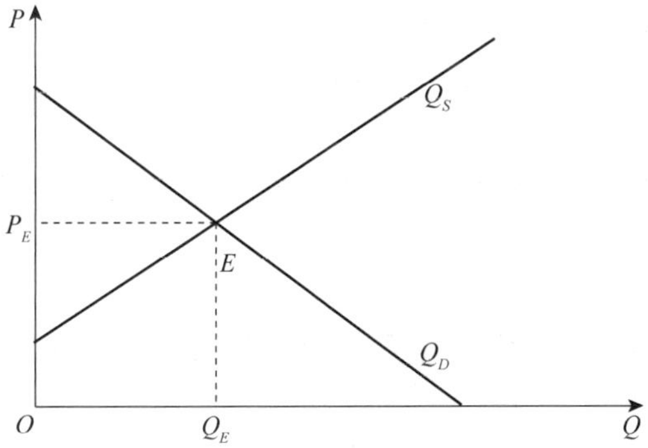

图 2－8　均衡价格与均衡数量

① 中国大百科全书出版社《简明不列颠百科全书》编辑部．简明不列颠百科全书：第 6 卷．北京：中国大百科全书出版社，1986：500．

② 高鸿业．西方经济学（微观部分・第七版）．北京：中国人民大学出版社，2018：28．

③ B．彼得・佩歇简．蛛网定理//伊特韦尔，等．新帕尔格雷夫经济学大辞典：第一卷．3 版．北京：经济科学出版社，1996：505．

2. 均衡价格是自由市场过程的一种倾向性结果①

为了说明这一性质，让我们来考察偏离均衡点 E 的后果。

首先，假设市场价格 P_1 高于均衡价格，见图 2-9。该价格所对应的供给量是 Q_S^1，需求量是 Q_D^1，$Q_S^1>Q_D^1$，说明市场出现供过于求或生产过剩，其数量为 $Q_S^1-Q_D^1$。生产过剩的直接后果是企业投资资金无法收回。为了尽快回收资金，企业之间将出现竞争，而企业竞争时为了讨好消费者就会降低价格。价格下降带来两方面的效果：第一，导致消费者的需求量增加；第二，导致企业的供给量减少。这两股力量共同作用的结果是回到均衡点，实现市场出清。②

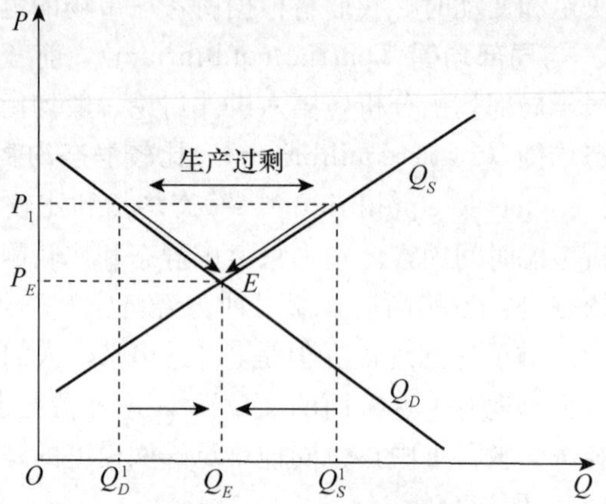

图 2-9 非均衡的调整

其次，当市场价格低于均衡价格时，将出现与上述情况相反的情况：供不应求或生产短缺，直接导致消费者之间的竞争。消费者竞争导致价格上升。价格上升带来两方面的效果：第一，导致消费者的需求量减少；第二，导致企业的供给量增加。这两股力量共同作用的结果是回到均衡点，实现市场出清。③ 该过程的图形省略。

对于自由市场过程的这种倾向性的结果，经济学家们有不同的叫法：

> 市场机制（market mechanism）是指在一个自由市场上能使价格变化到市场出清为止的趋势，即直到供给量与需求量相等为止。④
>
> ——平狄克和鲁宾费尔德

> 经济学把供求随价格变动而**自动趋向**于均衡的情形看成是市场机制的自发调节。⑤
>
> ——《西方经济学》编写组

> 价值规律……作为盲目的自然规律起作用，并且是在生产的各种偶然变动中，维

① 更一般地讲，经济学中的均衡是“任何特定的经济过程‘倾向’的结果”。正是根据这一性质，“均衡分析（加上它派生的不均衡分析）一直是经济理论得以鼓吹自己是科学理论的理论基础”。默里·米尔盖特. 均衡：概念的发展//伊特韦尔，等. 新帕尔格雷夫经济学大辞典：第二卷. 3版. 北京：经济科学出版社，1996：193.

② 此时也被叫作买方市场，即对买方有利的市场。

③ 此时也被叫作卖方市场，即对卖方有利的市场。

④ 罗伯特·S. 平狄克，丹尼尔·L. 鲁宾费尔德. 微观经济学：第六版. 北京：中国人民大学出版社，2006：26-27.

⑤ 《西方经济学》编写组. 西方经济学：上册. 北京：高等教育出版社，人民出版社，2012：59.

持着生产的社会平衡。①

——马克思

3. 均衡价格（和均衡产量）是一个纳什均衡

只要我们把图 2-8 中的价格与数量组合叫作消费者或企业的策略组合，那么，需求曲线上的每个点都对应着消费者的一个条件策略组合，供给曲线上的每个点都对应着生产者的一个条件策略②，均衡点 E 对应的策略组合则是一个纳什均衡。③ 因为在均衡点 E，消费者和生产者都不再有单独改变策略组合的倾向，“在这样的状态中有关该经济事物的各方面的经济行为者的愿望都得到满足”④。

（三）均衡价格的决定：数学模型

1. 经济理论与经济模型

在第一讲我们简要讨论实证主义科学观时，从形式逻辑上定义了“理论”，它是一个有公理的、有前提的演绎结构。结合经济学的研究对象——经济运行，我们可以将经济理论定义成“一系列被纳入一个逻辑框架的关于经济运行的观点集合”⑤。

与经济理论紧密相关的一个概念是经济模型。按照蒋中一教授的定义：“经济模型仅仅是一种理论框架，并没有必须采用数学形式的内在理由。然而，如果模型是数学模型，那么，它通常包括一组用以描述模型结构的方程。这些方程以某种方式把一定数量的变量联系在一起，并给出所采用的一组分析假设的数学形式。然后通过对这些方程进行相应的数学计算，我们便可以推导出一系列在逻辑上服从这些假设的结论。”⑥

下面，我们用均衡价格模型说明上述均衡价格的决定，并简要讨论经济模型的特征。

2. 市场均衡模型

我们在第一讲已经指出，均衡分析的数学工具是联立方程组求解。描述（局部）市场均衡的联立方程有：(2-4) 式表示市场需求，它体现着消费者的行为特征（需求定律）；(2-9) 式表示市场供给，它体现着生产者的行为特征（供给定律）；它们都“规定了当其他变量变化时，某一变量相应的变化方式”⑦。因此，它们被叫作**行为方程**。另外，我们还要引入一个等式，它是“描述实现均衡前提条件的方程”⑧，因此叫作**均衡条件**：

$$Q_D = Q_S \tag{2-11}$$

在下一节，我们即将用到经济学范围内涉及的第三种类型的方程——定义方程。我在这里也就顺便讲一下：

定义方程是在两个具有完全相同含义的不同表达式之间建立恒等式。对于这种方

① 马克思，恩格斯. 马克思恩格斯全集：第 25 卷. 北京：人民出版社，1974：995.

② 或者说，需求曲线是消费者对市场价格的反应函数，供给曲线是生产者对市场价格的反应函数，供求曲线的交点就是古诺-纳什均衡。

③ 高鸿业. 西方经济学（微观部分·第七版）. 北京：中国人民大学出版社，2018：295.

④ 同③28.

⑤ 安德鲁·B. 亚伯，本·S. 伯南克，迪安·克劳肖. 宏观经济学. 北京：中国人民大学出版社，2011：15.

⑥ 蒋中一. 数理经济学的基本方法. 北京：商务印书馆，2003：11.

⑦ 同⑥13. “从广义上讲，行为方程可以用于描述一般的制度性模型，包括技术方面（如生产函数）的模型，也包括法律方面的模型（如税收结构）。”

⑧ 同⑥14.

程，我们通常用恒等号“≡”（读作“恒等于”）代替通常的“=”，尽管后者也是可以接受的。[①]

通过将（2-4）式、（2-9）式和（2-11）式联立方程组，就得到市场均衡的数学模型：

$$\begin{cases} Q_D = D(P) = \alpha - \beta P & (2-4) \\ Q_S = S(P) = -\delta + \gamma P & (2-9) \\ Q_D = Q_S & (2-11) \end{cases}$$

通过求解上述方程组，就可以得到图 2-8 中的均衡价格和均衡产量：

$$\begin{cases} P_E = \dfrac{\alpha + \delta}{\beta + \gamma} \\ Q_E = \dfrac{\alpha\gamma - \beta\delta}{\beta + \gamma} \end{cases}$$

它们是用已知方程组的固定参数来表示的解，叫作**解式方程**或**简约方程**。[②]

另外，我们也可以把（2-4）式和（2-9）式中的变量分成两种类型：

外生变量（源于模型之外）是指由模型外部的因素所决定的变量，其大小仅被视为给定的数据，它是模型据以建立的外部条件，如 α、β、γ 和 δ。

内生变量（源于模型内部）是指必须通过模型的求解过程才能算出来的变量，如需求量和商品本身的价格。

3. 静态均衡分析与均衡的数学模型定义

在上述均衡价格决定模型中，当需求函数和供给函数的外生变量 α、γ、β、δ 被赋予确定数值以后，便可以求出相应的均衡价格和均衡数量的数值。在图 2-8 中，相当于由既定的需求曲线和供给曲线的交点 E 所对应的价格和数量。这种根据既定的外生变量的数值来求解内生变量值的分析方法，叫作**静态分析方法**。

根据上述有关市场均衡数学模型的讨论，我们可以得到“均衡”的数学模型定义：

马克卢普“将均衡定义为‘选定的一组具有内在联系的变量，经过彼此调整，使这些变量所构成的模型不存在内在变化倾向’的一种状态”[③]。

结合市场均衡的数学模型，我们来考察一下马克卢普有关“均衡”定义的三个要点：

第一，“选定的”一词强调，模型的内生变量和外生变量的划分是相对研究者的目的来说，均衡仅与选定的变量有关。例如，在局部市场均衡模型中，“选定的”内生变量只有：供给量、需求量和价格。

第二，“具有内在联系的”，表现在局部市场均衡模型中，供给量与市场价格同方向变动（供给函数），需求量与价格反方向变动（需求函数），供给量与需求量都可以通过市场价格得到调节（或联系）。因此，当模型实现均衡时，需求量、供给量和市场价格都必须同时处于静止状态；否则某些变量变化，必然引起其他变量的连锁反应，均衡便不再存在。

第三，“不存在内在变化倾向”，意味着我们在定义市场均衡时，仅以模型内部的供求

① 蒋中一. 数理经济学的基本方法. 北京：商务印书馆，2003：13.

② 詹姆斯·K. 加尔布雷斯，小威廉·戴瑞提. 宏观经济学. 北京：经济科学出版社，1997：91-92.

③ 同①46.

力量平衡为基础，假定外部因素保持不变。从运算角度说，这意味着外生变量保持不变。当外部因素发生变化时，将会导致均衡价格和产量的变化。①

（四）均衡价格的变动

（1）**市场需求的变动所引发的均衡价格的变动**：在供给不变的情况下，需求的变动将分别引起均衡价格和均衡数量的同方向变动，见图 2－10。

（2）**市场供给的变动所引发的均衡价格的变动**：在需求不变的情况下，供给的变动将分别引起均衡价格的反方向变动和均衡数量的同方向变动，见图 2－11。

上述两个结论合称**供求定律**②。

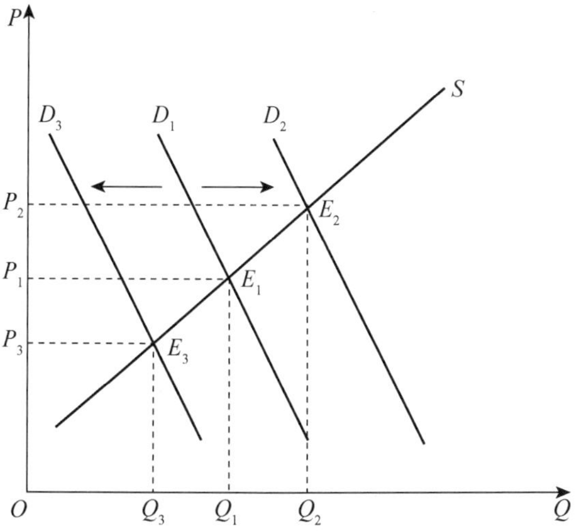

图 2－10　需求变动对均衡价格的影响

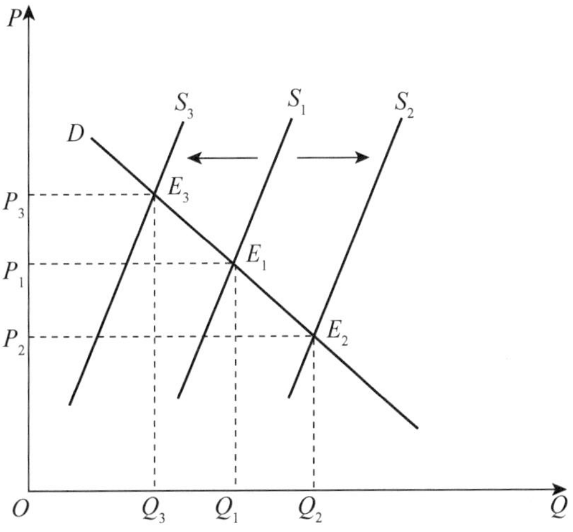

图 2－11　供给变动对均衡价格的影响

（3）市场需求和市场供给同时变动（见图 2－12）所引发的均衡价格的变动方向难以确定。

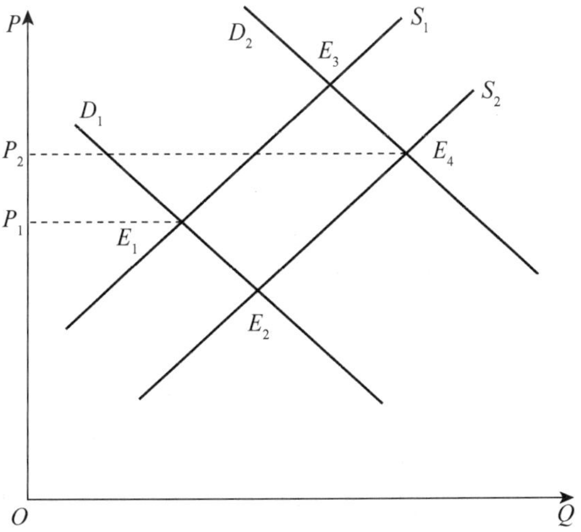

图 2－12　需求和供给同时变动对均衡价格的影响

① 蒋中一. 数理经济学的基本方法. 北京：商务印书馆，2003：46-47.

② 高鸿业. 西方经济学（微观部分·第七版）. 北京：中国人民大学出版社，2018：31.

(4) 在图 2-10、图 2-11 和图 2-12 中，当外生变量的变化使得需求曲线或供给曲线的位置发生变动时，表示内生变量价格和数量的数值的均衡点的位置也会发生变动。同理，在决定均衡价格的数学模型中，当外生变量 α、γ、β、δ 的数值发生变化时，相应的内生变量的数值也会发生变化。这种研究外生变量变化对内生变量的影响方式，以及分析比较不同数值的外生变量下的内生变量的不同数值，叫作**比较静态分析**。

二、市场机制

张五常在《制度的选择》中指出："今天在中国有好些同学们欣赏的一句话——价格决定什么远比价格是怎样被决定的重要——我只是从阿师口述听到，发展开来是非常重要的思想。"①

有关"均衡价格的决定和变动"的讨论，回答了我们在本节开头提出的第一个问题：在"一个价格和工资的升降不受政府控制的自由贸易系统"中，价格和工资是如何被决定的？即回答了张五常提出的"价格是怎样被决定的"这个问题。现在，我们来回答第二个问题：这样决定的后果是什么？即讨论"价格决定什么"这个问题。

有关这个问题的回答，涉及"市场机制"的作用。为此，我们首先需要回答：什么是机制？什么是市场机制？

（一）机制与市场机制

1. 机制

根据《辞海》的定义，"机制：(1) 机器制造的，如机制纸。(2) 指有机体的构造、功能和相互关系。如生理机制。(3) 指一个工作系统的组织或部分之间相互作用的过程和方式。如：竞争机制；市场机制。"②

我们使用机制的第二、三个含义。例如，自行车就是一个工作系统，它包括自行车的构成要素及其相互作用的过程：首先，自行车有前轮、后轮、车架、车把、鞍座、中轴、脚蹬、曲柄链轮、链条、后轴等要素（或零件），这些零件之间的关系如图 2-13 所示，这就是自行车的构成；其次，自行车的运作方式是，人坐在鞍座上，通过踩动脚蹬，运用杠杆原理，转动曲柄链轮，通过链条，将人力传动给后轴，由后轴转动后轮，驱动前轮，运用惯性原理，就出现了自行车向前运动。

2. 市场机制

将市场比作一台机器，市场机制就是指市场的构成与运作原理。根据图 2-12，我们不难发现，市场的构成要素包括消费者——买方（其特征是希望价格越低越好）、生产者——卖方（其特征是希望价格越高越好）、竞争（包括生产者之间的竞争、消费者之间的竞争）、市场价格与均衡价格。这些要素之间的相互关系和运作原理见图 2-12，可以简单地总结为：

第一，当产品市场出现供不应求（即短缺）时，市场价格低于均衡价格，消费者之间的竞争将导致市场价格上升，这将导致两个方面的影响：消费者将减少需求量，生产者将增加供给量，市场将实现均衡（或出清）。

第二，当产品市场出现供过于求（即过剩）时，市场价格高于均衡价格，生产者之间的竞争将导致市场价格下降，这将导致两个方面的影响：消费者将增加需求量，生产者将

---

① 张五常. 制度的选择. 北京：中信出版社，2014：29.

② 夏征农，陈至立. 辞海. 第六版普及本. 上海：上海辞书出版社，2010：827.

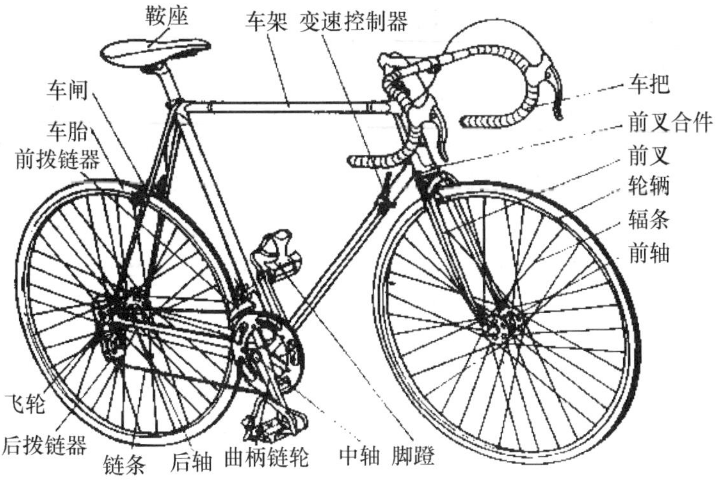

图 2-13　自行车的结构与运作原理

减少供给量，市场将实现均衡（或出清）。

因此，在一个完全竞争的市场中，价格的伸缩性将保证市场实现出清。这也就是平狄克和鲁宾费尔德所说的“市场机制”①，中国学者所说的“市场机制的自由调节”，马克思所说的“价值规律”，英语中的“市场力量”。

（二）市场机制的作用②

弗里德曼指出：“价格在组织经济活动方面起三个作用：第一，传递情报；第二，提供刺激，促使人们采用最节省成本的生产方法，把可得到的资源用于最有价值的目的；第三，决定谁可以得到多少产品，即收入的分配。这三种作用是密切关联的。”③

市场机制正是通过它传递信息的功能和提供激励（奖惩）的功能，实现社会资源最优配置（或者说实现生产、交换、分配和消费活动）。具体表现是④：

（1）把生产与消费方面的各种信息综合成“价格”这一简单明确的信息，传达给生产者和消费者，调节供求，实现均衡。前面介绍的供求定律就清楚地说明了这一点。

（2）指导消费者如何消费：鼓励消费者多消费比较丰富的资源，告诫消费者节约比较稀缺资源的使用。我们将在第三讲做进一步讨论。

（3）指导生产者生产什么、生产多少和如何生产：生产以消费者的需求为依据决定生产什么和生产多少；尽量使用比较充裕的资源，提高生产技术。我们将在第四、五讲做进一步讨论。

（4）作为一种自发性的奖惩制度：通过价格让生产和消费有效率的人获得更多资源的

---

① 在夏征农和陈至立主编的《辞海》（第六版普及本）中，市场机制的定义是：“市场经济体系中各种市场主体、客体要素之间的有机联系和相互作用，及其对资源配置的调节功能。一般指广义价格（包括要素价格和产品价格）的作用机制，是价值规律调节商品生产和流通的主要形式。其作用过程是：对同种商品，供过于求时，卖方竞争，价格下降，利润减少，生产缩小；供不应求时，则相反。对不同商品，供求结构变化时，相对价格变化，各种生产要素横向流动，产品、技术和地区经济结构发生变化。”显然，上述关于市场机制、市场力量的定义都大同小异。

② 你不妨把这里所列举的市场机制的作用，与政治经济学课程中关于价值规律的作用做一个对比，你会发现它们完全一致。

③ M. 弗里德曼，R. 弗里德曼．自由选择：个人声明．北京：商务印书馆，1982：19.

④ 张清溪，许嘉栋，等．经济学理论与实际：第三版（上册）．台湾：翰芦图书出版公司，1995：77.

支配权，使生产和消费缺乏效率的人被自发地淘汰。我们也将在第五讲讨论。

（三）价格控制

（1）政府对市场价格的干预有两种方式：一种是对完全竞争市场的价格干预，叫作**价格控制**（price control），它可以进一步划分为最高限价和最低限价；一种是对不完全竞争市场的价格干预，尤其是对自然垄断价格的干预，叫作**价格管制**（price regulation），它可以划分为平均成本定价法、边际成本定价法、双重定价法和资本回报率管制等。不过，在高鸿业版《西方经济学》（微观部分·第六版）中，已经淡化了对价格管制的讨论。

（2）微观经济学讨论价格控制的目的在于说明当市场机制被政府干预扭曲以后，它将以另外的形式表现出来或建立新的市场来配置资源。这是因为，生产者和消费者的理性自利行为不会被政府行为所改变，通过交易来获益的客观可能性就不能被改变。

三、弹性分析

（一）弹性分析的一般意义

1. 弹性

在不同的场合，“弹性”一词有不同的定义。在日常用语中，**弹性**（elasticity）是指某物具有拉长和恢复到它原来尺寸和形状的属性（the quality that sth has of being able to stretch and return to its original size and shape）[①]。在物理学中，弹性是指某物体对外界力量的反应力。[②] 在经济学中，弹性是指当经济变量之间存在函数关系时，因变量对自变量变化反应的灵敏程度，或者说，就是计算当自变量变化 1 个百分点时，因变量会变化几个百分点。[③] 这三个概念有相同之处。

2. 弹性的定义式

对于任意给定的**总函数** $y=f(x)$，根据前面的定义就可以得到 y 对 x 的弹性表达式：

$$E_{yx}=\frac{\Delta y\%}{\Delta x\%}=\frac{\Delta y/y}{\Delta x/x}=\frac{\Delta y/\Delta x}{y/x} \tag{2-12}$$

（2-12）式就是弹性的**定义式**（或称**定义方程**），也叫作**弧弹性**计算公式。在此只讨论**点弹性**的计算公式，即当 $\Delta x\rightarrow 0$ 时，（2-12）式就转化为：

$$E_{yx}=\frac{\mathrm{d}y/\mathrm{d}x}{y/x}=\frac{\text{边际函数}}{\text{平均函数}} \tag{2-13}$$

其中，$\mathrm{d}y/\mathrm{d}x$ 是总函数的**导数**或**边际函数**，y/x 是总函数的**平均函数**。因此，对于任意给定**总函数** $y=f(x)$，y 对 x 的**点弹性**可以看成是边际函数与平均函数的比率。

3. 点弹性的几何意义

根据（2-13）式，我们可以得到点弹性的几何计算方法（或含义），见图 2-14。在

① 霍恩比．牛津高阶英汉双解词典．4 版．北京：商务印书馆，1997：547.

② 更形象地说，“如果一个物体当一个力作用其上时发生变形，在这个力撤去后又恢复原状，那么，就说该物体是有弹性的。影响需求量的‘力’之一，就是它的价格；较高的价格将需求量压到较低的数量。需求的价格弹性就用来度量作为力的价格使需求量‘变形’的程度”。白暴力．微观经济理论．西安：西北工业大学出版社，2003：48.

③ 该定义强调了弹性分析的方法意义，即只要存在函数关系，就可以利用弹性分析方法来增强我们对该函数性质的理解。对弹性分析方法在微观经济学中的运用感兴趣的同学，可以阅读李政军．微观经济学课程中的弹性分析法．南京审计学院学报，2009（3）：105-109。当然，论文中的一些思想也会贯穿于后面将要讨论的生产函数、成本函数和市场结构理论中。

图 2－14 中，我们分别描述了总函数曲线斜率为负和为正的两种情况。在每一种情况下，在总函数曲线上 A 点或定义域中的 $x=x_0$ 点的边际函数值，由切线 AB 的斜率来度量，平均函数值由直线 OA（连接原点与曲线上给定点 A 的直线）的斜率来度量，A 点的弹性值为：

$$E_{yx}=\frac{\mathrm{d}y/\mathrm{d}x}{y/x}=\frac{\text{边际函数}}{\text{平均函数}}=\frac{Ax_0/Bx_0}{Ax_0/Ox_0}=\frac{Ox_0}{Bx_0} \tag{2-14}$$

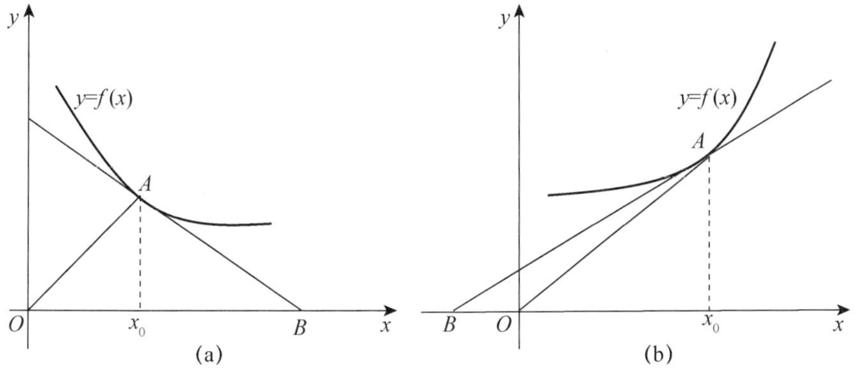

图 2－14　点弹性值的确定

4. 弹性概念在微观经济学中的运用

我们可以将弹性概念在微观经济学中的运用概括为表 2－4。

表 2－4　　弹性概念在需求函数和供给函数中的运用

<table>
<tr><td rowspan="9">弹性概念</td><td colspan="2">供给函数</td><td>供给弹性</td><td>与需求弹性结合，分析竞争市场的税收负担</td></tr>
<tr><td rowspan="4">广义需求函数</td><td rowspan="2">直接需求函数</td><td rowspan="2">需求价格弹性</td><td>完全竞争行业的销售收入与需求价格弹性的关系</td></tr>
<tr><td>用于垄断势力度的衡量、垄断企业的定价原则、垄断市场的税收负担、价格歧视的条件、三级价格歧视的定价原则</td></tr>
<tr><td>交叉品需求函数</td><td>需求交叉弹性</td><td>产品的划分标准（替代品与互补品）、市场结构的划分标准</td></tr>
<tr><td>恩格尔曲线</td><td>需求收入弹性</td><td>产品的划分标准（正常品与劣等品）</td></tr>
<tr><td colspan="2" rowspan="2">生产函数</td><td>投入的产出弹性</td><td>欧拉定理：各个要素收入占总产出的比例，刚好等于要素的产出弹性</td></tr>
<tr><td>劳动的产出弹性</td><td>用于划分生产函数的三个阶段</td></tr>
<tr><td colspan="2" rowspan="2">长期成本函数</td><td>规模弹性</td><td>用于判断规模报酬的类型</td></tr>
<tr><td>成本-产出弹性</td><td>用于判断规模经济与不经济</td></tr>
</table>

下面，我们就来讨论需求价格弹性在本讲的一个重要运用：需求价格弹性与行业销售收入的关系。

（二）需求价格弹性与行业销售收入的关系①

对于需求价格弹性与行业销售收入之间的关系，我们可以通过图 2－15 来说明。

---

① 高鸿业版教科书的标题叫作“需求的价格弹性和厂商的销售收入”［高鸿业．西方经济学（微观部分·第七版）．北京：中国人民大学出版社，2018：41］。在我看来，这个标题并不准确，因为这里讨论的需求曲线是市场需求曲线，并不是企业面临的需求曲线，它们只有在完全垄断市场才一致，才可以讨论“需求的价格弹性和垄断厂商的销售收入”之间的关系。更重要的是，这里讨论的整个背景是完全竞争市场，在第五讲我们将知道，完全竞争企业是价格的接受者，它面临的需求曲线具有完全的弹性（即垄断势力度等于零），它的销售收入与需求价格弹性无关。因此，这里的销售收入，更准确地讲，是行业的销售收入或市场上所有消费者的总支出。

假设市场需求曲线是 Q_D，初始产量与价格的组合是（Q，P），为了不考虑价格变动的方向，它在图 2-15 中既可以位于 A 点，也可以位于 B 点，初始的行业销售收入就是 $TR=QP$。

假设价格变动的幅度是 ΔP，导致需求量变动的幅度是 ΔQ，价格变动后的行业销售收入是 $TR'=(Q+\Delta Q)(P+\Delta P)$，行业销售收入的增量是 $\Delta TR=(Q+\Delta Q)(P+\Delta P)-QP=P\Delta Q+Q\Delta P+\Delta Q\Delta P$。

当价格变动的幅度非常小时，$\Delta Q\Delta P$ 可以忽略不计。行业销售收入的增量可以简化为：

$$\Delta TR=\Delta QP+Q\Delta P \tag{2-15}$$

等式两边同时除 ΔP（或者说以市场价格为变量），经过整理得到：

$$\frac{\Delta TR}{\Delta P}=Q(1-E_d) \tag{2-16}$$

其中，$E_d=-\frac{\Delta Q}{\Delta P}\cdot\frac{P}{Q}$。

（2-16）式说明：

（1）当 $E_d>1$，即需求富有弹性时，$\Delta TR/\Delta P<0$，即价格与行业销售收入呈反方向变动关系；

（2）当 $E_d=1$，即需求具有单位弹性时，$\Delta TR/\Delta P=0$，即价格变动不会影响行业销售收入的变动；

（3）当 $E_d<1$，即需求缺乏弹性时，$\Delta TR/\Delta P>0$，即价格与销售收入呈同方向变动关系。

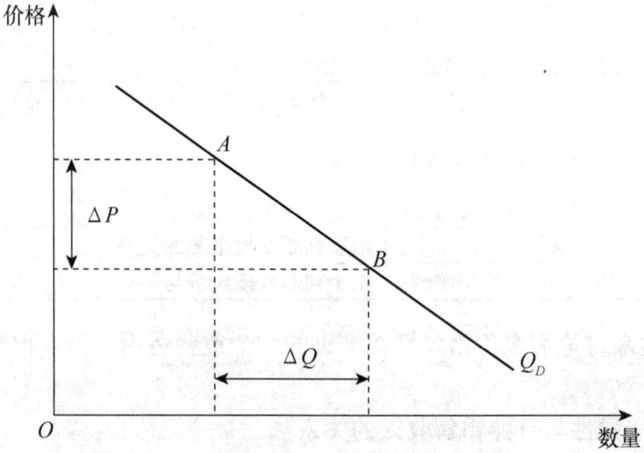

图 2-15　需求价格弹性与行业销售收入的关系

当然，我们也可以在（2-15）式两端同时除以 ΔQ（或者说以产量为变量），经过整理得到：

$$\frac{\Delta TR}{\Delta Q}=P\left(1-\frac{1}{E_d}\right) \tag{2-17}$$

（2-17）式就是我们将在第七讲讨论的垄断企业的边际收益。

四、承上启下的总结

初学者学习完这一讲，很容易产生这样一个错觉，即市场价格是由供给和需求决定的。但萨缪尔森在其《经济学》第十版教科书的类似章节中指出：

> 供给和需求并不是解释价格的最终因素。它们不过是总结性的范畴，以便使我们能分析和说明大量的影响价格的各种力量、原因和因素。供给和需求并不是最终答案，而仅仅替代了原有的问题。我们的工作并没有结束，而是刚刚开始。[①]

我们该怎么理解萨缪尔森的上述论述呢？我们不妨来回顾一下本讲所讲授的主要内容：

首先，我们定义了消费者的个人需求；列举了影响消费者个人需求的因素，包括消费者的偏好、商品本身的价格、收入、相关商品的价格、消费者的预期、政府税收或补贴等；通过水平加总消费者的个人需求得到市场需求；定义需求定律和需求的变化。

其次，我们定义了生产者的个人供给；列举了影响生产者个人供给的因素，包括生产者的目标、商品本身的价格、技术、生产要素的价格、政府税收或补贴以及生产者的预期等；通过水平加总生产者的个人供给得到市场供给；定义供给定律和供给的变动。

最后，运用前面关于供给与需求的概念，引出均衡价格的决定与变动，借助价格的信号功能和激励功能，解决资源的配置问题，即解决一个社会的生产、分配、交换和消费问题，完成对“微观经济学的一个基本主题是市场价格的机制”的介绍。[②]

我们可以把本讲的逻辑顺序总结为图 2－16。但是，本讲却留下了如下六个问题没有回答：

（1）消费者的偏好、商品本身的价格、消费者的收入、相关商品的价格、消费者的预期、政府税收或补贴等因素如何影响消费者的个人需求？

（2）消费者个人对某种商品的需求量为什么与价格呈反方向变动关系？[③]

（3）生产者的目标、商品本身的价格、生产技术、生产要素的价格、政府税收或补贴、相关商品的价格、生产者数量以及生产者的预期等因素如何影响到生产者的个人供给？

（4）生产者个人对某种商品的供给量为什么与价格呈同方向变动关系？[④]

（5）生产者的个人供给不能水平加总为市场供给将如何影响到均衡价格及其资源配置功能？

（6）消费者的个人需求不能水平加总为市场需求将如何影响均衡价格及其资源配置功能？

如果我们不能对上述六个问题作出理论说明，第二讲有关市场机制的资源配置功能就得不到辩护，而没有得到辩护的观点，不可能构成真正的知识。对上述问题的理论回答，就构成了我们接下来要学习的章节，其顺序如下：

第三讲回答（1）～（2）两个问题；

第四～五讲回答（3）～（4）两个问题；

---

① 萨缪尔森. 经济学：中册. 北京：商务印书馆，1986：20.

② 同①31.

③ 反过来说，家庭（消费者）对劳动、土地和资本等原始生产要素的供给量为什么与要素的价格呈同方向变动关系？

④ 反过来说，企业（生产者）对劳动、土地和资本等原始生产要素的需求量为什么与要素的价格呈反方向变动关系？

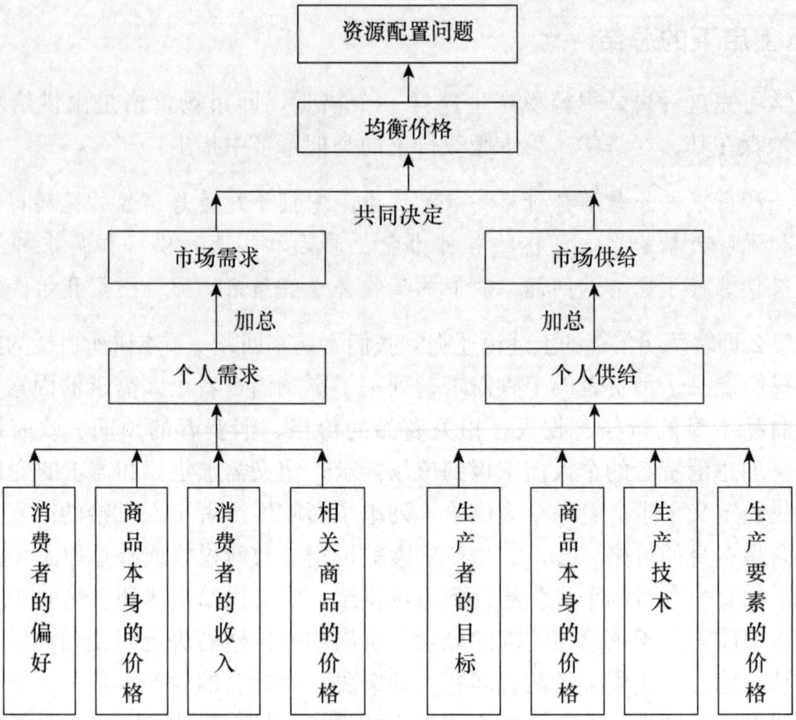

图 2-16　微观经济学的结构

第六讲可以看成是对第二讲内容的补充；

第七讲回答第（5）个问题；

第八讲可以看成是对第七讲寡头市场的补充；

第九讲可以看成是回答第（6）个问题，尤其是公共物品部分。

看来，鹦鹉与经济学家之间的区别不在于他们是否会说“供给”与“需求”，而在于他们对“供给”与“需求”是否作出进一步的解释。如果你不希望成为一只只会说“供给”与“需求”的鹦鹉，而希望成为一位经济学家，那就跟我进入下一讲的学习。

五、典型题解

下面，我们来分析 2004 年武汉大学的一道研究生入学考试题，它以不同的形式出现在其他大学的研究生入学考试中。更重要的是，这道题也显示了供求弹性在分析税收负担中的作用。原题如下：

设一个商品的市场需求与供给曲线都是直线，函数分别为 $Q_D=a-bP$ 和 $Q_S=c+dP$。假如就该商品对厂商或销售方征收从量税，单位商品税收为 T。请回答如下问题：（1）计算其对均衡价格和均衡数量的影响；（2）计算供求双方各自负担的税收是多少，并利用经济学原理解释税收为什么被转嫁，又为什么没有被全部转嫁。

解题技巧

1. *着力挖掘“已知条件”和“求解目标”*

求解目标具有导向性质，因此，我们先来挖掘求解目标。

本试题的第一个求解目标是计算对厂商或销售方征收从量税 T 对均衡价格和均衡数量的影响，它实际上是要求考生计算出征税前后的市场均衡价格与产量，并比较它们各自的变化方向。

本试题的第二个求解目标是计算征税前后市场均衡价格的差额，它就是消费者购买单位产品承担的税收份额，并在此基础上分析供求弹性与税收转嫁比例（或因子）之间的关系。

已知条件是解题的出发点，本题的已知条件有市场供给函数和需求函数，结合市场均衡条件，就能求解出征税以前的市场均衡价格和均衡数量。在图 2－17 中，它们就是 E 点对应的价格与数量。本题的难点是计算对厂商或销售方征收从量税 T 后的均衡价格和均衡数量。在图 2－17 中，对厂商或销售方征收从量税 T 意味着 $Q_S=c+dP$ 向上平行移动 T 个单位，相当于需求价格与供给价格中间嵌入了线段 AB，它的长度正好等于 T。因此，征税后的市场均衡价格就是需求价格，它满足 $P_D-P_S=T$。

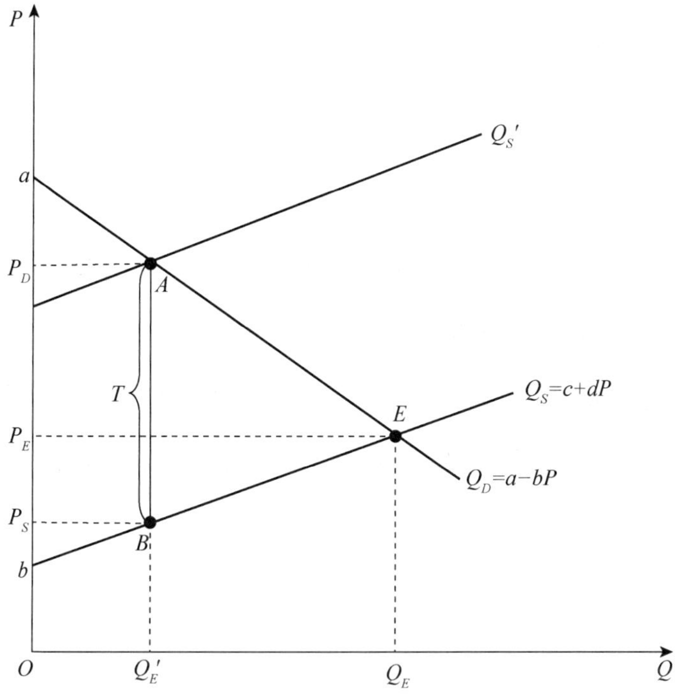

图 2－17　税收分摊

2. *努力寻找解题规则*

本题的解题规则有：征税前的市场均衡模型、征税后的市场均衡模型、供求弹性的计算方法和税收转嫁因子的计算方法。

解答：（1）根据已知条件，得到没有税收时的市场均衡模型（这是第一个解题规则）：

$$\begin{cases} Q_D=a-bP \\ Q_S=c+dP \\ Q_S=Q_D \end{cases}$$

通过求解上述联立方程组，得到没有税收时的均衡产量和价格：

$$\begin{cases} Q_E=\dfrac{cb+ad}{b+d} \\ P_E=\dfrac{a-c}{b+d} \end{cases}$$

对该商品的厂商或销售方征收从量税 T，将导致需求价格与供给价格分离，二者的差额就是税收额。因此，$P_D-P_S=T$，其中，P_D 是需求价格，P_S 是供给价格。征税后的市场均衡模型（第二个解题规则）是：

$$\begin{cases} Q_D=a-bP_D \\ Q_S=c+dP_S \\ P_D-P_S=T \\ Q_S=Q_D \end{cases}$$

通过求解上述联立方程组，得到征税后的需求价格（它就是市场均衡价格）、供给价格与均衡产量：

$$\begin{cases} P_D=\dfrac{a-c+dT}{b+d} \\ P_S=\dfrac{a-c-bT}{b+d} \\ Q'_E=\dfrac{bc+ad-bdT}{b+d} \end{cases}$$

通过比较征税前后的均衡价格与均衡产量得出税收对它们的影响是：

第一，征税导致价格上升，幅度是 $\Delta P=P_D-P_E=\dfrac{a-c+dT}{b+d}-\dfrac{a-c}{b+d}=\dfrac{dT}{b+d}$；

第二，征税导致产量下降，幅度是 $\Delta Q=Q_E-Q'_E=\dfrac{bc+ad}{b+d}-\dfrac{bc+ad-bdT}{b+d}=\dfrac{bdT}{b+d}$。

（2）相对于没有税收的情况，消费者购买单位产品的税收负担绝对量是：

$$\Delta P=P_D-P_E=\frac{a-c+dT}{b+d}-\frac{a-c}{b+d}=\frac{dT}{b+d}$$

相对量是：

$$\frac{P_D-P_E}{T}=\frac{d}{b+d}$$

分子、分母同乘 P/Q，税收负担的相对量是：

$$\frac{P_D-P_E}{T}=\frac{d\cdot\dfrac{P}{Q}}{b\cdot\dfrac{P}{Q}+d\cdot\dfrac{P}{Q}}$$

根据供求弹性的定义，得到 $E_S=d\cdot\dfrac{P}{Q}$，$E_D=-b\cdot\dfrac{P}{Q}$（第三个解题规则：供求弹性的计算方法）。

税收转嫁因子（第四个解题规则：税收转嫁因子的计算方法）[1] 为：

$$税收转嫁因子=\frac{E_S}{E_S-E_D}$$

① 罗伯特·S. 平狄克，丹尼尔·L. 鲁宾费尔德. 微观经济学：第六版. 北京：中国人民大学出版社，2006：272.

根据转嫁因子可知，当 $E_D=0$ 时，转嫁因子$=1$，所有税负由消费者承担；当 $E_D=\infty$ 时，转嫁因子$=0$，生产者承担全部税收。更具体地讲，①在供给富有弹性而需求缺乏弹性的情况下，销售税主要由消费者承担；②在供给缺乏弹性而需求富有弹性的情况下，销售税主要由生产者承担；③在供给弹性和需求弹性相等的情况下，销售税由生产者和消费者等额分担。

第三讲

消费者选择

学习目的

我们在第二讲已经指出，一种商品的个人需求（demand）是指消费者在一定时期内在各种可能的价格条件下愿意购买并且能够购买的数量。理解“个人需求”的第一个要点是“愿意购买并且能够购买”的统一，是“有效需求”。微观经济学用无差异曲线来描述和分析消费者的主观意愿，用预算线来描述和分析消费者的客观购买能力，用消费者均衡来描述和分析有效需求，并以此为基础来推导消费者个人的需求曲线、需求曲线的移动和需求定律。通过本讲的学习，同学们需要掌握：

1. 有关消费者偏好的定义、假设和分析工具，即无差异曲线；
2. 有关消费者客观约束的定义、假设和分析工具，即预算线；
3. 有关消费者理性选择的含义和分析工具，即最优化概念；
4. 根据消费者理性选择的分析工具，解释消费者的个人需求曲线、需求曲线的移动和需求定律；
5. 根据消费者理性选择的分析工具，解释消费者的劳动、土地和储蓄供给曲线以及供给定律。

第一节　消费者偏好

一、商品组合与消费者偏好

（一）商品组合

要定义消费者偏好，首先需要定义商品组合。一个**商品组合**是指一种或多种商品的一个数量组合，或称一个**市场篮子**（market basket）或一个**消费束**

(consumption bundle)。假如某消费者只消费 X 与 Y 两种商品，图 3－1 坐标轴内和坐标轴上的每一个点都对应着一个商品组合。例如，A 点对应的商品组合是(X_A, Y_A)，B 点对应的商品组合是(X_B, Y_B)，C 点对应的商品组合是(X_C, Y_C)。因此，可以把它们分别叫作商品组合 A、B、C。

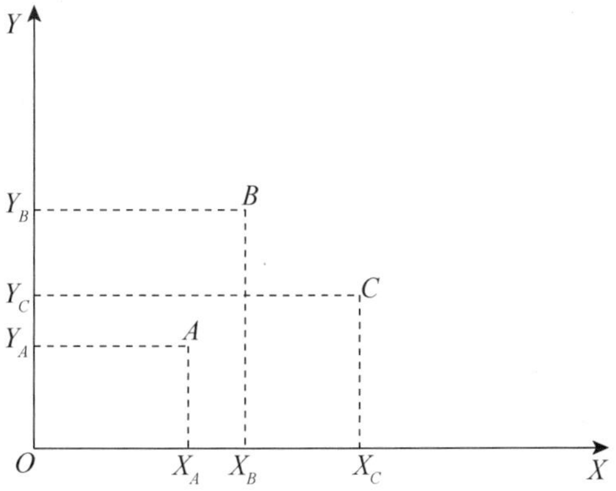

图 3－1　商品组合

（二）消费者偏好

在英语中，偏好无论作为动词（“prefer: to choose one thing rather than sth else because you like it better”），还是名词（“preference: a greater interest in or desire for sb/sth than sb/sth else”），都意味着两物（或人）相较，选择者“更喜欢某物（或人）”，或“认为一物（或人）胜过另一物（或人）”。①

在微观经济学中，“偏好是指消费者对任何两个商品组合所做的一个排序”②。表现在图 3－1 中，假设消费者面对 A 与 B 两个商品组合，如果消费者更喜欢 A 而不是 B（或者说，他认为 A 胜过 B），那么，我们就说他**偏好**（preference，或**喜欢**）A（胜于 B）③，记作 $A \succ B$，读作 A 优于 B。如果消费者认为 A 与 B 之间没有区别，或者说消费者一样喜欢 A 与 B，我们就说消费者对 A 与 B **无差异**（indifferent），记作 $A=B$，读作 A 与 B 无差异（或一样好）。

（三）关于消费者偏好的四个基本假设④

微观经济学假设人们对不同商品组合的偏好遵从如下四个基本假设：

1. 比较公理

比较公理（the axiom of comparison），或称**完备性**（completeness），是指一个人能够比较任意两个商品组合 A 和 B。这种比较必定会得出以下三个结果之一：$A \succ B$（组合 A 优于 B），$A \prec B$（组合 B 优于 A）或 $A=B$（组合 A 与 B 无差异）。比较公理不允许人们说“我不能决定”，它是微观经济学对消费者认知能力的起码要求。

---

① 霍恩比．牛津高阶英汉双解词典．4 版．北京：商务印书馆，1997：1348.

② 高鸿业．西方经济学（微观部分·第七版）．北京：中国人民大学出版社，2018：67.

③ 严格地说，这是一种强偏好。**弱偏好**（at least as good as）是指，在 A 与 B 两个商品或劳务组合之间，如果消费者认为 A 至少与 B 一样好，那么我们就认为该消费者对 A 有较弱的偏好，记为 $A \succeq B$。在本讲中，我们把弱偏好归入强偏好。

④ 罗伯特·S. 平狄克，丹尼尔·L. 鲁宾费尔德．微观经济学：第六版．北京：中国人民大学出版社，2006：67，74.

2. 传递性公理

传递性公理（the axiom of transitivity），或称**传递性**（transitivity），是指考虑任意三个商品组合 A、B、C，如果消费者认为 $A>B$，又认为 $B>C$，那么他一定认为 $A>C$。传递性公理是比较公理在超过两个商品组合后的延伸，它可以避免消费者偏好的非稳定性。

上述两个基本假设被叫作**偏好定律**①，它也是第一讲提到的用二元关系定义的**理性能力**。只要我们遵循偏好定律，就可以得到**偏好的序列命题**（proposition of ordering of preference），即消费者能够前后一致地按照偏好的顺序排列出图 3－1 中所有的商品组合，而偏好顺序与商品组合之间的对应关系，就是**偏好函数**（the preference function）②，用公式表示为：

$$U_i=u_i(X, Y) \tag{3-1}$$

其中，(X, Y) 是一个商品组合，$U_i=u_i(\cdot)$ 是消费者 i 对商品组合 (X, Y) 的偏好顺序。给消费者偏好顺序的赋值，就是商品组合带给消费者的**效用**（utility）。这个概念既是分析消费者理性选择的工具，也是衡量消费者福利（welfare）水平的指标。

微观经济学给偏好顺序赋值有两种方法：一种是用**基数**（1，2，3，…）方法，该方法意味着效用不仅有大小（顺序），能进行加减乘除运算，而且还可以在人与人之间进行比较；另一种是**序数**（第一，第二，第三，…）方法，该方法只表示效用大小，不能用于加减乘除运算和在人与人之间进行比较。我们把基于前一种方法对消费者理性选择的分析叫作**基数效用论**，把基于后一种方法对消费者理性选择的分析叫作**序数效用论**。

在给偏好顺序赋值（即引入效用概念）以后，我们就可以在一个三维空间里面表示商品组合和它带给消费者的效用，见图 3－2。例如，对于商品组合 A，它带给消费者的效用就是线段 AA' 的高度，或者说是 A' 点在效用 U 轴上对应的刻度。

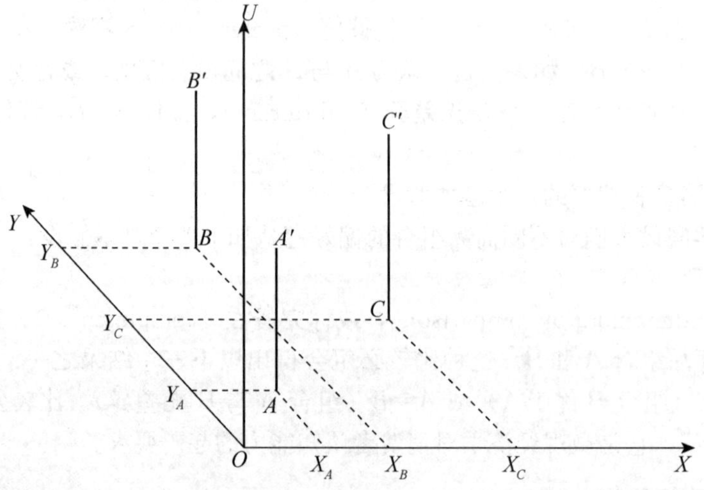

图 3－2　偏好函数

① 杰克·赫舒拉发，阿米亥·格雷泽，大卫·赫舒拉发. 价格理论及其应用：原书第 7 版. 北京：机械工业出版社，2009：62.

② 同①63.

在没有对 X 与 Y 两种商品的性质和消费者的偏好顺序（或效用水平）做进一步说明（或假设）的情况下，我们还无法弄清楚消费者将如何排列图 3－1 中所有商品组合的顺序，即无法描述消费者偏好函数的特征。为此，我们还要继前面两个假设之后补充两个假设。

3. 单调性假设①

假设 X 与 Y 两种商品都是**经济物品**（economic goods，具有稀缺性的物品，或者说越多越好的物品），而不是**有害物品**（bads，越少越好的物品）或**中性物品**（neutrals，多少无所谓的物品）②。该假设与日常生活中人们关于"人贪得无厌"的看法一致。

根据上述三个假设，我们可以对图 3－1 中的 A、B、C 三个组合进行排序，见图 3－2。图 3－2 与图 3－1 的唯一区别是在后者中添加了一条表示偏好顺序或效用水平的纵轴。这样一来，平面坐标中的商品组合 A、B、C 所对应的垂线 AA'、BB'、CC' 的高度，就分别是消费者 i 对商品组合 A、B、C 的偏好顺序或效用水平。根据单调性假设，我们知道，垂线 BB' 和 CC' 都比 AA' 高。但是，我们还不能比较垂线 BB' 和 CC' 的高度。这是因为，在商品组合 B 中，Y 商品的数量高于商品组合 C；但在商品组合 C 中，X 商品的数量高于商品组合 B。为了对这类商品组合进行排序，我们需要引入另外一个假设：凸性假设。

4. 凸性假设

凸性假设又称**边际替代率递减规律**，该假设用一句大家熟悉的话说，就是"物以稀为贵"。对此假设，我们将在后面做进一步说明。

根据上述有关消费者偏好的四个假设，消费者就可以前后一致地按照偏好顺序（或效用水平）的高低（或大小）排列图 3－1 中所有的商品组合，它表现为图 3－3 中的一个效用曲面 $OAZB$③。具体地讲，平面坐标上的任何一点都表示一个商品组合，与每一个商品

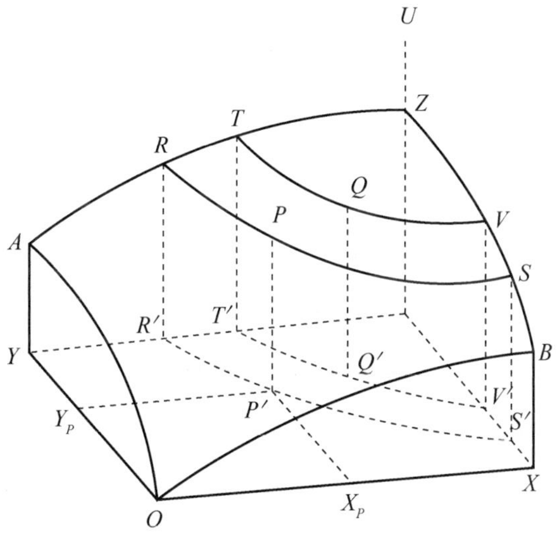

图 3－3　效用曲面和无差异曲线

① 罗伯托·塞拉诺，艾伦·M. 费尔德曼. 中级微观经济学精要. 上海：上海财经大学出版社，2014：8.

② 难怪有经济学家说，这不是一个假设，而是一个定义。杰克·赫舒拉发，阿米亥·格雷泽，大卫·赫舒拉发. 价格理论及其应用：原书第 7 版. 北京：机械工业出版社，2009：64.

③ 高鸿业. 西方经济学（微观部分·第七版）. 北京：中国人民大学出版社，2018：69. 我们只需要把横轴和纵轴分别更换成 X 与 Y 两种商品的数量。

组合对应的偏好顺序（或效用水平）都可以在效用曲面 $OAZB$ 上找到。例如，商品组合 P'，在效用曲面上对应的偏好顺序（或效用水平）是 P 点，其高度 PP' 就是偏好顺序（或效用水平）。

二、无差异曲线

（一）无差异曲线的获得

在图 3-3 中，我们可以把效用曲面 $OAZB$ 上偏好顺序（或效用水平）相同的点连接起来，得到如曲线 RPS 这样的效用等高线，将它投影到平面坐标上，就得到曲线 $R'P'S'$，它所覆盖的所有商品组合的轨迹，就是（偏好顺序/效用水平）无差异曲线（indifference curve）①。

（二）无差异曲线的定义

无差异曲线又称**效用无差异曲线**，表示能给消费者带来相同效用的两种商品的不同组合所形成的一条曲线，见图 3-4，用公式表示为：

$$U^n = u_i(X, Y) \tag{3-2}$$

（3-2）式被叫作**等偏好或效用函数**。其中，U^n 表示某个相同的偏好顺序或效用水平，用序数表示；（X，Y）同样表示商品组合。

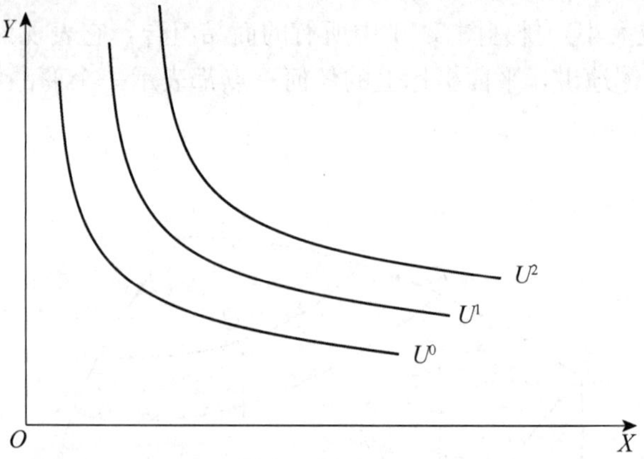

图 3-4　无差异曲线图

（三）无差异曲线图的特征

既然图 3-4 中的无差异曲线根据有关消费者偏好的四个基本假设得到，因此，它的特征反映出了这四个基本假设。

（1）每一个效用水平只对应一条无差异曲线，或者说，每一个商品组合只有一条无差异曲线通过，又或者说，任何两条无差异曲线都不相交。

① “无差异曲线的目的并不是表示现实生活中人们真正的口味信息，而是为了帮助我们理清思路。我们所形成的论点是利用预算线和无差异曲线对理性选择的逻辑性进行全面考虑，该论点将只取决于无差异曲线的一般特征，而不取决于描述现实生活中人的口味曲线的准确形态。”戴维·弗里德曼. 弗里德曼的生活经济学. 北京：中信出版社，2003：24-32.

（2）图 3-4 中有无穷多条无差异曲线，因此，如果我们画出图 3-4 中所有的无差异曲线，那么图 3-4 将是一片漆黑。为此，我们通常只画出几条无差异曲线，它们所构成的图被称为**无差异曲线图**（indifference curve map）。

（3）在图 3-4 中，离原点越远的无差异曲线，所表示的偏好顺序（或效用水平）越高。

无差异曲线的上述三个特征都反映了偏好定律和单调性。

（4）无差异曲线凸向原点，反映了边际替代率递减规律，或称严格的凸性假设。① 为了说明这个假定，我们需要重点学习一个概念，那就是边际替代率。

（四）边际替代率

1. 边际替代率的定义

边际替代率（marginal rate of substitution）是与无差异曲线相联系的概念，它是指消费者在保持相同偏好顺序（或效用）的情况下，为了增加（或放弃）1 单位 X 商品的消费所需要放弃（或增加）的 Y 商品的数量。边际替代率的定义式是：

$$MRS_{XY}=-\frac{\Delta Y}{\Delta X} \tag{3-3}$$

其中，MRS_{XY}读作 X 对 Y 商品的边际替代率。由于 ΔX 与 ΔY 的变动方向相反，因此，为了使 MRS_{XY}的计算结果是正值，以便比较，就在公式中加了一个负号。

2. 边际替代率的几何意义

当商品数量的变化趋于无穷小时，边际替代率的公式就为：

$$MRS_{XY}=-\lim_{\Delta X\to 0}\frac{\Delta Y}{\Delta X}=-\frac{\mathrm{d}Y}{\mathrm{d}X} \tag{3-4}$$

这样边际替代率就成为无差异曲线上某一点切线的斜率的绝对值。

3. 边际替代率的经济意义

边际替代率的经济意义为国内教科书所忽略，导致即使学习过微观经济学的同学，也不能真正理解消费者选择的经济意义。

边际替代率反映的是消费者为了额外获得（或放弃）1 单位 X 商品最多愿意放弃（或最少愿意接受）的 Y 的数量，“它代表的是消费者个人的主观交换比率”②。因此，边际替代率衡量了商品 X 对消费者 i 的**边际价值**（marginal value，MV），或简称**价值**③，或称**需求价格**，或称**保留价格**，实际上就是我们日常生活中所说的消费者的**心理价位**。因此，无差异曲线越陡峭，表明消费者对 X 的主观评价或喜欢程度就越高；反之则相反。

---

① 有教科书把满足这个假设的无差异曲线叫作具有“良好形态”的无差异曲线。罗伯托·塞拉诺，艾伦·M. 费尔德曼. 中级微观经济学精要. 上海：上海财经大学出版社，2014：9.

② 平新乔，胡汉辉. 斯蒂格利茨《经济学》第二版导读. 北京：中国人民大学出版社，2001：30.

③ “无差异曲线有助于我们更准确地理解所谓‘价值’的含义。某物品的价值就是指人们为得到该物品而愿意放弃的其他东西。”它就是无差异曲线的斜率，即边际替代率（参见戴维·弗里德曼. 弗里德曼的生活经济学. 北京：中信出版社，2003：36）。“边际替代率有什么经济学上的意义呢？它代表的是价值与支付意愿的概念。”（彼得·O. 欧伯恩德，约翰姆·弗莱希曼. 微观经济学基础. 北京：中国法制出版社，2011：269）。

4. 边际替代率递减规律①

边际替代率递减规律（diminishing marginal rate of substitution）是指：在保持效用水平不变的情况下，随着一种商品消费数量的连续增加，消费者为了消费额外1单位这种商品所愿意放弃的另一种商品的数量是递减的。

对于边际替代率递减的原因，序数效用论假设“消费者通常偏好一个平衡的市场篮子，而不是只有一种商品、没有其他商品的市场篮子”②。例如，在图3-5中，有两个商品组合 A 与 B，它们的算术平均数是连接这两个点的直线段的中点 C 的组合 $\left(X_C=\dfrac{X_A+X_B}{2},\ Y_C=\dfrac{Y_A+Y_B}{2}\right)$，它处于一条更高的无差异曲线上。③

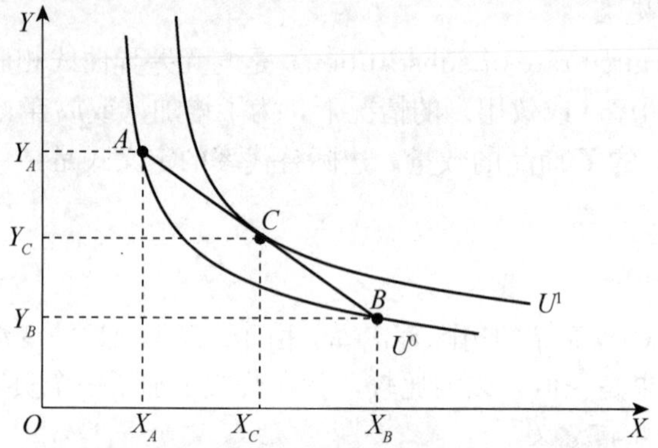

图3-5　边际替代率

从数学的角度讲，边际替代率递减表示无差异曲线斜率的绝对值递减，偏好函数的二阶导数小于零，因此无差异曲线凸向原点。图3-6直观地显示了边际替代率递减规律与无差异曲线形状之间的关系。

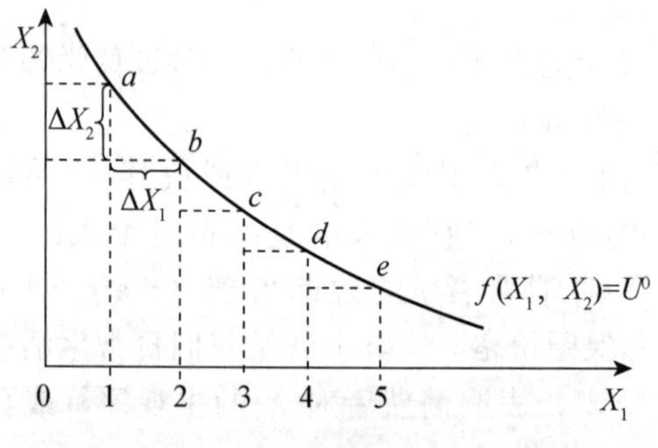

图3-6　边际替代率递减规律和无差异曲线的形状

① “拥有某种商品越多，对再增加一点该商品的需求就越低，这就是边际价值递减规律。”戴维·弗里德曼．弗里德曼的生活经济学．北京：中信出版社，2003：32.

② 罗伯特·S. 平狄克，丹尼尔·L·鲁宾费尔德．微观经济学：第六版．北京：中国人民大学出版社，2006：74. 或者说，“两个消费束的平均优于端点”。（罗伯托·塞拉诺，艾伦·M. 费尔德曼．中级微观经济学精要．上海：上海财经大学出版社，2014：8.）

③ 边际替代率递减规律再次说明，商品的价值或需求价格是一个消费者的主观评价，它将随着商品消费量的增加而递减，用我们日常生活中的话说就是“物以稀为贵”，或者说，“得到的越多越不珍惜”。

（五）无差异曲线的特殊形式

有关消费者偏好的四个基本假设在消费者行为理论中的地位是不同的。偏好定律体现了消费者的理性能力，是不能被放弃的；但经济物品（或单调性假设）与边际替代率递减规律只是用来规定偏好顺序的特征，因此它们是可以被放弃的。这样一来，无差异曲线图就可以划分为两种类型：满足或违背经济物品和边际替代率递减规律的无差异曲线，前者是标准的无差异曲线，后者是特殊形式的无差异曲线。

1. 取消边际替代率递减规律假设的无差异曲线

（1）**完全替代品**（perfect substitutes）：消费者以固定替代比率消费的两种商品，$MRS_{XY}=$常数，偏好函数为$U(X, Y)=aX+bY$所对应的无差异曲线是直线，见图3-7。

（2）**完全互补品**（perfect complements）：消费者以固定比率同时消费的两种商品，偏好函数为$U(X, Y)=\min\{aX, bY\}$，意味着当$aX>bY$时，$MRS_{XY}=0$；当$aX<bY$时，$MRS_{XY}=\infty$；当$aX=bY$时，MRS_{XY}没有定义；所对应的无差异曲线为直角形状，见图3-8。

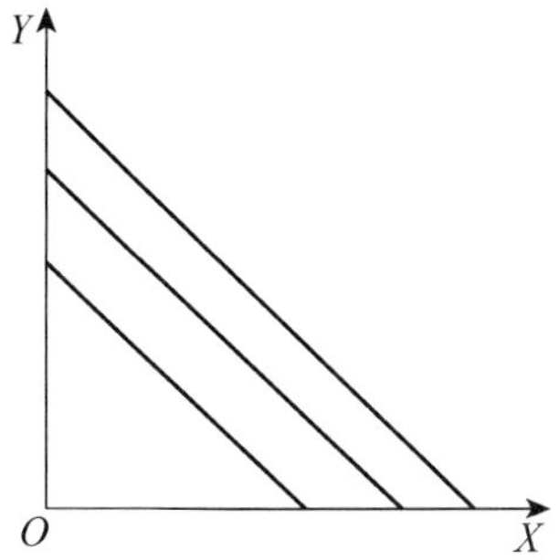

图3-7　完全替代品的无差异曲线

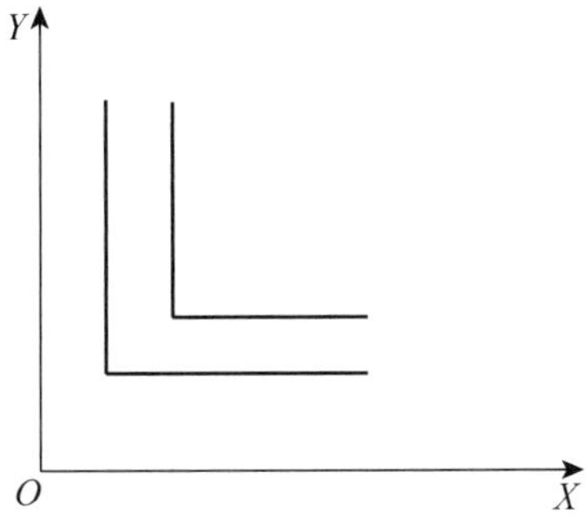

图3-8　完全互补品的无差异曲线

（3）**致瘾品**：致瘾品是指消费者拥有越多这种商品，他越愿意为之放弃更多的其他商品，MRS_{XY}递增，如偏好函数$U(X, Y)=X^2+Y^2$所对应的无差异曲线凹向原点，见图3-9。

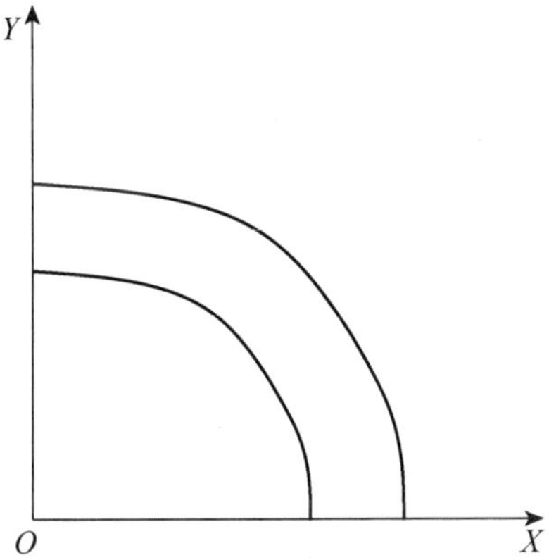

图3-9　致瘾品的无差异曲线

2. 取消单调性假设的无差异曲线

（1）**中性物品**：Y是经济物品，X是中性物品，见图3-10。偏好函数为$U(X, Y)=U(Y)$，$MRS_{XY}=0$，它所对应的无差异曲线是一条平行于X轴的水平线。

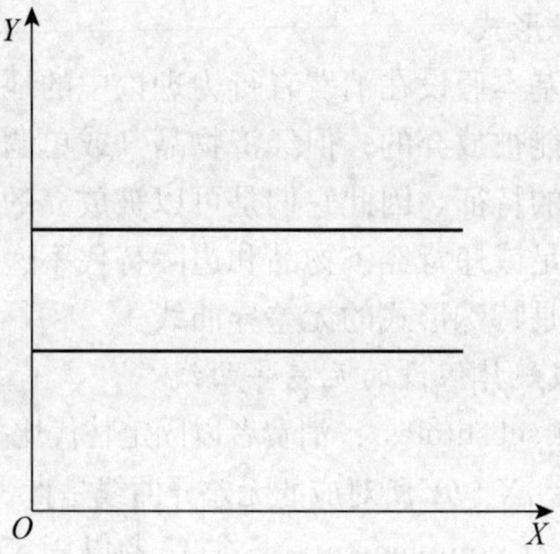

图 3-10　中性物品的无差异曲线

(2) **知足物品**：见图 3-11。消费者认为(X_0，Y_0)组合为知足点或最佳点，就偏好而言，越接近该点越好，无差异曲线表现为以该点为圆心的同心圆。

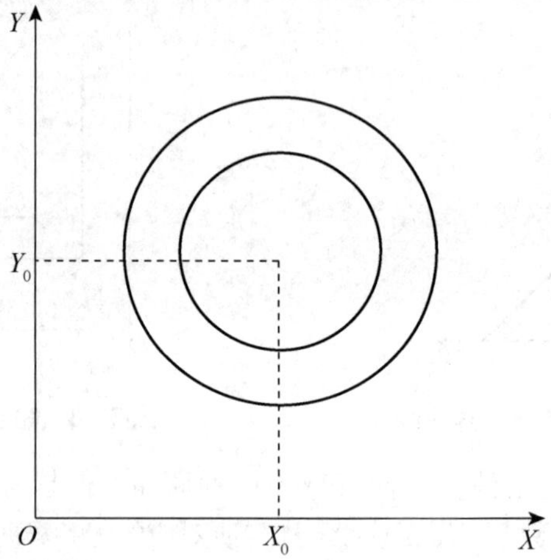

图 3-11　知足物品的无差异曲线

(3) **有害物品**：Y 是有害物品，X 是经济物品。因此，为了保持效用水平不变，增加有害物品的消费必须同时增加经济物品的消费，见图 3-12。

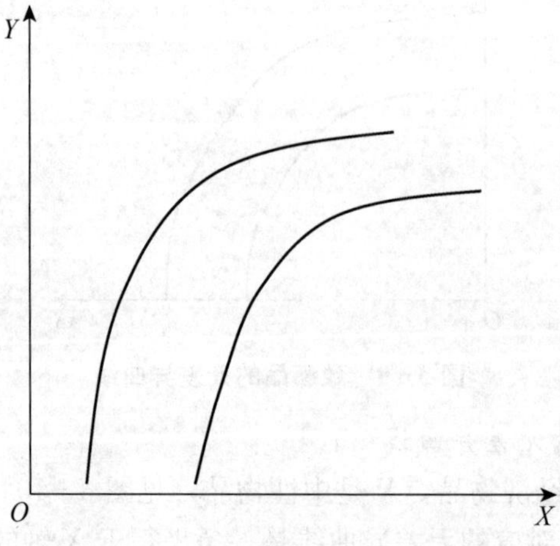

图 3-12　有害物品的无差异曲线

当然，你还可以画出反映其他偏好特征或商品性质的无差异曲线。

三、总效用和边际效用

在前面有关无差异曲线和偏好函数的讨论中，我们都停留在序数效用论上。只要给（3-1）式的 U_i、（3-2）式的 U^n 赋予基数值①，或者说用基数值表示偏好顺序，我们就进入了基数效用论。为此，我们也就在序数效用论的基础上引进了基数效用论的相关概念。

（一）总效用、边际效用与边际效用递减规律

1. 总效用

总效用（total utility）是指消费者从某一商品组合中得到的总的满足程度，或者说是偏好顺序的基数值，它就是（3-1）式的 U_i 值，（3-2）式的 U^n 值。②

2. 商品 X 的边际效用

商品 X 的边际效用（marginal utility）是指在商品 Y 的数量保持不变而增加商品 X 的数量时，消费者效用的增长速度。或者说，增加 1 单位商品 X 的消费所带来的总效用的增量。设 ΔX 是商品 X 的增量，商品 X 的边际效用 MU_X 为：

$$MU_X=\lim_{\Delta X\to 0}\frac{u_i(X+\Delta X,\ Y)-u_i(X,\ Y)}{\Delta X} \tag{3-5}$$

如果（3-5）式中没有变量 Y，它就是总效用函数 $u_i(X)$ 的**导数**。偏好函数 $u_i(X,\ Y)$ 式是一个两变量函数，在 Y 保持不变时，它对 X 的导数被叫作函数对 X 的**偏导数**。我们通常用符号 d 表示导数，例如 $\mathrm{d}f(x)/\mathrm{d}x$；用符号 ∂ 表示偏导数。因此，商品 X 的边际效用可以写为：

$$MU_X=\frac{\partial u_i(X,\ Y)}{\partial X}=\frac{\partial U_i}{\partial X} \tag{3-6}$$

（3-6）式说明，每一商品数量上的边际效用值是这一商品消费数量上总效用曲线的斜率，或总效用函数的一阶导数。边际效用反映了消费者对消费最后一单位商品的偏好程度。

3. 总效用与边际效用的关系

当边际效用大于零或为正值时，总效用增加；当边际效用等于零时，总效用达到最大；当边际效用小于零或为负值时，总效用下降。

表 3-1 反映的是单变量效用函数 $u_i(X)$ 的总效用（函数）与边际效用（函数）的关系。其中，第（2）列叫作总效用，第（2）列与第（1）列之间的对应关系才叫作**总效用函数**。同理，第（3）列叫作边际效用，第（3）列与第（1）列之间的对应关系才叫作**边际效用函数**。第（4）、（5）列我们暂时不关心。把总效用函数与边际效用函数描绘在坐标图上，就得到总效用曲线和边际效用曲线，见图 3-13。其中，总效用曲线和边际效用曲

---

① “效用是消费者从一个市场篮子中得到的满足程度的数值表示。换句话说，效用是用来简化对市场篮子排序的一个工具”。罗伯特·S. 平狄克，丹尼尔·L. 鲁宾费尔德. 微观经济学：第六版. 北京：中国人民大学出版社，2006：77.

② 引入基数效用的概念，实际上就引入了从自身效用——自身利益的角度定义确定性下理性行为的方法。参见阿马蒂亚·森. 理性行为//伊特韦尔，等. 新帕尔格雷夫经济学大辞典：第四卷. 3 版. 北京：经济科学出版社，1996：73.

线的形状隐含了基数效用论的一个假定：边际效用递减规律。

表 3-1　　总效用、边际效用与需求价格之间的关系　　货币的边际效用 $\lambda=2$

数量 X (1)	总效用 TU_X (2)	边际效用 MU_X (3)	边际价值或需求价格 P_d (4)	市场价格 P (5)
0	0			
1	10	10	5	5
2	18	8	4	4
3	24	6	3	3
4	28	4	2	2
5	30	2	1	1
6	30	0	0	0
7	28	−2		

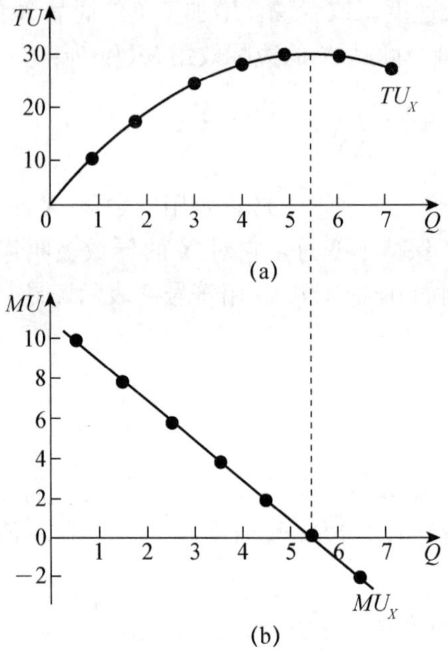

图 3-13　某种商品的效用曲线

4. 边际效用递减规律

边际效用递减规律（law of diminishing marginal utility）是指在一定时间内，在其他商品的消费数量不变的前提下，随着消费者对某一商品消费量的增加，消费者从该商品连续增加的每一单位中所得到的效用增量，即边际效用终将随着消费量的增加而递减，用公式表示为：

$$MU_X=\frac{\mathrm{d}u_i(X)}{\mathrm{d}X}>0;\quad \frac{\mathrm{d}MU_X}{\mathrm{d}X}=\frac{\mathrm{d}^2u_i(X)}{\mathrm{d}X^2}<0 \tag{3-7}$$

效用函数的一阶导数即边际效用大于零，表示随着 X 消费量的增加，总效用相应增加；效用函数的二阶导数小于零，则表示随着 X 消费量的增加，边际效用将出现递减趋势。边际效用递减规律用它的最初提出人的名字命名，也叫作**戈森第一定律**。

5. 边际价值

边际价值（marginal value），或简称**价值**，是边际效用的货币表现形式。[①] 用公式表示为：

$$MV=\frac{MU_X}{\lambda}=P_d \tag{3-8}$$

其中，λ 是 1 单位货币的边际效用。

（3-8）式用边际效用的货币表现形式定义的边际价值或需求价格，与（3-3）式用边际替代率定义的边际价值或需求价格具有一致性：它们都是消费者对 X 商品的主观评价，衡量了消费者为额外增加 1 单位 X 商品最多愿意放弃（或支付）的商品（或货币）数量。它们的不同之处是：（3-8）式还包含了消费者从额外增加 1 单位 X 商品的消费所得到的满足程度。基数效用论的**需求价格**是表 3-1 中的第（4）列，第（4）列与第（1）列之间的对应关系是**边际价值函数**或**需求价格函数**。边际效用递减规律，以及“通常假定货币的边际效用是不变的”[②]，决定了产品的边际价值或需求价格也将随着消费量的增加而递减。

（二）基数效用论的边际替代率

“边际效用概念的主要用途是计算消费者的边际替代率。”[③] 在我们引进基数效用论的概念——边际效用 MU 以后，根据效用无差异曲线的定义，我们知道，X 变动所导致的总效用变动量是 $\Delta X\times MU_X$，Y 变动所导致的总效用变动量是 $\Delta Y\times MU_Y$，二者之和等于零，否则变动后的商品组合点就不能在同一条无差异曲线上，即：

$$\Delta X\times MU_X+\Delta Y\times MU_Y=0$$

经整理得：

$$MRS_{XY}=-\frac{\Delta Y}{\Delta X}=\frac{MU_X}{MU_Y} \tag{3-9}$$

（3-9）式说明，边际替代率可以表示成两种商品的边际效用的比率，它说明消费者

---

① 我们都熟悉“价格是价值的货币表现形式”，不过，在马克思主义经济学中，“价值”是指社会必要劳动时间；在基数效用论中，“价值”是指消费者的边际效用。马克思通过价值与使用价值的区分，基数效用论通过总效用和边际效用的区分，都解释了亚当·斯密关于“水和钻石的悖论”。在前者看来，水的使用价值虽然非常大，但水的获得几乎不用付出社会必要劳动时间，因此，它的价值很低；相反，钻石的使用价值很低，但获得它需要的社会必要劳动时间很多，因此，它的价值很高。在后者看来，水的总效用虽然很大，但由于数量丰富，所以边际价值很低；相反，钻石的总效用很小，但由于数量很少，它的边际价值很高。

② 高鸿业．西方经济学（微观部分·第七版）．北京：中国人民大学出版社，2018：61．惠克特讨论了货币边际效用不变这个假定对于需求价格乃至消费者行为理论的含义：“马歇尔对消费者行为的讨论以两个一般的假定为基础，虽然这些假定在很多地方都被非正式地放宽。第一个假定是从消费一种商品所获得的效用只取决于该商品的数量。第二个假定是当在某种特别商品上的支出发生变化时，‘货币’的边际效用或在其他的所有商品上的支出依然大约不变——前提是在这种商品上的支出只是总支出的很小一部分。这些假定对需求价格的概念来说有适用价值。如果 $u(x)$ 表示一个消费者在一特定时期里消费 x 数量的某一给定商品所得到的效用，而 λ 对他来说是不变的货币边际效用，那么对 x 数量的需求价格在商品数量可分割的情况下是 $(\mathrm{d}u/\mathrm{d}x)/\lambda$，而在商品数量为整数单位的情况下则是 $[u(x)-u(x-1)]/\lambda$。在每一场合，当 λ 的值给定时，需求价格只取决于 x，并与边际效用成比例。需求价格递减假定相当于边际效用递减假定。另外一个优点是，对于 x 数量的需求价格并不取决于较早时所获得的或要获得的单位的货币条件，因为这些条件不会改变货币的边际效用。”G. D. N. 惠克特．需求价格//伊特韦尔，等．新帕尔格雷夫经济学大辞典：第一卷．3 版．北京：经济科学出版社，1996：847.

③ 罗伯托·塞拉诺，艾伦·M. 费尔德曼．中级微观经济学精要．上海：上海财经大学出版社，2014：15.

之所以愿意用MRS_{XY}单位的Y去交换1单位X，原因在于1单位X商品的边际效用是1单位Y商品的边际效用的MRS_{XY}倍。

(3-9) 式为我们解释边际替代率递减的原因提供了另一种说明：随着X消费数量的增加、Y消费数量的下降，MU_X将下降，MU_Y将增加。因此，$\frac{MU_X}{MU_Y}$将递减。

只要我们假设Y商品是货币，$MU_Y=\lambda$，(3-9) 式就转变成 (3-8) 式。再次表明，边际替代率MRS_{XY}表示X商品的需求价格，与 (3-8) 式定义的需求价格具有一致性。

第二节 预算线与消费者的理性选择

边际效用或无差异曲线仅仅反映了消费者的主观偏好，消费者在作出购买或消费选择时还要受到客观消费能力的约束。经济学描述消费者在市场经济中受到客观约束的工具是预算线。

一、预算线

(一) 预算约束与预算线

1. 预算

在日常用语中，“预算 (budget)：the money that is available to a person or an organization and a plan of how it will be spent over an period of time. (可用于个人或机构的货币收入以及如何在一定时期花费这笔货币收入的计划。)”①

2. 预算约束与预算集

消费者购买商品的总支出（等于他所购买的每种商品的价格乘以数量的总和）必须小于或等于他拥有的货币收入②，这个原则就是消费者的**预算约束** (budget constraints)。假设只有两种商品，消费的预算约束的定义式是：

$$XP_X+YP_Y\leqslant M \tag{3-10}$$

其中，M为消费者的**货币**或**名义收入**③，P_X、P_Y分别表示X商品与Y商品的**绝对价格**。所有满足 (3-10) 式的商品组合的集合，就是**预算集** (budget set)，或称**消费集** (consumption set)。

3. 预算线

预算线 (budget line)，又称**消费可能线** (consumption possibility line)、**价格线** (price line) 或**贸易条件线** (trade term line)，它是一条表明在消费者收入与商品价格既定的情况下，消费者在市场上能够购买到的两种商品数量的最大组合曲线。④ 或者说，是使消费者的支出正好等于其收入的商品组合的集合。预算线的定义式是：

---

① 霍恩比. 牛津高阶英汉双解词典. 4版. 北京：商务印书馆，1997：208.

② 无论是“出来混，都是要还的”，还是“赤条条，来去无牵挂”，都说明了这一原则。

③ 与货币或名义收入相对应的是**实际收入** (real income)，即用某一名义收入在现有价格条件下所能购买到的一篮子商品的数量。在这里，预算线上的商品组合就是实际收入。

④ 预算线的四种叫法分别表明了预算线的三个性质：第一，“预算线”这个名称反映了预算支出的计划性，而不是实际的支出；第二，“消费可能线”这个名称表明消费者能够消费X与Y商品的边界；第三，“价格线”是相对价格的简称，它反映1单位X在市场上能够交换到Y商品的数量，也被叫作**交换价值**，或贸易条件。

$$XP_X + YP_Y = M$$

或者

$$Y = -\frac{P_X}{P_Y}X + \frac{M}{P_Y} \quad (3-11)$$

其中，$\frac{P_X}{P_Y}$为 X 商品的**相对价格**（relative price）[①]，或者简称**价格**，它是消费者为了增加 1 单位 X 商品的消费或购买而必须放弃的 Y 商品的数量，在第二讲所描述的完全竞争市场中，由市场供求双方共同决定。[②] 在图 3-14 中，相对价格的几何意义就是预算线斜率的绝对值，即$\frac{P_X}{P_Y} = -\frac{\Delta Y}{\Delta X}$；$\frac{M}{P_Y}$表示把全部货币收入 M 用来购买 Y 商品所能购买到的数量，它是预算线的纵截距；$\frac{M}{P_X}$表示把全部货币收入 M 用来购买 X 商品所能购买到的数量，它是预算线的横截距；$-\frac{P_X}{P_Y}X$ 的绝对值表示增加 1 单位 X 商品的购买将减少购买的 Y 商品的数量。

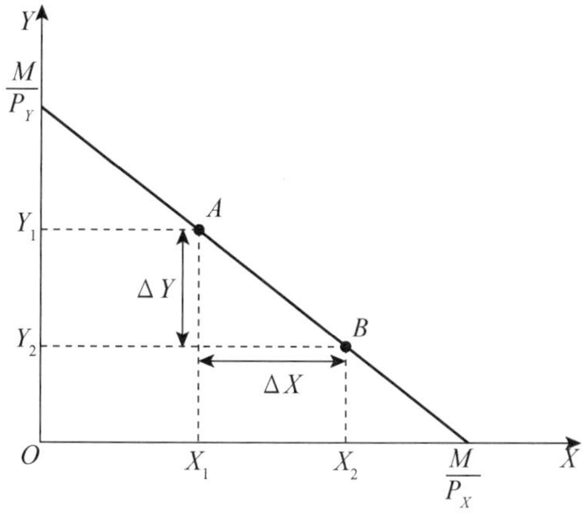

图 3-14　预算约束、预算线和预算集

（二）预算线的移动

（1）当两种商品的价格不变（P_X/P_Y，即预算线的斜率不变）时，消费者的收入增加（M/P_Y 增加，即预算线的纵截距增加），将导致预算线向外平行移动；当消费者的收入下降（M/P_Y 下降，即预算线的纵截距减小），将导致预算线向内平行移动，见图 3-15（a）。

（2）消费者收入不变，两种商品的价格同比例、同方向发生变化，意味着相对价格不变。因此，如果两种商品的价格同比例上升，将导致预算线同比例向内移动[③]；反之则相反。

（3）消费者收入不变，两种商品中只有一种商品的价格发生变化。

如果 P_X 发生变化，而 P_Y 保持不变，意味着 M/P_Y（预算线的纵截距）不变，P_X/P_Y

---

① “预算线有助于我们理解价格的含义，某商品的价格就是人们为了得到这件商品而必须放弃的其他商品的数量”（戴维·弗里德曼．弗里德曼的生活经济学．北京：中信出版社，2003：36）。这里的“价格”是指相对价格，“其他商品”也可以是货币。

② 至于不完全竞争市场的情况，我们将在第七讲讨论。

③ 每种商品的价格都按相同比例上升叫作“平衡的通货膨胀”，反之，则叫作非平衡通货膨胀。

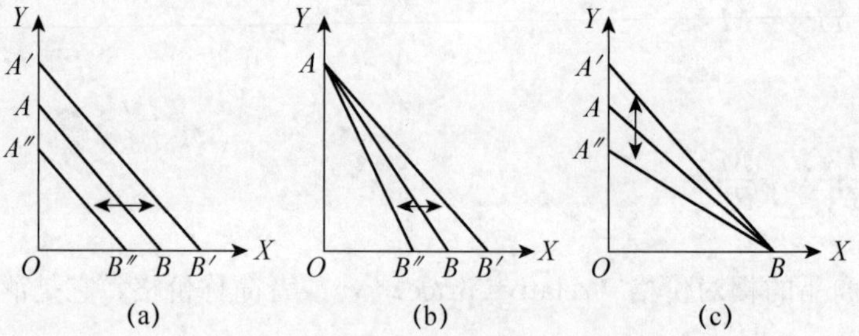

图 3-15　预算线的移动

（预算线的斜率）和 M/P_X（预算线的横截距）将发生变化：如果 P_X 下降，预算线将以 M/P_Y 为原点向外旋转；反之则向内旋转，见图 3-15（b）。

如果 P_Y 发生变化，而 P_X 保持不变，预算线的变化如图 3-15（c）所示。

（4）消费者的收入与两种商品的价格都同比例、同方向发生变化，意味着预算线的斜率和截距都保持不变。

（5）税收、补贴、打折和限额对预算线的影响：①对商品征税意味着被征税商品的价格上升；②对商品补贴或打折意味着被补贴或打折商品的价格下降；③对收入征税意味着消费者的货币收入下降，对收入进行补贴意味着消费者的货币收入增加；④当对消费者的购买或消费量进行限制时，如果限额是 $\overline{X}$ 且 $\overline{X}>\frac{M}{P_X}$，这个限额将不构成消费约束；反之，消费者在预算之外，还要加上一个约束：$X<\overline{X}$。具有这些限制条件的预算约束被有的教科书叫作**非标准预算约束**。[①]

二、消费者的理性选择

（一）消费者理性选择的逻辑

1. 消费者理性选择的含义

在第一讲我曾指出："理性选择的逻辑很简单，在所有备选方案中，选择出你最喜欢的一个。"[②] 表现在图 3-16（a）中，消费者的"所有备选方案"是预算线上和预算线内的商品组合，即预算集；消费者的选择能力（比较公理和传递性公理）和选择原则（越多越好和边际替代率递减）用无差异曲线图来表示；**消费者理性选择的逻辑或含义**是：在所有备选方案中选出的最喜欢的一个消费组合，它是无差异曲线与预算线的切点 E 点所对应的商品组合。

上述理性选择的逻辑也可以通过图 3-16（b）来说明。[③] 在图 3-16（b）中，横轴有两组标记：一组表示从左边到右边递增的 X 商品的数量，另一组表示从右边到左边递增的 Y 商品的数量。由于预算线上商品组合中的 X 与 Y 商品在数量上存在此消彼长的关系，因此，预算线上的每个商品组合都标注在两组标记上，纵轴则表示消费者对预算线上所有商品组合的偏好顺序。在预算线上的所有商品组合中，偏好顺序最高（或效用最大）的商品组合是 E 点。消费者的理性选择也叫作**消费者效用最大化选择**，只要其他条件不变，消

① 罗伯托·塞拉诺，艾伦·M. 费尔德曼. 中级微观经济学精要. 上海：上海财经大学出版社，2014：22-23.

② 戴维·弗里德曼. 弗里德曼的生活经济学. 北京：中信出版社，2003：32.

③ 保罗·克鲁格曼，罗宾·韦尔斯. 微观经济学：第二版. 北京：中国人民大学出版社，2012：309.

费者都不会去选择其他商品组合。换言之，消费者的理性选择处于“相对静止状态”，所以它通常被叫作**消费者均衡**（consumer's equilibrium）。

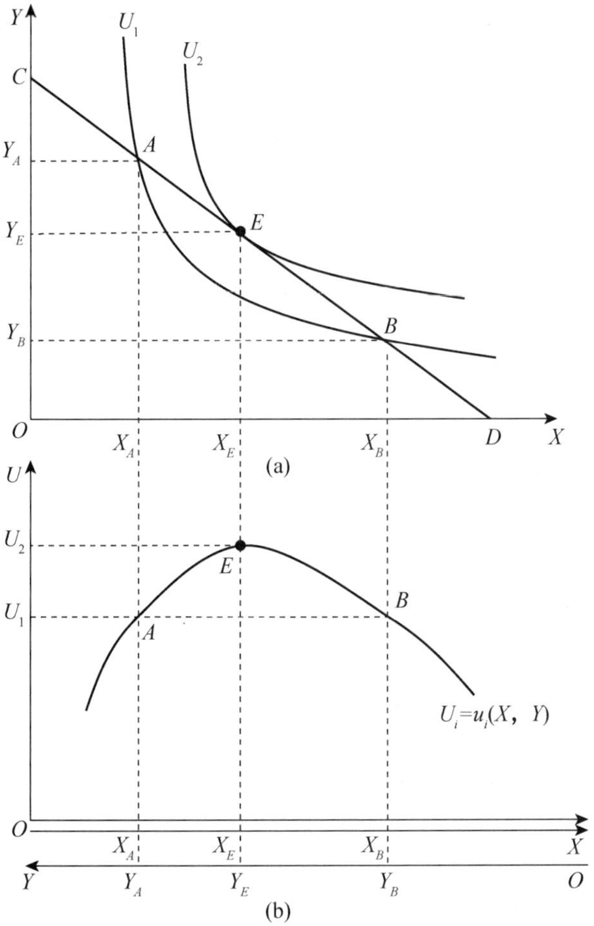

图 3-16　消费者的理性选择

2. 消费者均衡与市场均衡的区别

消费者的理性选择虽然也可以叫作消费者均衡，但它与市场均衡有着本质的区别。蒋中一将它们区分为目标均衡与非目标均衡①：

（1）“目标均衡是指给定经济单位，如居民户、厂商或者整个经济等的最优状态；而且这些经济单位主动谋求均衡的实现……确定最优化的古典方法——微积分法”。因此，“最优化”是“一类特殊的均衡分析”。②

（2）市场均衡是“供给和需求的市场力量”共同决定的结果，“这种均衡的实现是这些力量非人为平衡的结果，不需要有关参与人有意识地努力以实现特定目标。诚然，需求力量背后

① 因此，在杰克·赫舒拉发，阿米亥·格雷泽和大卫·赫舒拉发编写的《价格理论及其应用》（机械工业出版社，2009 年）一书中，他们严格地将这两种均衡区分开来，并把前者叫作最优化，把后者叫作均衡分析。为了与我国的流行叫法一致，在本书中，我将把消费者均衡与消费者理性选择（或最优化）、生产者均衡与生产者理性选择（或最优化）混合使用。

② 蒋中一．数理经济学的基本方法．北京：商务印书馆，2003：300.

的居民户和供给力量背后的厂商在给定环境下都会主动谋求一种最佳的地位，但仅就市场本身而言，没有人会追求任何一种特定的均衡价格和均衡数量，除非政府恰好试图固定价格”①。

消费者均衡在数学模型上与市场均衡的区别，我将在本讲的典型题解中讨论。

（二）消费者理性选择的条件与经济意义

1. 消费者理性选择的条件

在图 3－16（a）中，消费者理性选择的商品组合是预算线 CD 与无差异曲线 U_2 的切点 E 点，而无差异曲线的斜率的绝对值是边际替代率，预算线的斜率的绝对值是相对价格。因此，**消费者理性选择的条件**是：

$$MRS_{XY}=\frac{P_X}{P_Y} \tag{3-12}$$

2. 消费者理性选择的经济意义

正如前面所指出的，微观经济学教科书通常忽略边际替代率的经济意义，由此也导致了对消费者理性选择的经济意义的忽略。下面，就来谈谈我的理解：

（1）作为消费者理性选择的条件，（3－12）式的右边是预算线的斜率的绝对值，对应着 X 商品的市场价格 P_X/P_Y，它由市场的供求力量决定；（3－12）式的左边是无差异曲线的斜率的绝对值，对应着 X 商品的价值或需求价格，它由 X 商品（与 Y 商品）的消费数量决定，并随着 X 商品消费数量的增加而递减。因此，消费者理性选择的第一个经济意义是：消费者通过比较 X 商品的需求价格（或价值）MRS_{XY} 与市场价格 P_X/P_Y 来调整自己的商品组合（或市场买卖行为）。表现在图 3－16（a）中，如果消费者的商品组合位于 A 点，X 商品的需求价格将高于市场价格，他将增加对 X 商品的消费，减少对 Y 商品的消费，导致商品组合从 A 点向 E 点移动；如果消费者的商品组合位于 B 点，X 商品的需求价格将低于市场价格，他将减少对 X 商品的消费，增加对 Y 商品的消费，导致商品组合从 B 点向 E 点移动；只有在 E 点，X 商品的需求价格（或价值）才等于市场价格，消费者才既不购买也不出售 X 商品，即处于消费者均衡。

（2）用基数效用论取代序数效用论，提供的一个重要补充是用边际效用概念来计算边际替代率，得到的边际替代率定义式是（3－9）式。只要我们将（3－9）式代入（3－12）式，就可以得到消费者理性选择的条件：

$$MRS_{XY}=\frac{MU_X}{MU_Y}=\frac{P_X}{P_Y} \tag{3-13}$$

只需要对（3－13）式进行变形，就得到：

$$\frac{MU_X}{P_X}=\frac{MU_Y}{P_Y} \tag{3-14}$$

（3－14）式说明，如果一个消费者要在预算约束下实现效用最大化，他支出在商品组合中任一商品上的最后一单位货币的边际效用要相等。这个原则叫作**等边际原则**（equal marginal principle）②，或称**最优消费原则**（optimal consumption rule）③，或用它的最初提

① 蒋中一. 数理经济学的基本方法. 北京：商务印书馆，2003：300.

② 罗伯特·S. 平狄克，丹尼尔·L. 鲁宾费尔德. 微观经济学：第六版. 北京：中国人民大学出版社，2006：95.

③ 保罗·克鲁格曼，罗宾·韦尔斯. 微观经济学：第二版. 北京：中国人民大学出版社，2012：314.

出人命名，叫作**戈森第二定律**。

对于（3-14）式表达的等边际原则，我们可以通过图 3－17 进行说明。与图 3－16（b）一样，图 3－17 的横轴同样有两组标记：一组表示从左到右递增的 X 商品的数量，另一组表示从右到左递增的 Y 商品的数量，纵轴表示 1 单位货币用于不同商品支出的边际效用 $\frac{MU}{P}$。由于价格 P_X 与 P_Y 由市场决定，它对单个消费者来说是一个外生变量；MU_X 与 MU_Y 分别随着 X 与 Y 的增加而递减（边际效用递减规律），因此 $\frac{MU_X}{P_X}$ 与 $\frac{MU_Y}{P_Y}$ 也分别随着 X 与 Y 的增加而递减。当商品组合处于 A 点时，消费者支付在 X 商品上最后 1 单位货币的边际效用 a 大于他支付在 Y 上最后 1 单位货币的边际效用 a'，或者说，$\frac{MU_X}{P_X}>\frac{MU_Y}{P_Y}$。这时候，通过减少 1 单位货币在 Y 商品上的支出来增加在 X 商品上的支出，所导致的总效用增量 $(a-a')>0$。反之，在 B 点，$\frac{MU_Y}{P_Y}>\frac{MU_X}{P_X}$，这时候，通过减少 1 单位货币在 X 商品上的支出来增加在 Y 商品上的支出，所导致的总效用增量 $(b-b')>0$。只有在商品组合 E 点才满足等边际原则，实现效用最大化。

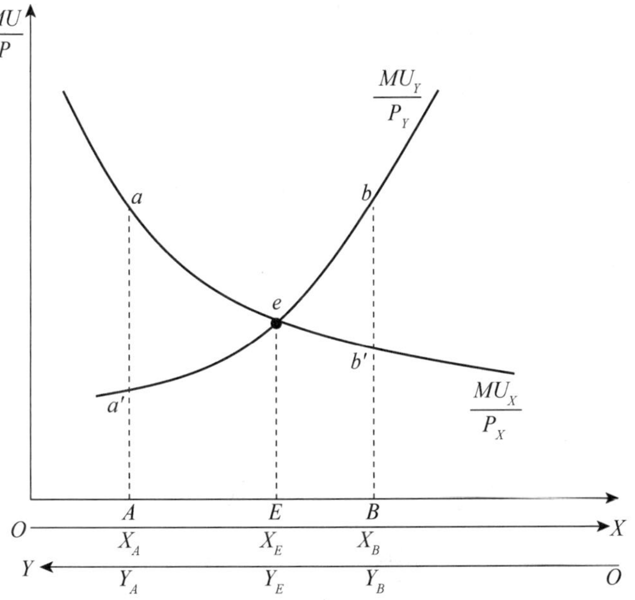

图 3－17　等边际原则

由等边际原则，我们得到消费者理性选择的第二个经济意义：消费者通过比较 X 商品与 Y 商品的性价比①，即通过比较 $\frac{MU_X}{P_X}$ 与 $\frac{MU_Y}{P_Y}$ 来调整自己的商品组合。

（3）（3-12）式还有助于我们理解市场机制的资源配置功能：边际替代率（即需求价格，或价值）是消费者的私人信息，每个人各不相同；商品的市场相对价格是公共信息，

① “**性价比**：产品的性能与价格之间构成的比率关系。产品的性能越好，价格越低，性价比就越高。”（夏征农，陈至立．辞海．第六版普及本．上海：上海辞书出版社，2010：2135）。需要提醒的是，产品的“性能”在这里是边际效用，在第四讲的生产函数中则是边际产量，我们在后面还要涉及。

对每个消费者来说都一样。因此，每个消费者都无须显示自己的私人信息，他只需要通过调整自己的商品组合，使他的边际替代率等于市场相对价格即可。[①] 由此引出消费者理性选择的第三个经济意义：消费者将根据市场价格调整自己的商品组合。

（三）内解和拐角解

1. 内解

我们把满足消费者理性选择条件（3-12）式的商品组合叫作消费者均衡的**内解**（interior solution），它的特征是：在满足此条件的商品组合中，两种商品的消费量都大于零。

2. 拐角解

当消费者的理性选择出现在横轴或纵轴上时，就出现了**拐角解**（corner solution）。下面，我们就用消费者对致瘾品的理性选择来说明拐角解的特点。

正如我们在面前所指出的，当消费者拥有某种商品的数量越多，他为了获得这种商品所愿意放弃的其他商品数量就越多时，这种商品就是**致瘾品**，见图 3-9。我们将它移动到图 3-18。假设在图 3-18 中，只有一条预算线 MN，它与致瘾品的无差异曲线的关系如图所示。现在的问题是：消费者的理性选择是在 M 点还是 E 点？

有关致瘾品的无差异曲线，只放弃了边际替代率递减假设，但没有放弃理性能力和越多越好假设。因此，离原点越远的无差异曲线所表示的效用依然越大。E 点虽然是预算线与无差异曲线的切点，但它不是消费者在预算约束条件下的效用最大化点。在图 3-18 中，预算线能够“碰到”的最高无差异曲线是 U_1 上的 M 点。因此，M 点才是消费者均衡点。M 点具有如下两个性质：第一，在该均衡点，消费者把所有的收入都用来购买 X 商品，Y 商品的消费量等于零。第二，在该均衡点，$MRS_{XY}>\frac{P_X}{P_Y}$，表明消费者对 X 商品的主观评价（或心理价位）始终大于相对价格。

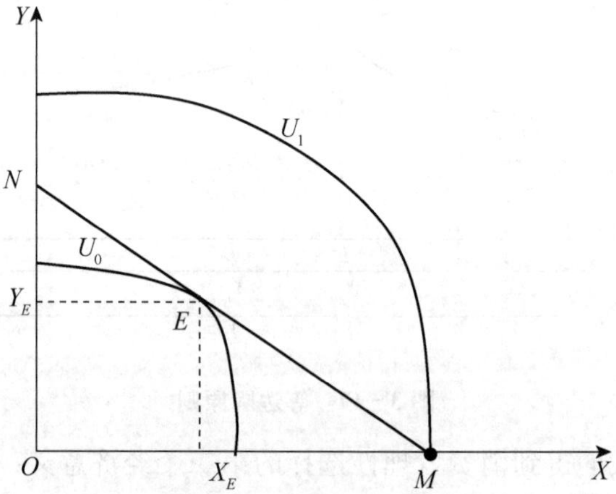

图 3-18　致瘾品与拐角解

---

① “市场经济或市场机制的精密之处，就在于它通过价格体系，给出这个交换率，从而使得交换者不必再去一一比较他们相互之间的主观交换率是否一致，而只要把每一个个人的主观交换率与这个市场给出的客观的、由除你以外的别的交换者（市场实际是你以外的所有交换者的代表）所认可的交换率相比较，只要这两个交换率相一致，交换就可以发生，这样一来，交易成本就大大减少了。市场的配置和导向作用就是通过这个比率发挥和实现的。”平新乔，胡汉辉. 斯蒂格利茨《经济学》第二版导读. 北京：中国人民大学出版社，2001：28-29. 这段引文中涉及“交易成本”这个概念，我们将在第四讲做进一步的论述。

当然，拐角解也可能出现在边际替代率递减的情况下。① 因此，(3-12) 式是消费者均衡的充分条件而不是必要条件。

第三节　个人需求曲线

根据消费者理性选择的第三个经济意义：消费者将根据市场价格调整自己的商品组合，下面，我们就来学习消费者根据市场价格调整自己的商品组合的特征：消费者个人需求曲线的推导和性质、消费者个人需求曲线的移动和需求定律。

一、个人需求曲线的推导与性质

根据 (3-11) 式，我们知道，价格 P_X 的变动只改变预算线的斜率（相对价格），不改变预算线的纵截距，因此预算线将以 M/P_Y 为原点向外（P_X 下降）或内（P_X 上升）旋转，形成不同的预算集；消费者在不同的预算集中选出效用最大化的商品组合，在图 3-19 (a) 中，表现为不同的 P_X 对应的不同预算线与不同无差异曲线的切点。

(一) 个人需求曲线的推导

1. 价格-消费线

价格-消费线 (price-consumption curve) 是在消费者的偏好、收入和其他商品价格不变的情况下，与某一种商品的不同价格相联系的消费者均衡点的轨迹，见图 3-19 (a)。

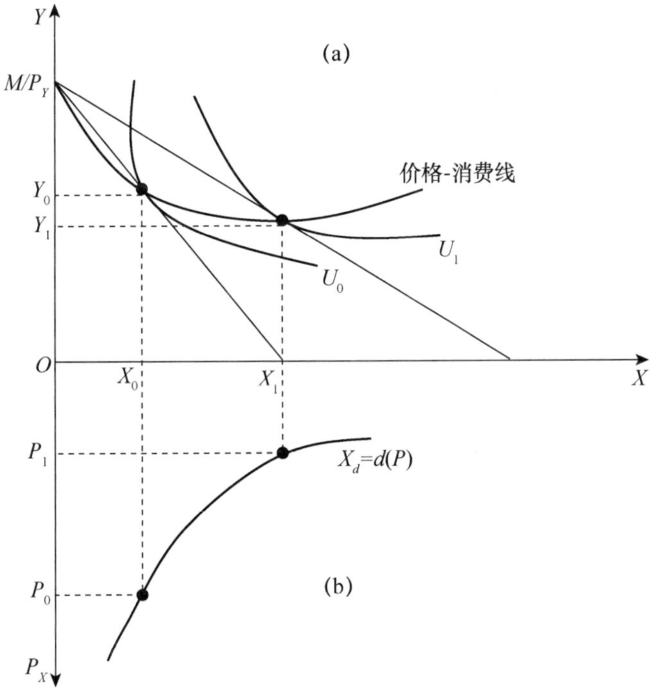

图 3-19　价格-消费线与消费者个人需求曲线

① 罗伯特・S. 平狄克，丹尼尔・L. 鲁宾费尔德. 微观经济学：第六版. 北京：中国人民大学出版社，2006：89，图 3-15。

2. 个人的需求曲线

把价格-消费线上与不同的 P_X 相对应的均衡消费量 X 在图 3-19（b）中连接起来，就得到消费者在每一价格条件下愿意购买并且能够购买的 X 商品的数量，即**消费者个人的商品需求曲线**，用公式表示出来就是（2-1）式。

3. 交叉品的个人需求曲线

在图 3-19 的价格-消费线中，实际上还隐藏着 P_X 与 Y 商品的均衡消费量之间的对应关系，如果同学们把这种对应关系在坐标上描述出来，就可以得到我们在第一讲提到的交叉品的个人需求曲线。

（二）个人需求曲线的性质

（1）个人需求曲线上的每一点都是消费者在某一特定的时期内，在每一价格条件下愿意购买并且能够购买的数量。

（2）在图 3-19（a）中，消费者"愿意购买"用无差异曲线来表示，"能够购买"用预算线来表示，二者的统一就是消费者的**有效需求**，它反映了消费者的理性选择。

（3）上述消费者个人需求曲线的理论基础是序数效用论。

二、收入-消费线与需求曲线的移动

（一）收入-消费线与恩格尔曲线

根据（3-11）式，我们知道，收入 M 变动，只改变预算线的截距，不改变预算线的斜率。因此，消费者收入的变动将导致预算线向外（收入增加时）或内（收入减少时）平行移动，形成不同的预算集；消费者在不同的预算集中选出效用最大化的商品组合，表现在图 3-20（a）中为与不同收入水平相对应的不同预算线与不同无差异曲线的切点。

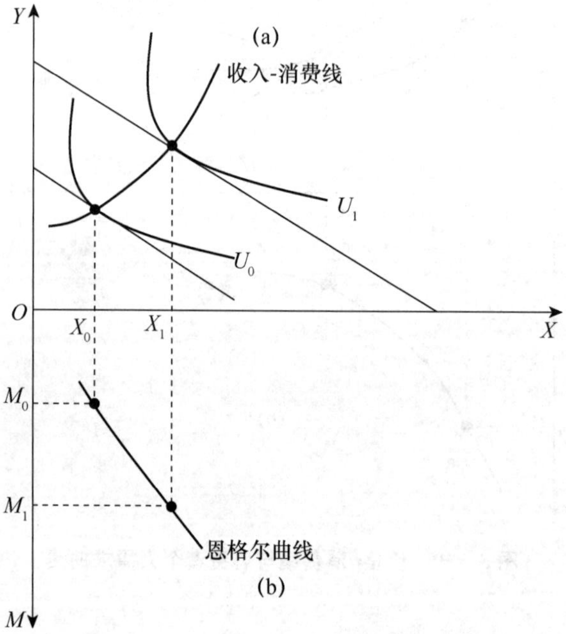

图 3-20　收入-消费线与恩格尔曲线

1. 收入–消费线

收入–消费线（income-consumption curve）是在消费者的偏好和商品价格既定的情况下，与消费者的不同收入水平相联系的消费者均衡点的轨迹，见图 3－20（a）。

2. 恩格尔曲线

将收入–消费线上不同的收入水平 M 与 X 商品的均衡消费量描述在图 3－20（b）中，就可以得到有关消费者收入水平与均衡消费量 X 之间的对应关系，这种对应关系就是**恩格尔曲线**，见图 3－20（b）。当恩格尔曲线斜率为正时，X 商品是**正常品**；当恩格尔曲线斜率为负时，X 商品是**劣等品**，见图 3－21。

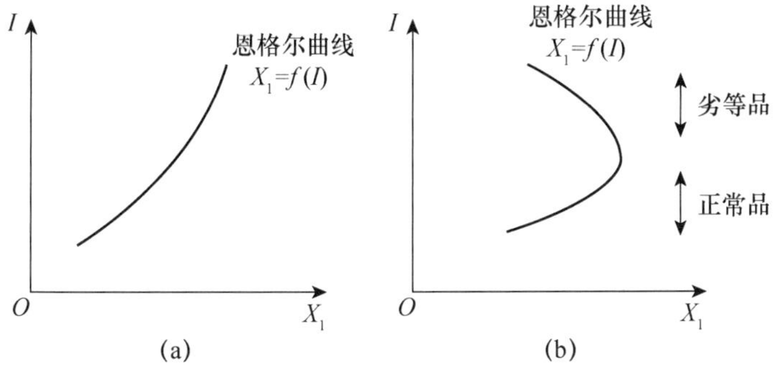

图 3－21　恩格尔曲线与商品的性质

（二）收入变动与个人需求曲线的变动①

在第二讲我们区分过需求量的变动与需求的变动，下面，我们就通过收入变动引起价格–消费线的变动来说明需求变动。

在图 3－22 中，假设消费者的初始预算线是 AB，它对应的 X 商品的市场价格是 P_0，消费者的初始均衡点是 E_0，对应的 X 商品的均衡消费量是 X_0。在其他条件不变的情况下，假设 X 商品的价格下降到 P_1，导致初始预算线以 A 点为原点向外旋转，得到新的预算线 AB'，新的消费者均衡点 E_1 对应的 X 商品的均衡消费量是 X_1。在图 3－22（a）中将 E_0 与 E_1 连接起来，就得到与 X 商品价格变动相对应的价格–消费线（在图中没有画出来）；将这条价格–消费线所对应的 X 商品的价格与均衡消费数量的组合标注在图 3－22（b）中，并将它们连接起来，就得到 X 商品的需求曲线 X_d。

在其他条件不变的情况下，假设消费者的收入增加，导致预算线从 AB 平行移动到 CD，得到的消费者均衡点是 E_2，对应的 X 商品的均衡消费量是 X_2。假设此时 X 商品的价格从 P_0 下降到 P_1，导致预算线以 C 点为原点向外旋转，得到新的预算线 CD'（与预算线 AB'平行），新的消费者均衡点为 E_3，对应的 X 商品的均衡消费量是 X_3。在图 3－22（a）中将 E_2 与 E_3 连接起来，同样可以得到一条与 X 商品价格变动相对应的价格–消费线（在图中没有画出）；将这条价格–消费线所对应的 X 商品的价格与均衡消费数量的组合标注在图 3－22（b）中，并将它们连接起来，就得到一条平行于需求曲线 X_d 的 X 商品的需求曲线 X'_d。

如果我们将图 3－22（a）中的 E_0 与 E_2 连接起来，就可以得到一条收入–消费线；而将 E_1 与 E_3 连接起来，则可以得到另外一条收入–消费线（同学们自己去画）。

① 其他因素变化引起的需求的变化，留给同学们自己去练习。

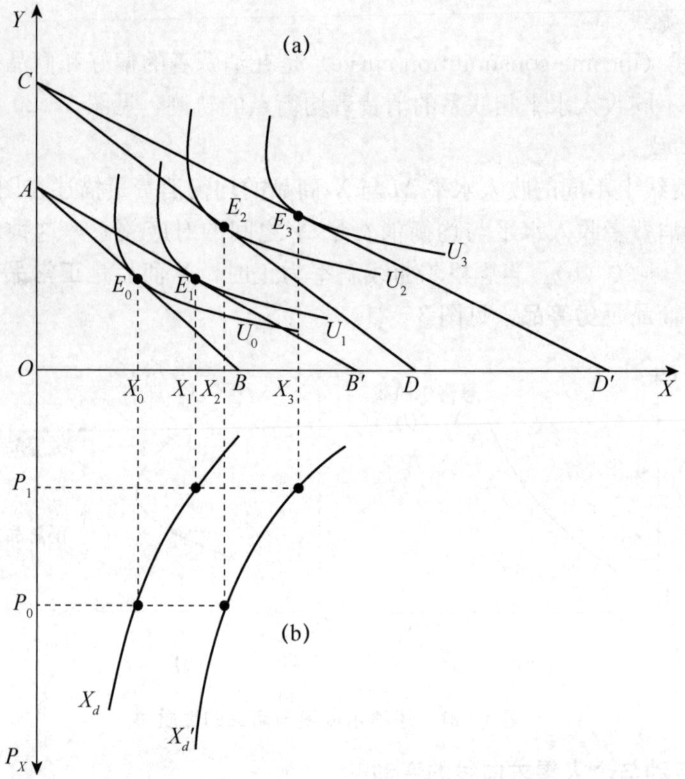

图 3-22　收入-消费线与需求曲线的移动

三、需求定律与吉芬悖论

在序数效用论中，解释消费者个人需求定律的工具是收入效应和替代效应两个概念。为此，我们首先需要量化市场价格变动对需求量的影响：价格效应。

（一）价格效应分析

下面，让我们以图 3-23 为例来进行说明。

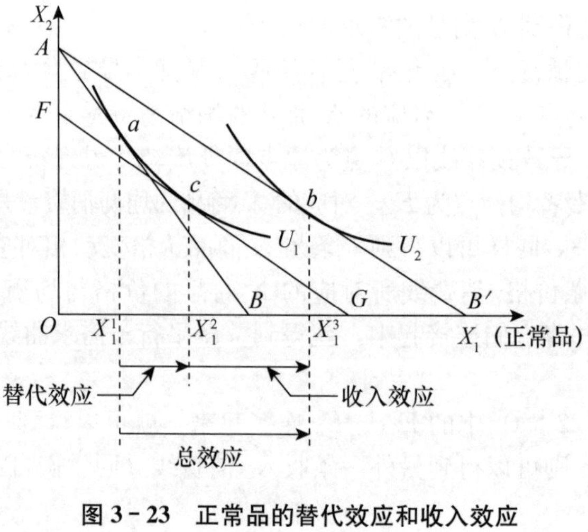

图 3-23　正常品的替代效应和收入效应

1. 价格效应

假设初始的预算线为 AB，用公式表示为 $P'_1X_1+P'_2X_2=M$，它在横轴的截距 $OB=M/P'_1=X_1^B$，在纵轴的截距 $OA=M/P'_2=X_2^A$，它与无差异曲线 U_1 的切点是 a，商品 X_1 的均衡消费量是 X_1^1（商品 X_2 的均衡消费量在该分析中被省略）。假设此时 X_1 的价格下降，其他条件保持不变，消费者的预算线将以 A 点为原点向外旋转，形成新的预算线 AB'，它与横轴的截距是 $OB'=M/P''_1=X_1^{B'}$，它与无差异曲线 U_2 的切点是 b，X_1 的均衡消费量是 X_1^3。$X_1^3-X_1^1$ 就是商品 X_1 价格下降对需求量的影响（effect），叫作**价格效应**（price effect），我们在第二讲将其叫作**需求量的变动**。

2. 补偿预算：收入效应与替代效应

为了解释价格下降导致需求量增加的原因，微观经济学使用做辅助线的方法，即在图 3-23中，过无差异曲线 U_1 作一条平行于 AB'的切线 FG，这条切线叫作**补偿预算线**。由于它与 AB'平行，因此它们的相对价格相等，它在横轴的截距是 $OG=M/P''_1=X_1^G$，它在纵轴的截距是 $OF=M/P'_2=X_2^F$，与无差异曲线 U_1 的切点为 c，商品 X_1 的均衡消费量是 X_1^2。

补偿预算线具有以下两方面的作用。

第一，补偿预算线 FG 与商品 X_1 价格下降所形成的新预算线 AB'平行，意味着商品 X_1 价格下降所增加的货币收入是 $P''_1(OB'-OG)=P''_1(X_1^{B'}-X_1^G)$，或者是 $P'_2(OA-OF)=P'_2(X_2^A-X_2^F)$①，所增加的商品 X_1 的消费量是$X_1^3-X_1^2$，这就是商品 X_1 价格下降所导致的**收入效应**（income effect）。

第二，假设把商品 X_1 的价格下降所增加的货币收入没收了，消费者的预算线就从 AB' 回到补偿预算线 FG，它与初始预算线 AB 一起，相切于同一条无差异曲线U_1，切点分别为 c 点与 a 点，这两个消费组合具有相同的效用水平或实际收入水平，不同的是与补偿预算线 FG 相对应的商品 X_1 的价格，要低于与预算线 AB 相对应的商品 X_1 的价格。因此，所增加的商品 X_1 的消费量 $X_1^2-X_1^1$ 就是商品 X_1 的价格下降所导致的**替代效应**（substitution effect）。

3. 需求定律：序数效用论的解释

在图 3-23 中，商品 X_1 的价格下降导致替代效应和收入效应都是正值，它们二者之和——价格效应也是正值。因此，价格与需求量呈反向变动关系。用更一般的话说，价格下降带来两方面的影响：一是价格下降的商品相对于其他价格没有下降的商品来说变得便宜了，消费者会用价格便宜的商品去替代价格昂贵的商品，因此，降价商品的需求量会增加，这就是降价的**替代效应**；二是价格下降导致消费者货币收入的购买力即 M/P_1 增加，如果是正常品，收入增加将导致对它的消费增加，这就是降价的**收入效应**。降价的替代效应与收入效应之和就是价格效应。对于正常品来说，由于降价的替代效应和收入效应都是正值，因此价格效应必然是正值。所以，商品本身的价格与需求量呈反向变动关系。

（二）价格效应分析与商品的性质

1. 正常品

只要我们假设边际替代率递减，即无差异曲线凸向原点，那么价格下降的替代效应就总是大于零。②

---

① 序数效用论用它来衡量商品 X_1 价格下降所带来的消费者剩余。乔·B. 史蒂文斯. 集体选择经济学. 上海：上海三联书店，上海人民出版社，1999：42.

② 罗伯特·S. 平狄克，丹尼尔·L. 鲁宾费尔德. 微观经济学：第六版. 北京：中国人民大学出版社，2006：118.

2. 劣等品

如果价格下降所导致的收入效应小于零，这种产品就是**劣等品**（inferior goods），但是，如果收入效应的减少量小于替代效应的增加量，消费者对劣等品的需求依然符合需求定律，这种劣等品也被叫作**一般劣等品**，见图 3-24。

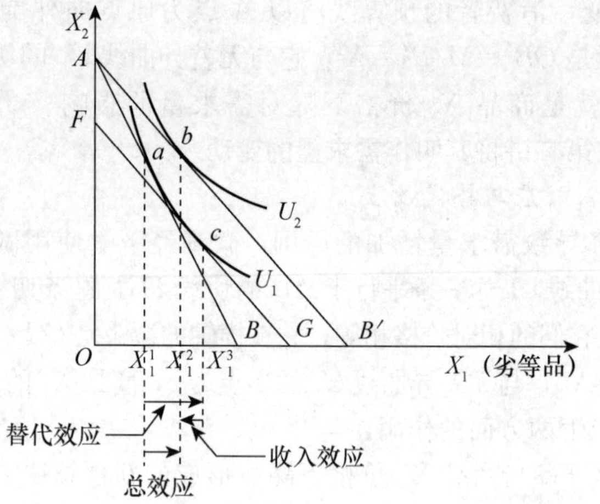

图 3-24　劣等品的替代效应和收入效应

3. 吉芬品

如果价格下降所导致的收入效应小于零，这种产品依然是劣等品，但是，如果收入效应的减少量大于替代效应的增加量，消费者对这种劣等品的需求就不再符合需求定律，或者说与需求定律相违背，经济学家把这种劣等品叫作**吉芬品**（Giffen goods），将这种现象称为**吉芬悖论**（Giffen's paradox），见图 3-25。因此，吉芬品一定是劣等品，但劣等品不一定是吉芬品。①

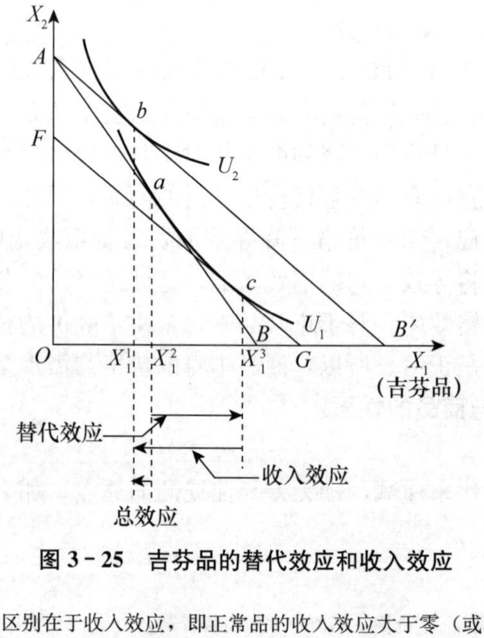

图 3-25　吉芬品的替代效应和收入效应

① 可见正常品与劣等品的区别在于收入效应，即正常品的收入效应大于零（或者说，正常品的需求收入弹性为正值），劣等品的收入效应小于零（或者说，劣等品的需求收入弹性为负值）。吉芬品之所以是劣等品，原因在于它的收入效应与劣等品一样，是负值；之所以区别于劣等品，原因在于它的价格效应是负值。

综上所述，我们可以根据价格变动所导致的收入效应与替代效应，将商品分为正常品、一般劣等品和吉芬品。

四、基数效用论的需求曲线和消费者剩余

（一）需求曲线与需求价格

现在，我们来学习（3-13）式的性质。

1. 需求价格与市场价格

（3-13）式的左边是边际替代率，经济意义是商品 X 的边际价值（或叫作价值、需求价格、保留价格、心理价位等），它反映消费者对商品 X 的主观评价，随着 X 的增加而递减。（3-13）式的右边是相对价格，它由市场供求双方共同决定，对单个消费者来说是外生变量。

2. 需求曲线

通过变形，（3-13）式可以转化为：

$$\frac{MU_X}{MU_Y}\times P_Y=P_X \tag{3-15}$$

（3-15）式反映在消费者偏好、收入和商品 Y 价格不变的情况下，消费者在商品 X 的每一个市场价格 P_X 下愿意购买并且能够购买的商品 X 的数量。图形分析与图 3-19 完全一致，这就是基数效用论推导需求曲线的一般方法。

需要强调指出的是，在（3-15）式中，P_X 是自变量，X 是因变量，即消费者是价格接受者，他将根据市场价格的变动调整自己的消费组合，从而使 X 与 Y 的边际效用之比乘以 Y 的市场价格等于 X 的市场价格，实现消费者均衡。

假设 Y 是货币量，单位货币的价格为 1，即 $P_Y=1$；令货币的边际效用 $MU_Y=\lambda$，并假设它不变。这样一来，商品 X 的消费量就可以用 Q 表示，（3-15）式就简化为：

$$\frac{MU(Q)}{\lambda}=P \tag{3-16}$$

（3-16）式的左边是（3-8）式定义的商品 X 的边际价值（或需求价格），它是总效用函数的一阶导数；右边是商品 X 的市场价格。（3-16）式是用消费者均衡条件式表示的**马歇尔需求函数**，其中，P 是自变量，由市场供求双方共同决定；Q 是因变量，由消费者决定。从数学表达式的角度看，P 是因变量，Q 是自变量。因此，马歇尔遵从数学习惯，用横轴表示数量，用纵轴表示价格。①

通过对（3-16）式变形，就可得到（2-1）式，通常被叫作**瓦尔拉斯需求曲线**：

$$Q_d=d(P) \tag{2-1}$$

因此，（1）需求曲线上每一点都是消费者在某一特定的时期内，在每一价格条件下愿意购买并且能够购买的数量；（2）需求曲线上每一点都是消费者效用最大化点；（3）（3-16）式反映的需求曲线的理论基础是基数效用论。

---

① 因此，“可能是由于马歇尔的影响，讲英语的经济学家尽管接受把需求量和供给量看作市场价格的函数这种较为瓦尔拉斯（Walras）式的观点，却一直使用以数量为横坐标的需求和供给曲线”。G. D. N. 惠克特. 需求价格//伊特韦尔，等. 新帕尔格雷夫经济学大辞典：第一卷. 3 版. 北京：经济科学出版社，1996：847.

3. 需求定律

根据（3-16）式，我们发现，由于边际效用递减规律，商品 X 的消费量与它的边际效用 $MU(Q)$ 之间存在反向变动关系，在货币的边际效用不变的情况下，商品 X 的边际价值（或需求价格）$MU(Q)/\lambda$ 与商品 X 的消费量呈反向变动关系；因此，为了实现消费者均衡，除非市场价格 P 下降，否则，消费者不会增加他对商品 X 的需求（或消费）量。这就是基数效用论对需求定律的解释，它主要借助边际效用递减与货币的边际效用不变这两个假设。

4. 需求价格曲线与需求曲线

从数学上讲，需求价格曲线只是需求曲线的反函数，但它们之间有着本质的区别①：

（1）需求价格（曲线或函数）是一个定义式，用公式表示为 $P_d=\frac{MU(Q)}{\lambda}$，它定义了消费者对商品 X 的主观评价，在表 3-1 中，表现为第（1）、（4）列之间的对应关系。由于假定边际效用递减和货币的边际效用不变，需求价格将随着商品 X 的消费量的递增而递减。需求（曲线或函数）是一个行为方程式，在表 3-1 中，表现为第（1）、（5）列之间的对应关系。用公式表示为：

$$P=P_d=\frac{MU(Q)}{\lambda} \tag{3-17}$$

（3-17）式与（3-16）式一致，它表明一个理性的消费者如何随着商品 X 的价格 P 的变动调整自己的需求量。②

（2）在需求价格曲线中，自变量是商品 X 的需求量，因变量是需求价格；在需求曲线中，自变量是市场价格 P，因变量是商品 X 的数量，说明消费者是价格接受者，他只能决定自己的需求量，但不能决定市场价格。

下面，我们就用对消费者剩余概念的讨论来理解这种区别。

（二）消费者剩余

正如前面反复指出的，需求曲线反映的是消费者对某种商品 X 的需求量与其市场价格之间的反向变动关系；需求价格曲线反映的是消费者对商品 X 的主观评价（价值或需求价格）与其消费量之间的反向变动关系。在图 3-26 中，我们用 $P_d=d^{-1}(Q)$ 来表示需求价格曲线，假设它是一条直线，如 AB。

假设商品 X 的市场价格等于 P_0，在这一价格条件下，消费者的均衡条件是 $P_d=P_0$，对应的均衡购买量/消费量是 Q_0。消费者的总支出是 $TE=Q_0P_0$，在图 3-26 中表现为四边形 P_0EQ_0O 的面积。通过图 3-26 不难发现，均衡消费量 Q_0 是消费者消费量的一个分界点：如果消费者的消费量小于 Q_0，消费者的需求价格将高于市场价格，消费者将增加消费；反之则小于市场价格，消费者将减少消费，直到等于均衡消费量 Q_0。

---

① 需求价格曲线与需求曲线之间的区分是我们理解消费者选择行为、消费者剩余、消费的一般均衡与帕累托标准的关系的关键。对此，我们后面还要涉及。

② 惠克特借用古典经济学的术语来说明需求价格与市场价格之间的区别："需求价格和市场价格之间的区别是古典的使用价值与交换价值之间区别的运算形式。"（G. D. N. 惠克特. 需求价格//伊特韦尔，等. 新帕尔格雷夫经济学大辞典：第一卷. 3版. 北京：经济科学出版社，1996：847.）因此，"在价格（为了得到某种物品所必须放弃的东西）和价值（为了得到它而愿意放弃的东西）之间并不具有显而易见的关系"。（戴维·弗里德曼. 弗里德曼的生活经济学. 北京：中信出版社，2003：49.）

通过图 3-26，我们还发现一个特征，那就是在消费者的均衡消费量之前，需求价格都高于市场价格，微观经济学把消费者愿意支付的最高价格（需求价格）与实际支付的价格（市场价格）之间的差额叫作**消费者剩余**（consumer's surplus）。①

根据（3-17）式我们知道，需求价格是边际效用的货币表现；根据（3-6）式我们知道，边际效用是总效用的一阶导数。因此，消费者消费 Q_0 得到的总效用，用货币来表现就是图 3-26 中梯形 AEQ_0O 的面积。在图 3-26 中，针对均衡消费量 Q_0 的消费者剩余就是：

$$
\begin{aligned}
CS(\text{消费者剩余}) &= \text{梯形 } AEQ_0O \text{ 的面积} - \text{四边形 } P_0EQ_0O \text{ 的面积} \\
&= \text{三角形 } AEP_0 \text{ 的面积}
\end{aligned}
$$

消费者剩余的一般表达式是：

$$CS(\text{消费者剩余}) = \int_0^X d_i^{-1}(Q)\mathrm{d}Q - P_0Q_0 \qquad (3-18)$$

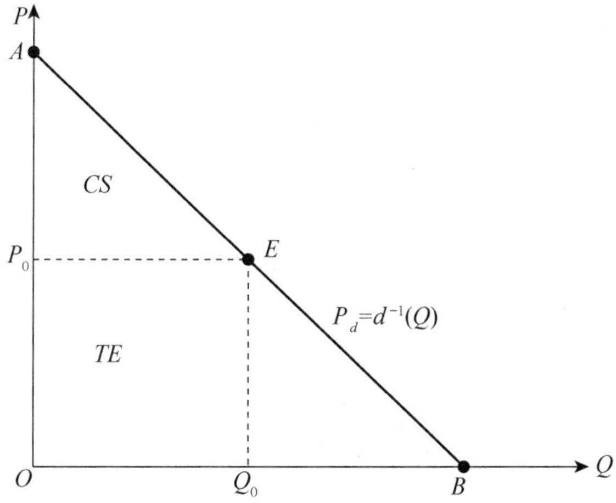

图 3-26　反需求曲线、总效用、总支出和消费者剩余

现在我要问的问题是：为什么市场价格越低，消费者买得越多？或者说，需求曲线为什么向右下方倾斜？根据图 3-26，我们不难发现：市场价格越低，消费量越多，则消费者获得的消费者剩余就越多。这种解释方法与前面运用边际效用递减假设的解释方法是一致的。其中，消费者剩余解释方法强调总量，边际效用解释方法强调边际量。

第四节　劳动、土地和储蓄的供给曲线

前面我们分析了消费者的“花钱”行为，现在我们转而讨论消费者的“挣钱”或“赚钱”行为。对于前者，我们通常问的问题是：在收入既定的情况下，选择消费怎样一个商品组合，可使消费者的效用实现最大化？对此问题的回答叫作产品的需求理论。对于后者，我们通常问的问题是：在自有资源（或要素）既定的情况下，消费者选择怎样一个要素供给和保留自用组合，可使消费者的效用实现最大化？对此问题的回答叫作要素的供给理论。由于这两个理论的分析工具都是无差异曲线和预算线，下面我用比较快的速度简要

① 该方法建立在基数效用之上，得益于马歇尔的贡献。

学习一下本节内容。

一、劳动的供给曲线

（一）预算线

1. 预算线的推导

（1）消费者面临的时间约束是一天 24 小时，假设他可以用于劳动和非劳动，后者我们统称闲暇。消费者的自有时间约束就可以表示为：

$$L+X=24 \tag{3-19}$$

其中，L 表示劳动时间，X 表示闲暇时间。

（2）假设消费者除时间以外一无所有[①]，因此，他的收入（或消费支出）只能来源于每天的劳动时间和单位小时的工资，或称工资率 w。劳动者的收入 M 用公式表示为：

$$(24-X)w=M \tag{3-20}$$

（3-20）式就是消费者能够消费的闲暇时间和货币量的预算线方程。当 $w=w_0$ 时，预算线方程就可以表示为图 3-27（a）中的直线 PQ。直线 PQ 以及它下面的闲暇时间和货币量的组合，就是消费者的预算集。

2. 预算线的特点

图 3-27（a）的纵坐标表示货币收入，横轴左边的原点是闲暇时间的原点，它向右边延伸表示闲暇时间增加；反之，横轴右边的原点是劳动时间的原点，它向左边延伸表示劳动时间增加。

预算线的斜率的绝对值（$-\mathrm{d}M/\mathrm{d}X$）是工资率 w，是闲暇的市场价格。

当工资率上升时，收入线以 Q 为原点向外旋转。例如，当工资率上升到 $w=w_1$ 时，预算线为直线 RQ，见图 3-27（a）。

（二）无差异曲线

假设闲暇时间和货币收入都是经济物品，消费者的无差异曲线（或者排序原则）就与前面介绍的选择商品组合一样，是标准的无差异曲线。这里，我着重介绍有关闲暇时间和货币收入的无差异曲线的边际替代率的经济含义。

无差异曲线切线的斜率的绝对值，即闲暇对收入的边际替代率是：

$$MRS_{XM}=-\frac{\mathrm{d}M}{\mathrm{d}X} \tag{3-21}$$

引入边际效用（或基数效用论）概念后，（3-21）式可以转化为：

$$MRS_{XM}=-\frac{\mathrm{d}M}{\mathrm{d}X}=\frac{MU_X}{MU_M}=\frac{MU_X}{\lambda} \tag{3-22}$$

其中，MU_X 是闲暇的边际效用，MU_M 是货币的边际效用，用我们熟悉的符号 λ 表示，这样一来，$\frac{MU_X}{\lambda}$就是**闲暇的边际价值**（MV），即消费者为了获得 1 单位额外的闲暇时间最

① 正如马克思所言，工人除劳动力外一无所有。如果假设劳动者除时间以外还有其他收入，该假设只会导致预算线向上平行移动，不会改变该分析的性质。

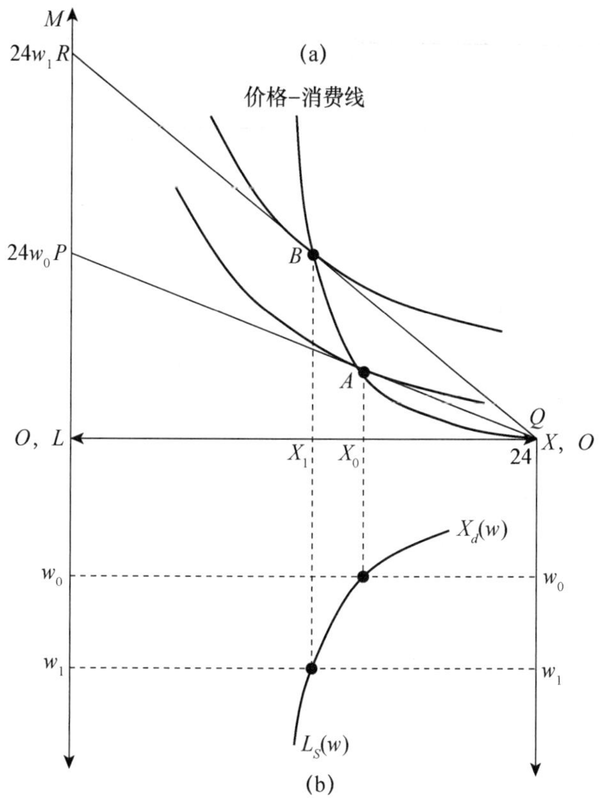

图 3-27　闲暇的需求或劳动的供给曲线

多愿意放弃的货币数量，或称**闲暇的需求价格**。

（三）消费者的理性选择与劳动的供给曲线

消费者理性选择的条件（或称均衡条件）与前面介绍的一样，是预算线与无差异曲线相切，用公式表示为：

$$MRS_{XM}=w \text{ 或者} \frac{MU_X}{\lambda}=w \tag{3-23}$$

（3-23）式说明，只有当闲暇的边际价值或需求价格等于市场工资率时，消费者的闲暇时间与劳动时间的选择才实现均衡；否则，消费者将调整闲暇时间与劳动时间的数量。（3-23）式在前面叫作消费者均衡条件，在这里则是闲暇的需求原则或劳动的供给原则。

把图 3-27（a）中与不同工资率相对应的消费者均衡点连接起来，就得到**价格-消费线**（或称**价格扩展线**）。

把价格-消费线上不同的工资率与均衡闲暇时间的组合标注在图 3-27（b）中，并把它们连接起来，就得到**闲暇的个人需求曲线** $X_d(w)$。由于劳动时间 $L=24-X$，因此，（从左边向右边看）闲暇的个人需求曲线就是（从右边向左边看）**劳动的个人供给曲线** $L_S(w)$，它们都是市场工资率的函数。

对于闲暇的需求曲线或劳动的供给曲线特征（需求定律或供给定律）的解释，基数效用论采用边际效用递减规律，序数效用论采用价格效应和收入效应，这里就不做重复。

水平加总消费者个人的劳动供给曲线，就得到**劳动的市场供给曲线**。

二、土地的个人与市场供给曲线

（一）预算线

假设消费者的自有土地数量是 $\overline{N}$，它可以用于出租（或称供给）和自用，消费者的自有土地约束就可以表示为：

$$N+X=\overline{N} \tag{3-24}$$

其中，N 表示用于出租的土地数量，X 表示保留自用的土地数量。

假设消费者除有一定面积的土地以外一无所有，因此，他的收入（或消费支出）只能来源于土地的供给和单位面积的租金，或称租金率。消费者的收入用公式表示为：

$$(\overline{N}-X)R=M \tag{3-25}$$

（3-25）式就是消费者能够消费土地和货币量的预算线方程式。其中，预算线的斜率是租金率 R，由市场供求力量决定。当租金率上升时，在图 3-28 中表现为预算线以 $\overline{N}$ 点为原点向外旋转，反之则相反。

（二）无差异曲线

有关土地供给分析最重要的一个特点是：假设自用土地是中性物品。因此，包含货币数量和自用土地数量的无差异曲线是一条与货币收入量成比例的水平线，见图 3-28。

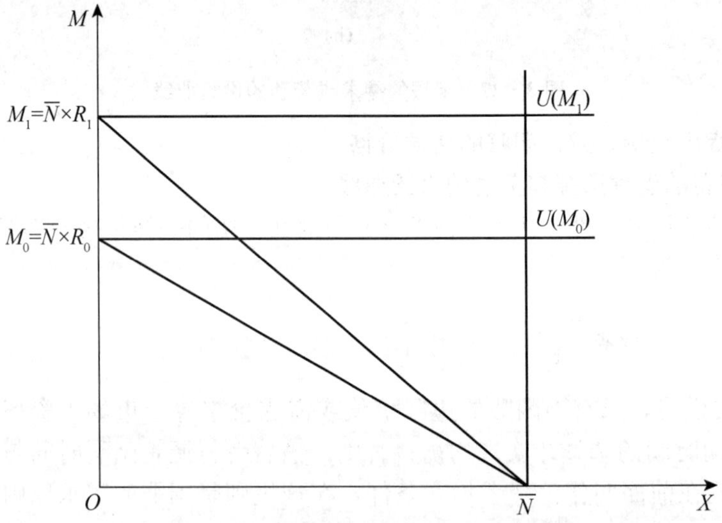

图 3-28　自用土地的需求与土地的供给

水平型的无差异曲线的边际替代率等于零，用公式表示为：

$$MRS_{XM}=-\frac{\mathrm{d}M}{\mathrm{d}X}=0 \tag{3-26}$$

如果引入边际效用概念，（3-26）式可以进一步表示为：

$$MRS_{XM}=-\frac{\mathrm{d}M}{\mathrm{d}X}=\frac{MU_X}{MU_M}=\frac{MU_X}{\lambda}=0 \tag{3-27}$$

其中，MU_X 是自用土地的边际效用，中性物品假定决定了它等于零①；$MU_M=\lambda$，同样代表货币的边际效用。这样一来，$\frac{MU_X}{\lambda}$就是**自用土地的边际价值**（MV）或**土地供给的机会成本**。这一性质直接决定着我们将在第五讲学习的租金的定义。

（三）土地的供给曲线

自用土地（或土地供给）与收入选择的消费者均衡条件是：

$$MRS_{XM}<R$$

或者

$$\frac{MU_X}{\lambda}<R \tag{3-28}$$

（3-28）式说明，自用土地的需求价格始终小于租金率。因此，消费者均衡解是拐角解，在图 3－28 中，它位于纵坐标上无差异曲线与预算线的交点。

随着租金率的上升，消费者的收入线（或预算线）以 $\overline{N}$ 点为原点向外旋转，在纵坐标上与不同的效用水平相交，形成不同的消费者均衡点（相同的自用土地使用量与不同的货币收入），把这些均衡点连接起来，就是价格-消费线（价格扩展线），它就是纵坐标。

由于价格-消费线是纵坐标，因此，纵坐标上每一点所对应的自用土地需求量都等于零，所对应的土地供给量都等于 $\overline{N}$；纵坐标上每一点所对应的货币收入都等于 $\overline{N}\times R$，由于 $\overline{N}$ 是一个常量，因此 $\overline{N}\times R$ 与 R 同比例上升。把纵坐标上每一点所对应的自用土地需求量与租金率 R 标注在坐标上，就得到**自用土地的个人需求曲线**，它同样是纵坐标；把纵坐标上每一点所对应的土地供给量与租金率 R 标注在坐标上，就得到**土地的个人供给曲线**，它就是既定土地数量 $\overline{N}$ 的垂线，见图 3－28。

需要强调指出的是，土地的个人供给曲线之所以是垂线，并不是因为自然赋予的土地数量固定不变，而是因为我们假设土地只有生产性用途。该结论也适用于其他只有一个用途的生产要素，即凡是只有一个用途的（或机会成本等于零的）生产要素，它的供给曲线都是垂线，表明其供给量与价格无关。只要我们放弃这个假定，土地的供给就可能跟劳动的供给一样。

土地的市场供给曲线同样是消费者个人供给曲线的水平加总。

三、储蓄的供给曲线：跨期消费模型②

（一）预算线

我们在本讲的第二节学习消费者的预算线时，假设消费者的收入等于他的支出，没有储蓄或贷款行为：储蓄就是把现金“转化”为预期收入，贷款就是把预期收入“转化”成现金，前者的转化率叫作利率，后者的转化率叫作贴现率。为了简化起见，我假设它们相等，并用 r 表示。

---

① “如果不考虑土地消费性使用这个微小部分，即不考虑土地所有者自用土地的效用，则自用土地的边际效用等于 0。”高鸿业. 西方经济学（微观部分·第七版）. 北京：中国人民大学出版社，2018：234-236.

② 在学习这一部分时，也请同学们参考高鸿业. 西方经济学（宏观部分·第七版）. 北京：中国人民大学出版社，2018：579-584.

在引入储蓄和贷款行为以后，消费者的**终生预算线**（life-time budget curve）**方程**，或称**跨期预算约束**（intertemporal budget constraint）**方程**就可以表示为：

$$X+\frac{Y}{(1+r)}=M_1+\frac{M_2}{(1+r)}$$

或者

$$(M_1-X)+\frac{1}{(1+r)}(M_2-Y)=0 \tag{3-29}$$

其中，X 与 Y 分别表示消费者现时的消费量与未来的消费量，M_1 与 M_2 分别表示消费者的现金与预期收入。如果 (M_1-X) 为负值，就会出现贷款行为；如果 (M_2-Y) 为正值，就会出现储蓄行为。一种极端情况是 $M_2=0$，（3-29）式就转化成为：

$$X+\frac{Y}{(1+r)}=M_1 \tag{3-30}$$

（3-30）式表明现时储蓄未来消费，这个式子便于分析储蓄行为。

另一种极端情况是 $M_1=0$，（3-29）式就转化成为：

$$X+\frac{Y}{(1+r)}=\frac{M_2}{(1+r)} \tag{3-31}$$

（3-31）式表明现时消费未来偿还，这个式子便于分析贷款行为。

（3-29）式、（3-30）式和（3-31）式都表明，消费者虽然可以进行跨期消费抉择（intertemporal consumption trade-off），但他一生挣得的收入都将被自己消费掉，真正做到“赤条条来去无牵挂”。

我们可以借助图 3-29 来说明（3-29）式。假设初始禀赋点是 $A(M_1, M_2)$，BA 之间任意一个消费组合 D 都意味着现时的消费小于现时的收入，储蓄量为 $S_1=(M_1-X_1)$，未来的消费量 $Y_1=(1+r)(M_1-X_1)+M_2$；一种极端情况是 B 点，它表示将所有收入 $M_1(1+r)+M_2$ 都用于未来消费。AC 之间任意一个消费组合 H，都意味着现时的消费大于现时的收入，贷款量为 $S_2=(M_2-Y_2)$，现时的消费量 $X_2=\frac{(M_2-Y_2)}{1+r}+M_1$，一种极端

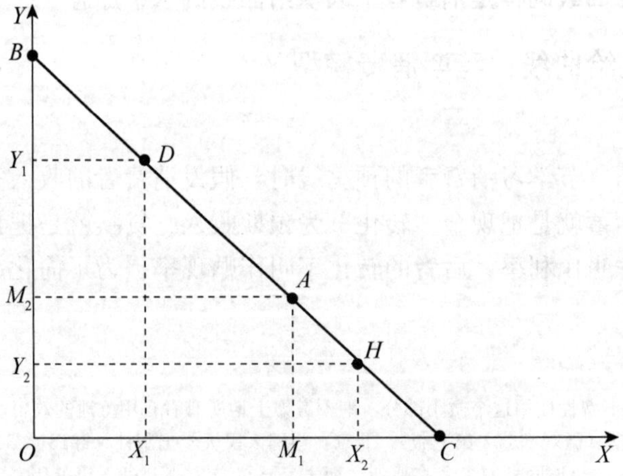

图 3-29　终生预算线

情况是 C 点，它表示将所有收入 $M_1+\frac{M_2}{1+r}$ 都用于现时消费。终生预算线的斜率是 $-(1+r)$，其中，利率由市场的供求力量决定。

当利率 r 上升时，图 3－29 中的预算线以 C 为原点向外旋转，反之则相反。

（二）无差异曲线

假设现时消费与未来消费都是经济物品，有关它们的无差异曲线就与一般情况无异，见图 3－30。因此，在这里我们着重说明一下它的边际替代率的经济意义。

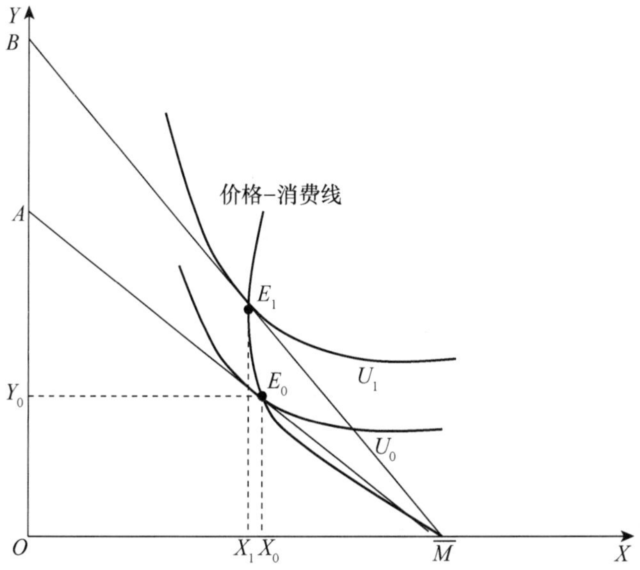

图 3－30　消费与储蓄

消费者关于现时消费与未来消费的无差异曲线的边际替代率是：

$$MRS_{XY}=-\frac{\mathrm{d}Y}{\mathrm{d}X} \tag{3-32}$$

（3－32）式表示消费者为了获得 1 单位额外的现时消费最多愿意放弃的未来消费的货币数量，叫作消费者**现时消费的边际价值**或**需求价格**，它实际上衡量了消费者的耐性程度或忍耐力。现时消费的边际价值越低，说明消费者越有耐心或忍耐力。

如果引入边际效用概念，（3－32）式可以进一步表示为：

$$MRS_{XY}=-\frac{\mathrm{d}Y}{\mathrm{d}X}=\frac{MU_X}{MU_Y} \tag{3-33}$$

（三）储蓄的供给曲线

消费者理性选择现时消费与未来消费（即储蓄）的条件是预算线与无差异曲线相切，见图 3－30，用公式表示为：

$$MRS_{XY}=1+r$$

或者

$$\frac{MU_X}{MU_Y}=1+r \tag{3-34}$$

在图 3-30 中，假设消费者的现金是 $\overline{M}$，初始利率是 r_0，它所对应的终生预算线为 $A\overline{M}$，消费者均衡点是 E_0，消费是 X_0，储蓄额是 $(\overline{M}-X_0)$，未来消费量是 $Y_0=(\overline{M}-X_0)(1+r_0)$。

根据图 3-30，我们同样可以得到价格-消费线、消费曲线和储蓄的供给曲线（它们都是利率的函数），并同样可以运用收入效应、替代效应和价格效应来解释储蓄供给曲线的形状，它与劳动供给一样，表现为一条反 S 曲线。① 我们同样选择利率与储蓄量同方向变动的部分表示**个人储蓄供给曲线**。水平加总个人储蓄供给曲线，得到**市场储蓄供给曲线**。

图 3-31 假设消费者的现时收入为零，未来收入为 $\overline{M}$，你可以根据这个图推导**个人贷款需求曲线**和**市场贷款需求曲线**。

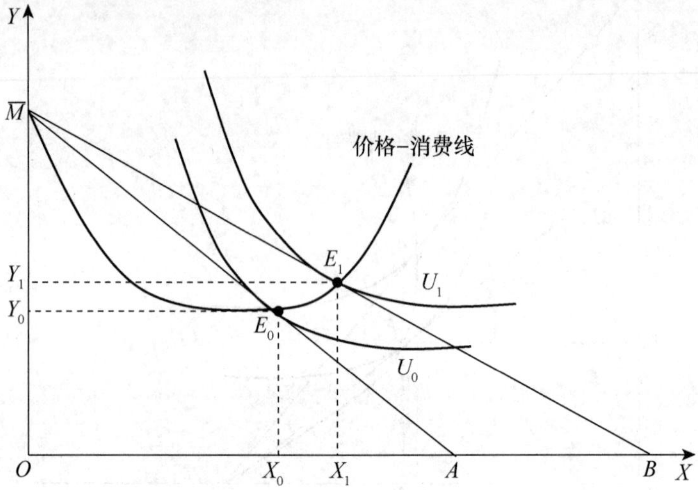

图 3-31　消费与贷款

四、典型题解

下面，我们来分析北京大学 1996 年的一道研究生入学考试题，这道题曾经改头换面又出现在厦门大学 2006 年研究生入学考试题中。

假设消费者的效用函数为 $U(X_1, X_2)=X_1X_2$，预算约束方程为 $P_1X_1+P_2X_2=M$，求消费者均衡。②

解题技巧

1. 着力挖掘“已知条件”和“求解目标”

这道题的求解目标是消费者均衡，它实际上是消费者在预算约束条件下选择的一个效用最大化的商品组合。因此，这个商品组合要求满足消费者理性选择的条件 $MRS_{12}=\dfrac{MU_1}{MU_2}=\dfrac{P_1}{P_2}$。

---

① “一般来说，随着利率的上升，人们的储蓄也会被诱使增加，从而曲线向右上方倾斜。但与劳动供给曲线时的情况相同，当利率处于很高的水平上时，储蓄或贷款供给曲线亦可能出现向后弯曲的现象。”[高鸿业．西方经济学（微观部分·第七版）．北京：中国人民大学出版社，2018：243.]

② 已知消费者对两种商品 q_1 和 q_2 的效用函数 $U=q_1q_2$ 及预算约束方程 $y=p_1q_1+p_2q_2$（其中，y 为消费者的收入，p_1、p_2 分别是两种商品的市场价格，q_1、q_2 分别是消费者对两种商品的需求数量）。求证：在效用最大化的条件下，消费者对这两种商品的需求函数分别为 $q_1=y/(2p_1)$，$q_2=y/(2p_2)$。

这道题的已知条件是消费者的效用函数和预算约束，根据前者可以得到边际替代率，根据后者可以得到相对价格。因此，根据这两个已知条件，可以得到消费者的理性选择条件。

2. 努力寻找解题规则

本题涉及的解题规则有边际效用的计算方法、边际替代率的计算方法、消费者的理性选择条件和最优消费组合的条件（除消费者的理性选择条件外，还有预算约束条件）。

解答：根据已知条件，我们可以得到消费者效用最大化模型（解题规则 1）：

$$\max U(X_1,X_2)=X_1X_2$$
$$\text{s. t. } X_1P_1+X_2P_2=M$$

显然，消费者的效用最大化模型不同于市场均衡模型：前者是一个约束条件下的最大化模型，后者是一个联立方程组模型。对于约束条件下的最大化模型，可以采用三种方法求解，它们分别是图形法、拉格朗日函数法和直接求解法，这里只使用图形法求解。具体求解过程是：

第一，根据 $U(X_1, X_2)=X_1X_2$，分别得到 X_1 与 X_2 的边际效用函数（解题规则 2）：

$$MU_1=\frac{\partial U}{\partial X_1}=X_2,\quad MU_2=\frac{\partial U}{\partial X_2}=X_1$$

第二，将 X_1 与 X_2 的边际效用函数和价格代入消费者的理性选择条件式（解题规则 3），就得到：

$$\frac{X_2}{X_1}=\frac{P_1}{P_2}$$

第三，将消费者的理性选择条件式与预算线方程联立成方程组（解题规则 4）：

$$\begin{cases}\dfrac{X_2}{X_1}=\dfrac{P_1}{P_2}\\ X_1P_1+X_2P_2=M\end{cases}$$

第四，求解上述联立方程组，得消费者均衡解（解题规则 5）为：

$$X_1^*=\frac{M}{2P_1},\quad X_2^*=\frac{M}{2P_2}$$

需要注意的是，消费者均衡的解值 $X_1^*=\frac{M}{2P_1}$ 和 $X_2^*=\frac{M}{2P_2}$ 都是收入和价格的函数，它们实际上就是我们在第二讲讨论的一般需求函数。当我们把价格看成是外生变量时，$X_1^*=\frac{M}{2P_1}$ 和 $X_2^*=\frac{M}{2P_2}$ 就是恩格尔曲线方程；当我们把收入看成是外生变量时，$X_1^*=\frac{M}{2P_1}$ 和 $X_2^*=\frac{M}{2P_2}$ 就是直接的需求曲线方程。

第四讲

生产和成本函数

学习目的

在第二讲第二节，我曾给同学们区分直接供给和广义供给，并指出影响市场供给量的很多因素。微观经济学主要关注七个因素，见表 4－1。

表 4－1　　　　直接供给与广义供给

<table>
<tr><th>影响因素</th><th>市场供给量</th><th>广义供给函数</th><th colspan="2">直接供给函数</th></tr>
<tr><td>市场价格</td><td>＋</td><td rowspan="7">市场供给量与各种因素之间的对应关系</td><td>市场供给量与市场价格之间的对应关系</td><td>供给量
供给量的变动
点移动</td></tr>
<tr><td>生产者的目标：利润最大化</td><td></td><td rowspan="6"></td><td rowspan="6">供给
供给的变动
线移动</td></tr>
<tr><td>生产技术</td><td>＋</td></tr>
<tr><td>生产要素的价格</td><td>－</td></tr>
<tr><td>生产者对未来商品价格的预期</td><td>＋</td></tr>
<tr><td>政府税收或补贴</td><td>税收：－
补贴：＋</td></tr>
<tr><td>生产者数量</td><td>＋</td></tr>
</table>

不过，在第二讲第二节，我们不仅没有准确地定义这些影响因素，更没有分析它们各自影响市场供给量的经济机理。因此，第四讲将定义生产者的目标——利润最大化，分析生产技术和生产要素的价格对企业产量选择的影响，第五讲将分析市场价格、政府的税收或补贴以及生产者数量对市场供给量的影响。通过本讲的学习，同学们需要掌握的内容有：

1. 企业的性质与形式；
2. 生产函数的性质与分类；
3. 短期生产函数的特征：报酬递减规律；
4. 长期生产函数的特征：边际技术替代率递减和规模报酬问题；
5. 成本与利润的定义和分类；
6. 等成本线与生产要素的最优组合；
7. 短期成本函数的特征：报酬递减规律；
8. 长期成本函数；
9. 规模经济与不经济；
10. 成本函数的数学推导方法。

第一节 生产函数

微观经济学所说的生产函数是企业生产函数，它区别于宏观经济学的总生产函数（aggregate production function），并表明生产函数的主体是企业。下面，我们就来讨论企业的性质与形式，并在此基础上界定生产者理论的主要内容。

一、企业的性质与组织形式

（一）企业的性质

1. 企业的定义

在市场经济中，生产者（producer）被叫作 firm，中文译作“厂商”或“企业”。D. 格林沃尔德主编的《现代经济词典》给企业下的定义是：

“**Firm（厂商）**：生产商品和劳务的经济单位。它在厂商主的控制之下，为着营利的目的，由资本设施和其他资源相结合而组成。”①

2. 企业的性质

根据《现代经济词典》的定义，我们可以将企业的性质归纳为：

（1）企业是“生产商品和劳务的经济单位”，这一性质将生产者（企业）与消费者（家庭）区分开来；

（2）企业“在厂商主的控制之下”，这一性质将企业与市场区分开来，因为市场是一种平等的交换关系；

（3）企业“为着营利的目的”，这一性质将企业与政府部门和**非营利组织**（non-profit organization，简称 NPO）区分开来。

在上述三个关于企业性质的论断中，最能反映企业本质特征的论断是：为着营利的目的。这里的“利”是指企业利润，即企业的总收益（或销售收入）与总成本之间的差额。用公式表示为：

$$\pi = TR(Q) - TC(Q) \tag{4-1}$$

其中，π 是企业利润，$TR(Q)$是销售收入，$TC(Q)$是生产成本，它们都是产量的函数。

① D. 格林沃尔德. 现代经济词典. 北京：商务印书馆，1981：178.

3. 生产者理论

在明确了企业的目标是追求利润，或者说最大化企业的销售收入与成本之间的差额以后，生产者理论的重心就转移到对企业销售收入和成本约束条件的讨论。微观经济学认为，约束企业销售收入与成本的条件有两类：第一类是技术约束，即企业只能利用现有的科学技术知识进行生产活动；第二类是市场约束，即企业面临的投入和产出市场的约束。① 本讲重点讨论企业面临的技术约束和投入市场约束，第五讲讨论企业面对的产出市场约束。

(二) 企业的组织形式②

我们可以按照不同的标准对企业进行划分。这里按照企业的所有权与管理方式，将它区分为个人业主制（或称个人企业）、合伙制和公司制。

1. 个人业主制

个人业主制（the individual proprietorship），或称**个人企业**，是指单个个人独资经营的企业组织。个人企业家同时就是所有者和经营者。优点是个人业主的利润动机明确、强烈，决策自由、灵活，企业规模小且易于管理；缺点是资金和管理能力都受个人能力的限制。

2. 合伙制

合伙制（the partnership），或称**合伙制企业**，是指两个人以上合资经营的企业组织。它在一定程度上突破了个人业主制的资金和能力限制，但它可能导致合伙人之间扯皮。

3. 公司制

公司制（the corporation），或称**公司企业**，是指按照公司法建立和经营的具有法人资格的企业组织。对于公司制的理解，我们可以围绕着它的融资方式展开。作为一种在资本市场上的有效融资方式，公司企业主要利用发行债券和股票筹集资金，涉及的主要概念有：

(1) **公司债券**是由公司发行的债权凭证，或者说，它是以公司作出在将来某一特定时间偿还一定的固定数量的货币并按期付息的许诺的方式，从家庭或其他企业那里借款。债券所有人不是公司的所有者，因此他不参加管理。

(2) **公司股票**是由公司发行的一定数量的具有一定票面价值的投资凭证，股票的持有者是公司的**股东**。作为公司的所有者，股东有权参加公司的管理和索取公司的利润(反过来说，也就要承担公司的损失)。由股东代表组成的机构叫作**股东大会**；股东大会的领导集体就是**董事会**；董事会的领导人就是**董事长**；董事会/长雇用来管理公司的人就是**总经理**。董事长与总经理之间的关系构成一种**委托-代理关系**，我们将在第九讲进行讨论。

二、生产与生产技术

(一) 生产相关内容

1. 生产

生产（production）就是企业把投入转化为产出的过程，见图 4-1。微观经济学并不

① 罗伯托·塞拉诺，艾伦·M. 费尔德曼. 中级微观经济学精要. 上海：上海财经大学出版社，2014：95-96.

② 高鸿业. 西方经济学（微观部分·第七版）. 北京：中国人民大学出版社，2018：98-99.

关心企业内部的结构与生产行为，而只是把企业抽象成一个将投入转化为产出的统一决策单位。因此，本讲讨论的生产概念，适用于所有的企业组织形式。

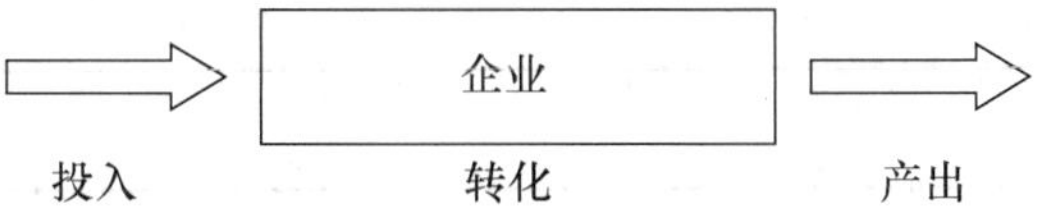

图 4-1　企业与生产

2. 产出

产出（output）可以分为**实物产出**（physical output）和**货币产出**，前者是指企业提供的各种商品和劳务数量，后者是指企业的销售收入。

3. 投入

我们可以将**投入**（input）区分为实物投入（physical input）和货币投入：**实物投入**也被叫作**生产要素**（factor of production），即企业在生产中所使用的各种经济（或稀缺）资源，它们的市场价格总和就是**货币投入**（或者叫作**成本**）。

根据生产要素的提供者（或来源），可以把生产要素划分为：(1) 由生产者（或企业）生产并被再次投入生产过程的经济资源，叫作**中间生产要素**或**中间产品**。由于企业提供中间生产要素的原则与提供消费品的原则一样，都遵循**利润最大化原则**，因此我们对中间生产要素的供求关系不做单独讨论。(2) 由消费者（或家庭）提供的经济资源叫作**原始生产要素**（以后简称为生产要素或要素）。

根据生产要素的不同特点，我们可以将它区分为劳动、土地、资本和企业家才能四种类型。

(1) **劳动**（labor）是劳动者脑力和体力的支出。劳动者提供劳动获得的收入是**工资**（wage），单位劳动的收入叫作**工资率**（wage rate），用 w 表示。

(2) **土地**（land）是一切自然资源（natural resource）的简称。因使用土地而支付给所有者的金额是**租金**（rent），使用单位土地面积而支付的金额，则叫作**租金率**，用 R 表示。

(3) **资本**（capital）是**资本品**（capital good）的简称，它具有如下两个特点：①它可以通过人们的经济活动生产出来；②它可以一次购买，多次使用，购买费用分批转移（与马克思的固定资本一致）。第一个特点把它与劳动和土地等"自然"给定的生产要素区分开来；第二个特点把它与中间投入区分开来。因此可以把**资本品**定义为由经济制度本身生产出来并被用作投入要素以便进一步生产更多商品和劳务的物品。[①] 企业使用资本品而支付给资本所有者的报酬被称为**利息**（interest），使用资本的价格被称为**利息率**（interest rate），用 r 表示。

(4) **企业家才能**（entrepreneurship）是生产者结合其他三种生产要素从事生产的经营能力。经营能力的报酬是**利润**（profit），也可以把它看成是负担亏损风险的报酬。如果把企业家才能归入劳动，那么就只有三种要素；如果再把土地归入资本[②]，那么就只有两种要素。

上述有关原始生产要素的定义都是指**生产要素提供的生产服务**，而不是指生产要素本

① 高鸿业. 西方经济学（微观部分·第七版）. 北京：中国人民大学出版社，2018：240.

② 厉以宁，章铮. 西方经济学. 北京：高等教育出版社，2005：86.

身，也被叫作**生产服务的源泉**。因此，生产要素的价格实际上有两个：生产要素本身的价格与生产服务的价格。①

(1) 劳动的源泉是劳动者，但是，除非是奴隶制，否则劳动者本人或其他人都不能出卖自己。因此，作为原始生产要素的劳动是指劳动者提供的服务，它的价格是工资率。

(2) 作为生产服务的源泉，资本本身的价格叫作**资本价值**；土地本身的价格叫作**土地价格**；作为生产服务，资本的价格叫作**利率**，土地的价格叫作**租金率**。

有关原始生产要素的供给，我们已经在第二讲学习，有关原始生产要素的需求和价格的决定，我们将在第五讲学习。

(二) 生产技术相关内容

1. 技术与生产技术

技术（technique）一词泛指做事的方法或技巧②，据此可以将企业的**生产技术**宽泛地定义为将投入转化为产出的特定方法。微观经济学为了准确地刻画企业的生产技术，引入了生产要素组合和投入-产出组合两个概念。

2. 生产要素组合

一个**生产要素组合**（或简称**投入组合**）是指一种或多种投入的一个数量组合。例如，我们假设企业只使用劳动 L 与资本 K 两种生产要素，图 4-2 坐标轴内和坐标轴上的每一个点都对应着一个投入组合。例如，A 点对应的投入组合是(L_A，K_A)，B 点对应的投入组合是(L_B，K_B)，C 点对应的投入组合是(L_C，K_C)。

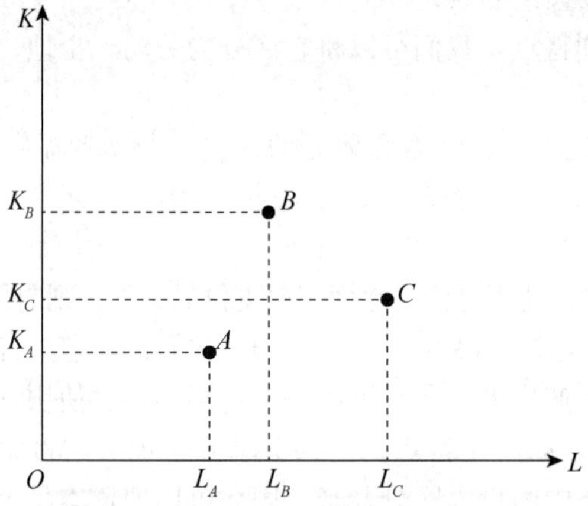

图 4-2 生产要素组合

---

① 高鸿业. 西方经济学（微观部分·第七版）. 北京：中国人民大学出版社，2018：240-241.

② "Technique：(1) a particular way of doing sth，especially one in which you have to learn special skills. 技巧；技艺；工艺；(2) the skill with which sb is able to do sth practical. 技术；技能。"（霍恩比. 牛津高阶英汉双解词典. 4版. 北京：商务印书馆，1997：1814.）英文关于"technique"的定义，大致与《辞海》关于"技术"的定义一致。在《辞海》中，"技术：①泛指根据生产实践经验和自然科学原理而发展成的各种工艺操作方法和技能。②除操作技能以外，广义的还包括相应的生产工具和其他物资设备，以及生产的工艺过程或作业程序、方法"（夏征农，陈至立. 辞海. 第六版普及本. 上海：上海辞书出版社，2010：854）。我们需要将"technique"与"technology"区分开来，后者是指"scientific knowledge used in practical ways in industry，for example in designing new machines. 科技；工艺；工程技术；技术学；工艺学"（霍恩比. 牛津高阶英汉双解词典. 4版. 北京：商务印书馆，1997）。林毅夫似乎在"technology"的含义上使用"技术"，因为他认为"经济学家通常认为技术是一种关于怎样组织各种投入要素生产某种产品的知识"（林毅夫. 中国经济专题. 北京：北京大学出版社，2008：44）。

3. 投入–产出组合

假设企业只生产一种产品，其产量为 Q，那么任何一个投入组合都对应着一系列可能的产量。例如，只要我们将图 4－2 置于水平面，并在原点处添加一条表示产量 Q 的纵轴，就可以得到图 4－3。其中，投入组合 $C(L_C, K_C)$ 可以生产直线 CC' 上任一水平高度表示的产量。假设 C' 点对应的产量是投入组合 C 能生产的最大产量 Q_C^{max}，C 点对应的产量是它能生产的最小产量（是零）。直线 CC' 上任一点对应的**投入–产出组合**就是 $(L_C, K_C; Q_C)$，其中，$0 \leqslant Q_C \leqslant Q_C^{max}$，每个投入–产出组合都代表着一种**生产技术/方法**。

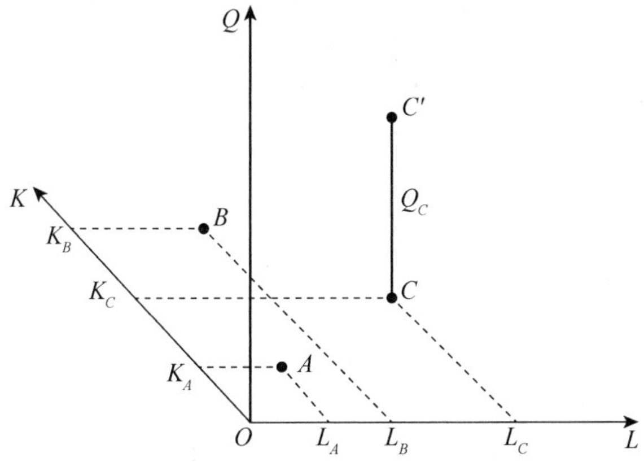

图 4－3　投入–产出组合与生产技术

4. 生产集

技术上可行的所有投入–产出组合的集合，叫作**生产集**（production set）。[①] 图 4－4 就是一定投入组合范围内的生产集，它可以被划分为两种类型：(1) 产量曲面 $OKQ'L$ 上的生产集代表每一个投入组合与其最大产量构成的投入–产出组合，叫作**技术上有效率的**（technically efficient）生产集；(2) 产量曲面 $OKQ'L$ 所覆盖的生产集则是**技术上没有效**

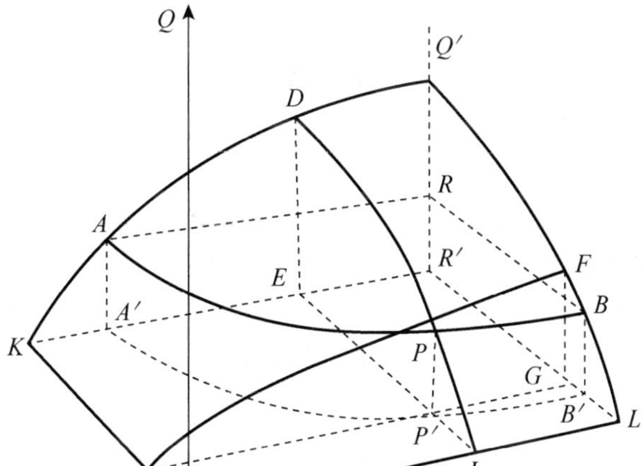

图 4－4　生产函数的产量曲面和等产量曲线

① 哈尔·R. 范里安. 微观经济学：现代观点. 上海：上海三联书店，上海人民出版社，2008：262.

率的（technically inefficient）生产集。①

5. 产量曲面图

产量曲面 $OKQ'L$ 就是**产量曲面图**，它的形状取决于微观经济学关于企业生产技术的两个基本假设：单调性与凸性，对此我们将在随后讨论。

三、生产函数

（一）生产函数的形式

技术上有效率的生产集就是**生产函数**（production function）。或者用我们熟悉的定义说，生产函数就是企业在一定时期内，在一定技术条件下，生产中所使用的各种生产要素的数量与组合同它所能生产的最大产量之间的对应关系。用公式表示为：

$$Q=f(K, L) \tag{4-2}$$

其中，Q 表示某产品的产量，(K, L) 表示生产要素组合，f 表示生产要素组合与它的最大产出量之间的对应关系。

（二）生产函数的性质

根据生产函数的定义不难发现它具有如下两个性质：

（1）生产函数反映了企业生产的技术特性。因此，随着企业生产技术的变化，产量曲面 $OKQ'L$ 也将发生变化。技术进步将导致产量曲面图向上移动。

（2）生产函数反映了企业的理性选择。因为“生产函数表示技术**效率**条件下特定投入品组合有效使用时的最大的可能性产出，因此，不可能出现某种投入品的使用反而带来产出下降的情况。一般我们并不提及生产总是技术上富有效率这个假设条件，因为完全有理由相信追逐利润最大化的企业不会浪费资源”②。这一性质是生产者理性选择在生产技术/方法上的体现，或被叫作生产函数的单调性假设。③

（三）生产函数的分类

根据生产要素的变动范围，把生产函数分为**短期生产函数**（即至少有一种生产要素不变）和**长期生产函数**（所有的生产要素都可以变动）。

（1）**短期**（short run）是指生产者来不及调整全部生产要素的数量，至少有一种生产要素的数量固定不变的时间周期；**长期**（long run）是指生产者可以调整全部生产要素的数量的时间周期。

（2）在短期内无法改变投入量的生产要素，称为**固定投入**（fixed input），可以改变投入量的生产要素，称为**可变投入**（variable input）。在长期内，所有生产要素都是可变投入。

（3）在短期内，固定投入（通常是生产设备）代表着一个企业的生产规模（scale），它不会随着产量的变动而变动。因此，企业的短期选择是产量选择，企业的长期选择是规

---

① “我们想在**技术有效**（technical efficiency）与经济有效之间做一下区分。技术有效是在给定投入要素组合，产量最大化的情况下实现的……**经济有效**（economic efficiency）是企业在产出一定、成本最低的情况下达到的”（克里斯托弗·R. 托马斯，S. 查尔斯·莫瑞斯. 管理经济学：第9版. 北京：机械工业出版社，2009：211）。正如我们在后面将看到的那样，描述技术效率的工具是生产函数，描述经济效率的工具是成本函数。

② 罗伯特·S. 平狄克，丹尼尔·L. 鲁宾费尔德. 微观经济学：第四版. 北京：中国人民大学出版社，2000：157.

③ 罗伯托·塞拉诺，艾伦·M. 费尔德曼. 中级微观经济学精要. 上海：上海财经大学出版社，2014：96. 有关单调性的具体内容，我们在后面涉及短期和长期生产函数时将做进一步的定义。

模选择。这一点我们在后面将会反复强调。

根据生产要素之间的比例关系，把生产函数分为**可变投入比例的生产函数**和**固定投入比例的生产函数**。由于为了生产一定量的某种产品所需要的各种生产要素之间的比例关系，叫作**技术系数**①，因此，生产函数也可以相应地被叫作**固定技术系数的生产函数**和**可变技术系数的生产函数**。

（四）生产函数：三个分析维度

表 4－2 提供了一个具体的生产函数。其中，第一列表示劳动投入量，第一行表示资本投入量，它们的任意一个组合就是一个生产要素组合，再结合它们对应的最大产量，该组合就是一个技术上有效率的投入–产出组合，代表着一种生产技术/方法。例如，当劳动投入量是 2，资本投入量是 3 时，产出量就是 75，投入–产出组合就是（2，3；75）。

表 4－2　两种可变投入的生产函数

L \ K	1	2	3	4	5
1	20	40	55	65	75
2	40	60	75	85	90
3	55	75	90	100	105
4	65	85	100	110	115
5	75	90	105	115	120

将表 4－2 中所有技术有效率的生产集标注在图 4－3 上，就大致可以得到类似图 4－4 中的产量曲面 $OKQ'L$；将产量曲线上的每一个产量投影到平面坐标上，就可以得到图 4－5 显示的技术上有效率的生产集，它概括了微观经济学分析生产函数（技术特性）的三个维度：

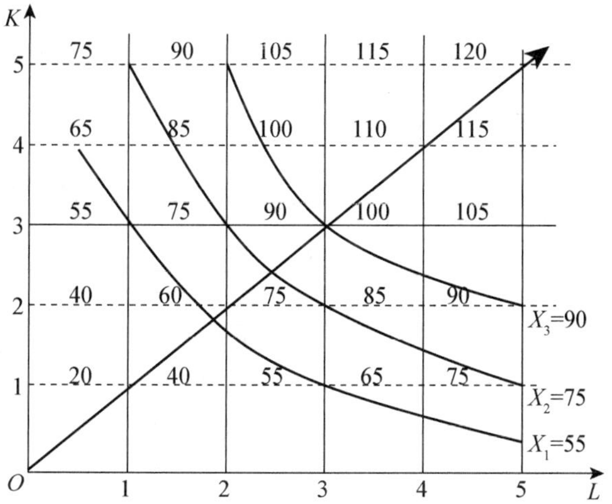

图 4－5　生产函数

① （4－2）式的技术系数可以表示为 K/L，马克思把该系数叫作资本的技术构成，把 $(Kr)/(Lw)$ 叫作资本的价值构成。由技术构成决定并反映技术构成的价值构成，叫作资本的有机构成。

1. 短期生产函数分析

在特定的资本投入量（例如 3）上画一条横线来观察劳动投入量与产量之间的关系，这就是所谓的短期生产函数分析。例如，在资本投入量等于 3 并保持不变时，当劳动投入量为 1 时，产出量是 55；当劳动投入量为 2 时，产出量是 75。当然，这种方法同样适用于其他资本或劳动投入水平。①

2. 等产量曲线分析

用一条曲线把可以生产同一产量的两种生产要素的不同组合点连接起来，观察在保持产量不变的前提下一种投入对另一种投入之间的替代关系，这就是所谓的等产量曲线分析。例如，当资本投入量为 3，劳动投入量为 1 时，产出量是 55；当资本投入量为 1，劳动投入量为 3 时，产出量依然是 55。这说明，为了维持相同的产量，增加 2 个劳动投入量必须减少 2 个资本投入量，或者说，劳动对资本的边际技术替代率是 2/2=1。

3. 规模报酬分析

从原点引出一条射线来观察两种投入都等比例增加与产量的关系，就是所谓的规模报酬分析。例如，当资本和劳动的投入量都等于 1 时，产出量是 20；当资本和劳动等比例增加 1 倍，它们都增加到 2 时，产出量是 60，并且 60/20＞2/1。表明产出增加的倍数大于投入增加的倍数，意味着企业存在规模报酬递增的趋势。

由于假设企业只使用两种生产要素，所以等产量曲线分析与规模报酬分析都属于长期生产函数分析。

四、短期生产函数

微观经济学在企业只使用资本和劳动两种生产要素的前提下，假设资本为固定投入，劳动为可变投入。（4-2）式就可以写成一种可变生产要素劳动的生产函数，表示短期生产函数，用公式表示为：

$$Q=F(\bar{K}, L)=f(L) \tag{4-3}$$

（一）分析短期生产函数的三个概念

1. 劳动的总产量

劳动的总产量（total product of labor）：指与一定的可变要素劳动的投入量相对应的最大产量。公式为：

$$TP_L=Q=F(\bar{K}, L)=f(L) \tag{4-4}$$

2. 劳动的平均产量

劳动的平均产量（average product of labor）：指平均每一单位可变要素劳动的投入量所生产的产量。公式为：

① 当我们把劳动（或资本）固定在原点，观察劳动（或资本）投入量与产量之间的对应关系时，就不属于短期生产函数分析了。首先，这样做只涉及一种投入品和一种产品，或称**单投入品/单产品模型**；而短期生产函数属于**两种投入品/单产品模型**。其次，在单投入品/单产品模型中，只有长期分析而没有短期分析。我们在第八讲讨论企业对生产要素的需求时所使用的生产函数就是单投入品/单产品模型，只是在那里假设它拥有短期生产函数的性质。塞拉诺和费尔德曼在他们合著的《中级微观经济学精要》（上海财经大学出版社，2014 年，第八章）中专门用一章讨论单投入品的生产者行为理性，值得一读。

$$AP_L=\frac{TP_L}{L}=\frac{Q}{L}=\frac{f(L)}{L} \tag{4-5}$$

我们可以针对某个产业或整个经济体系计算劳动的平均产量，相关结果叫作**劳动生产率**（labour productivity），它表明一个产业或一个国家每单位劳动投入的产出，该指标在经济学中具有重要的意义：首先，“劳动生产率的重要意义在于它往往决定一个国家居民的真实的生活水平”①。“以某年为样本，经济体系生产出的商品与劳务的总值等于对各种生产要素的支付，包括工资、资本租金、企业利润。不管形式如何，最终是消费者得到这些要素支付。因此，消费者可以通过增加产量来增加其长期的消费。”② 其次，“劳动生产率增长的主要源泉是资本存量的增加。资本的增长意味着更多更先进的设备，工人在每个工时能生产出更多的产品”③。

3. 劳动的边际产量

劳动的边际产量（marginal product of labor）：指每增加一单位可变要素劳动投入量所增加的产量。公式为：

$$MP_L=\frac{\Delta TP_L}{\Delta L}=\frac{\Delta Q}{\Delta L}=\frac{\mathrm{d}f(L)}{\mathrm{d}L} \tag{4-6}$$

上述概念可以通过表 4-3 得到说明。假设表 4-3 的初始值只有第（1）、（2）列两列的数据，第（2）列的数据是劳动的总产量，第（2）、（1）列两列的对应关系就是劳动的总产量函数。根据（4-5）式和（4-6）式，结合第（1）、（2）列两列的数据，就可以得到劳动的平均产量（函数）和边际产量（函数）。

表 4-3　　劳动的总产量、平均产量和边际产量（$K=\bar{K}$）

劳动投入量 L (1)	劳动的总产量 TP_L (2)	劳动的平均产量 AP_L (3)	劳动的边际产量 MP_L (4)
0	0	0	—
1	3	3	3
2	8	4	5
3	12	4	4
4	15	$3\frac{3}{4}$	3
5	17	$3\frac{2}{5}$	2
6	17	$2\frac{5}{6}$	0
7	16	$2\frac{2}{7}$	−1
8	13	$1\frac{5}{8}$	−3

将表 4-3 中的劳动投入量与总产量、平均产量和边际产量的对应关系标注在图 4-6 中，并用连续的曲线将它们各自连接起来，就得到劳动的总产量、平均产量和边际产量曲线。

①②③ 罗伯特·S. 平狄克，丹尼尔·L. 鲁宾费尔德. 微观经济学：第四版. 北京：中国人民大学出版社，2000：165.

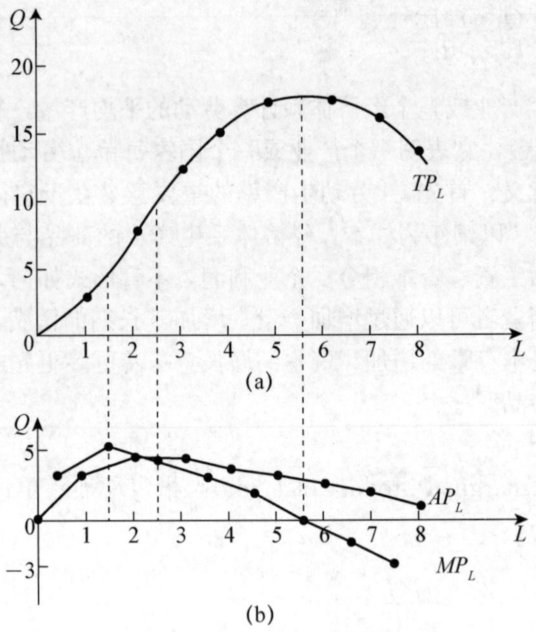

图 4－6　劳动的短期生产函数的产量曲线

将图 4－6（a）与图 4－6（b）合并在一起，忽略具体的数据，就可以得到一张标准的一种可变生产要素的生产函数的产量曲线图，见图 4－7。

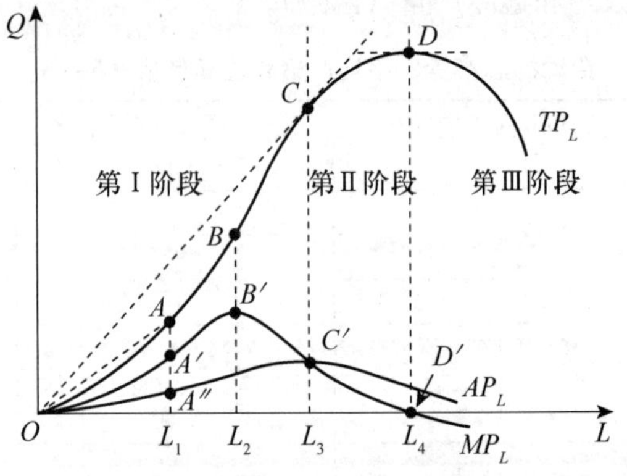

图 4－7　短期生产函数的三个阶段

根据图 4－7，可以考察总产量、平均产量与边际产量之间的关系。

(二) 总产量、平均产量与边际产量的关系

1. 总产量与边际产量的关系

根据边际产量的定义和公式，我们知道，总产量曲线上某一点劳动的边际产量等于总产量曲线在该点切线的斜率，边际产量函数反映了劳动的总产量变化率。

在图 4－7 中，(1) 当边际产量递增并大于零时，总产量将以递增的速度增加；(2) 当边际产量递减并大于零时，总产量将以递减的速度增加；(3) 当边际产量等于零时，总产量达到最大；(4) 当边际产量小于零时，总产量递减。

2. 总产量与平均产量的关系

根据平均产量的定义和公式，我们知道，总产量曲线上某一点劳动的平均产量等于总产量曲线在该点与原点连线的斜率。因此，当总产量曲线上一点与原点的连线恰好与总产量曲线相切时，平均产量与边际产量相等。

3. 边际产量与平均产量的关系

当边际产量大于平均产量时，平均产量将上升；当边际产量等于平均产量时，平均产量达到最大；当边际产量小于平均产量时，平均产量将下降。

我们可以在数学上证明边际产量与平均产量的上述关系。根据（4-5）式得到：

$$\frac{dAP_L}{dL}=\frac{\frac{df(L)}{dL}\times L-f(L)}{L^2}=\frac{1}{L}\left(\frac{df(L)}{dL}-\frac{f(L)}{L}\right)=\frac{1}{L}(MP_L-AP_L) \tag{4-7}$$

$L>0$，所以，当 $MP_L>AP_L$ 时，AP_L 曲线的斜率为正值，即平均产量上升；当 $MP_L=AP_L$ 时，AP_L 曲线的斜率为零，即平均产量达到最大值；当 $MP_L<AP_L$ 时，AP_L 曲线的斜率为负值，即平均产量下降。

4. 劳动投入的产出弹性

由劳动的边际产量与平均产量的关系，我们可以引入一个新概念：劳动投入的产出弹性。

劳动投入的产出弹性就是指劳动投入变动1%将导致总产量变动的百分比，用公式表示为：

$$e_L=\frac{\Delta Q/Q}{\Delta L/L}=\frac{\Delta Q/\Delta L}{Q/L}=\frac{MP_L}{AP_L} \tag{4-8}$$

（4-8）式说明，劳动投入的产出弹性可以表示为劳动的边际产量函数值与平均产量函数值之比（当然，我们可以将这个概念一般化为**要素投入的产出弹性**）。

根据边际产量与平均产量的关系，或者说劳动投入的产出弹性，我们可以把企业短期生产函数划分为三个阶段，见图4-7。

（三）短期生产函数的三个阶段

1. 第Ⅰ阶段

$MP_L>AP_L$ 阶段，或者说 $e_L>1$ 阶段。在此阶段，劳动的平均产量始终上升并达到最大值，边际产量上升达到最大值后开始下降，并相交于平均产量曲线的最高点，总产量始终处于上升状态。这说明：在这一阶段，不变要素资本的投入量相对过多，生产者只要增加可变要素劳动的投入量，就可以较大幅度地增加总产量。

2. 第Ⅲ阶段

$MP_L<0$ 阶段，或者说 $e_L<0$ 阶段。劳动的平均产量递减，边际产量小于零，总产量也呈现递减趋势。这说明：在这一阶段，可变要素劳动的投入量相对过多，生产者减少可变要素劳动的投入反而可以增加产量。不过，根据前面关于生产函数的定义，"技术上富有效率这个前提条件排除了边际产出为负的情况"①。因此，第三阶段"不是生产函数的部分"②。

---

① 这也被叫作短期生产函数的单调性假设，即随着劳动投入的增加，总产量增加。或者说，短期生产函数的一阶导（即边际产量）$f'(L)>0$。这是微观经济学关于短期生产函数的第一个假设。罗伯托·塞拉诺，艾伦·M. 费尔德曼. 中级微观经济学精要. 上海：上海财经大学出版社，2014：96.

② 罗伯特·S. 平狄克，丹尼尔·L. 鲁宾费尔德. 微观经济学：第四版. 北京：中国人民大学出版社，2000：157. 因此，平狄克和鲁宾费尔德用总产出、平均产出和边际产出虚线来表示这部分，见第161页。

3. 第Ⅱ阶段

$AP_L \geqslant MP_L \geqslant 0$ 阶段，或者说 $0 \leqslant e_L \leqslant 1$ 阶段。该阶段的起点是劳动的平均产量的最高点，终点是劳动的边际产量等于零。在这一阶段，劳动的平均产量递减，边际产量递减，总产量以递减的速度增加。该阶段既可以得到由第Ⅰ阶段增加可变要素投入所带来的全部好处，又可以避免将可变要素增加到第Ⅲ阶段而带来的不利影响。因此，第Ⅱ阶段是生产者进行短期生产的决策区，称为**投入合理区或经济区**。但是，生产者究竟在这一阶段选择多少可变劳动投入量才能实现利润最大化，还要取决于生产要素的价格和产品的价格。

需要注意的是，仅凭本讲的知识无法回答投入合理区的起点为什么是平均产量的最大值而不是边际产量的最大值。对于这个问题的回答，我们将在第五讲完成。

无论是劳动的总产量、平均产量和边际产量函数的关系，还是短期生产函数三个阶段的划分，它们都体现了短期生产函数的特征，或者说，微观经济学关于短期生产函数的假设，即报酬递减规律。

（四）短期生产函数的特征：报酬递减规律

投入要素的报酬递减规律（law of diminishing returns to input）是微观经济学关于短期生产函数（技术特征）的基本假设①，它的含义是，在一定的技术水平和其他生产要素投入量不变的情况下，连续增加某一要素投入量到一定程度，它所带来的产量增量将出现递减趋势，这种趋势称为**边际产量递减规律**，或**边际报酬递减规律**，简称**报酬递减规律**。对于报酬递减规律，我们需要注意以下内容。

（1）报酬递减规律的前提是“一定的技术水平和其他生产要素投入不变”。当生产的技术水平或其他投入要素提高时，同样的劳动投入将生产更高的总产量。

（2）报酬递减规律成立的原因在于，对于任何产品的短期生产来说，其可变投入与固定投入之间存在一个最优组合比例。当可变投入较少时，生产要素的投入没有达到最佳组合比例，因此，可变投入的边际产量呈现递增趋势。随着可变投入的增加，可变投入与固定投入超过最优组合比例，边际产量将出现递减的趋势。

（3）如果认为报酬递减规律“一般应用于至少一种投入品固定不变的场合”②，那么它就是短期生产的一条基本规律。但是，如果我们从投入比例的角度去理解报酬递减规律，那么它就同样适用于长期生产函数，因为后者同样涉及要素投入比例问题。

五、长期生产函数

假设企业只使用劳动和资本两种生产要素，根据定义，（4-2）式就可以用来表示长期生产函数，它的图形表示类似于图 4-4 中的产量曲面图。微观经济学对长期生产函数特征的分析主要通过两个概念展开：一个是等产量曲线（在产量不变的情况下分析技术系

---

① 报酬递减规律也被叫作**短期生产函数的凹性假定**，它是微观经济学关于短期生产函数的第二个假设。罗伯托·塞拉诺，艾伦·M. 费尔德曼. 中级微观经济学精要. 上海：上海财经大学出版社，2014：96.

② 罗伯特·S. 平狄克，丹尼尔·L. 鲁宾费尔德. 微观经济学：第四版. 北京：中国人民大学出版社，2003：162. 平狄克和鲁宾费尔德在强调“报酬递减规律一般应用于至少一种投入品固定不变的场合”的同时，又指出“它也可应用于长期的情形”（162、168 页）。但是，他们对后者的原因的分析是错的。在他们看来，“尽管所有的投入品在长期都是可变化的，但实际上经理人员往往考虑的还是一种或多种投入品不变时的生产选择”（162 页）。“这是因为在其他要素不变，一种要素投入增加时，产品的增量越来越小”（168 页）。显然，他们说的情况属于短期生产函数。

数的性质），另一个是规模报酬（在技术系数不变的情况下分析投入量与产量之间的关系）。

（一）等产量曲线

1. 等产量曲线

等产量曲线（isoquant curve）是在技术水平不变的条件下生产同一产量的两种生产要素投入量的所有不同组合的轨迹，用公式表示为：

$$Q_0 = f(K, L) \tag{4-9}$$

其中，Q_0 表示既定产量，见图 4-8。

2. 等产量曲线图的特征

（1）等产量曲线离原点越远，表示的产量越大。因此，图 4-8 中有无穷多条等产量曲线（这里只画了三条），或被称为**等产量曲线图**，它是等产量曲线的集合。

（2）等产量曲线不相交，或者说，任一个生产要素组合只有一条等产量曲线通过。

（3）等产量曲线凸向原点。为了解释这一特征，需要介绍一个分析工具，即边际技术替代率。

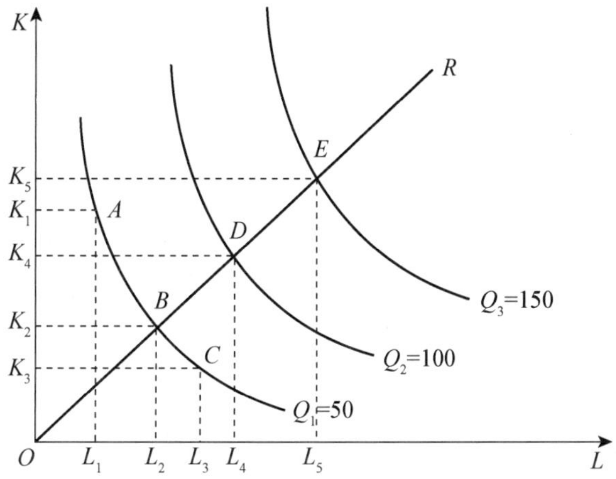

图 4-8　无差异曲线图与边际技术替代率

3. 边际技术替代率

（1）边际技术替代率（marginal rate of technical substitution，简称 MRTS）是一个与等产量曲线相联系的概念，它是指在维持产量水平不变的条件下，增加一单位某种生产要素投入量时所减少的另一种要素投入数量。**劳动对资本的边际技术替代率**用公式表示为：

$$MRTS_{LK} = -\frac{\Delta K}{\Delta L} \tag{4-10}$$

（2）如果等产量曲线是连续函数，等产量曲线上某一点的边际技术替代率就是等产量曲线在该点斜率的绝对值，用公式表示为：

$$MRTS_{LK} = \lim_{\Delta L \to 0} -\frac{\Delta K}{\Delta L} = -\frac{dK}{dL} \tag{4-11}$$

(3) 由于 $MRTS_{LK}$ 反映的是同一产出水平下要素之间的技术替代关系，所以，要素的变动量所引起的产量变动量之和必须等于 0，即：

$$\Delta X = \Delta L \times MP_L + \Delta K \times MP_K = 0$$

因此，边际技术替代率等于劳动和资本的边际产量之比，用公式表示为：

$$MRTS_{LK} = -\frac{\Delta K}{\Delta L} = \frac{MP_L}{MP_K} \tag{4-12}$$

因此，边际技术替代率的经济含义是劳动（或资本）的技术价值。

(4) **边际技术替代率递减规律**（law of diminishing marginal rate of technical substitution），即在产量不变的情况下，随着一种投入（如劳动）的不断增加，单位投入能够替代另一种投入（如资本）的数量将不断下降。这是微观经济学关于长期生产函数（技术特征）的一个假设。随着劳动 L 的等量增加，它对资本的边际替代率 $MRTS_{LK}$ 相应下降，在几何上表现为等产量曲线凸向原点。①

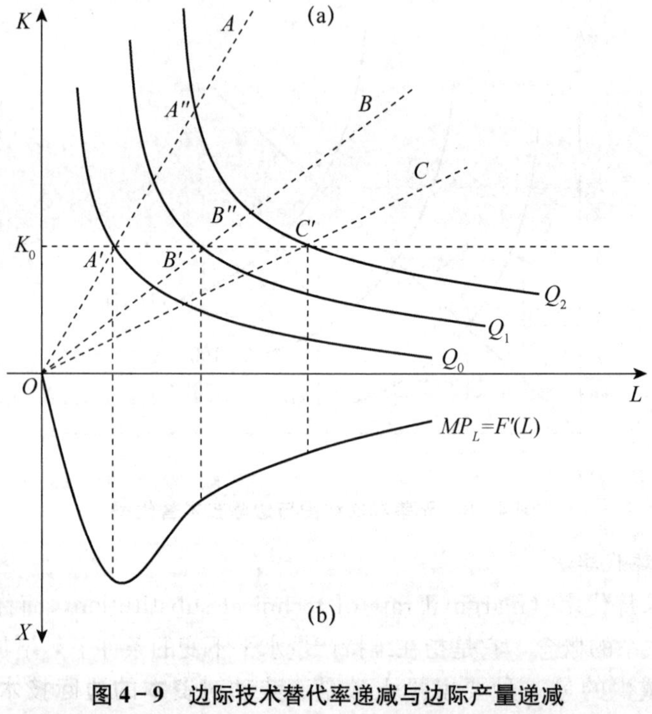

图 4-9　边际技术替代率递减与边际产量递减

(5) **边际产量递减规律和边际技术替代率递减规律**。边际技术替代率递减规律反映当产量不变时，两种可变生产要素之间的替代关系；边际产量递减规律反映了在其他要素不变时，可变生产要素与产量之间的关系。边际产量递减规律表明，在其他投入要素不变的情况下，随着可变投入的增加，固定投入与可变投入组合比例（K/L，人均资本量）的下降，将导致（劳动的）边际产量下降；边际技术替代率递减规律表明，随着劳动替代资本

① 因此，边际技术替代率递减规律也被叫作凸性假设，它是微观经济学关于长期生产函数的第二个假设。罗伯托·塞拉诺，艾伦·M. 费尔德曼．中级微观经济学精要．上海：上海财经大学出版社，2014：113.

数量的增加，两种可变投入组合比例（K/L，人均资本量）将下降，将导致劳动的边际产量下降，资本的边际产量增加。为了维持相同产量，单位劳动能替代的资本数量将下降。**边际产量递减规律与边际技术替代率递减规律在本质上是一致的，它们都从要素组合比例的变动得到解释。**① 我们可以运用图 4－9 来说明这一点。

在图 4－9（a）中，从原点引出的射线 OA、OB 与 OC 分别与同一条等产量曲线 Q^2 相交于 A''、B''和 C'点，它们的斜率分别表示等产量曲线 Q_2 在这三点的资本-劳动比率（K/L）即斜率，并与边际技术替代率同方向变动。当资本的数量固定在 K_0 时，在图 4－9（a）中，从原点引出的射线 OA、OB 与 OC 分别与 K_0 对应的等产量曲线 Q_0、Q_1 和 Q_2 相交于 A'、B'和 C'点，它们的斜率分别表示与这三条等产量曲线的产量所对应的资本-劳动比率（K_0/L），并与边际产量同方向变动，见图 4－9（b）。

4．等产量曲线的特殊形状

放弃边际技术替代率递减假设，我们得到：

（1）**固定替代比例的生产函数**（也被称为**线性生产函数**），见图 4－10（a），用公式表示为：

$$Q=aK+bL \tag{4-13}$$

（4－13）式说明，即使资本与劳动之间可以完全替代，劳动对资本的边际技术替代率也为 $MRTS_{LK}=\frac{\frac{\partial Q}{\partial L}}{\frac{\partial Q}{\partial K}}=\frac{b}{a}$，因此，线性生产函数是**固定替代比例的生产函数**，但是是**可变投入比例的生产函数**。

（2）**固定投入比例的生产函数**（也被称为**里昂惕夫生产函数**），表示在每一个产量水平上任何一对要素投入量之间的比例都是固定的，见图 4－10（b），用公式表示为：

$$Q=\min\left(\frac{L}{u},\ \frac{K}{v}\right) \tag{4-14}$$

对于（4－14）式，需做四点说明：①min 表示产量 Q 取决于 L/u 和 K/v 这两个比值中最小的一个；②$Q=\frac{L}{u}$和 $Q=\frac{K}{v}$，其中，$u=\frac{L}{Q}$，$v=\frac{K}{Q}$，它们分别表示生产 1 单位产出所必需的劳动投入量和资本投入量，分别叫作**劳动-产出比率与资本-产出比率**；③$Q=\frac{L}{u}=$

① 在有的西方经济学教科书中，边际技术替代率递减规律是通过边际产量递减规律得到解释的。“当劳动越来越多地替代资本时，劳动的边际产量减少，这有两方面的原因：（1）较少的资本导致劳动边际产量曲线下移；（2）较多的可变要素（劳动）投入导致该点沿边际产量曲线下移。因此当劳动替代资本时，劳动的边际产量减少，在这种情况下，出现两种力量，导致投入组合点沿边际产量曲线移动和曲线本身的平移，两种力量都使资本的边际产量增加。因此当劳动替代资本时，资本的边际产量增加。由上述两个结论可知，当劳动替代资本时，MP_L 减少而 NP_K 增大，故 $\frac{MP_L}{MP_K}$即 $MRTS_{LK}$减少”（克里斯托弗·R. 托马斯，S. 查尔斯·莫瑞斯. 管理经济学：第 9 版. 北京：机械工业出版社，2009：238）。当然，这种解释方法与从要素组合比例的变动角度解释一致。但这种解释方法提醒我们注意（当资本数量不变时）沿边际产量曲线的移动与（资本变动导致的）边际产量曲线的移动的区别。

$\frac{K}{v} \Rightarrow \frac{K}{L}=\frac{v}{u}$，说明（4-14）式是固定投入比例的生产函数；④当$\frac{L}{u}>\frac{K}{v}$时，$MRTS_{LK}=\frac{MP_L}{MP_K}=\frac{0}{1/v}=0$；当$\frac{L}{u}<\frac{K}{v}$时，$MRTS_{LK}=\frac{MP_L}{MP_K}=\frac{1/u}{0}=\infty$；当$\frac{L}{u}=\frac{K}{v}$时，$MRTS_{LK}$没有定义。

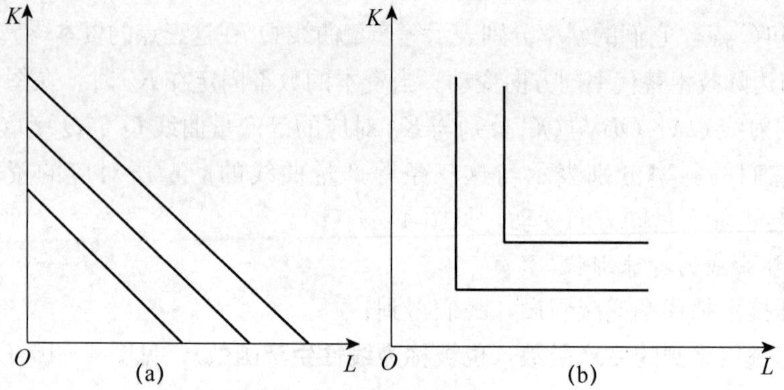

图 4-10　生产函数的特殊形状

（二）规模报酬

前面的分析局限于在产量不变的情况下，考察投入要素之间的比例/替代关系。下面将分析在要素投入之间的比例保持不变的情况下，所有投入同比例增加对产量的影响，即**规模报酬**（return to scale）分析。[①]

1. 规模报酬的类型

（1）**规模报酬递增**（increasing return to scale）：当所有的投入要素同比例变动时，产量变动比例大于投入变动比例，见图 4-11（a），其中，要素投入量与产量都由 A 点到 B 点，两要素的增加比例为$\frac{L_1L_2}{OL_1}=\frac{K_1K_2}{OK_1}<1$，而产量的增加比例为 1，产量的增加比例大于两要素的增加比例，在规模报酬递增的情况下有 $OA>AB>BC$。

（2）**规模报酬不变**（constant return to scale）：当所有的投入要素同比例变动时，产量变动比例等于投入变动比例，见图 4-11（b），其中，要素投入量与产量都由点 D 到点 E，两要素的增加比例为$\frac{L_1L_2}{OL_1}=\frac{K_1K_2}{OK_1}=1$，而产量的增加比例为 1，产量的增加比例等于两要素的增加比例，在规模报酬不变的情况下有 $OD=DE=EF$。

（3）**规模报酬递减**（decreasing return to scale），当所有的投入要素同比例变动时，产量变动比例小于投入变动比例，见图 4-11（c），其中，要素投入量与产量都由 G 点到 H 点，两要素的增加比例为$\frac{L_1L_2}{OL_1}=\frac{K_1K_2}{OK_1}>1$，而产量的增加比例为 1，产量的增加比例小于两要素的增加比例，在规模报酬递减的情况下有 $OG<GH<HI$。

2. 规模报酬类型的判断方法

（1）**水平判断方法**：令一个生产函数 $Q=f(L, K)$，如果 $f(\lambda L, \lambda K)>\lambda f(L, K)$ 且常数 $\lambda>1$，则生产函数 $Q=f(L, K)$ 具有**规模报酬递增**的性质；如果 $f(\lambda L, \lambda K)=$

① 因此，规模报酬的变动不能用生产要素的最优组合比例来解释。

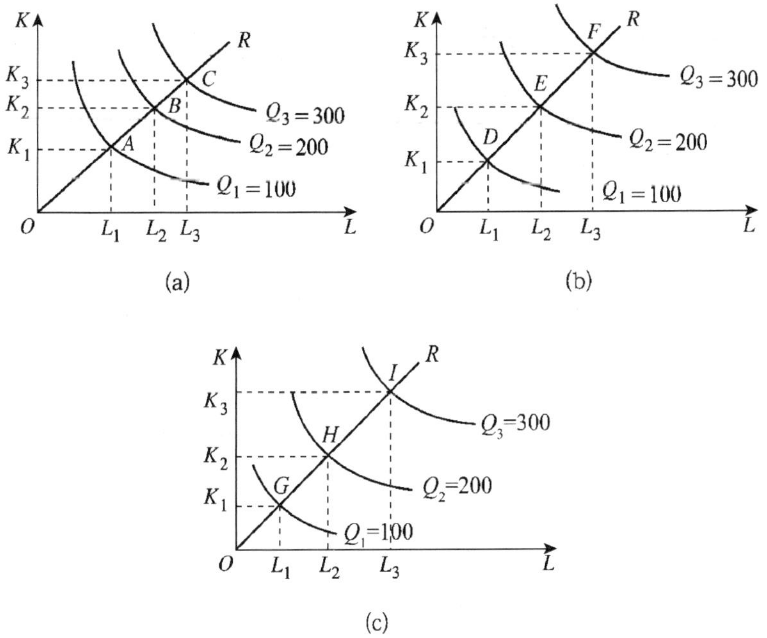

图 4-11 规模报酬的类型

$\lambda f(L, K)$且常数 $\lambda>1$，则生产函数 $Q=f(L, K)$ 具有**规模报酬不变**的性质；如果 $f(\lambda L, \lambda K)<\lambda f(L, K)$ 且常数 $\lambda>1$，则生产函数 $Q=f(L, K)$ 具有**规模报酬递减**的性质。其中，λ 被叫作**要素投入水平**①，因此，我把这种方法叫作规模报酬类型的**水平判断方法**。

（2）**弹性判断方法：**假设生产函数为 $Q=f(L, K)$，资本与劳动投入量等比例变动1%所导致的产量变动的百分比，就是**规模产出弹性**，或被叫作**规模弹性**②，用公式表示为：

$$e_\lambda=\frac{\mathrm{d}Q/Q}{\mathrm{d}\lambda/\lambda}=\frac{\mathrm{d}Q}{\mathrm{d}\lambda}\cdot\frac{\lambda}{Q} \tag{4-15}$$

如果规模产出弹性 $e_\lambda>1$，则生产函数 $Q=f(L, K)$ 具有**规模报酬递增**的性质；如果规模产出弹性 $e_\lambda=1$，则生产函数 $Q=f(L, K)$ 具有**规模报酬不变**的性质；如果规模产出弹性 $e_\lambda<1$，则生产函数 $Q=f(L, K)$ 具有**规模报酬递减**的性质。

3. 企业规模报酬的变动趋势

微观经济学假设，当企业从最初的很小生产规模开始逐步扩大生产时，企业面临规模报酬递增阶段，导致规模报酬递增的原因是生产的专业化程度的提高、先进技术设备的采用、管理效率的提高等。在企业得到由生产规模扩大带来的产量递增的全部好处以后，企业会继续扩大生产规模，将生产规模保持在规模报酬不变阶段。在这以后，企业若继续扩大生产规模，就会进入一个规模报酬递减阶段。规模报酬递减的原因是管理协调能力下降等因素导致的效率下降。

①② 彼得·O. 欧伯恩德，约翰姆·弗莱希曼. 微观经济学基础. 北京：中国法制出版社，2011：338.

第二节　成本函数

一、成本函数的推导

(一) 成本与等成本线

1. 成本

从最一般意义上讲，**成本**（cost）就是为达成某种目的或获得某种商品所付出的代价。① 微观经济学研究成本的目的是分析成本变化对企业决策行为的影响，因此它所说的成本都是机会成本。

机会成本（opportunity cost）：也称**经济成本**（economic cost），就是指将资源用于某种用途而放弃的将其用于其他最有价值的那种用途的价值。因此，机会成本也叫作**择一成本**。机会成本存在的前提条件是我们在第一讲已经作出详细说明的稀缺性。

2. 企业成本

企业成本是企业生产和销售一定数量某种商品的**机会成本，**它是企业所放弃的使用相同的生产要素在其他用途上所能得到的最高收入。在市场经济条件下，它就是企业所使用的生产要素的市场价格总额。

3. 企业成本的分类

根据不同的划分标准，我们可以得到不同的企业成本类型，见表 4 - 4。

在完全竞争市场分析中，我们对企业成本作出如下两个假定：

(1) 交易成本等于零，该假定是完全竞争市场假定的一个结论。因为在完全竞争市场上，“对所有个人而言，所有相对价格都是已知的”②，因此，不存在“发现相对价格的工作”、“交易的谈判和签约的费用”，以及“利用价格也存在着其他方面的不利因素（或成本）”③，也就不存在交易成本。在此假定下，企业成本就只是生产成本，或企业生产的社会成本。“但这显然不是现实世界的真实情况。”④ 在引入交易成本的概念以后，企业就面临着是自己生产还是购买中间产品的选择。作为一种生产组织的企业，在一定程度上就成为市场的替代物。

(2) 外在成本都等于零。该假定是完全竞争市场（或交易成本等于零）的另一个结论：“在一个零交易费用体制中，假设标准经济理论各方面之间的谈判将导致作出那些安排，使财富最大化，而不论初始指定的权利如何。这就是斯蒂格勒命名和陈述的不名誉的科斯定理。”⑤ 换句话说，交易成本等于零，意味着私有产权将得到充分的界定，不存在外

---

① 在日常用语中，成本与价格（price）是同义语。例如，根据《牛津英汉高阶双解词典》（霍恩比. 牛津英汉高阶双解词典. 6 版. 北京：商务印书馆，2004：379，1359）的解释：“cost：the amount of money that you need in order to buy，make or do sth（你为了购买、制造或做某事而需要的货币数量）费用；花费；价钱。”“price：the amount of money that you have to pay for sth（你为了购买某物需要支出的货币数量）价格；价钱；物价。”

② 罗纳德・哈里・科斯. 企业、市场与法律. 上海：上海三联书店，1999：20.

③ 同②6.

④ 同②.

⑤ 罗纳德・H. 科斯. 生产的制度结构//王宏昌. 诺贝尔经济学奖金获得者讲演集. 北京：中国社会科学出版社，1994：156.

部性。因此，“高斯定理断言，在完全竞争的条件下，私人成本和社会成本将会相等”①。在此假定下，企业的生产成本或生产的社会成本等于私人成本。②

表 4-4　　企业成本的类型

划分标准	企业成本的类型
根据企业使用生产要素的来源	**显成本**（explicit cost）：或称**会计成本**，是指企业在生产要素市场上购买或租用所需要的生产要素的实际支出③
	隐成本（implicit cost）：企业自己所拥有并被用于生产或销售的那些生产要素的总价格
根据企业成本的实际承担者	**私人成本**（private cost）：由企业承担的全部成本
	外在成本（external cost）：那些没有被企业承担的成本
	社会成本（social cost）：私人成本与外在成本之和
根据企业成本的发生阶段	**生产成本**（production cost）：企业把投入转化为产出（即生产）的成本
	交易成本（transaction cost）：企业利用市场机制（购买生产要素和出售产品）的成本④

4. 企业利润的分类

在前面，我们把**企业利润**（profit）定义成企业的总收益（或销售收入）与总成本的差额，见（4-1）式。根据企业成本的不同类型，我们将企业利润划分为两种类型：

（1）**会计利润**（accounting profit）是指企业总收益与会计成本（即显成本）的差额。相当于企业隐成本的会计利润部分，在日常生活中通常被叫作**正常利润**（normal profits），表明它是企业得以继续正常经营的基本条件。⑤

（2）**经济利润**（economic profit），也被叫作**超额利润**（excess profit）⑥，是指企业总收益与经济（或机会）成本的差额。由于我们假定完全竞争企业的交易成本和外在成本都等于零，因此，企业的经济成本就是显成本与隐成本之和。

微观经济学假设企业的目标是追求利润最大化，其中的“利润”是经济利润。但是，（美国）财务会计委员会和证券交易委员会制定的“一般公认会计原则”（简称 GAAP）要求，计算企业所得税和国民收入的标准是会计利润。⑦ 之所以有这种差别，在于 GAAP 强

① 乔治·斯蒂格勒. 价格理论. 北京：北京经济学院出版社，1990：125.

② 有关交易成本与科斯定理的讨论，我们将在第九讲展开。更详细的讨论则是新制度经济学的内容。

③ 企业在生产要素市场上购买或租用的生产要素也叫作**市场资源**（market-supplied resources）；企业自己所拥有并被用于该企业生产过程的那些生产要素也叫作**自有资源**（owner-supplied resources）。克里斯托弗·R. 托马斯，S. 查尔斯·莫瑞斯. 管理经济学：第 9 版. 北京：机械工业出版社，2009：5.

④ 所谓**交易成本**可以看成是围绕交易契约所产生的成本。根据科斯等人的观点，一类交易成本产生于签约时交易双方面临的偶然因素所带来的损失。这些偶然因素或者是由于事先不可能被预见到而未写进契约，或者虽然能被预见到，但由于因素太多而无法写进契约。另一类交易成本是签订契约以及监督和执行契约所花费的成本。

⑤ “在经济学中，还需要区分经济利润和正常利润。从机会成本的角度看，当一个企业所有者同时又具备企业家才能时，企业所有者也应该对自己所提供的企业家才能给予报酬支付，这部分报酬支付通常被称为正常利润。显然，正常利润是生产成本的一部分，它以隐成本计入成本。”高鸿业. 西方经济学（微观部分·第七版）. 北京：中国人民大学出版社，2018：121.

⑥ 高鸿业. 西方经济学（微观部分·第七版）. 北京：中国人民大学出版社，2018：121.

⑦ 克里斯托弗·R. 托马斯，S. 查尔斯·莫瑞斯. 管理经济学：第 9 版. 北京：机械工业出版社，2009：7.

调隐成本难以衡量，而微观经济学强调隐成本对企业选择的影响。①

5. 等成本线

等成本线（isocost curve）是指在既定的成本和要素价格下，企业最多可以购买到的两种生产要素的不同组合，见图 4-12。用公式表示为：

$$C=wL+rK \text{ 或 } K=-\frac{w}{r}L+\frac{C}{r} \tag{4-16}$$

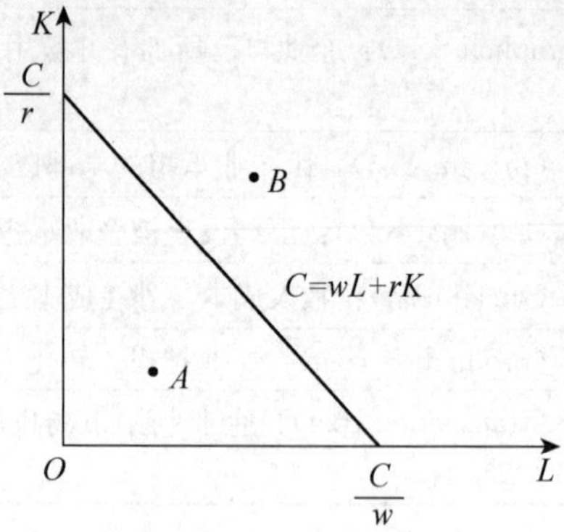

图 4-12 等成本线

其中，$-\frac{w}{r}=\frac{\Delta K}{\Delta L}$是等成本线的斜率，$\frac{w}{r}$叫作**劳动的相对价格**，或称**要素的贸易条件**或**交换价值**，表示在市场上 1 单位劳动能够交换到的资本的数量。$\frac{C}{r}$是纵截距，表示成本 C 能够买到的最大资本量；$\frac{C}{w}$是横截距，表示成本 C 能够买到的最大劳动量；$\frac{w}{r}L$ 表示增加 1 单位劳动的购买将相应减少的资本购买量。因此，等成本线上的每个点都是既定成本和要素价格下企业最多能购买到的劳动与资本不同数量的组合。

由于等成本线假设成本和要素价格保持不变，因此，成本或要素价格的变化将导致等成本线移动。

（二）生产要素的最优组合

生产要素的最优组合分两种情况讨论，但这两种情况之间存在对偶关系。

1. 成本最小化

成本最小化（cost minimization）就是在劳动与资本的价格既定的情况下，寻找一个能够生产既定产量 Q_0 的最小成本的要素组合（K，L）。要素价格既定意味着不同等成本线之间平行（或者说斜率相等），产量既定意味着只有一条等产量曲线。因此，成本最小化的逻辑很简单，就是在所有能够生产既定产量的等成本线中，选择出成本最低的一条等产量曲线。例如，在图 4-13 中，等成本线 $A'B'$与 AB 都可以生产既定产量 Q_0，但等成本线 $A'B'$对应的总成本最小，它与既定产量 Q_0 的等产量曲线的切点 E 点所对应的要素组合是（L_1，K_1）。

① 或者说，“经济利润的概念告诉企业应该继续经营，还是关门大吉……会计利润的用途包括防止诈骗和计算纳税义务，与经济利润完全不同”。杰克·赫舒拉发，阿米亥·格雷泽，大卫·赫舒拉发．价格理论及其应用：原书第 7 版．北京：机械工业出版社，2009：141.

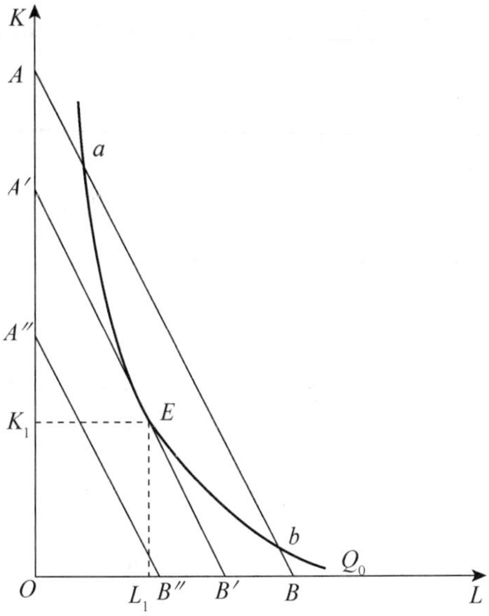

图 4-13　成本最小化

由于等产量曲线的斜率的绝对值是边际技术替代率，等成本线的斜率的绝对值是要素的相对价格，因此，根据（4-10）式和（4-16）式，可以得到成本最小化的条件：

$$MRTS_{LK}=\frac{MP_L}{MP_K}=\frac{w}{r} \tag{4-17}$$

2. 产量最大化

产量最大化（product maximization）是在要素价格既定的情况下寻找使用既定成本生产最大产量的要素组合。要素价格和成本既定意味着只有一条等成本线，但它能生产许多不同的产量。产量最大化的逻辑很简单，就是在这条等成本线能够生产的所有产量中，选择出产量最大的那条等产量曲线。在图 4-14 中，等成本线 AB 既能生产产量 Q^1，也能生产产量 Q_2。相比较而言，产量 Q_2 最大，它与既定等成本线 AB 的切点 E 点所对应的要素组合是（L_1，K_1）。

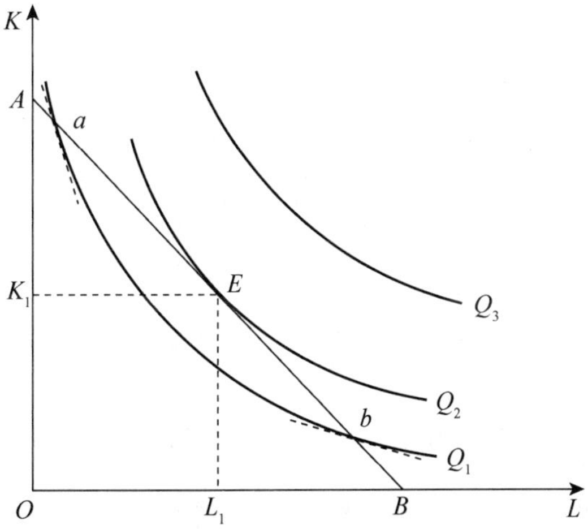

图 4-14　产量最大化

由于等产量曲线的斜率的绝对值是边际技术替代率，等成本线的斜率的绝对值是要素的相对价格，因此，根据（4－10）式和（4－16）式，产量最大化的条件与成本最小化的条件完全一致，都是（4－17）式。

3. 生产要素的最优组合条件与企业的理性选择

成本最小化条件与产量最大化条件是同一个条件，那就是（4－17）式。为此，我们把（4－17）式叫作**生产要素的最优组合条件**。对于（4－17）式，我们可以从四个方面去理解"企业的理性选择"：

第一，从总量上看，在产量既定的情况下，生产要素的最优组合条件所对应的总成本最小；在总成本既定的情况下，生产要素的最优组合条件所对应的总产量最大。

第二，从边际量上看，（4－17）式左边是边际技术替代率，它表明增加 1 单位 L 的技术价值；右边是生产要素的相对价格，它表明 1 单位 L 的市场价值。当 $MRTS_{LK}>\frac{w}{r}$时，如图 4－14 中的 a 点，它表明增加 1 单位 L 的技术价值大于它的市场价值。因此，企业将增加 L 的使用量，降低企业生产既定产量 Q_1 的成本；反之则反是。[①] 企业在生产要素选择上表现出来的理性行为，就是通过权衡生产要素的技术价值与市场价值来选择生产要素的最优组合。

第三，（4－17）式变形，得到生产要素的最优组合条件的另一个表达式：

$$\frac{MP_K}{r}=\frac{MP_L}{w} \tag{4-18}$$

（4－18）式说明，"企业实现最优组合，就必须使投在劳动上的 1 元钱的边际产量正好等于投在资本上的 1 元钱的边际产量，或者说，使投在不同要素上的最后 1 元钱所带来的边际产量都相等"[②]。对此我们同样可以作出企业生产要素选择的性价比解读。

第四，（4－17）式同样反映了我们在第二讲所说的市场机制对生产要素的配置功能。具体表现就是，要素相对价格 w/r 的改变将促使企业尽量使用相对价格较低的生产要素，节约相对价格较高的生产要素，或者说，用相对价格较低的生产要素去替代相对价格较高的生产要素，改变劳动与资本的比率。

综上所述，生产要素的最优组合条件是企业在技术与要素市场双重约束下的理性选择行为。

（三）从扩展线到总成本函数[③]

"最低成本组合是从多要素生产函数推导成本函数的最重要的基础。"[④] 下面，我们就来讨论如何根据生产要素的最优组合条件推导长期和短期总成本函数。

1. 长期扩展线

在要素价格不变的情况下，通过变动成本量，就可以得到不同的等成本线；不同的等成本线与不同的等产量曲线相切，不同切点的连线就是企业在长期内扩张或收缩生产时所

---

① "边际产量之比是对两种要素的技术评价，而要素价格之比则是对它们的经济评价。"黄亚钧，郁义鸿. 微观经济学. 北京：高等教育出版社，2003：77.

② 黄亚钧，郁义鸿. 微观经济学. 北京：高等教育出版社，2003：77.

③ 对于如何根据生产要素的最优组合条件求解长期扩展线和长期成本函数，我将在典型题解中进行说明。

④ 彼得·O. 欧伯恩德，约翰姆·弗莱希曼. 微观经济学基础. 北京：中国法制出版社，2011：326.

必须遵循的路线，叫作**长期扩展线**（long-run expansion path），见图 4－15 中 *OR* 曲线。在要素价格和生产技术不变的情况下，扩展线是一条等斜率线。

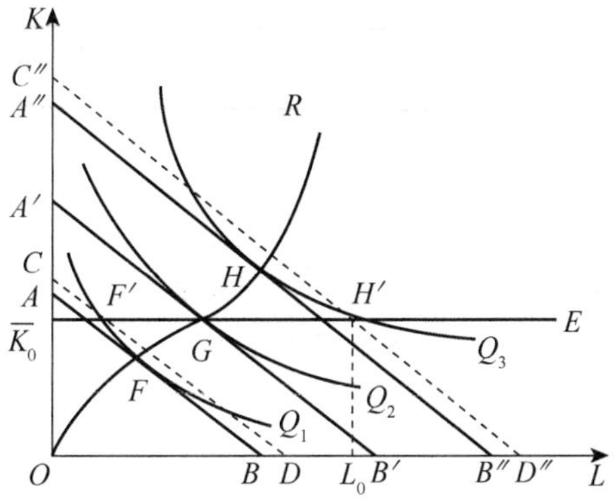

图 4－15　长期与短期扩展线

2. 长期总成本函数

企业的长期扩展线不仅是生产要素最优组合点的轨迹，同时也是满足生产要素最优组合条件的总成本与总产量的组合。因此，根据图 4－15 中的长期扩展线 *OR*，就可以得到图 4－16 中的显示长期总成本与总产量之间对应关系的曲线，即**长期总成本曲线**（long-run total cost curve）$LTC(Q)$，它的数学表达式就是**长期总成本函数**（long-run total cost function）。用公式表示为：

$$LTC(Q)=c(Q) \tag{4-19}$$

在图 4－16 中，长期总成本曲线 $LTC(Q)$ 上的 F、G、H 三点，与图 4－15 中长期扩展线 *OR* 上的 F、G、H 三点相对应。在要素价格和生产技术不变的情况下，企业只有一条长期扩展线；与此相对应，企业也只有一条长期总成本曲线。因此，我们不难理解，“长期总成本表示在每一个产量水平上的最小的生产成本”①，长期总成本函数的背后是企业在技术与要素市场双重约束下的理性选择行为。

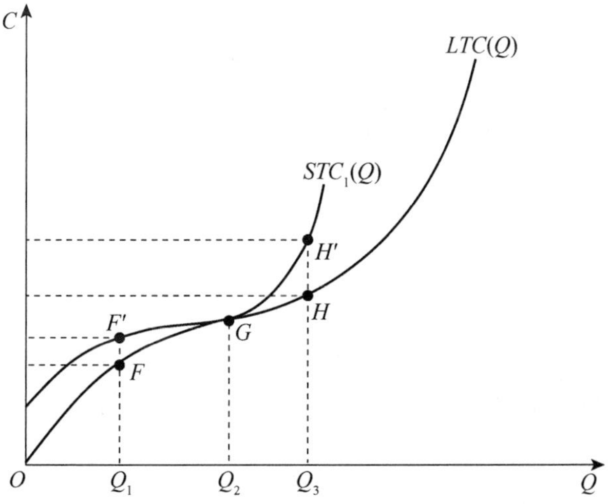

图 4－16　长期与短期总成本函数

① 高鸿业．西方经济学（微观部分·第七版）．北京：中国人民大学出版社，2018：130.

3. 短期扩展线

短期扩展线（short-run expansion path）是企业在短期内扩张或收缩生产时所必须遵循的路线。例如，在图 4－15 中，企业的资本量固定在 $\overline{K}_0$，它的水平线 $\overline{K}_0E$ 就是短期扩展线。短期扩展线上的每一点都对应着一个有关总产量、劳动投入量和短期总成本量的组合。例如，在 H'点，它对应的总产量为 Q_3，劳动量是 L_0，短期总成本是等成本线 $C''D''$ 对应的成本量。

4. 短期总成本函数

根据图 4－15 中的短期扩展线 $\overline{K}_0E$，就可以得到图 4－16 中显示短期总成本与总产量之间对应关系的曲线 $STC_1(Q)$，即**短期总成本曲线**（short-run cost curve）。它的数学表达式是：

$$STC_1(Q)=\overline{K}_0r+Lw=\overline{K}_0r+f^{-1}(Q)w \tag{4-20}$$

其中，$f^{-1}(Q)$是短期生产函数（4-2）式的反函数。[①]（4-20）式就是**短期总成本函数**（short-run cost function）。

5. 长期总成本函数与短期总成本函数的关系

（1）在要素价格和生产技术不变的情况下，每一个资本量都对应着一条短期扩展线，而每一条短期扩展线都对应着一条短期总成本曲线。因此，从理论上说，在图 4－15 中有无穷多条短期扩展线；与此相对应，在图 4－16 中则有无穷多条短期总成本曲线。

（2）在长期内，所有生产要素都可以调整（因此，与每一个产量所对应的资本-劳动比率或生产规模都是最优的）；而在短期内，始终有一种生产要素不能够调整（因此，只有一个资本-产出比率或生产规模所对应的产量是最优的），见图 4－15。因此，短期是资本品规模既定的产量选择，长期是最优资本品规模的选择，长期总成本曲线是短期总成本曲线的包络线。例如，图 4－17 中画出了三条短期总成本曲线和一条长期总成本曲线，后者是前者的包络线。

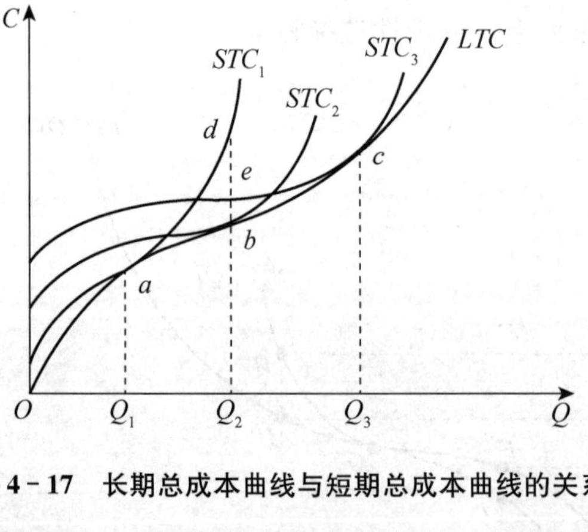

图 4－17　长期总成本曲线与短期总成本曲线的关系

综上所述，我们也不难理解，"短期总成本表示在每一产量水平上的最小生产成本"[②]，

① 有教材把短期生产函数的反函数叫作"企业的**条件投入品需求**或者说**条件要素需求**"。罗伯托·塞拉诺，艾伦·M. 费尔德曼. 中级微观经济学精要. 上海：上海财经大学出版社，2014：98.

② 高鸿业. 西方经济学（微观部分·第七版）. 北京：中国人民大学出版社，2018：131.

短期总成本函数同样反映了企业在技术与要素市场双重约束下的理性选择行为。

二、短期成本函数

有关短期成本函数性质的讨论将围绕着（4-20）式展开。

（一）短期总成本函数

1. 短期总成本

根据（4-20）式，我们不难发现，短期总成本函数由两部分组成：一部分是 $\bar{K}_0 r$，叫作**固定成本**（fixed cost，简称 FC），或称**总不变成本**（total fixed cost，简称 TFC），它不随产量的变动而变动；另一部分是 $f^{-1}(Q)w$，叫作**可变成本**（variable cost，简称 VC），或称**总可变成本**（total variable cost，简称 TVC），它随着产量的变动而变动。它们二者之和便构成了短期总成本，我们可以一般地将它定义为：

$$STC(Q)=C(Q)=FC+VC(Q) \tag{4-21}$$

短期总成本、固定成本与可变成本三者的关系，可以通过图 4-18 得到说明。

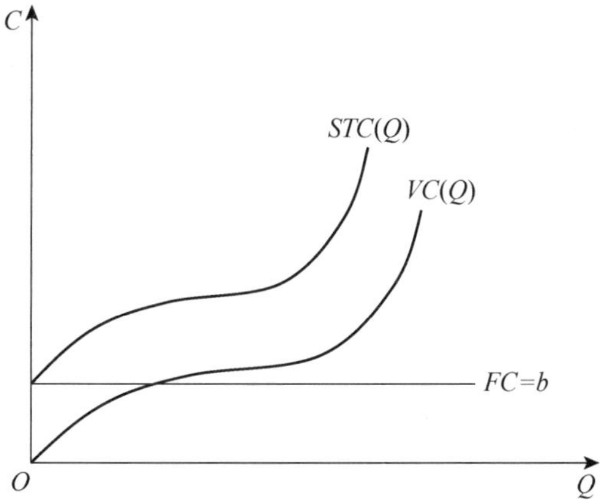

图 4-18　短期总成本、固定成本与可变成本的关系

2. 固定成本与沉没成本

在（4-20）式中，固定成本由两部分组成：一部分是固定的资本数量 $\bar{K}_0$，另一部分是资本的价格——利率 r，在分析成本函数时假设它不变（或为外生变量）。因此，固定成本是一个常数，可以用 b 来表示，在图 4-18 中它表现为一条水平线。

与固定成本紧密相关的一个概念是沉没成本，“**沉没成本**（sunk cost）是已经发生而无法收回的费用”①。它与固定成本的关系是：

（1）**沉没成本一定是固定成本，但固定成本不一定是沉没成本**。这是因为，沉没成本与固定成本一样，一经付出便与产量无关，但是，沉没成本的机会成本等于零，所以，它不被包括在企业的经济成本中，从而不会影响到企业的决策②；相反，固定成本的机会成本不一定等于零③。

①② 罗伯特·S. 平狄克，丹尼尔·L. 鲁宾费尔德. 微观经济学：第四版. 北京：中国人民大学出版社，2000：181.

③ 例如，在短期内，机器设备和厂房是固定成本，但即使在企业停止营业时，它们也可以用于出租以获得租金收入。

（2）沉没成本与资产专用性紧密相关。“**资产专用性**是指为支撑某具体交易而进行的耐久性投资；一旦最初达成的交易没有到期就提前结束，这种资产改用于其他最佳用途或由其他人使用，那么发生在这种投资上的投机成本要低得多”①。存在资产的专用性，就存在生产的规模经济效应。因此，威廉姆森认为，资产专用性使“古典的市场缔约让位于双边贸易（或者更一般地说，即混合的组织模式），而随着资产专用性条件的增强，双边贸易让位于统一所有权（等级制）”②。这也是说资产专用性（沉没成本的第二个特征）使企业存在一体化或者说垄断的趋势。关于沉没成本、规模经济与自然垄断之间的关系，我们将在本讲和第七讲进行说明。

（3）高鸿业版教科书虽然没有涉及沉没成本的概念，但它在第六讲中讨论停止营业原则、企业的短期供给曲线和生产者剩余时，实际上把固定成本假定为沉没成本。对于这些问题，我们将在第五讲再进行讨论。

3.（总）可变成本

根据（4-20）式，可变成本由两部分组成：一部分是可变投入劳动的价格——工资率 w，在分析成本函数时，我们同样假设它保持不变；另一部分是短期生产函数的反函数 $f^{-1}(Q)$，它的形状由规模报酬递减规律决定。因此，**可变成本曲线的形状由劳动的总产量曲线的形状决定，而短期总成本曲线的形状由可变成本决定，位置由固定成本决定。短期总成本曲线的形状同样反映的是企业生产的技术特征**。③

短期生产函数、可变成本函数和短期总成本函数的形状及其相互关系，可以通过图 4-19说明。其中，图 4-19（a）是短期生产函数，图 4-19（b）是可变成本函数与短期总成本函数。如果短期生产函数与可变成本函数处于同一张图中的话，只要假设劳动的价格等于 1，那么它们将以 45°线呈对称形状。

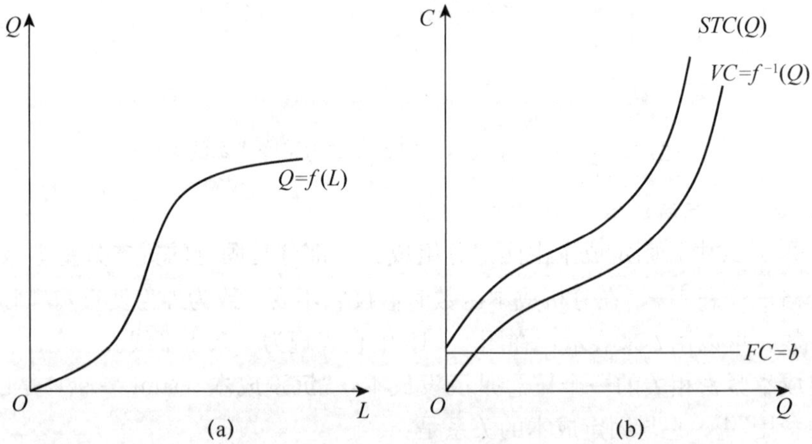

图 4-19　短期生产函数、可变成本函数和短期总成本函数

① 奥利弗·E. 威廉姆森. 资本主义经济制度. 北京：商务印书馆，2002：83.

② 奥利弗·E. 威廉姆森. 治理机制. 北京：中国社会科学出版社，2001：32.

③ 换言之，“厂商的生产技术及其特征决定厂商的成本曲线的特征，这一点将体现在对短期成本曲线的分析之中。本节将首先分析短期生产函数如何决定短期总成本函数，以及短期总产量曲线如何决定短期总成本曲线。然后，本节主要考察的问题是：随着产量的变化，各类短期成本曲线所呈现的特征及其相互关系。我们将会看到短期生产函数的边际报酬递减规律对于理解短期成本曲线特征是至关重要的”。高鸿业. 西方经济学（微观部分·第七版）. 北京：中国人民大学出版社，2018：131.

（二）短期平均成本函数

对短期总成本函数采用平均分析方法，就可以得到短期平均成本函数。

1. 短期平均成本

短期平均成本（short-run average cost，简称 SAC 或 AC）是指企业在短期内平均每生产 1 单位产品所消耗的总成本，或称单位产量所对应的成本。用公式表示为：

$$SAC=\frac{STC}{Q}=\frac{FC+VC}{Q}=\frac{b}{Q}+\frac{VC}{Q} \tag{4-22}$$

在几何图形上，任何产量水平上的 SAC 都表现为由原点到 STC 曲线上相应点射线的斜率，见图 4－20。在第五讲我们会看到，平均成本在微观经济学中具有重要的意义，通过比较平均成本与产品价格之间的关系，可以确定企业是否盈利。

在所有由原点到 STC 曲线的射线中，射线在 b 点的斜率最小，说明在 b 点以前，随着产量的不断增加，射线的斜率是递减的，反之，在 b 点之后是递增的，因此，SAC 曲线呈 U 形，见图 4－20（b）。至于形成这种变动趋势的原因，我们通过分别考察平均固定成本与平均可变成本的性质来获得。

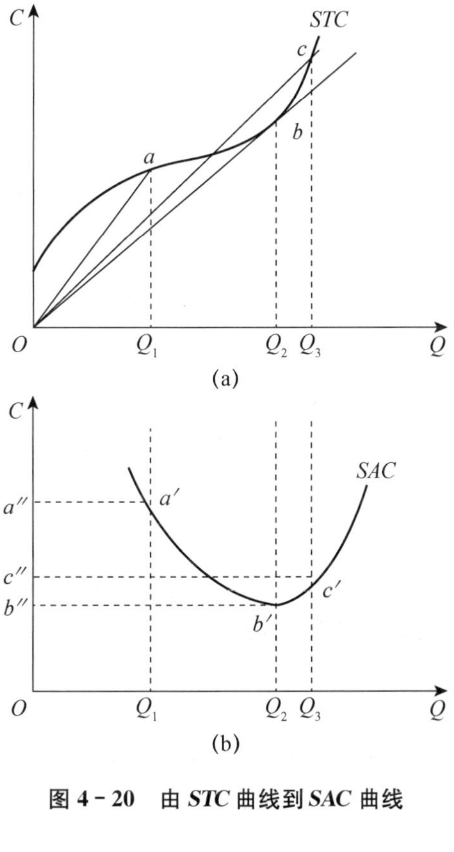

图 4－20　由 *STC* 曲线到 *SAC* 曲线

2. 平均固定成本

平均固定成本（average fixed cost），或称**平均不变成本**，也称**分摊成本**，是指企业在短期内平均每生产 1 单位产品所消耗的不变成本，或称单位产量对应的不变成本。用公式表示为：

$$AFC=\frac{FC}{Q}=\frac{b}{Q} \tag{4-23}$$

在几何图形上，任何产量水平上的 AFC 都表现为由原点到 FC 曲线上相应点射线的斜率，见图 4-21。由于 FC 固定不变，因此，AFC 将随着产量的增加而递减，这种趋势被叫作**扩散效应**。[1]

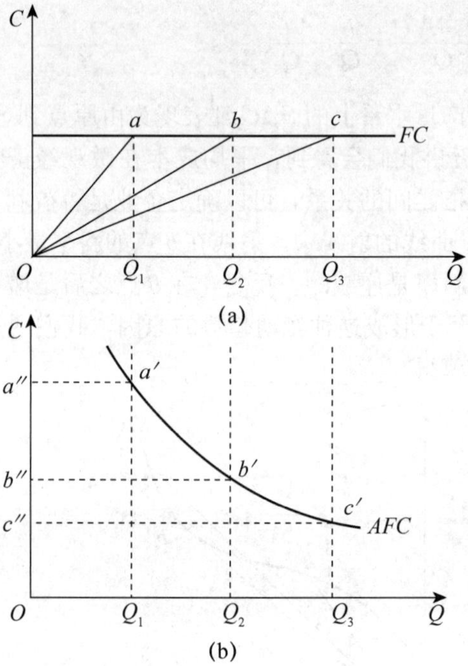

图 4-21　由 FC 曲线到 AFC 曲线

3. 平均可变成本与收益递减效应

平均可变成本（average variable cost）是指企业在短期内平均每生产 1 单位产品所消耗的可变成本，或称单位产量所对应的可变成本。用公式表示为：

$$AVC=\frac{VC}{Q} \tag{4-24}$$

在几何图形上，任何产量水平上的 AVC 都表现为由原点到 VC 曲线上相应点射线的斜率，见图 4-22。在所有由原点到 VC 曲线的射线中，射线在 b 点的斜率最小，说明在 b 点以前，随着产量的不断增加，射线的斜率是递减的，反之，在 b 点之后是递增的。因此，AVC 曲线同样呈 U 形。

讨论平均可变成本的变动趋势，关键是搞清楚平均产量与平均可变成本的关系。根据前面对可变成本和平均可变成本的定义，我们可以将（4-24）式进一步表示为：

$$AVC=\frac{VC}{Q}=\frac{L\times w}{Q}=\frac{w}{AP_L} \tag{4-25}$$

（4-25）式表明：

---

① 保罗·克鲁格曼，罗宾·韦尔斯. 微观经济学：第二版. 北京：中国人民大学出版社，2012：377.

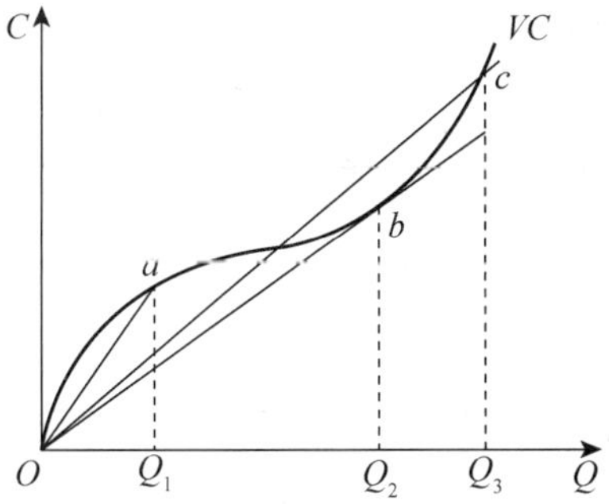

(a)

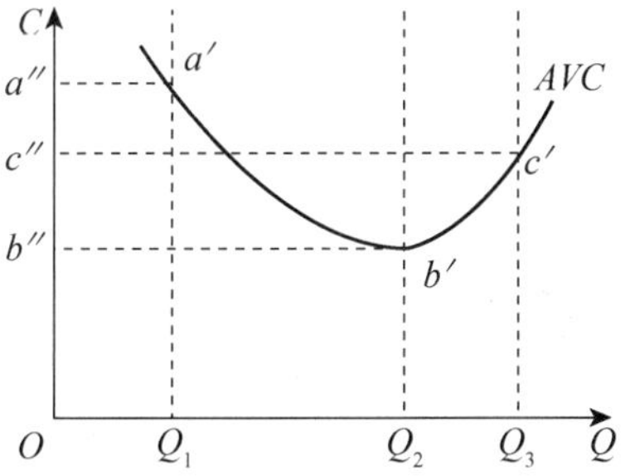

(b)

图 4－22　由 VC 曲线到 AVC 曲线

（1）在短期内，平均可变成本等于可变投入要素劳动的价格除以劳动的平均产量。

（2）平均可变成本的形状由劳动的平均产量决定，两者的变动方向正好相反。具体地说，就是当 AP_L 处于递增阶段时，AVC 处于递减阶段；反之亦然。由于劳动的平均产量的变动趋势反映的是生产的技术特征——报酬递减规律，因此**平均可变成本的形状同样反映的是企业生产的技术特征**，见图 4－23（b）与图 4－23（c）中 AP_L 曲线与 AVC 曲线之间的对应关系。① 其中，由于受到报酬递减规律的影响，劳动的平均产量将下降，在工资率不变的情况下，平均可变成本将增加，这种趋势叫作**收益递减效应**。②

（3）平均可变成本的位置由工资率决定。当工资率上升时，平均可变成本曲线向上移动；反之则向下移动。

4. 短期平均成本与平均可变成本的关系

（4－22）式说明，短期平均成本等于平均固定成本与平均可变成本之和。因此，短期平均成本的变动趋势受到扩散效应和收益递减效应的共同影响。

在较低的产出水平，扩散效应的作用较大，因为即使是产出量的小幅度增长也会引起平均固定成本的大幅度减少。所以在较低的产出水平，扩散效应掩盖了收益递减效应，并引起平均总成本曲线的向下倾斜。但是当产出量很大时，平均固定成本已经非常小，所以进一步增加产出的扩散效应将很小。相反，收益递减效应的作用随着产出增加而变得越来越明显。因此，当产出量很大时，收益递减效应掩盖了扩散效应，并导致平均成本曲线向上倾斜。在 U 形平均总成本曲线的最低点，两个效应的作用大小是相同的，在这一点平均总成本处于最低水平，即最小平均总成本。③

---

① 图 4－23 中（a）与（d）的对应关系，与图 4－19 一致。

②③ 保罗·克鲁格曼，罗宾·韦尔斯．微观经济学：第二版．北京：中国人民大学出版社，2012：377.

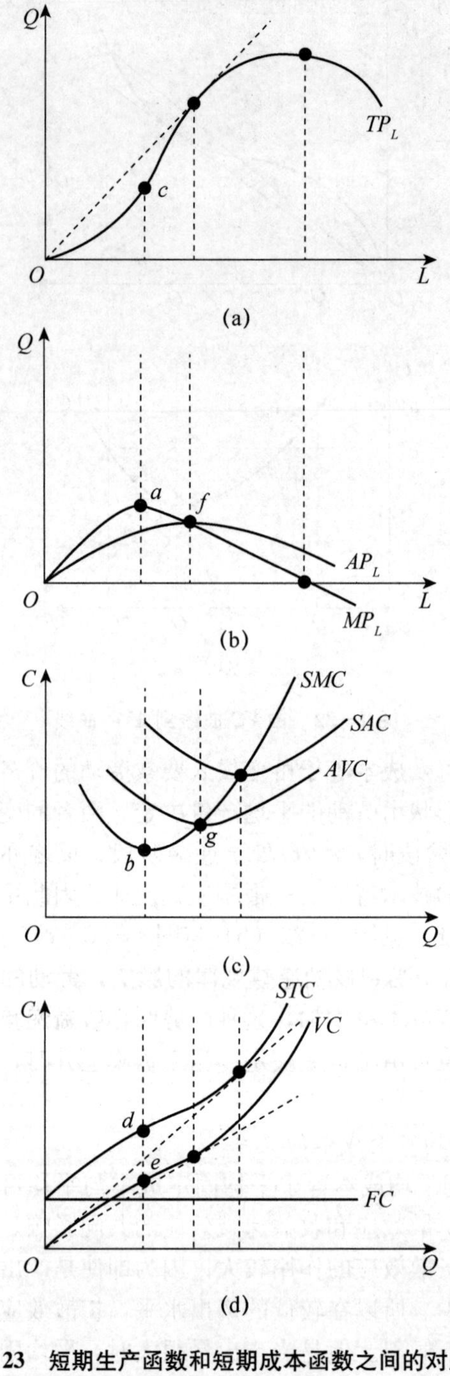

图 4-23　短期生产函数和短期成本函数之间的对应关系

综上所述，不难发现，平均成本曲线与平均可变成本曲线都呈 U 形，但原因不完全相同：平均可变成本曲线呈 U 形的原因是收益递减效应，平均成本曲线呈 U 形的原因是扩散效应与收益递减效应的共同作用。

(三) 企业的短期边际成本

1. 短期边际成本

短期边际成本（short-run marginal cost）是指企业在短期内增加 1 单位产量所增加的

总成本。由于固定成本不随着企业产量的变化而变化①，因此，短期边际成本也是增加 1 单位产量所增加的可变成本的增量。用公式表示为②：

$$SMC=\frac{\Delta STC}{\Delta Q}=\frac{\Delta VC}{\Delta Q}=\frac{\mathrm{d}STC}{\mathrm{d}Q}=\frac{\mathrm{d}VC}{\mathrm{d}Q} \tag{4-26}$$

在每一产量水平上的 SMC 就是相应的 STC 曲线的切线斜率。由于固定成本不随企业产量的变化而变化，每一产量水平上的 STC 曲线与 VC 曲线的切线斜率相等。因此，在每一产量水平上的 SMC 也是相应的 VC 曲线的切线斜率，见图 4－24。拐点分别为 b、c，在这两点，切线的斜率也是射线的斜率，表明边际成本曲线先交于平均可变成本曲线的最低点，然后再交于平均成本曲线的最低点，见图 4－23（c）。SMC 曲线同样呈 U 形。

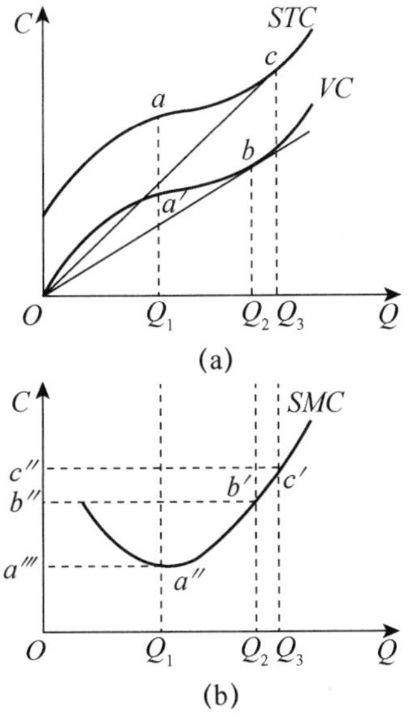

图 4－24　由 *STC* 曲线和 *VC* 曲线到 *SMC* 曲线

2. 短期边际成本的变动趋势

讨论边际成本的变动趋势，关键是搞清楚边际产量与边际成本的关系。根据我们前面关于总成本、可变成本和边际成本的定义，我们可以得到：

$$SMC=\frac{\Delta STC}{\Delta Q}=\frac{\Delta FC+\Delta VC}{\Delta Q}=\frac{\Delta L\times w}{\Delta Q}=\frac{w}{MP_L} \tag{4-27}$$

（4－27）式表明：

（1）在短期内，边际成本等于可变投入要素劳动的价格除以劳动的边际产量。它的经济学含义是：要获得 1 单位额外产出，需要额外劳动量 $\Delta L/\Delta Q=1/MP_L$，由于 1 单位劳

---

① 更重要的是把固定成本看成是一种沉没成本。

② 该式也可以证明如下：

$\because TC(Q)=VC(Q)+FC \quad \therefore MC=\frac{\mathrm{d}TC}{\mathrm{d}Q}=\frac{\mathrm{d}VC}{\mathrm{d}Q}+0$

动的价格是 w，因此，1 单位额外产出的成本（即边际成本）就是 w/MP_L。例如，假设 1 单位劳动的价格是 30 元，边际产量是 3 单位，单位产出的劳动量则为 1/3 单位，其边际成本就是 10 元。

(2) 边际成本的形状由边际产量决定，二者的变动方向正好相反。具体地说，就是由于报酬递减规律的作用，可变要素的边际产量先上升，达到一个最高点以后再下降，由此决定了边际成本先下降，达到一个最低点以后再上升。因此，**短期边际成本的形状同样反映的是企业生产的技术特征**，见图 4-23 (b) 中 MP_L 曲线与图 4-23 (c) 中 SMC 曲线之间的对应关系。

(3) 边际成本的位置由工资率决定。当工资率上升时，边际成本曲线向上移动；反之则向下移动。

(四) 短期成本函数的特征：成本递增或报酬递减规律

借助图 4-23，我们不难发现：

1. 总成本、可变成本与固定成本的关系

总成本等于固定成本加可变成本。

2. 总成本、可变成本与边际成本的关系

总成本曲线与可变成本曲线在同一产量水平上各自存在一个拐点。在拐点以前，STC、VC 曲线的切线斜率是递减的；在拐点以后，STC、VC 曲线的切线斜率是递增的。与此相对应的是，边际成本曲线 SMC 恰好在 b 点（分别与 STC、VC 曲线的拐点 d 点、e 点对应）处于最低水平。

3. 平均可变成本、平均成本与边际成本的关系

SMC 曲线在上升过程中先交于 AVC 曲线的最低点 g，然后才交于 SAC 曲线的最低点。①

4. 报酬递减规律

理解企业短期成本曲线形状的关键是抓住企业的短期生产规律：边际报酬递减规律。我们在第四讲已经指出，所谓**报酬递减规律**，就是指在一定的技术水平和其他生产要素投入量不变的情况下，连续增加某一要素投入量，它所带来的边际产量先是递增，在达到最大值以后就会出现递减的趋势。在引入要素价格以后，从边际成本变化的角度来看：**报酬递减规律**就是指在企业生产技术水平、其他生产要素投入量和要素价格不变的情况下，**边际产量的递增阶段对应的是边际成本的递减阶段，边际产量的递减阶段对应的是边际成本**

---

① SAC 曲线与 SMC 曲线之间的关系可以用数学证明如下：

$$\frac{\mathrm{d}SAC}{\mathrm{d}Q}=\frac{\mathrm{d}}{\mathrm{d}Q}\left(\frac{STC}{Q}\right)=\frac{STC'Q-STC}{Q^2}=\frac{1}{Q}\left(STC'-\frac{STC}{Q}\right)=\frac{1}{Q}(SMC-SAC)$$

由于 $Q>0$，所以，当 $SMC<SAC$ 时，SAC 曲线的斜率小于零，SAC 曲线是下降的；当 $SMC>SAC$ 时，SAC 曲线的斜率大于零，SAC 曲线是上升的；当 $SMC=SAC$ 时，SAC 曲线的斜率等于零，SAC 曲线到达最低点。同理，我们可以得到 SMC 与 AVC 的关系如下：

$$\frac{\mathrm{d}AVC}{\mathrm{d}Q}=\frac{\mathrm{d}}{\mathrm{d}Q}\left(\frac{VC}{Q}\right)=\frac{VC'Q-VC}{Q^2}=\frac{1}{Q}\left(VC'-\frac{VC}{Q}\right)=\frac{1}{Q}(SMC-AVC)$$

由于 $Q>0$，所以，当 $SMC<AVC$ 时，AVC 曲线的斜率小于零，AVC 曲线是下降的；当 $SMC>AVC$ 时，AVC 曲线的斜率大于零，AVC 曲线是上升的；当 $SMC=AVC$ 时，AVC 曲线的斜率等于零，AVC 曲线到达最低点。

SMC 曲线在上升过程中之所以先交于 AVC 曲线的最低点，然后才交于 SAC 曲线的最低点，原因在于 $SAC=AFC+AVC$。

的递增阶段，与边际产量的最大值对应的是边际成本的最小值。正因为如此，在边际报酬递减规律作用下的边际成本曲线表现出先降后升的U形特征。对于任何一对边际量和平均量而言，只要边际量小于平均量，边际量就把平均量往下拉；只要边际量大于平均量，边际量就把平均量往上拉；当边际量等于平均量时，平均量必然达到极值点。在报酬递减规律的作用下，*SMC* 曲线具有先降后升的U形特征，由此决定了 *AVC*、*SAC* 曲线也具有先降后升的U形特征，并且，*SMC* 曲线必定交于 *AVC*、*SAC* 曲线的最低点。

三、长期成本函数

前面我们根据图 4-16 中的短期总成本曲线，结合（4-20）式表示的短期总成本函数，运用平均分析和边际分析，讨论了短期成本函数的特征。接下来，我们将根据图 4-16 中的长期总成本曲线，结合（4-19）式表示的长期总成本函数，运用平均分析和边际分析，讨论长期成本函数的特征。

（一）长期成本函数的推导

1. 长期总成本函数

根据图 4-16 和图 4-17，我们知道，长期总成本曲线 *LTC* 是无数条短期总成本曲线的包络线。① 因此，**长期总成本**则是企业在长期中在每一个产量水平上通过改变生产规模所能达到的最低总成本，它具有如下三个特征：

（1）由于没有固定成本，因此，当产量为零时，长期总成本为零；

（2）成本与产量同方向变动，即 *LTC* 的斜率为正，产量越高，成本越大，即资源是稀缺的，没有投入就没有产出；

（3）*LTC* 先以递减的比率增加，后以递增的比率增加，这表明长期边际成本先减小后增大。这一特征由长期生产中的**规模经济**（economy of scale）和**规模不经济**（diseconomy of scale）所决定。对此，我们将在最后讨论。

2. 长期平均成本函数

长期平均成本（long-run average cost，简称 *LAC*）表示企业在长期内按照产量平均计算的最低总成本，用公式表示为：

$$LAC=\frac{LTC}{Q}=\frac{c(Q)}{Q} \tag{4-28}$$

关于长期平均成本函数的特征，我们在讨论长期平均成本函数与短期平均成本函数的关系时一并讨论。

3. 长期边际成本函数

长期边际成本（long-run marginal cost，简称 *LMC*）表示企业在长期内增加一单位产量所引起的最低总成本的增量，用公式表示为：

$$LMC=\frac{\Delta LTC}{\Delta Q}=\frac{\mathrm{d}c(Q)}{\mathrm{d}Q} \tag{4-29}$$

关于长期边际成本函数的特征，我们在讨论长期边际成本函数与短期边际成本函数的

---

① 这一性质决定了长期成本曲线也可以根据短期成本曲线获得。

关系时一并讨论。

(二) 长期成本函数与短期成本函数的关系

1. 长期总成本函数与短期总成本函数的关系

对于长期总成本曲线与短期总成本曲线之间的关系，我在前面已经反复提及，即长期成本曲线是无数条短期成本曲线的包络线，见图 4－16 和图 4－17。下面正是根据这一性质推导说明长期平均成本曲线与短期平均成本曲线之间的关系、长期边际成本曲线与短期边际成本曲线之间的关系。

2. 长期平均成本函数与短期平均成本函数的关系

由于长期总成本曲线是短期总成本曲线的包络线，因此，我们不难知道：

(1) 长期总成本曲线与任一短期总成本曲线只有一个切点。例如，在图 4－25 中，长期总成本曲线 $LTC(Q)$ 与短期总成本曲线 $STC_1(Q)$ 只在产量 Q_1 上相切，这不仅意味着长期平均成本只在产量 Q_1 上与（跟短期总成本 $STC_1(Q)$ 相对应的）短期平均成本相等（都等于$\frac{GQ_1}{OQ_1}$），还意味着在其他产量上，（与短期总成本 $STC_1(Q)$ 相对应的）短期平均成本都高于长期平均成本。这一性质可以通过每一产量水平所对应的从原点引出的射线的斜率来说明。因为根据定义，从原点向长期/短期总成本曲线引出的射线的斜率，就是长期/短期平均成本。例如，在图 4－25 中，产量 Q_0 对应 $STC_1(Q)$ 的短期平均成本是$\frac{FQ_0}{OQ_0}$，长期平均成本是$\frac{F'Q_0}{OQ_0}$。由于 $F'Q_0 > FQ_0$，因此，$\frac{F'Q_0}{OQ_0} > \frac{FQ_0}{OQ_0}$，类似的情况还有产量 Q_2 以及其他一些产量。

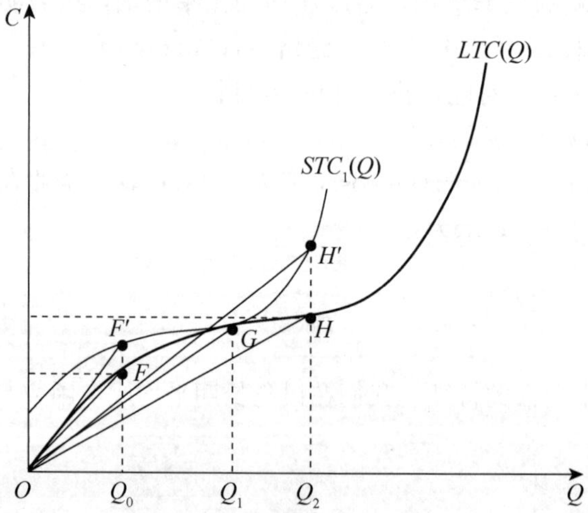

图 4－25　长期与短期平均成本函数的关系

(2) 由于长期总成本曲线就是无数条短期总成本曲线的包络线，因此，长期平均成本曲线同样是无数条短期平均成本曲线的包络线[①]，见图 4－26。在图 4－26 中，长期平均成本曲线呈现先降后升的 U 形特征，它由长期总成本曲线的特征决定。

① 这一性质决定了长期平均成本曲线可以从短期平均成本曲线获得。

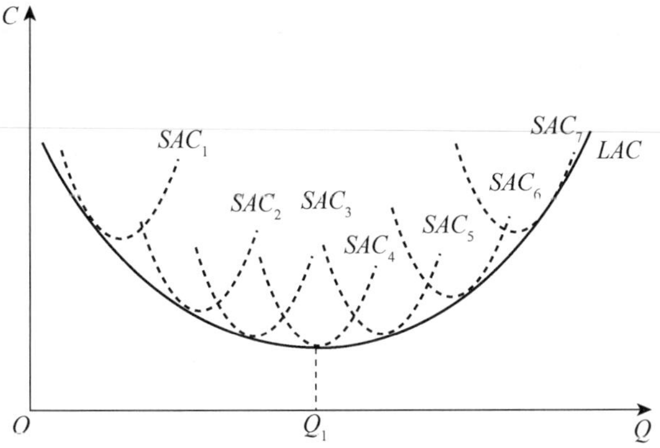

图 4-26　长期与短期平均成本曲线的关系

3. 长期边际成本与短期边际成本的关系

由于长期总成本曲线是短期总成本曲线的包络线，因此我们不难知道：

(1) 在每一个产出水平上，长期总成本曲线总是与一条短期总成本曲线相切，见图 4-26，它们切点的斜率是长期总成本曲线与短期总成本曲线在这一产量水平的边际成本。

(2) 从原点引往长期总成本曲线与短期总成本曲线切点的射线的斜率，是长期总成本曲线与短期总成本曲线在这一产量水平的平均成本。

上述两个推论也可以通过图 4-27 得到说明。其中，射线 OG 的斜率意味着 $LAC(Q_1)=SAC_1(Q_1)$，过 G 点的切线 AB 的斜率意味着 $LMC(Q_1)=SMC_1(Q_1)$。因此，根据长期平均成本曲线与短期平均成本曲线的切点所对应的短期边际成本可以确定长期边际成本。按照相同的方法就可以得到其他产量对应的长期边际成本。①

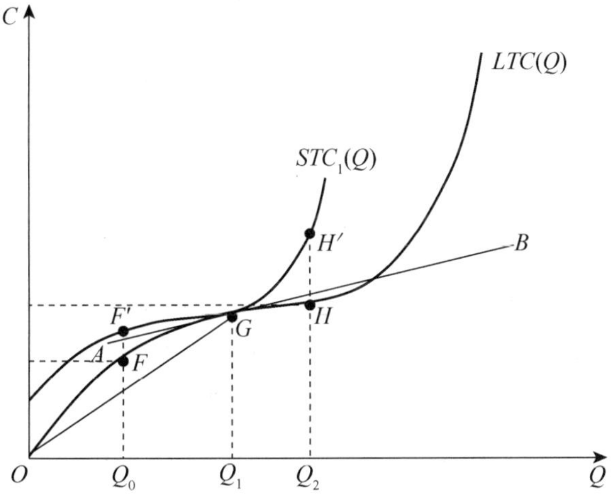

图 4-27　长期与短期平均成本、长期与短期边际成本（一）

(3) 根据边际量与平均量的关系，我们知道，当 LAC 曲线处于下降阶段时，LMC 曲线一定处于 LAC 曲线的下方，也就是说，此时 $LMC<LAC$，LMC 将 LAC 拉下；相反，

① 当长期平均成本等于短期平均成本时，长期边际成本等于短期边际成本。据此，我们可以根据短期边际成本得到长期边际成本。

当 LAC 曲线处于上升阶段时，LMC 曲线一定位于 LAC 曲线的上方，也就是说，此时 $LMC>LAC$，LMC 将 LAC 拉上，见图 4-28。在图 4-28 中，长期边际成本呈现先降后升的U形，它由长期总成本的特征所决定。

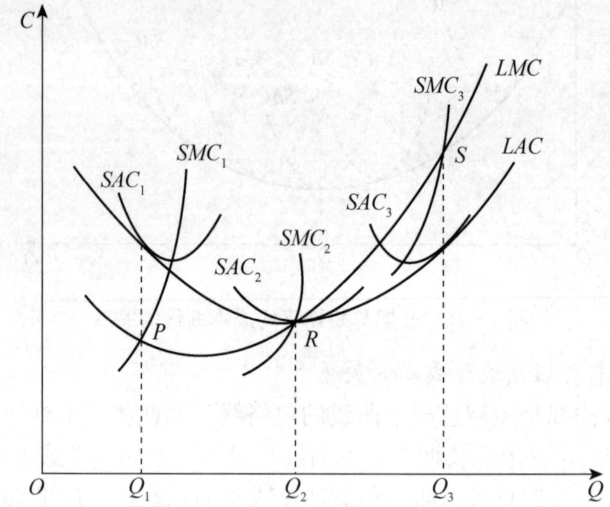

图 4-28　长期与短期平均成本、长期与短期边际成本（二）

四、规模经济与不经济

根据长期扩展线得到的（4-19）式就是长期总成本函数。对（4-19）式进行平均分析和边际分析，就分别得到长期平均成本函数和长期边际成本函数，它们的形状与短期总成本、平均成本和边际成本一致，见图 4-28，但它们呈现这种形状的原因并不相同。长期成本函数的形状由规模经济与不经济来解释。因此，下面我们着重学习这一概念。

（一）规模经济与不经济的定义与衡量方法

1. 规模经济与不经济

“考虑在既定的（不变的）技术条件下，生产1单位单一的或复合产品的成本，如果在某一区间生产的平均成本递减（或递增），那么就可以说这里有**规模经济**（或**规模不经济**）。”①

2. 成本-产出弹性

规模经济与不经济是指“在某一区间生产的平均成本递减（或递增）”。因此，判断一个长期成本函数是否具有规模经济，第一步是根据长期成本函数得到长期平均成本函数；第二步是通过对长期平均成本函数求一阶导数，确定该导数的正负号。如果一阶导数小于零，表明存在规模经济；反之则相反。用公式表示为：

$$\frac{\mathrm{d}LAC}{\mathrm{d}Q}=\frac{\mathrm{d}}{\mathrm{d}Q}\left(\frac{LTC}{Q}\right)=\frac{LTC'Q-LTC}{Q^2}=\frac{1}{Q}\left(LTC'-\frac{LTC}{Q}\right)=\frac{1}{Q}(LMC-LAC)$$

① 若阿金·西尔韦斯特．规模经济与规模不经济//伊特韦尔，等．新帕尔格雷夫经济学大辞典：第二卷．3版．北京：经济科学出版社，1996：84．用长期平均成本的变动趋势来定义规模经济与不经济（或者说，规模经济与不经济描述的是长期平均成本的变动特征），也得到了其他著名西方经济学家的认同。例如，斯蒂格勒认为：“规模经济构成厂商（或工厂）规模及其最广义的生产成本的关系，这种关系可以用代表每一个产出水平最低成本的长期平均成本线来表示。”（乔治·J．斯蒂格勒．产业组织和政府管制．上海：上海三联书店，1989：69．）再如，曼昆给规模经济下的定义是“长期平均成本随着产量增加而减少的特性”，反之，“长期平均成本随着产量的增加而增加的特性”就是规模不经济。（曼昆．经济学原理：上册．北京：三联书店，北京大学出版社，1999：288．）

由于 $Q>0$，所以，当 $LMC<LAC$ 时，$\frac{dLAC}{dQ}<0$，LMC 将 LAC 拉下（或者说，LMC 曲线位于 LAC 曲线的下方），存在规模经济；当 $LMC>LAC$ 时，$\frac{dLAC}{dQ}>0$，LMC 将 LAC 拉上（或者说，LMC 曲线位于 LAC 曲线的上方），存在规模不经济，见图 4－28。

根据长期边际成本与长期平均成本的关系，不仅可以判断长期生产是否存在规模经济或不经济，还可以引出度量规模经济或不经济程度的指标：成本-产出弹性与规模经济系数。

成本-产出弹性 E_C 表示产量每变动 1%所引起的成本变动的百分比[①]，用公式表示为：

$$E_C=\frac{\Delta C/C}{\Delta Q/Q}=\frac{\Delta C/\Delta Q}{C/Q}=\frac{LMC}{LAC} \tag{4-30}$$

当 $E_C>1$ 时，表示企业存在规模不经济；当 $E_C<1$ 时，表示企业存在规模经济。

3. 规模经济系数

与成本-产出弹性相对应的另一个概念是**规模经济系数**[②]，其定义是：

$$SCI=1-E_C \tag{4-31}$$

显然，当 $SCI>0$ 时，表示企业存在规模经济；当 $SCI<0$ 时，表示企业存在规模不经济。

（二）与规模经济（或不经济）相关的概念

1. 规模经济（或不经济）与规模报酬递增（或递减）

规模经济或不经济概念，与规模报酬递增或递减概念一样，都反映了企业长期生产的技术特征。但是，它们之间存在区别：

（1）规模经济或不经济概念建立在长期成本函数的基础之上；规模报酬递增或递减概念建立在长期生产函数的基础之上。

（2）规模报酬递增或递减概念是在要素之间的比例（即技术系数）保持不变的情况下，描述企业等比例改变要素投入量（即企业规模）与产出量之间的关系；规模经济或不经济概念描述长期（平均）成本变动与产量之间的关系，它不要求要素之间的比例保持不变。[③]

（3）只有“在某些条件下，规模收益递增（或递减）可以等同于规模经济（或规模不经济）”[④]。这里的“某些条件”包括要素投入比例和要素价格都不变。[⑤] 为了说明在这些

① 罗伯特·S. 平狄克，丹尼尔·L. 鲁宾费尔德. 微观经济学：第四版. 北京：中国人民大学出版社，2000：194-195.

② 同①204.

③ “规模报酬分析是以厂商以相同的比例变动全部要素投入量为前提的，即各生产要素投入量之间的比例保持不变。而事实上，厂商长期生产的规模经济和规模不经济，既可以产生于各生产要素投入量之间的比例保持不变的情况，也可以产生于各生产要素投入量之间的比例发生变化的情况。或者说，规模经济和规模不经济的内涵包含了规模报酬的变化。因此，在更一般的意义上，我们说长期生产的规模经济和规模不经济的技术特征是 LAC 曲线呈 U 形特征的决定因素。”高鸿业. 西方经济学（微观部分·第七版）. 北京：中国人民大学出版社，2018：144.

④ 若阿金·西尔韦斯特. 规模经济与规模不经济//伊特韦尔，等. 新帕尔格雷夫经济学大辞典：第二卷. 3 版. 北京：经济科学出版社，1996：84. 或者说，“规模经济这个术语包括规模报酬递增的特殊情形，只是它更为普遍，因为它使企业能够在改变其生产水平时改变要素组合。在这种更普遍的意义上，U 形的长期平均成本曲线是与企业所面临的产出较低时的规模经济与产出较高时的规模不经济相一致的”。（罗伯特·S. 平狄克，丹尼尔·L. 鲁宾费尔德. 微观经济学：第四版. 北京：中国人民大学出版社，2000：194.）

⑤ 如果要素价格会随着企业或行业的使用量而变动，那么，企业的长期平均成本曲线也会变动。有关这个问题，我们将在第五讲讨论成本递增、不变或递减行业的长期供给曲线时涉及。

条件下的一致性，我们假设齐次生产函数 $Q=f(L, K)$，它的长期平均成本为 $LAC=\frac{LTC}{Q}=\frac{Kr+Lw}{f(L, K)}$。假设所有投入同比例变为原来的 λ 倍（且 $\lambda>1$），使得生产函数变为原来的 λ^r 倍，即 $f(\lambda K, \lambda L)=\lambda^r f(K, L)$，扩大生产规模以后的长期平均成本用公式表示为：

$$\frac{\lambda Kr+\lambda Lw}{f(\lambda L, \lambda K)}=\frac{\lambda(Kr+Lw)}{\lambda^r f(L, K)}=\lambda^{1-r}LAC \tag{4-32}$$

根据前面的学习我们知道，齐次度 $r>1$，表示规模报酬递增，对应的长期平均成本下降，存在规模经济；齐次度 $r=1$，表示规模报酬不变，对应的长期平均成本不变，既不存在规模经济，也不存在规模不经济；齐次度 $r<1$，表示规模报酬递减，对应的长期平均成本上升，存在规模不经济。

2. 规模经济与范围经济

规模经济与不经济概念描述的是“生产1单位单一产品或复合产品的成本”。“生产1单位单一产品的成本”涉及规模经济，“生产1单位复合产品的成本”则涉及范围经济。

为了说明规模经济与范围经济的关系，我们假设一家企业生产两种产品的成本为 $C(Q_X, Q_Y)$，由两家企业分别生产这两种产品的成本是 $C(Q_X, 0)$ 和 $C(0, Q_Y)$。由此得到：

（1）范围经济。

“当企业以任意组合方式生产两种产品的成本能够低于两家单独企业各自生产一种产品的成本时，就产生了**范围经济**（economy of scope）”①，用公式表示为：

$$C(Q_X, Q_Y)<C(Q_X, 0)+C(0, Q_Y)$$

或者

$$\frac{C(Q_X, Q_Y)}{C(Q_X, 0)+C(0, Q_Y)}<1 \tag{4-33}$$

（2）范围经济系数。

根据（4-33）式，可以得到**范围经济系数**（SC）的公式（4-34）式，它衡量了“当两种（或更多）产品被联合生产出来，而不是各自独立生产时，节约生产成本的百分比是多少”②。

$$SC=\frac{[C(Q_X, 0)+C(0, Q_Y)]-C(Q_X, Q_Y)}{C(Q_X, Q_Y)} \tag{4-34}$$

显然，SC 的值越大，范围经济的程度就越高。

（3）多产品的规模经济。

根据（4-33）式，我们还可以得到：

$$\frac{C(Q_X, Q_Y)-C(0, Q_Y)}{Q_X}<\frac{C(Q_X, 0)}{Q_X} \tag{4-35}$$

① 罗伯特·S. 平狄克，丹尼尔·L. 鲁宾费尔德. 微观经济学：第四版. 北京：中国人民大学出版社，2000：207.

② 同①198.

（4－35）式表明，企业联合生产两种产品，使一种产品的平均成本低于单独生产这种产品的平均成本，满足前面用平均成本来定义的规模经济概念。因此，范围经济从特定产品的平均成本变动趋势看，是规模经济的一种特殊情况，或称**多产品的规模经济**。

3．规模经济与成本的次可加性

（1）成本的次可加性。

成本的次可加性（subadditivity）也被译作**成本的劣加性**。① 为了说明这一定义，我们假设某一产业存在 n 家企业，第 i 家企业的产量用 Q_i 表示，第 i 家企业的成本函数为 $c_i(Q_i)$，而一家企业生产全行业产量的成本函数为 $C(\sum_{i=1}^{n} Q_i)$。如果第 i 家企业的成本函数满足：

$$C\left(\sum_{i=1}^{n} Q_i\right) < \sum_{i=1}^{n} c_i(Q_i) \text{ 且 } i=1, 2, 3, \cdots, n;\ n \geqslant 2 \tag{4-36}$$

也就说明当一家企业生产全行业产量的成本比分两家或以上的企业生产的成本要低时，就称该企业/行业的生产成本具有**次可加性**。

（2）成本次可加性与规模经济的关系。

为了说明成本次可加性与规模经济的关系，可将（4－36）式转化为：

$$\frac{C\left(\sum_{i=1}^{n} Q_i\right) - \sum_{i=1, i\neq j}^{n} c_i(Q_i)}{Q_j} < \frac{c_j(Q_j)}{Q_j} \tag{4-37}$$

（4－37）式说明：①满足成本的次可加性就一定具有规模经济；②但是，具有规模经济不一定就具有成本的次可加性。规模经济与成本的次可加性的区别在于：规模经济只考虑了长期平均成本的变动趋势；而成本的次可加性除了考虑长期平均成本的变动趋势外，还考虑到了市场需求条件或规模经济的程度。规模经济使得一个行业只存在一家企业时才具有成本的次可加性。③因此，“从本质上看，规模经济效益不是自然垄断的本质性必要条件，而成本的劣加性才是自然垄断的必要条件”②。关于自然垄断的讨论，我们将在第七讲进行。

4．内在经济与外在经济③

（1）内在经济或不经济。

企业长期平均成本下降或上升是由企业变动自己的生产规模所引起的，叫作**内在经济或不经济**（internal economy or diseconomy）。

（2）外在经济或不经济。

如果企业长期平均成本的下降或上升是由企业以外的因素所引起的，就叫**外在经济或不经济**（external economy or diseconomy）。

在几何图形上，规模经济或不经济表现为沿着同一条长期平均成本曲线的移动，外在经济或不经济表现为长期平均成本曲线的向下或向上移动，见图 4－29。正如前面所指出的，完全竞争市场假设不存在外在经济或不经济。因此，对于它们的论述，我们将在第九讲进行。

---

① 植草益．微观规制经济学．北京：中国发展出版社，1992：44．“subadditivity”也被翻译成“部分可加性”（张帆．对自然垄断的管制//汤敏，茅于轼．现代经济学前沿专题．北京：商务印书馆，1996：23）或“次可加性”（伊特韦尔，等．新帕尔格雷夫经济学大辞典：第四卷．3 版．北京：经济科学出版社，1996：578－579）。

② 植草益．微观规制经济学．北京：中国发展出版社，1992：48．

③ 我们在第九讲第一节才重点讨论外在经济或不经济。

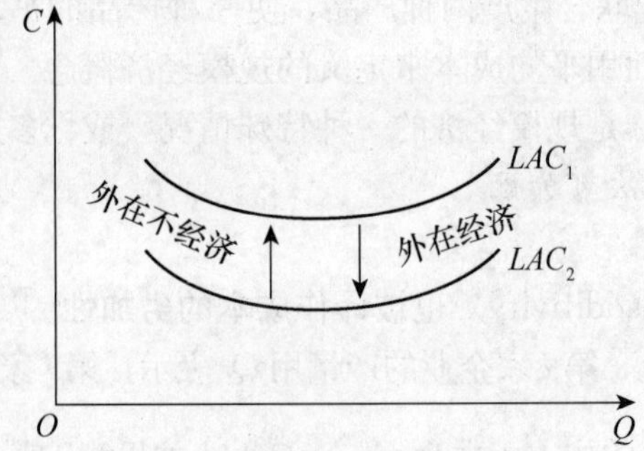

图 4-29　长期平均成本曲线的移动

(三) 规模经济或不经济的原因

1. 技术水平既定条件下的规模经济

规模经济或不经济“考虑既定的（不变的）技术条件”。在技术条件不变的情况下，对于企业规模扩张导致长期平均成本下降的原因，经济学家们主要讨论了如下三个因素：

(1) 投入要素的不可分性。

1975 年诺贝尔经济学奖获得者佳林·库普曼斯就指出：“我从未见过这样的规模收益递增的例子，在周围环境中，没有一些不可分的商品。”①

①**投入要素的不可分性**（indivisibility）就是指这样一种情况，“如果一种商品具有一个最小单位，在此单位之下其质量仍保持不变是不可能的，那么我们就称该商品是不可分的”②，这方面比较典型的例子有 1 台机器、1 艘轮船、1 架波音 747 客机等。如果我们在物质上对这些资本品进行分割，它们就会变得毫无意义。

②具有不可分性的资本品往往存在一个最大限度的生产能力，在此生产能力范围内，产量处于零与它所允许的最大产量之间，其支付的总成本相同。因此，在威廉·J. 鲍莫尔看来，“由自然属性决定的不可分的投入产生了规模经济和范围经济。这种不可分性使得厂商即使只生产少量产品也必须拥有相对较多的设备，而其中的一部分生产能力未被利用。在这种情况下，该公司可以增加其产出，且其成本不会成倍上升（即规模经济）”③。

(2) 沉没成本。

我们在前面已经区分了沉没成本与固定成本。拥有沉没成本的企业，具有前面我们所说的固定成本的扩散效应。当然，“上述例子可以扩展到具有不止一种资本品（或一种设置成本）的情形”④。例如，生产技术设备具有多种功能，就可以用来生产不同的产品，提高了同一生产技术设备的利用率；企业同一研究开发可以用于多种产品的生产，降低了各种产品的研究费用；企业无形资产（如商标、专利、广告宣传等）等带来了规模经济。

(3) 生产要素的物理性质提供的规模经济。

这方面的例子有体积与面积的关系、周长与面积的关系等。例如，一条管道的容量可

① 若阿金·西尔韦斯特. 规模经济与规模不经济//伊特韦尔，等. 新帕尔格雷夫经济学大辞典：第二卷. 3 版. 北京：经济科学出版社，1996：85.

② 威廉·J. 鲍莫尔. 不可分性//伊特韦尔，等. 新帕尔格雷夫经济学大辞典：第二卷. 3 版. 北京：经济科学出版社，1996：856.

③ 同②856-857.

④ 同①.

以定义为其横断面的面积 πr^2，而横断面的周长等于 $2\pi r$。如果我们要扩大该管道的容量，那么只需要扩大管道截面的周长即可（如果管道壁不需要加固的话）。也就是说，只要简单地将生产管道的材料投入翻一番，便可以使管道的容量扩大 4 倍。由管道运输的例子，我们还可以想到网络供应系统的规模经济。例如，电话系统的线路连接数量 S 将随着用户数量 N 的增加而以几何级数增加，用公式表示则为：

$$S=\frac{N(N-1)}{2} \tag{4-38}$$

（4-38）式提供的**网络供应系统的规模经济效应**也存在于邮政、管道运输、交通运输等方面。①

2. 技术进步条件下的规模经济

对上述规模经济原因的分析，都是以生产规模的扩大与技术进步没有任何关系为前提的，即在静态上分析生产规模变动的成本效应。但是，伊特韦尔认为，“上述的技术案例还不能作为探讨递增的规模报酬的范例。更典型的例子则在大规模生产、生产流水线或当今应用成熟的信息系统所建立的一体化生产这些方面。这些例子与亚当·斯密关于递增报酬的分析相近似，它更多地涉及技术变化，或涉及规模更大、发展更迅速的市场中内在变化的可能性，而较少地涉及同类投入的规模的简单扩大。‘动态的递增报酬’（Young，1928；Kaldor，1966）这一带有普遍性的概念既把递增报酬与产出的增长联系起来，又将递增报酬的观念与规模报酬的形式特征进一步分隔开”②。这里所说的“动态的递增报酬”，就是教科书所说的干中学。③

（1）干中学。

干中学是指工人、工程技术人员和生产管理者等从经验中获得生产技能和知识，从而降低长期平均成本的现象，也叫**学习效应**。④ 表现在图 4-30 中，当产量 Q_1 增加到 Q_2 时，（静态）规模经济使得企业的生产沿着 LAC_1 曲线由 A 点下移到 B 点；同时，学习效应（动态的规模经济）会使得 LAC_1 曲线下移到 LAC_2 曲线的位置。二者共同作用的结果是，企业生产产量 Q_2 的长期平均成本处于 LAC_2 曲线上的 C 点。

（2）学习曲线。

干中学也可以用学习曲线来表示。“**学习曲线**（learning curve）描绘了当企业的累计产出增加时，企业生产既定产出所需要的投入的减少数量”⑤，见图 4-31，它假设某机械公司生产某种机器设备，随着累计的生产批次的增加，即随着累计产品数量的增加，生产

---

① 植草益. 微观规制经济学. 北京：中国发展出版社，1992：43.

② 伊特韦尔，等. 新帕尔格雷夫经济学大辞典：第四卷. 3 版. 北京：经济科学出版社，1996：178. 这种看法同样存在于斯皮罗斯·瓦西莱斯基有关规模报酬递增的论述中，瓦西莱斯基认为：“亚当·斯密（Adam Smith，1776 年）、巴比奇（Babbage，1832 年）、马歇尔（Marshall，1890。1919 年）和杨（Young，1928 年）把分工过程看作是为什么我们观察到的技术表现出来规模报酬递增的主要原因。”（斯皮罗斯·瓦西莱斯基. 规模报酬递增//伊特韦尔，等. 新帕尔格雷夫经济学大辞典：第二卷. 3 版. 北京：经济科学出版社，1996：821.）

③ 高鸿业. 西方经济学（微观部分·第七版）. 北京：中国人民大学出版社，2018：147-149.

④ 企业长期平均成本“因为工人和管理者在熟悉他们的工作时，吸收了新的技术知识”而逐渐下降的现象，也叫**学习效应**。罗伯特·S. 平狄克，丹尼尔·L. 鲁宾费尔德. 微观经济学：第四版. 北京：中国人民大学出版社，2000：199.

⑤ 罗伯特·S. 平狄克，丹尼尔·L. 鲁宾费尔德. 微观经济学：第四版. 北京：中国人民大学出版社，2000：207. 学习曲线和学习效应都反映了干中学的影响，只是前者通过单位产出的要素投入量来衡量，后者通过单位产出的货币投入量（即长期平均成本）来衡量。

每批机器设备所投入的劳动量递减。学习曲线用公式表示为：

$$L=A+BN^{-\beta} \tag{4-39}$$

其中，L 为单位产出的劳动投入量，N 为累计的产出量，常数 A、$B>0$，β 值的大小反映了学习效应的大小，一般情况是 $0<\beta<1$。(4-39) 式说明：

①当 $N=1$ 时，$L=A+B$，它表示生产第一单位产品的劳动投入量是 $A+B$。之后，随着 N 的不断增加，L 会逐步变小，这便是学习效应。

②当 $\beta=0$ 时，$L=A+B$，它表示随着累计产出量 N 的增加，单位产出的劳动投入量保持不变，所以，不存在学习效应。

③当 $\beta=1$ 时，$L=A+B/N$，它表示随着累计产出量 $N\rightarrow\infty$，$L=A$，它是干中学所能达到的单位产出的最低劳动投入量，学习效应得到充分体现。

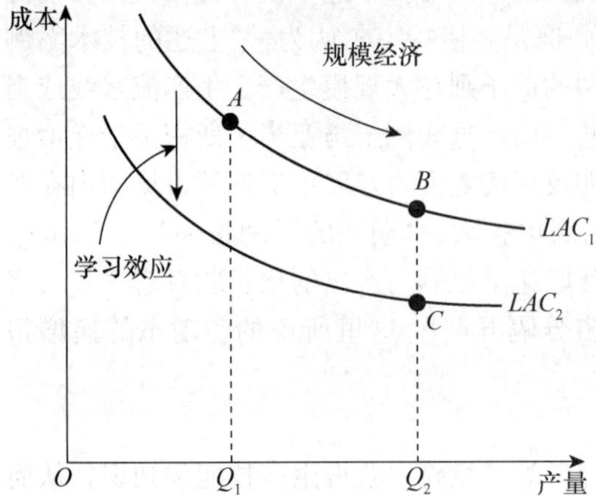

图 4-30　学习效应和规模经济

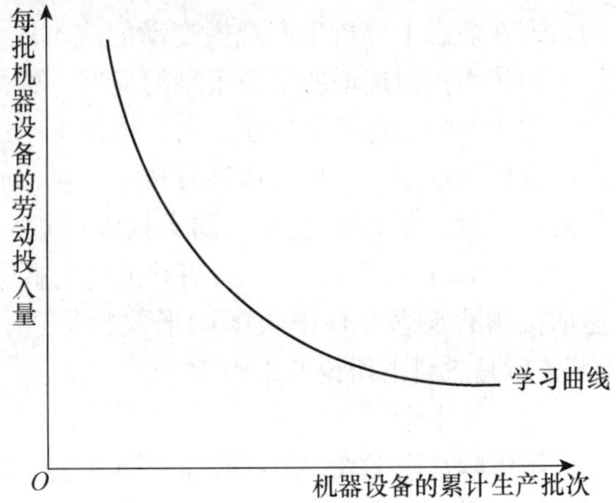

图 4-31　学习曲线

(3) 产生学习曲线（效应）的原因。

“①工人们在起初几次完成一定的任务时，需要较多的时间。当他们变得越来越熟练时，他们的速度加快了。②经营者在从材料的流进流出到生产本身的组织方面学会了如何将生产过程安排得更加有效率。③原先对产品设计十分谨慎的工程师们也掌握了能够估算设计中不增加缺陷而节省成本的经验。更好的和更专业化的工具以及工厂组织也能降低成本。④材料供应者可能学会如何处理企业所需的原料，并且可能将此优势以比较低的材料成本的方式传递给该企业。”①

① 罗伯特·S. 平狄克，丹尼尔·L. 鲁宾费尔德. 微观经济学：第四版. 北京：中国人民大学出版社，2003：199. 上述关于学习曲线原因的论述，让我想起亚当·斯密在《国民财富的性质和原因的研究》(1776年) 一书中，关于分工与企业动态规模经济关系的论述。斯密认为，企业“劳动生产力上最大的增进，以及运用劳动时所表现的更大的熟练、技巧和判断力，似乎都是分工的结果”。因为分工至少在以下三个方面促进了企业劳动生产率的提高：“第一，劳动者的技巧因专业而日进；第二，由一种工作转到另一种工作，通常损失不少时间，有了分工，就可以免除这种损失；第三，许多简化劳动和缩短劳动的机械的发明，使一个人能够做许多人的工作。”（亚当·斯密. 国民财富的性质和原因的研究：上册. 北京：商务印书馆，1972：8.）难怪有人指出：“斯密作为资本主义工场手工业时期的经济思想的集大成者，比任何其他人都更系统、更精彩地阐述了分工理论，以至于现代西方经济学在用分工说明规模经济产生时，无法超越斯密的分工理论，而只是跟着斯密鹦鹉学舌。”（乔梁. 规模经济论. 北京：对外经济贸易大学出版社，2000：4.）

五、典型题解

下面，我们来分析一道2008年中国人民大学研究生入学考试题，它以不同形式也出现在其他大学的研究生入学考试题中。

已知某企业的长期生产函数 $Q=\sqrt{KL}$，$P_L=4$，$P_K=9$，求该企业的长期总成本函数。

解题技巧

1. 着力挖掘“已知条件”和“求解目标”

本题的求解目标是企业的长期总成本函数，它是关于产量的函数，即 $LTC=c(Q)$。

本题的已知条件有长期生产函数和生产要素的价格，据此可以得到成本最小化的条件式，它也是企业的长期扩展线。

2. 努力寻找解题规则

本题的解题规则包括成本最小化模型和条件，企业的长期扩展线函数（或方程）和长期成本函数的定义。下面，我们通过四个步骤来推导成本函数[①]：

解答：第一，建立成本最小化模型，并据此确定长期扩展线方程。

根据已知条件，我们得到成本最小化模型：

$$\min LTC=9K+4L$$
$$\text{s.t.}\ Q=\sqrt{KL}$$

根据生产函数 $Q=\sqrt{KL}$，得到 $MP_k=\frac{1}{2}K^{-\frac{1}{2}}L^{\frac{1}{2}}$ 和 $MP_L=\frac{1}{2}K^{\frac{1}{2}}L^{-\frac{1}{2}}$。

根据成本最小化的条件，得到 $\dfrac{\frac{1}{2}K^{-\frac{1}{2}}L^{\frac{1}{2}}}{\frac{1}{2}K^{\frac{1}{2}}L^{-\frac{1}{2}}}=\frac{9}{4}$，经过整理，得到 $K=\frac{4}{9}L$，这个式子就是**长期扩展线函数**（**或方程**），也可以叫作**生产要素的最优组合比例**。

第二，只用一种要素来表达成本。

根据已知条件，得到长期成本方程式 $LTC=9K+4L$，并将 $K=\frac{4}{9}L$ 式代入其中，得到用一种要素（劳动）来表示的长期总成本 $LTC=9K+4L=9\times\frac{4}{9}L+4L=8L$。

第三，推导这种要素（劳动）和产量之间的关系。

将 $K=\frac{4}{9}L$ 代入长期生产函数 $Q=\sqrt{KL}$，得到 $Q=\frac{2}{3}L$，经过变形得到 $L=\frac{3}{2}Q$，它是使企业生产成本最小的要素选择，叫作**有条件的要素需求函数**或**派生的要素需求**[②]，不同于我们在第五讲讨论的利润最大化条件的要素需求函数。“有条件的要素需求函数给出的是既定产量水平下的成本最小化选择；实现利润最大化的要素需求函数则给出了既定产品价格下的利润最大化选择。”[③]

---

① 彼得·O. 欧伯恩德，约翰姆·弗莱希曼. 微观经济学基础. 北京：中国法制出版社，2011：349.

② 也被译作“条件要素需求或条件投入品需求”。“其中的‘条件’一词指的是企业对投入品的需求量决定于它所选择的产量水平。”罗伯托·塞拉诺，艾伦·M. 费尔德曼. 中级微观经济学精要. 上海：上海财经大学出版社，2014：118.

③ 哈尔·R. 范里安. 微观经济学：现代观点. 上海：格致出版社，上海三联书店，上海人民出版社，2006：288-289.

第四，把所得到的关系式组合成成本函数。

将 $L=\frac{3}{2}Q$ 代入 $LTC=9K+4L=9\times\frac{4}{9}L+4L=8L$，得到企业的长期总成本函数：

$$LTC=8L=8\times\frac{3}{2}Q=12Q$$

当然，这道考试题还可以追加提问：计算长期平均成本和边际成本。判断是否存在规模经济。

第五讲

完全竞争市场

学习目的

我们在第四讲学习了企业的利润最大化目标，约束企业利润最大化目标的两个因素——技术和要素的价格，得到了企业的成本函数。

本讲的第一个目的是在短期成本函数的基础上，结合约束企业利润最大化目标的第三个因素——产品价格，讨论企业在短期实现利润最大化的产出条件和投入条件，据此推导产品的短期供给曲线和要素的需求曲线。

本讲的第二个目的是结合我们新学习的内容，如消费者剩余和生产剩余，评价市场均衡的福利特征，阐述福利经济学的基本定理。

本讲的第三个目的是在长期成本函数的基础上，结合短期市场均衡分析，推导市场（或行业）的长期供给曲线。

通过本讲的学习，同学们需要掌握的内容有：

1. 市场结构与完全竞争市场的特征；
2. 完全竞争企业的短期均衡、最优产出原则与生产原则；
3. 完全竞争企业的短期供给曲线、生产者剩余和要素的需求曲线；
4. 完全竞争市场的短期均衡与经济效率；
5. 完全竞争企业的长期均衡；
6. 完全竞争行业/市场的长期供给曲线。

第一节　完全竞争企业的短期均衡

完全竞争市场只是市场结构的一种类型。因此，有关完全竞争市场特征的论述，需要从市场结构开始。

一、市场结构

理解市场结构的关键是我们如何定义市场与结构。

（一）市场与结构

1. 市场

高鸿业版教科书给“市场”提供了两个定义：

（1）“一个市场可以是一个有形的买卖商品的交易场所，也可以是利用现代化通信工具进行商品交易的接洽点。”① 简言之，**市场**（market）是人们买卖商品的场合（an occasion when people buy and sell goods）。②

（2）无论人们如何买卖商品，买卖行为的背后都有一定的组织或制度支持。因此，“从本质上讲，市场是物品买卖双方相互作用并得以决定其交易价格和交易数量的一种组织形式或制度安排”③。

正如我们在第一讲指出，西方经济学只研究市场经济的运行层面。因此，我们使用的是第一个定义。

2. 结构

结构（structure）是指“事物的构成要素被连接、安排或组织在一起的方法”（the way in which the parts of sth are connected together，arranged or organized）④。

（二）市场结构的划分标准与类型

根据市场的第一个定义，我们知道市场有两个构成要素：市场的参与者和市场交易的对象（商品）。因此，它们自然构成了市场结构的“最基本的决定因素”⑤ 或划分标准。

1. 市场参与者的数量

“在众多参考文献中，市场形式通常根据市场参与者的数量和相对大小而划分。”⑥ 由于市场参与者有买者和卖者，因此，根据买者和卖者的不同数量组合，可以将市场结构划分为九种类型，见表 5－1。

表 5－1　市场参与者的数量与市场结构的类型

		卖者（或称供给者、生产者、企业）		
		一个	几个	许多个
买者（或称需求者、消费者、家庭）	一个	双边垄断	有限买方垄断	买方垄断
	几个	有限垄断	双边寡头垄断	买方寡头垄断
	许多个	垄断	寡头垄断	完全竞争

微观经济学通常只讨论最后一行的三种市场结构：有许多个买者，只有一个卖者的垄断市场、有几个卖者的寡头垄断市场和有许多个卖者的完全竞争市场。这样一来，（1）我们就

① 高鸿业. 西方经济学（微观部分·第七版）. 北京：中国人民大学出版社，2018：152.

② 霍恩比. 牛津高阶英汉双解词典. 4 版. 北京：商务印书馆，1997：1067.

③ 同①.

④ 同②1753.

⑤ 同①.

⑥ 彼得·O. 欧伯恩德，约翰姆·弗莱希曼. 微观经济学基础. 北京：中国法制出版社，2011：95. 微观经济学一般不讨论相对份额。

不用考虑买方的定价和策略行为，因为他们人数很多，决定了他们都是价格的接受者。(2) 我们可以近似地将**市场结构**定义为“决定一个企业经营所处经济环境的市场特征”①。

2. 产品的替代程度

产品的替代程度可以用产品的需求交叉弹性来衡量：

$$E_{YX}=\frac{\Delta Q_Y}{Q_Y}/\frac{\Delta P_X}{P_X} \tag{5-1}$$

(1) $E_{YX}>0$，表示 Y 与 X 是**替代品**，或者叫作“**差异商品**（是指存在区别但被消费者认为在一定程度上可以相互替代的商品）”②；

(2) E_{YX}的值越大，产品的差异性越小，替代性越强，一种极端情况是 $E_{YX}=\infty$，表示 Y 与 X 是毫无差异的**同质产品**（homogeneous product）；

(3) $E_{YX}=0$，表示 Y 与 X 是**完全不同的产品**；

(4) $E_{YX}<0$，表示 Y 与 X 是**互补品**。

结合产品的替代程度，可以将表 5-1 中的完全竞争市场细分成两种类型：完全竞争市场和垄断竞争市场③，见表 5-2。将生产同种产品企业的集合分为两种：行业与生产集团。具体地讲，“在完全竞争市场和垄断市场条件下，**行业**的含义是很明确的，它是指生产同一种无差别的产品的厂商的总和。而在垄断竞争市场，产品差异性这一重要特点使得上述意义上的行业不存在。为此，在垄断竞争市场理论中，把市场上大量的生产非常接近的同种产品的厂商的总和称作**生产集团**”④。

表 5-2　　产品差异性与市场结构的类型

		是否有产品差异性	
		无	有
市场上卖者的数量	一个	垄断	无
	几个	寡头垄断	
	许多个	完全竞争	垄断竞争

3. 进入壁垒

当我们问是什么因素决定着一个市场中的企业数量时，就涉及市场结构的第三个划分标准——进入壁垒。所谓**进入壁垒**（entry barriers）是新进入企业才需承担而在位企业无须承担的（额外）生产成本。表 5-3 是结合进入壁垒后对市场结构的分类，它与高鸿业版教科书的不同之处是：不包含企业对价格的控制程度，因为企业对价格的控制程度是市场结构的结果，而不是划分标准。

表 5-3　　进入壁垒与市场结构的类型

市场类型	厂商数目	产品差异程度	进入壁垒
完全竞争	很多	同质产品	没有
垄断竞争	很多	差异产品	有

① 克里斯托弗·R. 托马斯，S. 查尔斯·莫瑞斯. 管理经济学：第 9 版. 北京：机械工业出版社，2009：14.

② 保罗·克鲁格曼，罗宾·韦尔斯. 微观经济学：第二版. 北京：中国人民大学出版社，2012：426.

③ 同②427.

④ 高鸿业. 西方经济学（微观部分·第七版）. 北京：中国人民大学出版社，2018：193.

续前表

市场类型	厂商数目	产品差异程度	进入壁垒
寡头垄断	几个	有或无差异	有
垄断	唯一	同质产品	有

二、完全竞争市场的条件与特征

（一）完全竞争市场的条件

在讨论市场结构的划分标准和类型时，我们已经涉及了**完全竞争市场**（perfectly competitive market）的条件。下面，我们来进一步讨论它们的含义。

1. 市场上有大量独立的生产者和消费者

（1）“大量”意味着单个买方或卖方的购买量或销售量在整个市场购买量或销售量中的比重趋近于零；（2）“独立”意味着“买方或卖方都不得结伙同盟”。这两个条件都剥夺了单个企业或消费者凭借销售量或购买量影响市场价格的能力。

2. 同质产品

所有企业提供的产品在消费者心目中一点点差别都没有。这个条件强调，对任何消费者来说，无法区分产品是由哪一家企业生产的，或者说，购买任何一家企业的产品都是一样的。因此，如果有企业单独提价，它的产品就完全卖不出去。该条件剥夺了企业因产品差异而对市场价格的控制能力。

3. 所有资源具有完全的流动性

进入和退出某一市场不存在任何成本或障碍。该条件（1）剥夺了生产者的在位优势或政府保护优势，从而剥夺了生产者对价格的控制能力；（2）任何资源都可以及时地流入获利行业，流出亏损行业；（3）缺乏效率的企业将被市场淘汰，取而代之的是具有效率的企业。

4. 完全信息

生产者和消费者对产品的质量、供求数量和价格无所不知。这个条件剥夺了生产者或消费者因信息方面的优势而对价格的控制。①

（二）完全竞争市场的特征

如何刻画“一个企业经营所处经济环境的市场特征”（即市场结构）呢？微观经济学提出了一个概念（或工具），那就是企业面临的需求曲线。

1. 企业面临的需求曲线

企业面临的需求曲线，或者简称**企业的需求曲线**，反映企业索要的价格与其销售数量之间的关系。② 企业所处的市场结构不同，它面临的需求曲线也不同。

---

① 我认为，把“完全信息”作为完全竞争市场的一个条件，至少存在以下四方面的矛盾：第一，我们在第二讲已经指出，市场机制就是通过它传递信息和提供激励的功能来实现社会资源的最优配置，完全信息假定实际上否定了市场机制传递信息的功能。第二，市场结构的划分标准中并没有涉及信息标准。第三，完全信息假定与其他市场类型相矛盾。例如，垄断竞争市场的一个关键性条件是差异产品，这种差异包括信息不完全造成的想象上的差异。再如，如果垄断市场存在完全信息，那么垄断者就可以采取完全的价格歧视，垄断市场将不存在无谓损失。第四，从本质上讲，如果信息是完全的，则意味着交易成本等于零，无论采用什么资源配置体制都已无关紧要。

② “我们把厂商制定的价格与销售量之间的关系叫作厂商面临的需求曲线。”或者说，“厂商索要的价格和它的销售量之间的关系称作厂商面临的需求曲线”。哈尔·R. 范里安. 微观经济学：现代观点. 上海：上海三联书店，上海人民出版社，2003：453，470.

2. 完全竞争企业面临的需求曲线

完全竞争市场的上述四个条件决定了企业在短期或长期中都没有影响价格的能力，或者说它们都是**价格的接受者**（price-taker），完全竞争企业的选择变量只有产量和规模。所以，**完全竞争企业面临的需求曲线**是市场价格处的一条水平线，见图 5－1。它说明，如果完全竞争企业把自己产品的价格确定在市场价格 P_e 之上，将一件产品也卖不出去；完全竞争企业也没有必要将自己产品的价格确定在 P_e 之下，因为它按照价格 P_e 就能出售自己生产的全部产品。①

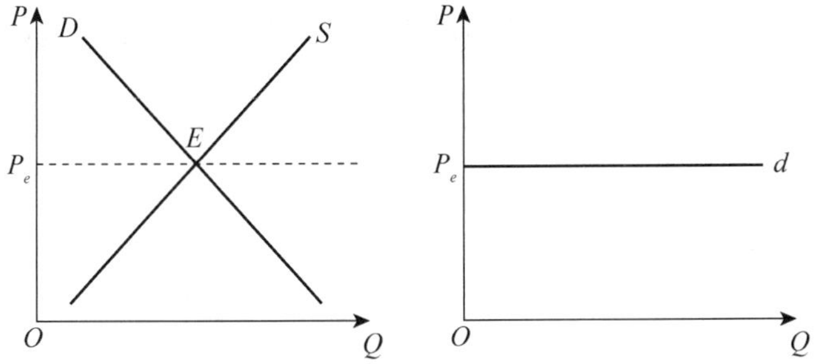

(a) 完全竞争市场　　(b) 完全竞争企业

图 5－1　完全竞争企业的需求曲线

3. 市场需求曲线与企业面临的需求曲线

我们需要区分消费者或市场需求曲线与企业面临的需求曲线。其中，消费者或市场需求曲线是市场上所有消费者在每一价格条件下愿意购买并且能够购买的数量，它与市场结构无关；企业面临的需求曲线反映的是企业索要的价格与其销售量之间的关系，它是描述市场结构的工具，与市场结构有关。只有在垄断市场，市场需求曲线才是企业面临的需求曲线。图 5－1 显示了完全竞争企业面临的需求曲线与市场需求曲线之间的区别。

三、完全竞争企业的短期均衡②

完全竞争企业的短期均衡分析（类似于马克思所说的部门内部的竞争）建立在短期成本函数的基础之上。由于在短期内，在位企业的数量和（基于固定投入的）生产规模都不变，所以，在位企业理性决策的内容根据利润最大化原则决定：(1) 是进行生产还是暂时停业？或者说，停产原则是什么？(2) 如果进行生产，生产的产量应该是多少？或者说，最优产出原则是什么？

（一）完全竞争企业的收益曲线

在第四讲，我们已指出企业的目标是利润最大化，而**企业利润**（profit）是指企业的总收益（或销售收入）与总成本的差额，用公式表示为：

$$\pi = TR(Q) - TC(Q) \qquad (4-1)$$

---

① 显然，企业面临的需求曲线背后，同样体现了企业的理性选择行为。

② 按照均衡与最优化的区分，完全竞争企业的短期或长期均衡都是指最优化。

对于（4-1）式中的总成本 TC，我们在第四讲已分长期和短期两种情况，讨论了它的性质和变动趋势。因此，有关企业利润最大化条件的讨论，需要转向它的总收益 TR。

1. 总收益

总收益（total revenue，简称 TR）是指企业按照一定的市场价格出售一定数量产品时所获得的全部收入，用公式表示为：

$$TR=PQ \tag{5-2}$$

（5-2）式说明，企业的总收益是该企业的销售量与市场价格的乘积。由于完全竞争企业是价格的接受者，所以，它的总收益曲线是一条从原点发出的射线，其斜率为市场价格 P，见图 5-2（b）。

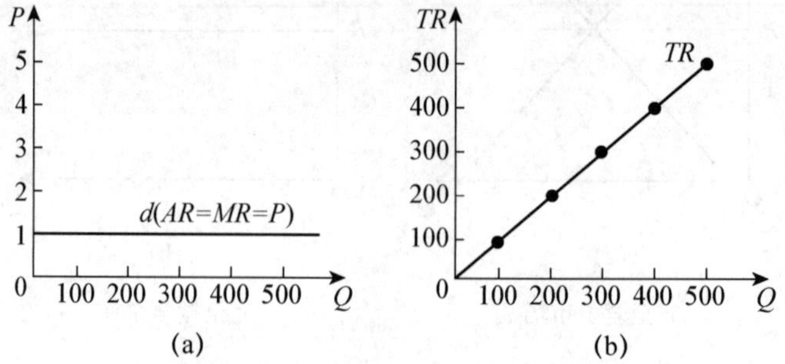

图 5-2　某完全竞争企业的收益曲线

2. 平均收益

平均收益（average revenue，简称 AR）是指企业销售单位产品所带来的收益，用公式表示为：

$$AR=\frac{TR}{Q}=\frac{PQ}{Q}=P \tag{5-3}$$

（5-3）式说明，在任何市场结构中，企业的平均收益都等于市场价格（因为 $TR=AR\times Q=P\times Q$），它是总收益曲线的斜率，在图 5-2（a）中，表现为市场价格 P 处的水平线。

3. 边际收益

边际收益（marginal revenue，简称 MR）是指企业增加 1 单位产品的销售所增加的总收益，用公式表示为：

$$MR=\frac{\Delta TR}{\Delta Q}=\frac{P\times\Delta Q}{\Delta Q}=P \tag{5-4}$$

它的几何意义是总收益曲线所对应产量的切线的斜率。在完全竞争市场条件下，由于 P 是一个常量，因此，MR 也是一个常量并等于市场价格。在图 5-2（a）中，同样表现为市场价格 P 处的水平线。

综上所述，在完全竞争市场条件下，企业的平均收益 AR 等于边际收益 MR，等于市场价格 P。因此，企业面临的需求曲线、边际收益曲线和平均收益曲线“三线合一（three in one)”于价格水平线，这一特征可以看成是完全竞争市场特征的第二种表述方式，见图 5-2（a）。

（二）完全竞争企业的短期均衡条件

1. 总量分析法

总量分析法的逻辑很简单，就是在所有产量中选择出总收益和短期总成本之间差额（即总利润量）最大的一个产量。具体步骤是：

（1）将图 4－16 中的短期总成本曲线与图 5－2（b）中的总收益曲线合并在一张图中，得到图 5－3（b）中的短期总成本曲线 STC 与总收益曲线 TR。

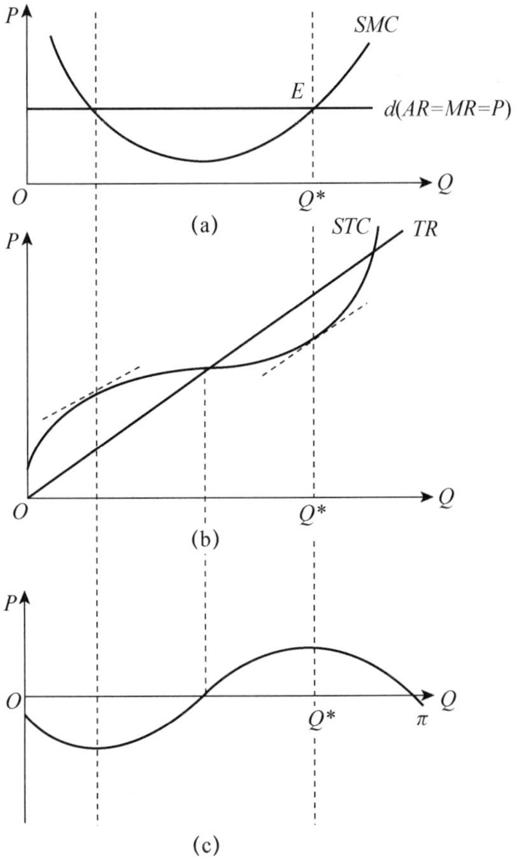

图 5－3　利润最大化

（2）确定每一产量所对应的总收益曲线与短期总成本曲线之间的垂直距离，即总利润量，或者将每一产量所对应的总利润量标注在坐标上，得到图 5－3（c）中的利润函数 π。

（3）找出使利润量实现最大化的产量。例如，在图 5－3（b）或图 5－3（c）中，使完全竞争企业实现利润最大化的产量是 Q^*，并且，任何偏离这一产量的利润量都将下降。因此，我们把产量 Q^* 叫作完全竞争企业的短期均衡产量，把企业通过比较短期总成本与总收益之差来选择 Q^* 的行为，叫作企业的理性行为。

2. 边际分析法

“比较边际成本与边际收益孰大，可以判断增产或减产能否为企业带来更高的利润，从而确定利润最大的产量所在，这就是经济学常用的边际分析法。”① 具体步骤是：

① 张清溪，许嘉栋，刘莺钏，吴聪敏．经济学理论与实际：第三版．台北：翰芦图书出版有限公司，1995：193．

（1）根据图 5-3（b）中的短期总成本和总收益，我们可以分别推导出图 5-3（a）或图 5-4 中的短期边际成本曲线 *SMC* 和边际收益曲线 *MR*。①

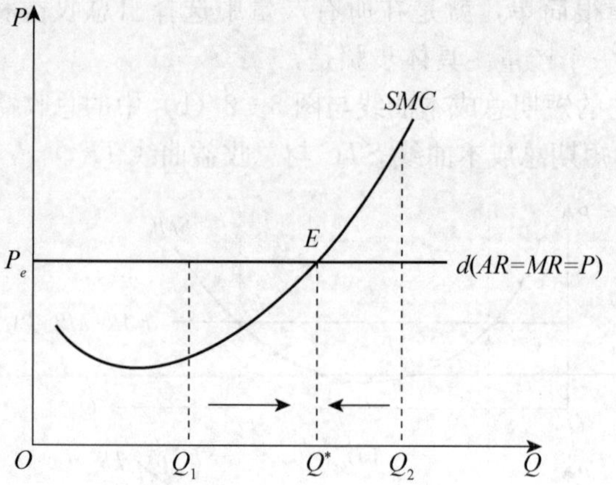

图 5-4 边际分析法

（2）比较每一个产量所对应的短期边际成本与边际收益，以确定利润最大化的产量。具体地讲，当某一产量对应的短期边际成本小于边际收益，即 $MR-SMC>0$ 时，企业通过增加产量将增加总利润，如图 5-4 中的产量 Q_1；当某一产量对应的短期边际成本大于边际收益，即 $MR-SMC<0$ 时，企业通过降低产量将增加总利润，如图 5-4 中的产量 Q_2；当某一产量对应的短期边际成本等于边际收益，即 $MR-SMC=0$，或者说：

$$MR=SMC \tag{5-5}$$

时，企业的总利润实现最大化，如图 5-4 中的产量 Q^*。因此，我们把产量 Q^* 叫作**完全竞争企业的短期均衡产量**，把企业通过比较短期边际成本与边际收益来选择 Q^* 的行为，叫作企业的理性行为，（5-5）式叫作企业的**利润最大化原则**，它体现了企业的理性选择行为。

3. 必要条件与充分条件

我们注意到，在图 5-3（a）中，企业的短期边际成本与边际收益有两个交点：一个位于短期边际成本的下降区域，另一个位于短期边际成本的上升区域。企业利润最大化的产量出现在边际成本曲线上升过程中与边际收益曲线相交的点。因此，（5-5）式是**企业短期均衡的必要条件**，而边际成本上升才是**完全竞争企业短期均衡的充分条件**。我们主要关注必要条件。

4. 最优产出原则

将（5-4）式代入（5-5）式，得到：

$$P=SMC(Q) \tag{5-6}$$

（5-6）式叫作完全竞争企业的**最优产出原则**（optimal output rule）②，它只有在完全竞争市场条件下才成立，而（5-5）式在所有的市场结构中都成立。因此，（5-6）式是完

① 当然，我们也可以说，将图 4-24（b）中的短期边际成本曲线与图 5-2（a）中的边际收益曲线合并在一张图中，得到图 5-3（a）或图 5-4 中的短期边际成本曲线 *SMC* 与边际收益曲线 *MR*。

② 罗伯特·S. 平狄克，丹尼尔·L. 鲁宾费尔德. 微观经济学：第六版. 北京：中国人民大学出版社，2006：268.

全竞争市场特征的第三种表述方式。①

（三）完全竞争企业短期均衡的五种情况

完全竞争企业实现短期均衡时，并不意味着它就有盈利，它盈利的条件是：

$$\pi = TR(Q) - STC(Q) > 0$$

或者说：

$$\frac{\pi}{Q} = \frac{PQ}{Q} - \frac{STC(Q)}{Q} = P - SAC = P - (AFC + AVC) > 0 \qquad (5-7)$$

（5-7）式说明：

1. 盈利

完全竞争企业实现短期均衡时，企业实现盈利的条件是均衡产量所对应的市场价格高于短期平均成本，见图 5－5（a）。

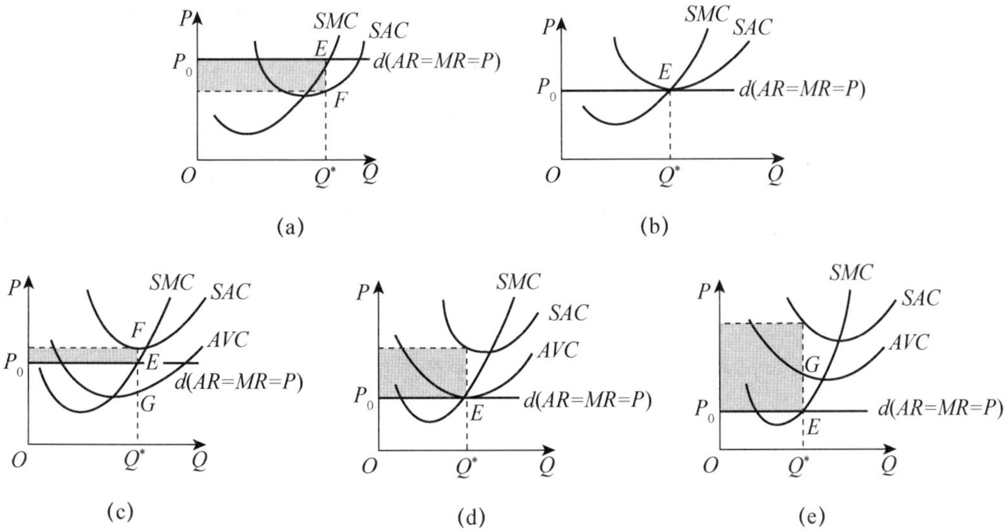

图 5－5　完全竞争企业短期均衡的五种情况

2. 收支相抵

当均衡产量所对应的市场价格等于短期平均成本时，市场价格一定等于短期平均成本的最小值，且企业利润等于零②，此时的均衡点叫作**收支相抵点**（break-even point），此时的价格叫作**收支平衡价格**（break-even price）③，见图 5－5（b）。对于这一结论，我将在后面提出自己的看法。

3. 亏损

当均衡产量所对应的市场价格低于短期平均成本，且高于平均可变成本时，企业利润

---

① 完全竞争企业的需求曲线是一条市场价格处的水平线，完全竞争企业的边际收益曲线、平均收益曲线和需求曲线“三线合一”，完全竞争企业的短期均衡条件是 $P=SMC$，这三个推论本质上都是由完全竞争市场的特征（企业是价格的接受者）推导出来的。

② 因为当完全竞争企业实现短期均衡且 $P=SAC$ 时，则满足 $P=SMC=SAC$，SMC 曲线一定交于 SAC 曲线的最低点，或者说，P 处的水平线一定与 SAC 曲线的最低点相切。

③ 保罗·克鲁格曼，罗宾·韦尔斯. 微观经济学：第二版. 北京：中国人民大学出版社，2012：405.

为负，即出现亏损，见图 5－5（c）。但是，企业仍将继续生产，教科书的解释是："这是因为，只有这样，厂商才能在用全部收益弥补全部可变成本以后还有剩余，以弥补在短期内总是存在的不变成本的一部分。"① 对于这一看法，我也将在后面提出自己的看法。

4. 停止营业点

当均衡产量所对应的市场价格等于平均可变成本时，市场价格一定等于平均可变成本的最小值，且企业处于亏损状态②，见图 5－5（d）。此时的均衡点叫作**停止营业点**（shut-down point），此时的价格叫作**停止营业价格**（shut-down price）。③ "这是因为，如果厂商生产的话，则全部收益只能弥补全部的可变成本，不变成本得不到任何弥补。如果厂商不生产，厂商虽然不必支付可变成本，但是全部不变成本仍然存在。"④ 因此，企业处于可以继续生产，也可以不生产的状态。

5. 停止营业

当均衡产量所对应的市场价格低于平均可变成本时，企业如果继续生产，它不仅处于亏损状态，而且不能收回全部可变成本，更谈不上对固定成本的弥补。因此，停止营业可以避免可变成本的损失，见图 5－5（e）。

（四）生产原则与短期生产函数的投入合理区

1. 生产原则

根据上面有关完全竞争企业短期均衡五种情况的讨论，我们可以得到完全竞争企业的**停产原则**（shut-down rule）：当企业发现其产品的市场价格低于平均可变成本的最低点时，它选择停止营业（即停产）会更有利，用公式表示为：

$$P \leqslant \min AVC \tag{5-8}$$

根据（5-8）式，可以得到完全竞争企业的**生产原则**，即：

$$P \geqslant \min AVC \tag{5-9}$$

（5-9）式说明，只有当市场价格不低于平均可变成本的最低点时，企业才会选择生产。

2. 短期生产函数的投入合理区

现在，我们可以来说明第四讲有关短期生产函数投入合理区的选择了！为此，我们将最优产出原则和生产原则结合在一起，就可以得到：

$$P = SMC \geqslant \min AVC \tag{5-10}$$

将（4-27）式 $SMC=\frac{w}{MP_L}$ 和（4-25）式 $AVC=\frac{w}{AP_L}$ 代入（5-10）式，便可以得到：

$$\frac{w}{MP_L} \geqslant \frac{w}{AP_L} \Rightarrow AP_L \geqslant MP_L \tag{5-11}$$

---

① 高鸿业．西方经济学（微观部分·第七版）．北京：中国人民大学出版社，2018：160-161．这种说法几乎存在于所有的教科书中。

② 因为当完全竞争企业实现短期均衡且 $P=AVC$ 时，则满足 $P=SMC=AVC$，SMC 曲线一定交于 AVC 曲线的最低点，或者说，P 处的水平线一定与 AVC 曲线的最低点相切。

③ 保罗·克鲁格曼，罗宾·韦尔斯．微观经济学：第二版．北京：中国人民大学出版社，2012：407．

④ 高鸿业．西方经济学（微观部分·第七版）．北京：中国人民大学出版社，2018：161．

(5-11) 式说明，生产原则决定了完全竞争企业将在短期生产函数的第二阶段，即 $AP_L \geqslant MP_L$ 阶段进行生产。当 $P=SMC=AVC$ 时，$\frac{w}{MP_L}=\frac{w}{AP_L}$，或 $AP_L=MP_L$，即停止营业点对应着投入合理区的起点。①

3. 微观经济学潜藏的一个悖论

停产原则（5-8）式暗含的一个条件是：短期固定成本是沉没成本，它的机会成本等于零。② 因此，完全竞争企业生产的经济成本只有可变成本，经济利润是 $\pi=TR(q)-VC(q)$。这一观点在平狄克和鲁宾费尔德的《微观经济学》（第六版）中得到了清楚的表述：

> 如果没有沉没成本，当产品价格低于利润最大化时的平均总成本时，企业应该关闭。相反，如果存在沉没成本，当将沉没成本分摊到各期时，可以将其看作固定成本，并且假设没有其他任何固定成本。在这种情况下……用企业的平均可变成本来度量其经济成本更恰当。因此，只要市场价格高于企业利润最大化时的平均可变成本，它就应该继续经营。注意无论是否存在沉没成本，有一条关闭的规则都是必须遵守的：
>
> 关闭规则：如果产品的价格低于利润最大化时的平均经济成本，企业就应该停止生产。③

但是，当我们把固定成本理解为沉没成本时，它的机会成本就等于零。这样一来，$\pi=TR(q)-STC(q)$是会计利润，$\pi=TR(q)-VC(q)$是经济利润。与此相对应，当完全竞争企业实现短期均衡时，$P=SMC=SAC$ 是会计利润盈亏的分界线，$P=SMC=AVC$ 是经济利润盈亏的分界线。因此，（1）当 P（$=SMC$）$=SAC$ 时，所谓的收支平衡（或相抵）是会计成本意义上，而非经济成本意义上的收支平衡（或相抵）；（2）当 $AVC<P$（$=SMC$）$<SAC$ 时，完全竞争企业的会计利润小于零，但经济利润大于零，企业继续生产与所谓弥补固定成本无关，换言之，作为沉没成本的固定成本不会影响企业的决策；（3）当 P（$=SMC$）$=AVC$ 时，此时的均衡点不仅是停止营业点，也是经济成本意义上的收支相抵点。综上所述，企业亏损也要生产这样的结论并不成立，除非它是建立在会计成本的基础之上。

第二节　产品供给曲线与要素需求曲线

上面，我们根据完全竞争企业的生产原则和最优产出原则解释了短期生产函数的投入合理区间。在这一节，我们将根据这两个原则推导完全竞争企业的短期供给曲线（即我们在第二讲学习的生产者个人供给曲线）和要素需求曲线，解释需求定律、需求量变动与需求变动之间的区别，建立评价市场机制和政府政策的一个尺度——生产者剩余。下面，我们就来依次讨论这些内容。

---

① 克里斯托弗·R. 托马斯，S. 查尔斯·莫瑞斯. 管理经济学：第9版. 北京：机械工业出版社，2009：309.

② “在短期生产决策中，固定成本实际上类似于一种沉没成本——它已经投入并在短期内无法收回。”保罗·克鲁格曼，罗宾·韦尔斯. 微观经济学：第二版. 北京：中国人民大学出版社，2012：407.

③ 罗伯特·S. 平狄克，丹尼尔·L. 鲁宾费尔德. 微观经济学：第六版. 北京：中国人民大学出版社，2006：270-271.

一、完全竞争企业的短期产品供给曲线

完全竞争企业或市场短期产品供给函数（或曲线）就是我们在第二讲讨论的生产者个人供给曲线。

（一）供给曲线

我们在第二讲解析“供给”概念时，曾经指出：“供给的主体是生产者。当我们面临供给表、供给曲线和供给函数时，一定要意识到它们反映的是生产者的理性选择特征或规律，切忌只见函数不见人。”下面，我们将看到，生产者个人供给曲线背后的理性行为就是生产者根据生产原则与最优产出原则进行产量调整，见图 5-6。

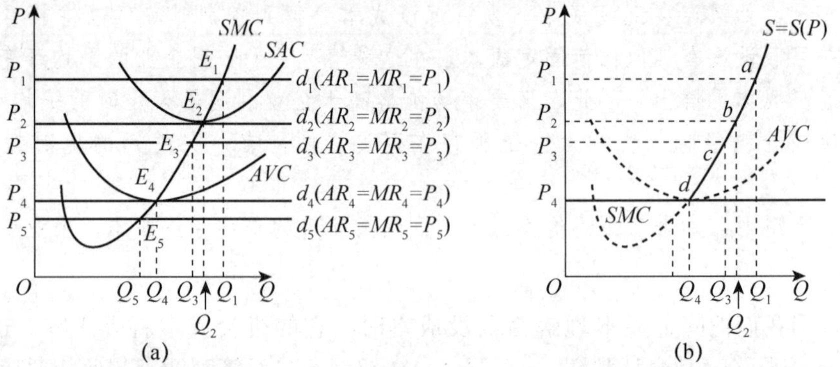

图 5-6 由完全竞争企业的短期均衡推导短期供给曲线

根据生产原则，企业只有在 $P \geqslant AVC$ 时才进行生产。因此，在图 5-6（a）中，当市场价格等于停止营业价格 P_4 时，完全竞争企业将根据最优产出原则 $P_4 = SMC(Q_4)$，把均衡产量确定在 Q_4。依此类推，我们可以得到市场价格分别为 P_3、P_2 和 P_1 时，完全竞争企业根据最优生产原则确定的均衡产量分别是 Q_3、Q_2 和 Q_1。因此，满足生产原则的最优产出原则反映了市场价格与完全竞争企业均衡产量之间的对应关系，它就是完全竞争企业的短期供给函数，用公式表示为：

$$P = SMC(Q) \text{ 且 } P \geqslant \min AVC \tag{5-12}$$

（5-12）式就是我们在第二讲说的马歇尔供给函数，在图 5-6（a）中的几何图形有位于平均可变成本曲线以上的短期边际成本曲线，在图 5-6（b）中的几何图形画出了供给曲线［表达式 $S = S(P)$ 已经转化为瓦尔拉斯供给函数］。（5-12）式包含的企业理性选择行为有：技术选择的理性行为（反映在生产函数中），选择生产要素的最优组合的理性行为（反映在成本函数中）和产量选择的理性行为（包含在利润函数中）。

（二）供给定律

通过对（5-12）式变形，就可以说明第二讲介绍过的供给定律。为此，只要将（4-27）式 $SMC = \dfrac{w}{MP_L}$ 代入（5-12）式，就可以得到：

$$P = SMC(Q) = \frac{w}{MP_L} \tag{5-13}$$

（5-13）式说明：在其他条件不变的情况下，由于报酬递减规律的作用，随着劳动量

（或产量）的增加，MP_L 将递减，$SMC(Q)=\frac{w}{MP_L}$将递增。因此，以利润最大化为目标的企业，只有在产品的边际收益（即市场价格）能够弥补边际成本时才愿意增加供给量。因此，产品的市场价格与供给量之间呈正方向变动关系①，这就是所谓的供给定律。

（三）供给量的变动与供给的变动

（5-13）式为我们在第二讲分别讨论的影响供给量的因素提供了一个总体的框架：

（1）企业的生产目标在（5-13）式中表现为利润最大化。

（2）产品的市场价格 P 在（5-13）式中表现为自变量，均衡产量 Q 是因变量。在价格-产量坐标系中，市场价格的变动所引起的企业均衡产量的变动，叫作供给量的变动。

（3）（5-13）式中的生产要素价格 w 在价格-产量坐标系中是外生变量，它的变动将引起供给曲线的同方向移动（即 w 上升，将引起供给曲线向上移动；反之则向下移动），属于供给的变动。

（4）（5-13）式中的边际产量 MP_L 在价格-产量坐标系中同样是外生变量，它的变动将引起供给曲线的反方向移动，属于供给的变动。需要注意的是，边际产量的变动体现生产技术的变动。因此，生产技术提高了将导致劳动的边际产量上升，企业的短期边际成本曲线向下移动，企业在相同的市场价格下将提供更大的均衡产量；反之亦然。

（5）对产品征税或补贴，将反映在产品的市场价格中；对生产要素的征税或补贴，将反映在要素价格中。它们的变化都会引起供给的变动。

二、完全竞争企业的要素需求曲线②

通过对（5-13）式变形，我们就可以推导完全竞争企业的要素使用原则和要素需求曲线。为此，我们只需要将 MP_L 从等式的右边移至左边即可：

$$P\times MP_L=w \tag{5-14}$$

（一）完全竞争企业的要素使用原则

1. 边际产品价值

（5-14）式的左边是 $P\times MP_L$，叫作**边际产品价值**（value of marginal product，简称 VMP），它是完全竞争企业增加 1 单位投入所增加的总收益。由于报酬递减规律的作用，要素的边际产量递减；在产品价格大于零且不变的情况下，边际产品价值高于边际产量，并且随着边际产量递减，见图 5-7。

---

① 梁东黎. 宏观经济学. 南京：南京大学出版社，1998：325. 我们还可以利用数学方法获得企业的短期供给曲线。

$$\because \prod = PQ-[\bar{K}r+wL(Q)] \text{ 且 } \frac{d\prod}{dQ}=P-\frac{w}{dQ/dL}\text{（反函数的导数是原函数导数的倒数）}=P-\frac{w}{MP_L}=0$$

$$\therefore P=w/MP_L$$

还可以采用另一种方法：

$$\because \prod = PQ-(\bar{K}r+wL)=Pf(\bar{K},L)-(\bar{K}r+Lw)$$

$$\therefore \frac{d\prod}{dL}=P\times\frac{dQ}{dL}-w=P\times MP_L-w=0\Rightarrow P=w/MP_L$$

② 由于微观经济学讨论生产要素的需求只涉及一种生产要素，因此也就没有区分短期和长期。

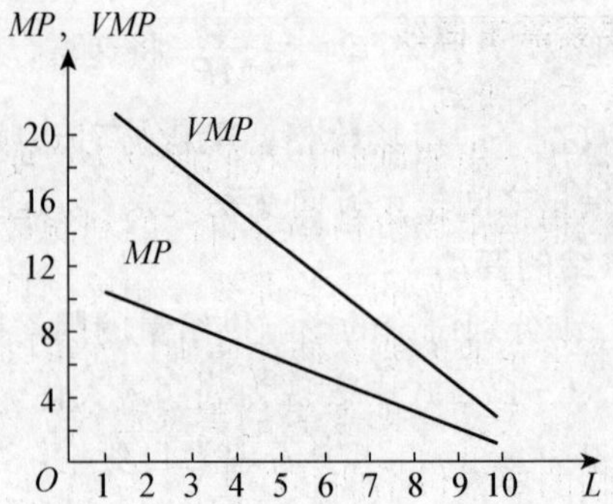

图 5-7　完全竞争企业的边际产量和边际产品价值①

2. 边际要素成本

(5-14）式右边是要素价格 w，它是完全竞争企业增加 1 单位投入所增加的总成本，或称**边际要素成本**。在完全竞争要素市场，企业是要素价格的接受者，因此，完全竞争企业面临的要素供给曲线是市场价格处的水平线②，见图 5-8。

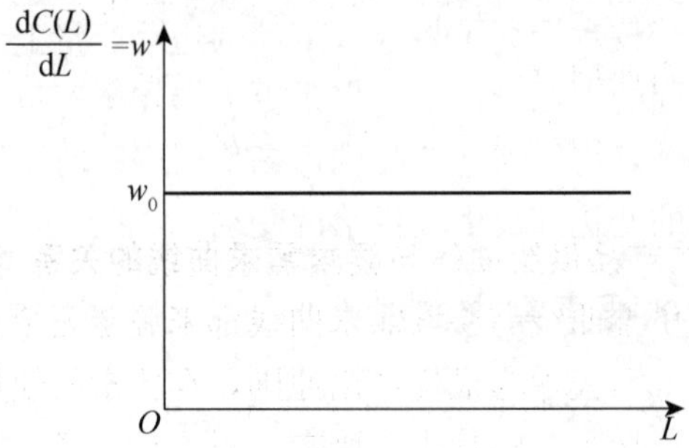

图 5-8　完全竞争企业面临的要素供给曲线

3. 完全竞争企业的要素使用原则

(5-14）式就是完全竞争企业的要素使用原则：边际产品价值等于要素价格。例如，在图 5-9 中，当要素价格等于 w_0，满足（5-14）式的最优要素使用量（也就是企业实现利润最大化的要素使用量）是 L_0。

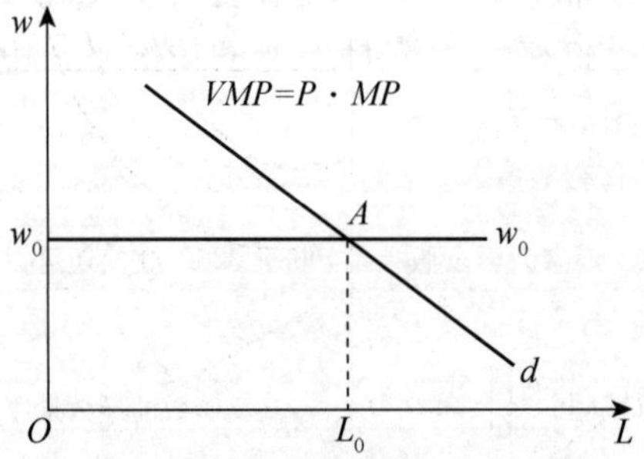

图 5-9　完全竞争企业的要素需求曲线

① 由于 $VMP = P \times MP_L$，因此，在图 5-7 中，假设 $P > 1$，才使得 VMP 位于 MP_L 之上。如果 $P = 1$，则 VMP 与 MP_L 重合；如果 $P < 1$，则 VMP 位于 MP_L 之下。

② 就像产品的市场结构通过企业面临的需求曲线来刻画一样，要素的市场结构则通过企业面临的要素供给曲线来刻画。

（二）完全竞争企业的要素需求曲线

1. 完全竞争企业的要素需求曲线

在分析完全竞争企业的最优产出原则时，我们假设生产要素的价格是外生变量，在此前提下讨论完全竞争企业如何根据市场价格调整自己的利润最大化产量，得到的市场价格与均衡产量之间的对应关系，就是产品的供给曲线。相反，只要我们假设产品价格是外生变量，在此前提下根据完全竞争企业的要素使用原则，就可以得到要素的市场价格与企业利润最大化的要素使用量的对应关系，即**要素的需求曲线**。例如，在图 5－9 中，随着要素价格的上下变动，企业面临的要素供给曲线将上下移动，它与边际产品价值曲线的交点 A 点也将上下移动，从而形成要素价格与最优要素使用量之间的对应关系，这就是要素的需求函数，用（5－14）式表示；对应的要素需求曲线，就是图 5－9 中的边际产品价值曲线。

2. 要素的需求定律

根据（5－14）式，我们还不难知道，要素价格与要素使用量之间存在反向变动关系：由于报酬递减规律，要素使用量 L 与边际产量呈反向变动关系；在产品价格不变的情况下，边际产品价值也与要素使用量呈反向变动关系。因此，为了实现利润最大化，除非要素价格下降，否则企业就不会增加要素使用量。这种要素价格与使用量之间的变动趋势，就是**要素的需求定律**，见图 5－9。

（三）完全竞争企业的产品供给曲线与要素需求曲线的关系

完全竞争企业的产品供给曲线与要素需求曲线都来源于完全竞争企业的利润最大化条件，它在企业的产量决策方面表现为最优产出原则，在要素的使用决策方面表现为要素的使用原则，将这两个原则连接起来的是生产函数。对于这三者之间的关系，我们可以通过图 5－10 和图 5－11 进行说明。

1. 根据完全竞争企业的最优产出原则推导要素的需求曲线

图 5－10 是根据完全竞争企业的最优产出原则推导要素需求曲线。图 5－10（a）是完

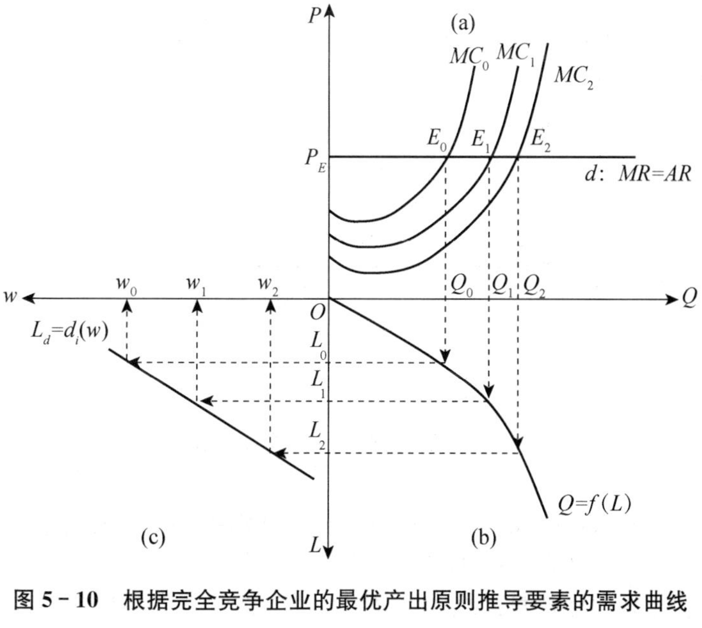

图 5－10　根据完全竞争企业的最优产出原则推导要素的需求曲线

全竞争企业的短期均衡，边际成本曲线 MC_0、MC_1 和 MC_2 之间的区别在于它们分别对应着不同的要素价格 w_0、w_1 和 w_2，且 $w_0>w_1>w_2$（在前面我已经指出，要素价格如工资率 w 下降，将导致短期边际成本曲线向右下方移动；反之亦然），均衡点 E_0、E_1 和 E_2 都满足完全竞争企业的最优产出原则，即（5-6）式。图 5－10（b）是完全竞争企业的生产函数，图 5－10（c）是根据图 5－10（a）与图 5－10（b）推导得到的完全竞争企业的要素需求曲线。显然，要素需求曲线上每一点都满足完全竞争企业的要素使用原则（5-14）式。

从图 5－10 我们不难发现，每一产品价格都对应着一条要素需求曲线（即产品价格的变化将导致要素需求曲线的移动），每一生产技术都对应着一条要素需求曲线（即生产技术的变化将导致边际产量曲线的移动，从而导致边际成本曲线的移动，进一步导致要素需求曲线的移动）。

2. 根据完全竞争企业的要素使用原则推导产品的供给曲线

图 5－11 则是根据完全竞争企业的要素使用原则推导产品供给曲线。其中，图 5－11（a）是完全竞争企业在要素市场上的短期均衡，边际产品价值曲线 VMP_0、VMP_1 和 VMP_2 之间的区别在于它们分别对应着不同的产品价格 P_0、P_1 和 P_2，且 $P_0<P_1<P_2$（因为在要素市场，产品价格是外生变量，因此产品价格上升将导致边际产品价值曲线向右上方移动；反之亦然），均衡点 E_0、E_1 和 E_2 都满足完全竞争企业使用生产要素的原则，即（5-14）式。图 5－11（b）是完全竞争企业的生产函数，图 5－11（c）则是根据图 5－11（a）与图 5－11（b）推导得到的完全竞争企业的产品曲线。显然，供给曲线上每一点都满足完全竞争企业的最优产出原则（5-6）式。

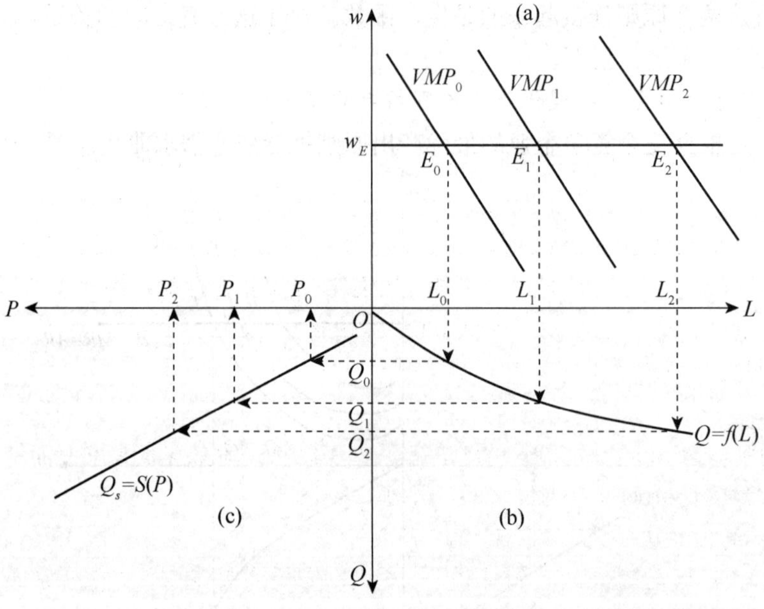

图 5－11　根据完全竞争企业的要素使用原则推导产品的供给曲线

同理，从图 5－11 我们也能发现，每一要素价格都对应着一条产品供给曲线（即要素价格的变化将导致产品供给曲线的移动），每一生产技术都对应着一条产品供给曲线（即生产技术的变化将导致边际产量曲线的移动，从而导致边际产品价值曲线的移动，进一步导致产品供给曲线的移动）。

3. 纵向市场相互依赖性

图 5-10 和图 5-11 从另一个侧面说明了“纵向市场相互依赖性，即产品市场与要素市场之间的关联是如何产生的”①。这里所说的“纵向市场相互依赖性”，就是我们在第六讲将要学习的一般均衡理论。

三、短期生产者剩余

现在，我们有必要回来讨论我们在第二讲区分的供给价格曲线与供给曲线了。

（一）供给价格曲线与供给曲线

1. 概念上的区别

微观经济学把平均可变成本最低点以上的短期边际成本曲线叫作**供给价格曲线**，它反映了企业在每一产量上愿意接受的最低价格；把满足生产原则的最优产出原则，即（5-12）式叫作供给曲线，它反映了企业在每一市场价格下愿意供给并能够供给的产量。

2. 变量上的区别

短期边际成本曲线的公式是（4-26）式，其中，产量是自变量，边际成本是因变量；短期供给曲线的公式是（5-12）式，其中，自变量是市场价格，因变量是企业均衡产量。因此，在（5-12）式中，边际成本曲线的公式只有右边部分，即 $SMC(Q)$，短期供给曲线的公式则是整个式子。如果我们用 P_s 表示供给价格，并将它定义为 $P_s=SMC(Q)$，那么，（5-12）式就可以表示为：

$$P=P_s=SMC(Q) \text{ 且 } P\geqslant \min AVC \qquad (5-15)$$

其中，$P_s=SMC(Q)$是供给价格的定义式，$P=P_s=SMC(Q)$既是最优产出原则，也是完全竞争企业的短期供给函数。

3. 用途上的区别

根据完全竞争企业的短期供给曲线，可以得到市场或行业的短期供给曲线，并将它与市场需求曲线结合在一起，用于说明市场机制的资源配置功能，对此我们已经在第二讲做过深入讨论。根据短期边际成本曲线，结合利润最大化原则，推导企业的短期供给曲线，我们在前面已经说明；边际成本曲线的另一用途是结合市场价格，推导生产者剩余，并将它与消费者剩余结合在一起，用于评价市场机制的经济效率。

（二）短期生产者剩余的定义和计算方法

1. 定义

生产者剩余（producer's surplus）是指企业在提供一定数量的某种产品时实际接受的总支付和他愿意接受的最小总支付之间的差额，见图 5-12。

2. 三种计算方法

计算和理解生产者剩余的关键不在于“实际接受的总支付”（它就是企业的销售收入），而在于“愿意接受的最小总支付”这个概念。我们在前面区分市场价格与供给价格时，已经涉及了这个概念，它就是完全竞争企业的短期边际成本或供给价格。因此，计算生产者剩余的第一种方法就是：

① 彼得·O. 欧伯恩德，约翰姆·弗莱希曼. 微观经济学基础. 北京：中国法制出版社，2011：169.

(1) 用企业的销售收入减去边际成本曲线与产量轴围起来的面积，即边际成本曲线与价格水平线围起来的面积，见图 5-12 中的阴影部分。用公式表示为：

$$PS = PQ_0 - \int_0^{Q_0} SMC(Q)\mathrm{d}Q \tag{5-16}$$

(2) 考虑到短期边际成本的积分就是可变成本，因此，生产者剩余的第二种计算方法用公式表示为：

$$PS = PQ_0 - VC(Q_0) = Q_0[P - AVC(Q_0)] \tag{5-17}$$

在图 5-12 中，表现为 $S_{P_0EFG} = S_{P_0EQ_0O} - S_{GFQ_0O}$。

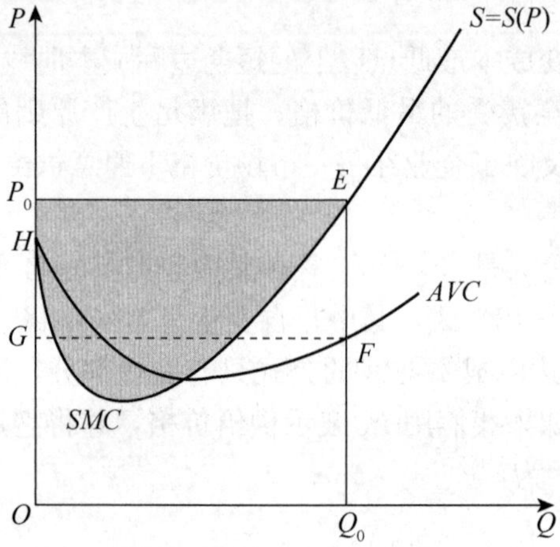

图 5-12　完全竞争企业的短期生产者剩余

(3) 在完全竞争市场条件下，供给价格函数是市场供给函数的反函数，由此我们可以得到生产者剩余的第三种计算方法，用公式表示为：

$$PS = PQ_0 - \int_0^{Q_0} S_i^{-1}(Q)\mathrm{d}Q \tag{5-18}$$

其中，$P^{\text{市场价格}} = S^{-1}(Q)$。按照这种方法计算的生产者剩余，在几何图形上表现为由产品的市场价格与供给曲线围起来的面积，见图 5-13。

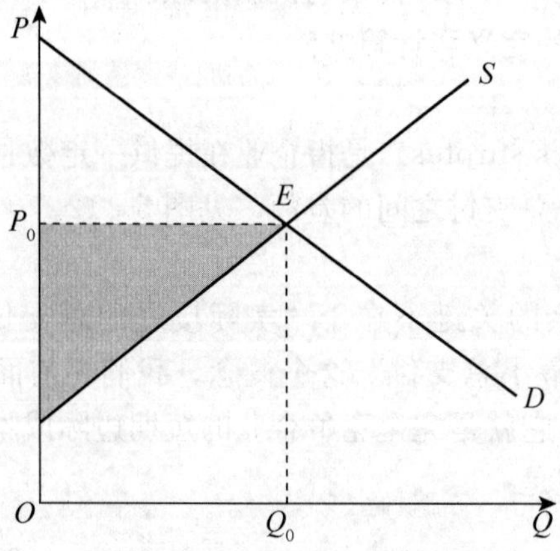

图 5-13　市场的短期生产者剩余

（三）短期生产者剩余与沉没成本

1. 租金与经济利润

为什么企业愿意接受的最小总支付是可变成本，而不包括固定成本？这里同样涉及一个假定，即固定成本是沉没成本，是“已经发生而无法收回的费用。由于它是无法收回的，因而不会影响企业的决策……因为该设备别无他用，其机会成本为零，从而这不应包括在企业成本之中”①。

（1）由于固定成本是沉没成本，生产者剩余被看成是超过固定成本的机会成本（等于零）的部分，它构成了固定要素的收入，因此也叫作**租金**。②

（2）由于固定成本是沉没成本，生产者剩余也被看成是超过经济成本（在这里表现为可变成本部分）的收益，因此叫作**经济利润**。

所以，生产者剩余（相对于生产者愿意接受的最低价格、供给价格或边际成本）、租金（相对于固定成本的机会成本）和经济利润（相对于经济成本）这三个概念，实际上是同一个概念。③

2. 供给定律：生产者剩余的视角

在（5-6）式中，我们借助短期生产函数的边际产量递减，从而导致边际成本递增，解释了完全竞争企业最优产出原则中市场价格与均衡产量之间的正向变动关系（即所谓供给定律）。在图 5－11 中，我们借助短期生产者剩余这个概念，同样可以解释完全竞争企业的最优产出原则中包含的供给定律，即市场价格越高，短期生产者剩余（或经济利润）越大，所以企业供给的产量越多。

第三节　完全竞争市场的短期均衡与经济效率

到目前为止，我们或明或暗地讨论了微观经济学中的 8 个概念或函数，见表 5－4。如果再加上与“个人”对应的“市场”概念，就有 16 个概念或函数。下面，我们就来回顾这些概念，并在此基础上讨论完全竞争市场的特征（或性质）。

表 5－4　　微观经济学的 8 个概念或函数

		个人	含义
产品	需求价格	$P_d=\frac{MU(Q)}{\lambda}$	产品的需求价格用边际替代率表示，假设一种产品是货币，另一种产品的需求价格就是该产品边际效用的货币形式
	供给价格	$P_s=SMC(Q)$	产品的供给价格用短期边际成本表示
	需求曲线	$P=P_d=\frac{MU(Q)}{\lambda}$	消费者均衡条件
	供给曲线	$P=P_s=SMC(Q)$	完全竞争企业短期均衡条件

① 罗伯特·S. 平狄克，丹尼尔·L. 鲁宾费尔德. 微观经济学. 北京：中国人民大学出版社，2003：181.

② 关于经济租金这个概念，我们将在随后一节进行比较深入的讨论。

③ 平狄克和鲁宾费尔德在他们合著的《微观经济学》（第六版）中显然误解了其中的两个概念。因为他们认为：“生产者剩余与利润密切相关，但两者不相等。生产者剩余等于收入减去可变成本，而利润等于收入减去总成本，包括可变成本与固定成本，即生产者剩余$=PS=R-VC$，利润$=\pi=R-VC-FC$。这意味着在短期中，当固定成本为正时，生产者剩余大于利润。”（同①279.）如果固定成本为沉没成本，上述论断中的利润是会计利润时才成立，否则，它们是同一个概念。

续前表

		个人	含义
要素	需求价格	$w_d = VMP(L)$	要素的需求价格就是它的边际产品价值
	供给价格	$w_s = \frac{MU(24-L)}{\lambda}$	要素的供给价格就是自用要素边际效用的货币形式
	需求曲线	$w = w_d = VMP(L)$	完全竞争企业的要素使用原则
	供给曲线	$w = w_s = \frac{MU(24-L)}{\lambda}$	消费者均衡条件

一、市场均衡与经济效率

（一）供给曲线与供给价格曲线

1. 企业供给价格曲线与市场供给价格曲线

在前面，我们已经知道，（5-15）式的右边 $P_s = SMC(Q)$ 是完全竞争企业的供给价格，它反映短期边际成本与产量之间的对应关系，这种对应关系在图形上叫作**企业的边际成本曲线或供给价格曲线**。由于在短期内，完全竞争企业不能进入或退出一个行业，因此，一个行业的企业个数是固定的。通过把各个企业的边际成本曲线水平加总，就得到整个**行业的边际成本曲线或市场供给价格曲线**，用公式表示为：

$$P_S = \sum SMC(Q) \tag{5-19}$$

其中，行业产量 Q 是自变量，行业边际成本（或供给价格 P_S）是因变量，边际成本曲线的积分就是总的经济成本（这里通常假设为可变成本）。

2. 企业供给曲线与市场供给曲线

在前面，我们已经知道，（5-15）式反映了完全竞争企业实现利润最大化时产量与市场价格之间的对应关系，这种对应关系被叫作**完全竞争企业的短期供给曲线**，可用（2-6）式瓦尔拉斯供给函数表示。由于在短期内，完全竞争企业不能进入或退出一个行业，因此，一个行业的企业个数是固定的。通过把各个企业的供给曲线水平加总，就得到（2-8）式，即（**完全竞争市场的短期**）**供给曲线**，用符号简单表示为 Q_S，其中，价格是自变量，供给量（即行业产量）是因变量。

完全竞争市场的供给曲线与行业的边际成本曲线虽然在意义上各不相同，但根据（5-15）式，它们在几何图形上却是同一条曲线，见图 5-14。

（二）需求曲线与需求价格曲线

对需求曲线与需求价格曲线的讨论与（3-17）式有关。为了避免你查找，在这里我将它转引如下：

$$P = P_d = \frac{MU(Q)}{\lambda} \tag{3-17}$$

1. 个人需求价格曲线与市场需求价格曲线

根据第三讲的学习，我们知道，（3-17）式右边是消费者的需求价格，它反映边际价值（就是边际效用的货币表现形式）与消费量（需求量）之间的对应关系，这种对应关系被叫作**消费者个人的需求价格曲线或边际价值曲线**；把各个消费者的边际价值曲线水平加总，就得到整个**市场的需求价格曲线或边际价值曲线**，用公式表示为：

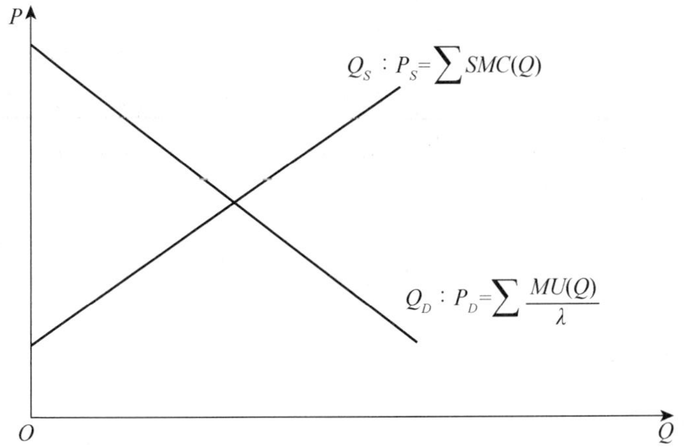

图 5-14　需求曲线与需求价格曲线、供给曲线与供给价格曲线

$$P_D=\sum \frac{MU(Q)}{\lambda} \tag{5-20}$$

其中，市场需求量 Q 是自变量，边际价值（或需求价格 P_D）是因变量。边际价值的积分就是总（效用）价值。

2. 个人需求曲线与市场需求曲线

（3-17）式反映了消费者实现效用最大化时市场价格与消费量之间的对应关系，这种对应关系叫作**消费者个人的需求曲线**，可用（2-1）式瓦尔拉斯需求函数表示；把各个消费者的需求曲线水平加总，就得到（2-3）式，即**完全竞争市场的需求曲线**，用符号简单表示为 Q_D，其中，价格是自变量，需求量是因变量。

产品市场的需求曲线与边际价值曲线虽然在意义上各不相同，但根据（3-17）式，它们在几何图形上却是同一条曲线，见图 5-14。

（三）需求曲线、供给曲线与市场均衡

只要忽略图 5-14 中的需求价格曲线与供给价格曲线，我们就会回到图 2-8，它为我们提供了“关于市场机制及其配置资源的一些基本原理”①。

1. 市场机制

“**市场机制**（market mechanism）是指在一个自由市场里能够使价格得以变化一直达到市场出清为止的趋势（即直到供给量与需求量相等为止）。”②

2. 市场机制的功能

市场机制传递信息和提供激励（奖惩），起到了配置社会资源的作用。

（1）把生产与消费方面的各种信息综合成“价格”这一简单明确的信息，传达给生产者和消费者，调节供求，实现均衡。我们在第二讲介绍的供求定律清楚地说明了这一点。

（2）指导消费者如何消费：鼓励消费者多消费比较丰富的资源，告诫消费者节约比较稀缺的资源。我们在第三讲介绍的消费者均衡条件、价格-消费线和需求曲线/定律都说明

---

① 高鸿业. 西方经济学（微观部分·第七版）. 北京：中国人民大学出版社，2018：154.

② 罗伯特·S. 平狄克，丹尼尔·L. 鲁宾费尔德. 微观经济学：第四版. 北京：中国人民大学出版社，2000：19.

了这一点。

(3) 指导生产者生产什么、生产多少和如何生产：生产者以消费者的需求为依据决定生产什么和生产多少；尽量使用比较充裕的资源，提高生产技术。我们在第四讲介绍的投入合理区、短期和长期生产成本、生产要素的最优组合条件，以及在本讲前面介绍的生产原则和最优产出原则等，都说明了这一点。

(4) 作为一种自发性的奖惩制度，通过价格让生产和消费有效率的人获得更多资源的支配权，使生产和消费缺乏效率的人被自发地淘汰。这就是市场机制的分配功能，我们将在随后讨论。

3. 消费者统治

消费者统治（consumer sovereignty）是指消费者在商品生产这一最基本的经济问题上起决定性作用，其主要表现是：消费者用货币来购买商品是向商品投“货币选票”。所以，货币选票的投向和数量反映了消费者的偏好程度。生产者为了获得最大利润，必须依据消费者的货币选票来安排生产什么、生产多少和如何生产。这种消费者统治的经济关系可以促进经济资源的合理利用。

4. 市场价格的决定与变动

“供给和需求并不是解释价格的最终因素。它们不过是总结性的范畴，以便使我们能分析和说明大量的影响价格的各种力量、原因和因素。”① 这是因为，需求曲线反映了影响消费者购买或需求的因素，诸如消费者的偏好、商品本身的价格、相关商品的价格、消费者的收入、消费者的预期、政府的税收和补贴等各项政策；供给曲线反映了影响生产者生产或供给的因素，诸如生产者的目标、商品本身的价格、相关商品的价格、要素的价格、生产技术和政府的相关政策等；而任何因素的变动都将影响到均衡价格与数量。

图 2-8 对上述“关于市场机制及其配置资源的一些基本原理”的说明，回答了市场经济或市场机制“是什么”、“怎么样”和“为什么”这样的问题。经济学把对这类问题的回答，叫作**实证经济学**（positive economics）。实证经济学没有也不能回答：市场机制这样做好吗？要回答这个问题，就进入了有关经济效率的讨论。

(四) 需求价格、供给价格与经济效率

如果我们忽略图 5-14 中的需求曲线与供给曲线，图 5-14 就简化为图 5-15。它为我们引入了如下概念：

1. 总价值

正如前面所指出的，**需求价格**是消费者在每一需求量上愿意支付的最高价格，它是消费者边际效用的货币表现形式（即边际价值），见（5-20）式。鉴于边际函数是总量函数（即原函数）的一阶导数，总量函数是边际函数的积分，因此，如果消费者购买 Q_C 数量的商品，它对应的需求价格与总效用的货币价值，简称**总价值**之间的关系，在图 5-15 中可以用公式表示为：

$$\text{总价值} = \int_0^{Q_C} P_D(Q)\,\mathrm{d}Q = \text{梯形 } ECQ_CO \text{ 的面积} \tag{5-21}$$

---

① 萨缪尔森. 经济学：中册. 北京：商务印书馆，1986：20.

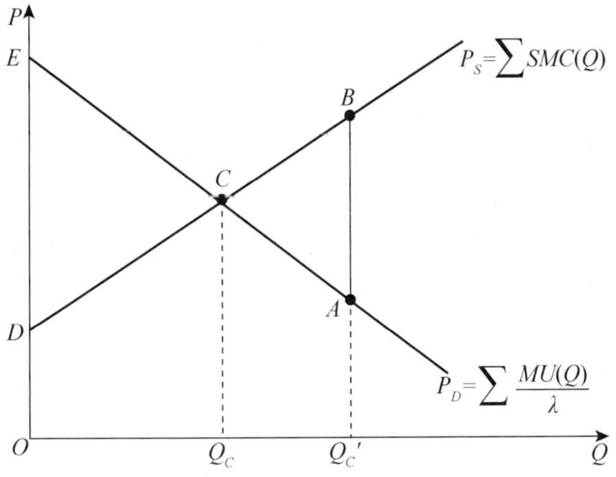

图 5-15　社会剩余与经济效率

2. 总经济成本

正如前面所指出的，**供给价格**是生产者在每一供给量上愿意接受的最低价格，它是生产者生产的短期边际成本，见（5-19）式。鉴于边际函数是总量函数（即原函数）的一阶导数，总量函数是边际函数的积分，因此，如果生产者生产 Q_C 数量的商品，它对应的供给价格与总经济成本之间的关系在图 5-15 中可以用公式表示为：

$$\text{总经济成本} = \int_0^{Q_C} P_S(Q)\mathrm{d}Q = \text{梯形 } DCQ_CO \text{ 的面积} \tag{5-22}$$

3. 社会剩余

根据（5-21）式和（5-22）式，我们得到一个新概念，即全社会生产和消费 Q_C 数量的商品所得到的**社会剩余**（social surplus）①，在图 5-15 中用公式表示为：

$$\text{社会剩余} = \int_0^{Q_C} P_D(Q)\mathrm{d}Q - \int_0^{Q_C} P_S(Q)\mathrm{d}Q = \text{三角形 } ECD \text{ 的面积} \tag{5-23}$$

4. 经济效率

当一个社会的资源配置使社会剩余实现最大时，它就实现了**经济效率**（economic efficiency）。按此标准，产量 Q_C 显然实现了经济效率，而任何偏离该产量的配置（或产量）都是低效率的（inefficient），存在改进的空间。例如，当该社会将产量和消费量增加到 Q_C' 时，所增加的总价值是：

$$\Delta \text{总效用的货币价值} = \int_{Q_C}^{Q_C'} P_D(Q)\mathrm{d}Q = \text{梯形 } CAQ_C'Q_C \text{ 的面积}$$

所增加的总经济成本是：

$$\Delta \text{总经济成本} = \int_{Q_C}^{Q_C'} P_S(Q)\mathrm{d}Q = \text{梯形 } CBQ_C'Q_C \text{ 的面积}$$

所增加的社会福利是：

① 克里斯托弗·R. 托马斯，S. 查尔斯·莫瑞斯. 管理经济学. 第 9 版. 北京：机械工业出版社，2009：40.

$$\Delta \text{社会剩余} = \int_{Q_C}^{Q_C'} P_D(Q)\,\mathrm{d}Q - \int_{Q_C}^{Q_C'} P_S(Q)\,\mathrm{d}Q = \text{负的三角形 } ABC \text{ 的面积}$$

5. 无谓损失

三角形 ABC 的面积叫作**无谓损失**（deadweight loss）。因此，一个社会可以通过将其产量减少到 Q_C，实现资源配置的效率。

经济效率是用于评价一个社会资源配置的价值/规范判断标准，属于福利经济学的范畴，但它与社会剩余如何在生产者与消费者之间的分配无关，也与用什么经济制度来实现经济效率无关。

二、福利经济学的基本定理与市场失灵

现在，我们可以把图 2－8 与图 5－15 叠加在一起，得到图 5－16，它与图 5－14 完全一致。图 5－16 将“为其他类型的市场的经济效率分析和评价提供一个参照对比”①。下面，我们先来讨论这个“参照对比”的基本内容。

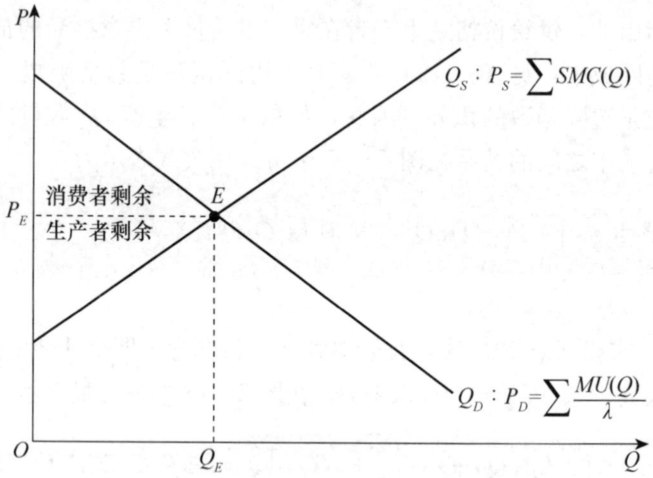

图 5－16　市场机制的配置功能与分配功能

（一）福利经济学的基本定理

1. 福利经济学的第一基本定理

根据前面的学习，我们知道，在完全竞争市场条件下，（1）市场供给曲线是行业供给价格曲线或边际成本曲线；（2）市场需求曲线是市场需求价格曲线或边际价值曲线；（3）市场机制将使市场具有出清的趋势，在图 2－8 中表现为供求曲线的交点所对应的均衡价格与产量；（4）供求曲线的交点刚好是供给价格曲线与需求价格曲线的交点，前者所对应的均衡产量刚好与后者对应的具有经济效率的产量一致。因此，**任何竞争均衡的产量都是具有经济效率的产量**，这种市场均衡与经济效率之间的对应关系，叫作**福利经济学的第一基本定理**（first fundamental theorem of welfare economics）②，见图 5－16。福利经济

---

① 高鸿业. 西方经济学（微观部分·第七版）. 北京：中国人民大学出版社，2018：154. 对此，我们将在第七讲、第九讲进行讨论。

② 用教科书的话说：“总之，完全竞争市场的交易量实现了最大的福利，或者说，完全竞争市场机制的运行是有效率的。”高鸿业. 西方经济学（微观部分·第七版）. 北京：中国人民大学出版社，2018：174.

学的第一基本定理的基本思想最早出现在亚当·斯密的《国民财富的性质和原因的研究》一书中①，因此，该定理也叫作**"看不见的手"定理**。

市场机制不仅具有资源配置功能，还具有收入分配功能。表现在图 5-16 中，均衡价格把社会剩余分割成两部分：消费者剩余与生产者剩余，它们分别属于消费者与生产者。福利经济学的第一基本定理只是使我们相信，与竞争均衡相联系的资源配置具有经济效率的性质，却"没有理由相信与竞争均衡相联系的配置是公平的"②。为了在经济效率与分配公平之间建立起一致性，福利经济学提出了第二基本定理。

2. 福利经济学的第二基本定理

福利经济学的第二基本定理（second fundamental theorem of welfare economics）认为，在假设消费者偏好为凸的情况下，我们无须改变商品的价格，或者说放弃市场机制，只需通过改变消费者的初始禀赋（包括初始财产、初始人力资本等），就可以实现人们希望的（即公平的）具有帕累托效率的资源配置。

福利经济学的第二基本定理对推崇市场经济的人具有强烈的政策含义：(1)"市场经济可以实现反映社会意愿的任何一个帕累托最优配置。如果社会公众或政府企图达到某一最优配置状态，政府完全可以让市场去实现这一配置，而不必干预或摒弃市场机制。特别是，他们认为政府不必用干预市场的方法如税收或价格管制来达到某种政策目标，而可以通过收入再分配或财富再分配来达到同样的目标，因为对于市场的干预会导致价格的扭曲，从而改变边际决策或行为，造成效率损失。"③(2) 具体落实到公平与效率问题上，福利经济学的第二基本定理意味着，"任何一种被认为是公平的均衡都可以通过资源在个人之间的适当配置来实现，而这样一种配置本身并不必然会产生低效率"④。

3. 福利经济学的第三基本定理

福利经济学的第二基本定理带来的问题是：一个社会能够根据个人偏好"合成"关于公平分配方案的"社会偏好"吗？对这个问题的回答，就构成了**福利经济学的第三基本定理**（third fundamental theorem of welfare economics）——**阿罗定理**（Arrow's theorem）。对这个定理的讨论，我们将在第六讲展开。

（二）市场失灵

按照莱迪亚德的说法，"理解'市场失灵'的最好办法是先理解'市场成功'"⑤。

1. 市场成功及其条件

市场成功（market success）是指竞争均衡的经济效率特征，它就是图 5-16 展示的

---

① "每个人都努力把他的资本尽可能用来支持国内产业，都努力管理国内产业，使其生产物的价值能达到最高程度，他就必然竭力使社会的年收入尽量增大起来。确实，他通常既不打算促进公共的利益，也不知道他自己是在什么程度上促进那种利益。由于宁愿投资国内产业而不支持外国产业，他只是盘算他自己的安全；由于他管理产业的方式目的在于使其生产物的价值能达到最大程度，他所盘算的也是他自己的利益。在这场合，像在许多场合一样，他受着一只'看不见的手'的指导，去尽力达到一个并非他本意要达到的目的。"亚当·斯密. 国民财富的性质和原因的研究：下册. 北京：商务印书馆，1979：27.

② 罗伯特·S. 平狄克，丹尼尔·L. 鲁宾费尔德. 微观经济学：第四版. 北京：中国人民大学出版社，2000：512.

③ 周惠中. 微观经济学. 上海：上海人民出版社，1999：231.

④ 同①515.

⑤ 约翰·O. 莱迪亚德. 市场失灵//伊特韦尔，等. 新帕尔格雷夫经济学大辞典：第三卷. 3 版. 北京：经济科学出版社，1996：351.

福利经济学的第一基本定理。据此，我们不难得出市场成功的前提条件：

（1）供给曲线是供给价格曲线，它反映生产的全部边际成本，即：

$$Q_S：P_S = PMC = SMC \tag{5-24}$$

其中，PMC 和 SMC 分别表示私人边际成本与社会边际成本[①]。Q_S 是市场供给函数，满足供给定律。$P_S = PMC = SMC$ 是供给价格函数，满足报酬递减规律，并且企业的私人边际成本曲线与社会边际成本曲线重合。Q_S：$P_S = PMC = SMC$ 表示市场供给曲线与供给价格曲线重合。（5-24）式保证了生产活动的经济效率。

（2）需求曲线是需求价格曲线，它反映消费的全部边际价值，即：

$$Q_D：P_D = PMV = SMV \tag{5-25}$$

其中，PMV 和 SMV 分别表示私人边际价值与社会边际价值[②]；Q_D 是市场需求函数，满足需求定律。$P_D = PMV = SMV$ 是需求价格曲线，满足边际效用递减规律，并且消费者的私人边际价值曲线与社会边际价值曲线重合。Q_D：$P_D = PMV = SMV$ 表示市场需求曲线与需求价格曲线重合。（5-25）式保证了消费活动的经济效率。

（3）产品市场是完全竞争市场，即供给价格与需求价格相等：

$$P_S = P = P_D \tag{5-26}$$

该式说明，生产者与消费者都是价格的接受者（即完全竞争的市场条件），它保证了竞争市场的经济效率。

为什么满足上述公式，就会得到福利经济学的第一基本定理（或者说市场成功）呢？原因在于，（5-24）式保证企业行为的私人利益与社会利益相统一，生产者个人的成本最小化行为就是社会成本最小化行为；（5-25）式保证消费者行为的私人利益与社会利益相统一，消费者个人的效用最大化就是社会的效用最大化；（5-26）式保证生产者与消费者的利益相统一，即生产者或消费者都不能以对方的利益损失为代价来增加自己的利益。因此，加总消费者个人的消费所得，就是社会的消费所得；加总生产者私人的生产成本，就是生产的社会成本。在竞争均衡条件下，用社会的消费所得减去社会的生产成本，就得到社会福利。

2. 市场失灵及其条件

市场失灵（market failure）是市场因为违背市场成功的条件而导致的低效率现象。导致市场失灵的条件有：

（1）供给曲线与私人供给价格曲线重合，不反映企业生产的外在成本。[③] 因此，企业的私人成本与社会成本分离，用公式表示为：

$$Q_S：P_S = PMC \neq SMC \tag{5-27}$$

（2）需求曲线与私人需求价格曲线重合，不反映家庭消费的外部效应。[④] 因此，消费

① 为了符号上的节约，在这里我们用 SMC 表示社会边际成本。关于什么是私人成本和社会成本，我们在第四讲已经定义过了。

② 关于边际价值的定义，我们在第三讲已经做过定义。

③ 关于私人成本、外在成本和社会成本之间的关系，我们在第四讲已经讨论过了。

④ 关于消费的外部效应，我们将在第九讲讨论。

者的私人利益与社会利益分离，用公式表示为：

$$Q_D: P_D = PMV \neq SMV \quad (5-28)$$

（3）不完全竞争市场，表现为供给价格与需求价格分离，用公式表示为：

$$P_D = P \neq P_S \quad (5-29)$$

（5-29）式只适用于第七讲讨论的不完全竞争市场，包括垄断市场、垄断竞争市场和寡头市场。① 当然，它也适用于我们在第二讲讨论的价格控制和政府税收的情况。

当需求曲线不能完全反映消费者的边际价值，供给曲线不能完全反映生产者的边际成本，或供给价格与需求价格不相等时，消费者或生产者就可以牺牲其他人的利益来使自己的利益达到最大，这种行为叫作**寻租**（rent-seeking）②。在这种情况下，通过市场机制来配置资源将出现低效率状态，这就是所谓的市场失灵。

3. 市场失灵的原因

市场失灵的前提条件并不是市场失灵的原因。一般教科书都将市场失灵划分为四种类型：外部性、公共物品、垄断、非对称信息。③ 我们也可以把市场失灵划分为两种类型④：

（1）由商品和服务的特点产生的市场失灵：导致市场失灵的商品或服务的特点有公共物品和外部性，它们使需求曲线不能完全反映消费者的边际价值，使供给曲线不能完全反映生产者的边际成本。

（2）由市场的特点产生的市场失灵：完全竞争市场是保证帕累托效率的市场结构。影响完全竞争市场的因素有：政府干预、不完全竞争、非对称信息、时滞性与交易成本等。这些因素导致供给价格与需求价格相分离。

4. 哈伯格三角形

市场失灵导致的福利损失叫作社会的福利损失或无谓损失。由于阿诺德·哈伯格（1954）最先估算这种损失，并且它通常表现为三角形的面积，因此，该损失也被称为**哈伯格三角形**。

5. 对症规则

形式各异的市场失灵为政府干预经济活动提供了依据，但是，政府应该如何干预经济活动？这是一个具有争议的问题。普格尔和林得特建议使用**对症规则**（specific rule）："应当在问题的根源上进行干预，所采用的政策工具应能够尽可能直接地作用于那些使私人与社会的收益或成本不相一致的扭曲的根源，这样才是更有效的。"⑤ 对此我们将在第七讲和第九讲涉及具体问题时进行说明。

三、完全竞争要素市场均衡价格的决定

前面，我们借助产品的需求曲线和供给曲线、需求价格曲线和供给价格曲线，讨论了

---

① （5-29）式也可以是 $P_D \neq P = P_S$，这种情况适用于买方垄断市场。有兴趣的同学可以阅读李政军. 西方经济学（微观部分）辅导手册. 北京：中国人民大学出版社，2013：175-179. 本书将不讨论这种情况。

② 我们将在第七讲讨论。

③ 对于这四种市场失灵，我们将在第七讲和第九讲讨论。

④ 乔·B. 史蒂文斯. 集体选择经济学. 上海：上海三联书店，上海人民出版社，1999：72-84.

⑤ 托马斯·A. 普格尔，彼得·H. 林得特. 国际经济学. 北京：经济科学出版社，2001：132.

完全竞争产品市场的实证含义和规范含义。借助要素的需求曲线和供给曲线、需求价格曲线和供给价格曲线，同样可以讨论完全竞争要素的实证含义和规范含义。为了避免结论上的重复，我们主要讨论完全竞争要素市场均衡价格的决定。

（一）完全竞争劳动市场均衡工资率的决定

1. 均衡工资率与充分就业量

（1）根据完全竞争企业的要素使用原则（5-14）式，可以得到它对要素的需求曲线；在其他条件不变的情况下，通过水平加总完全竞争企业的要素需求曲线，就可以得到完全竞争市场的要素需求曲线，其中，要素的市场价格是自变量，要素的市场需求量是因变量。完全竞争要素市场的需求曲线之所以从左上方向右下方倾斜，原因在于报酬递减规律。这个结论适用于所有的原始生产要素，自然也就包括劳动，见图 5-17。

（2）根据家庭自有时间的使用原则（3-19）式，可以得到**家庭对劳动的供给曲线**；在其他条件不变的情况下，通过水平加总家庭的劳动供给曲线，就可以得到**完全竞争市场的劳动供给曲线**，其中，劳动的市场价格是自变量，劳动的市场供给量是因变量；完全竞争劳动市场的供给曲线之所以从左下方向右上方倾斜，原因在于闲暇的边际效用（从而边际价值）将会随着闲暇时间的增加而递减，反过来，劳动的机会成本将会随着劳动时间的增加而递增，见图 5-17。

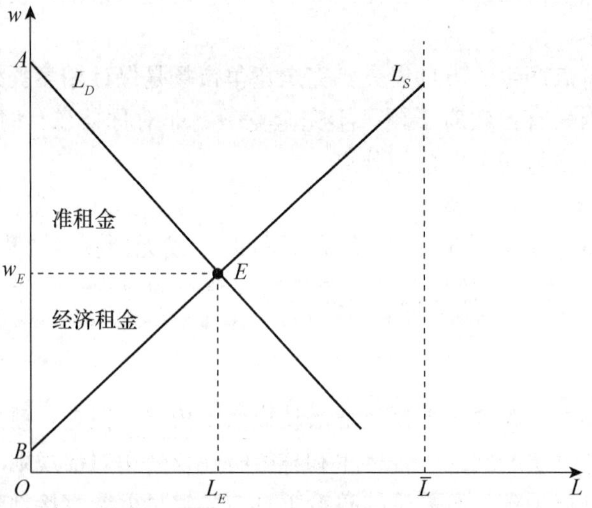

图 5-17　劳动市场均衡

（3）当我们把劳动市场的供给曲线与需求曲线叠加在一起时，便可以得到劳动市场的均衡点 E 点，见图 5-17。均衡点 E 点所对应的工资率就是**均衡工资率**，所对应的就业量就是**均衡就业量**或**充分就业量**，它反映了凡是愿意接受该工资率的劳动者都找到了工作，而不愿意接受该工资率的劳动者都没有找到工作，其数量为（$\bar{L}-L_E$），经济学把这个数量叫作**自愿失业量**。

（4）只要货币工资具有弹性，就能保证劳动市场实现充分就业均衡。这是价格机制在完全竞争劳动市场的表现。

2. 货币工资的刚性与非自愿失业

（1）**货币工资的刚性或黏性**（sticky）是指工人们会对货币工资的下降进行抵抗，但欢迎货币工资的上升，因此，货币工资只能上升，不能下降。另外，由于工人们具有“货币幻觉”，即只看到货币的票面价值而不注意货币的实际购买力，所以他们会抵抗价格水平不变情况下的货币工资的下降，但不会抵抗货币工资不变情况下的价格水平的提高。①

（2）只要引入货币工资刚性这个假定，就能说明非自愿失业的存在，见图 5-18。假设劳动市场原来处于均衡点 E 点，现在不知道由于什么原因，工资率上升到 w_1，劳动的市场需求量（即就业量）为 L_1，（在该工资率条件下）劳动的市场供给量为 L_2，非自愿失业为 (L_2-L_1)，自愿失业为 $(\bar{L}-L_2)$。如果货币工资具有弹性，当劳动市场出现供过于求时，工人之间的竞争促使货币工资下降，直到 w_E，从而消除非自愿失业。但是，当货币工资具有刚性时，这种失业就将长期存在。

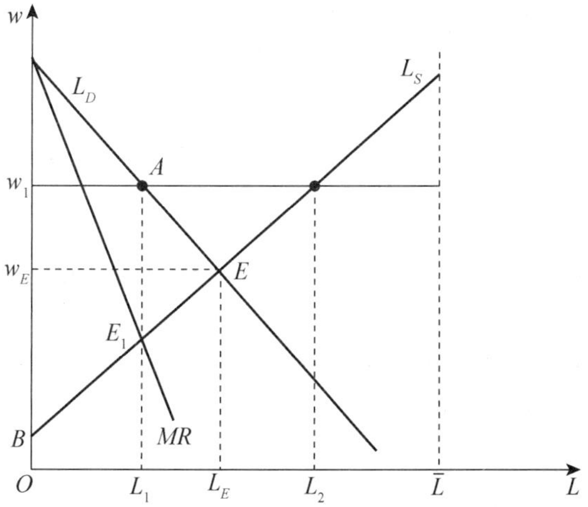

图 5-18　自愿失业与非自愿失业

3. 卖方垄断的要素市场与货币工资刚性

关于货币工资刚性的一个原因解释是工会垄断劳动的供给。如果一个国家的法律规定，企业只能雇用工会会员，那么，工会就垄断了劳动的供给。这时候，工会（也就是所有劳动者）面临的劳动需求曲线就是市场需求曲线 L_D，据此可以获得劳动供给的边际收益曲线 MR。根据经济利润/租金最大化原则，工会将把劳动市场的均衡点确定为 E_1 点，它对应的就业量就是 L_1，均衡工资率就是 $w_1$②，见图 5-18。

（二）完全竞争土地市场的均衡与租金

1. 完全竞争土地市场的均衡与地租

对完全竞争土地市场均衡的分析与前面以劳动为例讨论的要素市场的均衡无异。具体表现是：

（1）前面有关完全竞争要素市场的需求曲线分析，同样适用于土地市场。这里就不赘

① 高鸿业，吴易风，吴汉洪，刘凤良．现代西方经济学：下册．2 版．北京：经济科学出版社，2001：169.

② 就是从西方失业理论我们也不难得到马克思关于资本主义失业原因的解释，即相对过剩人口，是指相对于资本家生产剩余价值的需要或者资本的需要来说过剩的人口。西方失业理论把资本与工人之间的对立轻描淡写地归结为工人的货币幻觉，或工会的力量使在岗工人不愿意接受市场决定的货币工资。由此可见西方经济学的辩护性质和意识形态意义。

述了。

（2）正如我们在第三讲所指出的，土地的供给曲线是家庭自用土地的边际价值曲线（或土地供给的边际成本曲线），由于自用土地的边际价值等于零意味着土地供给的机会成本等于零，因此，土地的市场供给曲线是一条既定土地数量处的垂线，见图 5－19。

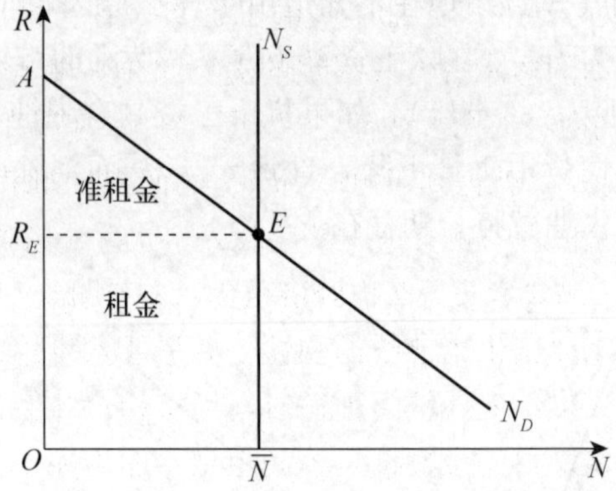

图 5－19　土地市场的均衡与租金

（3）土地市场供求曲线的交点是市场均衡点，它所对应的价格就是**均衡租金率**，它所对应的使用数量就是土地的**充分使用量**。均衡租金率与充分使用量的乘积，就是企业为了使用土地服务而支付给土地所有者的**土地租金**（rent），简称**地租**。下面，我们以地租为例来进一步讨论租金的性质并拓展租金的类型。

2. 租金的性质与类型

（1）租金是要素服务的价格。

租金的一般含义是指"某人为了使用属于别人的房间、住房等而支付给别人的货币金额"①。根据这一定义，地租显然只是租金的一种形式。此外，劳动者获得的工资和资本所有者获得的利息，也具有租金的这个性质。因为它们都是要素使用者为了获得要素服务（而不是源泉）所支付的货币金额。正是在这个意义上，艾尔奇安（Alchian）定义说："'租金'是为使用土地、劳动、设备、思想甚至货币等资源所作出的支付。一般来说，劳动的租金称作'工资'；对土地和设备的支付称作'租金'；为使用一种思想而作出的支付称作'专利使用费'；对使用货币所作的支付称为'利息'。"②

（2）租金是固定不变要素服务的价格。

根据图 5－19 我们发现，当土地供给曲线垂直时，它与土地需求曲线的交点所决定的地租就具有一种特殊性质，即地租完全由土地需求曲线决定，并与土地供给曲线无关：它随着需求曲线的上升而上升，随着需求曲线的下降而下降。因此，"**地租**是当土地供给固定时的土地服务价格，因而地租只与固定不变的土地有关。但在许多情况下，不仅土地可以被看成是固定不变的，而且有许多其他资源可以被看成是固定不变的……为与特殊的地租相区别，可以把这种供给数量同样固定不变的一般资源的服务价格叫作**租金**……这里的

① 原文是"the money that someone pays for the use of a room, a house etc that belongs to someone else"。朗文当代高级英语辞典．北京：外语教学与研究出版社，2004：168.

② 阿尔曼·A．艾尔奇安．租金//伊特韦尔，等．新帕尔格雷夫经济学大辞典：第四卷．3 版．北京：经济科学出版社，1996：150.

固定不变显然对（经济学意义上的）短期和长期都适用”[1]。所以说：

①“在经济理论中，如果一种可供使用的资源长久地不受为使用这种资源所作的支付额多寡的影响，这种支付就称作‘**经济租**’”[2]，或称**经济租金**（economic rent）。

为了说明经济租金的性质，让我们回到图 5－17。其中，市场均衡点所对应的均衡工资率是 w_E，它是所有提供劳动的工人都得到的工资率，并与最后一单位“边际”劳动所要求的最低工资率（即劳动的边际成本或闲暇的边际价值）相等。其他“边际内”劳动所要求的最低工资率都低于均衡工资率，二者之差就是“边际内”劳动所获得的租金率，加总所有边际内劳动得到的租金率，就得到三角形 BEw_E 的面积，如果我们从劳动供给的全部收入（即四边形 w_EEL_EO 的面积）中减去这一部分收入，也并不会影响到劳动的供给。因此，我们把三角形 BEw_E 所表示的要素收入叫作**经济租金**，它与图 5－13 中的阴影部分相对应。

经济租金的大小取决于要素供给曲线的弹性。如果要素供给曲线具有完全的弹性，经济租金将为零；只有当要素供给曲线缺乏弹性时，经济租金才会出现；当要素供给曲线完全缺乏弹性时，所有向要素支付的金额都是经济租金，因为无论支付什么样的价格，该要素都会供给。所以，地租只是经济租金的一种特殊情况。

②“如果可供使用的资源量只是暂时不受对其支付额多寡的影响，这种支付就被称作‘**准租**’”[3]，或称**准租金**（quasi-rent）。

为了说明准租金的性质，让我们回到图 5－17。其中，劳动的市场需求曲线是所有完全竞争企业的边际产品价值曲线的水平加总，后者又是边际产量函数与产品价格的乘积，边际产量函数又建立在短期生产函数的基础之上。由于我们假设只使用劳动与资本两种生产要素，其中资本的数量保持不变，因此，劳动的市场需求曲线与充分就业量 L_E 所围起来的面积，即梯形 AEL_EO 的面积，就是企业使用 L_E 的劳动所获得的总收益，它减去可变要素——劳动的总成本（即可变成本），即四边形 w_EEL_EO 的面积，就得到三角形 AEw_E 的面积。该三角形的面积在本讲第二节被叫作经济利润（相对于经济成本而言），它实际上是固定生产要素资本的收入，即它等于零，固定生产要素资本在短期依然保持不变，因此，被叫作准租金（相对于短期生产函数的固定生产要素资本而言）。[4]

借助图 5－12，我们可以换种方式说明准租金的性质。根据图 5－18 我们知道，劳动市场实现均衡时，劳动的边际产品价值等于均衡工资率，即 $VMP=P\cdot MP=w_E$，这就是完全竞争企业的要素使用原则，即（5-14）式。通过变形，可以得到完全竞争企业的短期均衡条件 $P=w_E/MP=SMC$，即（5-13）式。表现在图 5－12 中，当产品价格等于 P_0 时，完全竞争企业的均衡产量是 Q_0，总收益是四边形 OP_0EQ_0 的面积，可变成本（可变生产要素劳动的收入）是四边形 $OGFQ_0$ 的面积，经济利润是四边形 P_0EFG 的面积，它同样是固定生产要素资本的收入，即准租金，它的大小在短期内与固定生产要素资本的数量无关。

（3）租金是超过要素服务机会成本的收益。

在图 5－19 中，我们“之所以得到土地供给曲线垂直的结论，并不是因为自然赋予的土地数量是（或假定是）固定不变的，而是因为我们假定了土地只有一个用途即生产性用

---

① 高鸿业. 西方经济学（微观部分·第七版）. 北京：中国人民大学出版社，2018：238.

②③ 阿尔曼·A. 艾尔奇安. 租金//伊特韦尔，等. 新帕尔格雷夫经济学大辞典：第四卷. 3版. 北京：经济科学出版社，1996：150.

④ “quasi-”即在一定程度上部分地类似（in some ways；partly）于经济租金。

途，而没有自用用途……借用机会成本的概念则可以这样说：任意一种资源，如果它在某种用途上的机会成本等于 0，则它对该用途的供给曲线就垂直”①。因此，地租是超过机会成本的收益，其特殊性在于它的机会成本等于零。

经济租金概念比地租概念更具有一般性，表现在它并不要求要素的机会成本等于零。或者说，机会成本等于零只是经济租金的特殊情况。准租金只要求生产要素的机会成本在短期内低于要素的市场价格。在图 5－12 和图 5－19 中，我们假设固定生产要素资本的短期机会成本等于零。因此，企业在短期平均可变成本的最低点以上从事生产所获得的经济利润，就成为固定生产要素资本的收益，即准租金。在第七讲，我们之所以把垄断利润叫作垄断租金，原因在于它是人为垄断导致的要素收入高于其机会成本的部分。因此，把追求人为垄断租金的活动叫作寻租。

综上所述，我们可以把资源获得的**超过机会成本的收益**统称为**租金**。

（4）高租金是“高价格的结果而不是原因”②。

在图 5－19 中，土地市场的供给曲线是垂线，土地市场的需求曲线上升将导致地租增加。由于土地市场的需求曲线就是土地的边际产品价值曲线，它等于土地的边际产品与产品价格的乘积。当产品价格上升时，即使土地的边际产量不变，也会导致需求曲线上升，租金上升。因此，是高房价导致高地价，而不是高地价导致高房价。

（5）租金是土地资源配置的指示器和激励机制。

“从理论上看，对土地的租金征收 100％的税也不会改变土地的供给（假定‘土地’表示所有固定的、不可毁灭的供给）。但这种情况只有在土地的‘所有者’在如此高的税收下仍然有信心去寻找那种出价最高的投标者时才是合理的，这时该标价将决定租金数额。这一提法是假定最高价值的用途是可知的，而且征税量是根据没有为土地的使用进行真正的竞争投标的情况而决定的。即使这一提法不是一个简单的错误，也是值得怀疑的。”③

四、洛伦茨曲线与基尼系数

要素价格与个人要素供给量的乘积，就是要素所有者的收入。衡量一个国家或地区收入分配平均程度的工具有**洛伦茨曲线**（Lorenz curve），指标有**基尼系数**（Gini coefficient）。

（一）洛伦茨曲线

1. 洛伦茨曲线的定义

“**洛伦茨曲线**：西方经济学用以表示社会收入或财产分配不平均程度的曲线，由美国统计学家洛伦茨提出，故名。”④

2. 洛伦茨曲线的绘制方法

从理论上讲，绘制洛伦茨曲线最准确的方法是考察全社会每个成员的收入，计算出人口累计百分比与相应的收入累计百分比。但是，在实际数据收集过程中，由于受到各方面

① 高鸿业．西方经济学（微观部分·第七版）．北京：中国人民大学出版社，2018：236．

② 阿尔曼·A．艾尔奇安．租金//伊特韦尔，等．新帕尔格雷夫经济学大辞典：第四卷．3 版．北京：经济科学出版社，1996：152．

③ 同②153．

④ 夏征农，陈至立．辞海．第六版普及本．上海：上海辞书出版社，2010：1238．希望更深入地学习洛伦茨曲线的同学，可以阅读纳纳克·卡瓦尼．洛伦茨曲线//伊特韦尔，等．新帕尔格雷夫经济学大辞典：第三卷．3 版．北京：经济科学出版社，1996：262－265．

条件的限制，尤其是诸如一国人口众多的限制，调查获得每个人的收入数据非常困难。因此，通常的做法是抽样调查，获得一部分人的收入数据，并按收入从低到高分成若干组，测算每组人口百分比与收入百分比，如五分法、九分法、十分法等。表 5－5 就是采用五分法统计的美国居民收入分配数据。

表 5－5　　1989 年美国居民收入资料

人口累计的百分比（%）	收入累计的百分比（%）	每 20%人口的收入占总收入的百分比（%）
20	4.6	4.6
40	15.2	10.6
60	31.7	16.5
80	55.4	23.7
100	100	44.6

具体做法是：(1) 将所调查的个人（或家庭）按照收入水平由低到高划分成 5 个等级，每个等级的人口占所调查人口的 20%，见表 5－5 第 1 列；(2) 计算出每个等级人口的总收入，再除以所有调查人口的总收入，得到每 20%人口的收入占总收入的百分比，见表 5－5 第 3 列；(3) 计算出收入累计的百分比，见表 5－5 第 2 列；(4) 以人口累计的百分比为横轴，以收入累计的百分比为纵轴，绘制出一个正方形，并将对角线连接起来；(5) 将表 5－5 中人口累计的百分比与收入累计的百分比标注到坐标上，并用一条曲线将它们连接起来，就得到美国 1989 年的洛伦茨曲线，见图 5－20。

在图 5－20 中，对角线被叫作**完全平等线**，它表示每 1%的人口获得 1%的收入；折线 OWL 被叫作**完全不平等线**，它表示全部收入都集中在一个人手里，其余人口一无所有。由洛伦茨曲线与完全平等线围起来的面积叫作**不平等面积**，用 S_1 表示；由折线 OWL 与完全平等线围起来的面积，叫作**完全不平等面积**，用 S_1+S_2 表示。显然，洛伦茨曲线越靠近完全平等线，或者说，不平等面积越小，表明收入分配越平等；反之，洛伦茨曲线越靠近完全不平等线，或者说，完全不平等面积越大，表明收入分配越不平等。因此，洛伦茨曲线是一个衡量收入分配平均程度的工具。

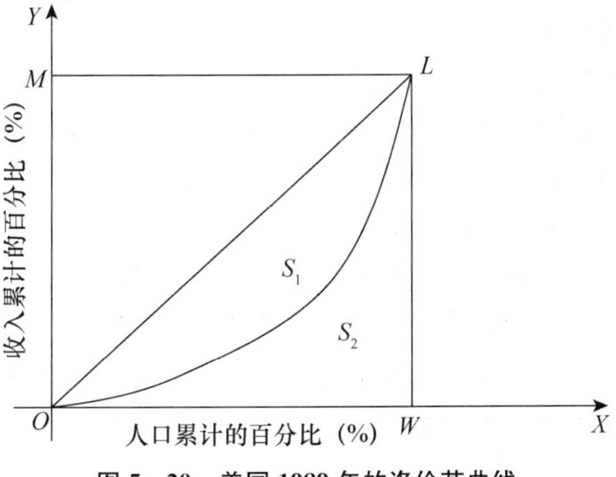

图 5－20　美国 1989 年的洛伦茨曲线

（二）基尼系数

1. 基尼系数的定义

“**基尼系数**：西方经济学用以表示社会收入分配不平均程度的指标，由意大利统计学家基尼（Corrado Gini，1884—1965）提出，故名。"①

计算基尼系数无须使用洛伦茨曲线，但是，利用洛伦茨曲线可以形象地说明基尼系数的计算方法。在图 5-20 中，**基尼系数**就是不平等面积与完全不平等面积的比率，用公式表示为：

$$G=\frac{S_1}{S_1+S_2} \tag{5-30}$$

由于人口或收入累计的百分比最大值是 1，最小值是 0，因此，四边形 $OMLW$ 是一个正方形，它的边长是 1，面积是 1；三角形 OLW 的面积 $S_1+S_2=1/2$，（5-30）式可以表示为：

$$G=\frac{S_1}{S_1+S_2}=2S_1=1-2S_2 \tag{5-31}$$

（5-31）式说明，计算基尼系数只需要知道 S_2 或 S_1 的面积即可。

"一般认为，基尼系数小于 0.2 为高度平均，大于 0.6 为高度不平均，国际上通常将 0.4 作为警戒线。"②

2. 基尼系数的具体计算方法

在学习了洛伦茨曲线和基尼系数的概念和计算方法以后，你能根据表 5-5 提供的数据计算 1989 年美国的基尼系数吗？

（1）积分法。

结合图 5-20，（5-31）式容易使你想到一种计算基尼系数的方法：根据图 5-20 的洛伦茨曲线或表 5-5 的数据，拟合出洛伦茨曲线方程，如 $Y=f(X)$，然后采用积分法计算基尼系数。为此，（5-31）式转化为：

$$G=1-2\int f(X)\mathrm{d}X \tag{5-32}$$

这当然是一种计算基尼系数的具体方法。但是，针对像表 5-5 的数据，我们使用几何的方法，可以更方便地计算出基尼系数。

（2）上、下梯形面积法。

把表 5-5 提供的五对数据标注在图 5-21 中，并用直线将它们两两连接起来，得到"以直代曲"的洛伦茨曲线 OY_3Y_5。其中，X_1、X_2、X_3、X_4 和 X_5 分别与表 5-5 中的五个"人口累计的百分比"数据相对应；Y_1、Y_2、Y_3、Y_4 和 Y_5 分别与表 5-5 中的五个"收入累计的百分比"数据相对应。只要我们用直线，分别把 X_1 与 Y_1、X_2 与 Y_2、X_3 与 Y_3、X_4 与 Y_4 和 X_5 与 Y_5 连接起来，就把洛伦茨曲线 OY_3Y_5 与横轴围起来的曲边三角形 OX_5Y_5（它相当于图 5-20 中 S_2 的面积）分割成一个三角形和四个梯形（其中一个梯形如图 5-21 中粗线围起来的下方的梯形）的面积，S_2 的面积用公式表示为：

---

① 夏征农，陈至立．辞海：第六版普及本．上海：上海辞书出版社，2010：833．希望更深入地学习基尼系数的同学，可以阅读卡米洛·达格姆．基尼比率//伊特韦尔，等．新帕尔格雷夫经济学大辞典：第二卷．3 版．北京：经济科学出版社，1996：568-571．

② 国家统计局国民经济核算司．中国国民经济核算知识问答．北京：中国统计出版社，2008：186．

$$S_2=\frac{1}{2}|OX_1||Y_1X_1|+\frac{1}{2}(|Y_1X_1|+|Y_2X_2|)\cdot|X_1X_2|$$
$$+\frac{1}{2}(|Y_2X_2|+|Y_3X_3|)\cdot|X_2X_3|+\frac{1}{2}(|Y_3X_3|+|Y_4X_4|)\cdot|X_3X_4|$$
$$+\frac{1}{2}(|Y_4X_4|+|Y_5X_5|)\cdot|X_4X_5|$$

由于 $|OX_1|=|X_1X_2|=|X_2X_3|=|X_3X_4|=|X_4X_5|=0.2$，$|Y_1X_1|=0.046$，$|Y_2X_2|=0.152$，$|Y_3X_3|=0.317$，$|Y_4X_4|=0.554$，$|Y_5X_5|=1$，因此有：

$$S_2=\frac{1}{2}\times0.046\times0.2+\frac{1}{2}\times(0.046+0.152)\times0.2+\frac{1}{2}\times(0.152+0.317)\times0.2$$
$$+\frac{1}{2}\times(0.317+0.554)\times0.2+\frac{1}{2}\times(0.554+1)\times0.2$$
$$=0.3138$$

将 $S_2=0.3138$ 代入（5-31）式，就得到 1989 年美国居民收入的基尼系数 $G=0.3724$。有学者把这种计算基尼系数的方法叫作三角形面积法①，或下梯形面积法②。

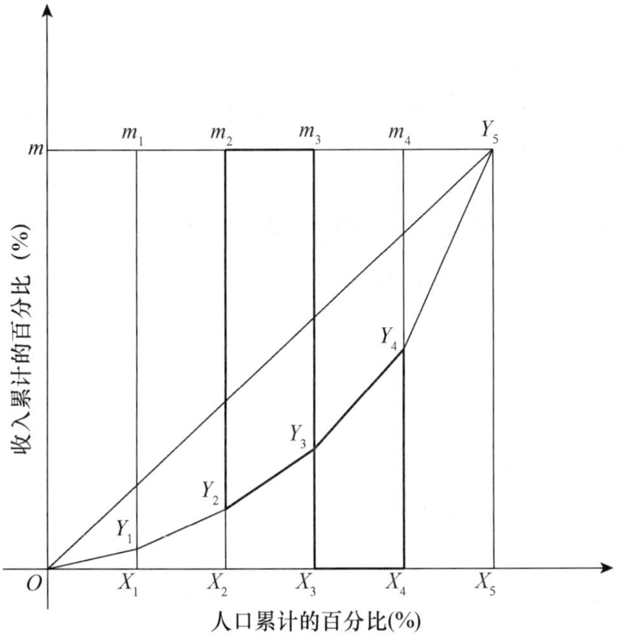

图 5-21　上、下梯形面积法

既然可以把洛伦茨曲线 OY_3Y_5 与横轴围起来的图形看成是曲边三角形，我们当然也可以把洛伦茨曲线 OY_3Y_5 与纵轴围起来图形看成是扇形。只要我们用直线分别把图 5-21 中 m_1 与 Y_1、m_2 与 Y_2、m_3 与 Y_3、m_4 与 Y_4 和 m_5 与 Y_5 连接，就相当于把扇形的面积分割成一个三角形和四个梯形（其中一个梯形如图 5-21 中粗线围起来的上方的梯形）的面积之和，并等于三角形 OmY_5 面积与（图 5-20 中 S_1 所表示的）不平等面积之和。因此，S_1 的面积用公式表示为：

① 何满喜．计算基尼系数的一种新算法．统计与决策，2005（10）：128.

② 徐万萍．基尼系数的算法．统计与决策，2004（9）：122.

$$S_1=\frac{1}{2}(|mO|+|m_1Y_1|)\cdot|mm_1|+\frac{1}{2}(|m_1Y_1|+|m_2Y_2|)\cdot|m_1m_2|$$
$$+\frac{1}{2}(|m_2Y_2|+|m_3Y_3|)\cdot|m_2m_3|+\frac{1}{2}(|m_3Y_3|+|m_4Y_4|)\cdot|m_3m_4|$$
$$+\frac{1}{2}|m_4Y_4|\cdot|m_4Y_5|-S_{\Delta mOY_5}$$
$$=\frac{1}{2}\times(1+0.954)\times0.2+\frac{1}{2}\times(0.954+0.848)\times0.2$$
$$+\frac{1}{2}\times(0.848+0.683)\times0.2+\frac{1}{2}\times(0.683+0.446)\times0.2$$
$$+\frac{1}{2}\times0.446\times0.2-\frac{1}{2}$$
$$=0.186\,2$$

将 $S_1=0.186\,2$ 代入（5-31）式，同样得到 1989 年美国居民收入的基尼系数 $G=0.372\,4$。有学者把这种计算基尼系数的方法叫作上梯形面积法。①

（3）矩形面积法。

我们还可以把洛伦茨曲线 OY_3Y_5 与纵轴围起来的扇形面积分割成五个矩形（如图 5-22 中粗线围起来的其中一个矩形）的面积之和，再减去五个（如三角形 $Y_3n_3Y_4$ 一样的）小三角形的面积之和，同样等于三角形 OmY_5 面积与（相当于图 5-20 中 S_1 表示的）不平等面积之和。因此，S_1 的面积用公式表示为：

$$S_1=|OX_1||X_1Y_1|-\frac{1}{2}|OX_1||Y_1X_1|+|OX_2||Y_2n_1|-\frac{1}{2}|Y_2n_1||X_1X_2|$$
$$+|OX_3||Y_3n_2|-\frac{1}{2}|X_2X_3||Y_3n_2|+|OX_4||Y_4n_3|-\frac{1}{2}|X_3X_4||Y_4n_3|$$
$$+|OX_5||Y_5n_4|-\frac{1}{2}|X_4X_5||Y_5n_4|-\frac{1}{2}S_{\Delta OmY_5}$$
$$=0.046\times0.2-\frac{1}{2}\times0.046\times0.2+(0.152-0.046)\times0.4$$
$$-\frac{1}{2}\times(0.152-0.046)\times0.2+(0.317-0.152)\times0.6$$
$$-\frac{1}{2}\times(0.317-0.152)\times0.2+(0.554-0.317)\times0.8$$
$$-\frac{1}{2}\times(0.554-0.317)\times0.2+(1-0.554)\times1$$
$$-\frac{1}{2}\times(1-0.554)\times0.2-\frac{1}{2}$$
$$=0.186\,2$$

将 $S_1=0.186\,2$ 代入（5-31）式，同样得到 1989 年美国居民收入的基尼系数 $G=0.372\,4$。有学者把这种计算基尼系数的方法叫作矩形面积法②，或简称矩形法③。

---

① 徐万萍．基尼系数的算法．统计与决策，2004（9）：121.

② 同①122.

③ 牛晓奇．基尼系数估算三种方法等价性的证明．信阳师范学院学报（自然科学版），2009（3）：367.

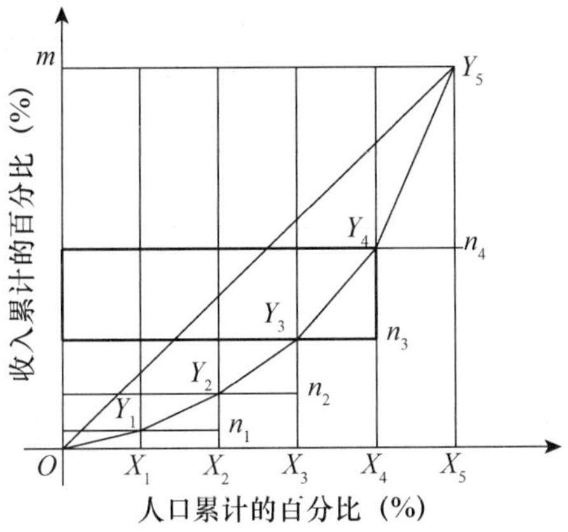

图 5－22　矩形面积法

梯形法或矩形法不仅是计算基尼系数的传统方法，也是目前国内外估算基尼系数的惯用方法。① 采用这两种方法计算基尼系数，我们不仅无须拟合出洛伦茨曲线，而且计算过程简便易行，计算结果完全相同。因此，即使在拟合出洛伦茨曲线的情况下，我们也可以把洛伦兹曲线分成若干段，每段用直线代替曲线弧，从而把图 5－20 转换成图 5－21 或图 5－22，采用梯形法或矩形法计算基尼系数。

3. 国家统计局计算基尼系数的三个公式②

这三个公式无须使用洛伦茨曲线，并分属于两种方法：

（1）不分组的计算方法，计算公式为：

$$G=\frac{2}{n}[nY_n+(n-1)Y_{n-1}+\cdots+2Y_2+Y_1]-\frac{n+1}{n} \tag{5-33}$$

其中 n 表示户数或人数（抽样调查的样本单位数）；Y_i 表示第 i 户或第 i 人的收入与 n 户总收入的比率；i 表示按收入由大到小排列的户。（5－33）式也可写成：

$$G=2\left[\sum\left(\frac{i}{n}\times\frac{X_i}{\sum X_i}\right)\right]-\frac{(n+1)}{n} \tag{5-34}$$

其中，X_i 表示收入累计的百分比。

只要我们把表 5－5 中“每组”的数据看成是“每户”的数据，分别代入（5－33）式与（5－34）式，就可以得到 1989 年美国的基尼系数：

$$G=\frac{2}{5}(0.046+2\times0.106+3\times0.165+4\times0.237+5\times0.446)-\frac{6}{5}=0.372\,4$$

$$G=2\left(\frac{1}{5}\times0.046+\frac{2}{5}\times0.106+\frac{3}{5}\times0.165+\frac{4}{5}\times0.237+\frac{5}{5}\times0.446\right)-\frac{6}{5}$$
$$=0.372\,4$$

（2）分组的计算方法，计算公式为：

$$G=\sum_{i=1}^{n}X_iY_i+2\sum_{i=1}^{n}X_i(1-V_i)-1 \tag{5-35}$$

---

① 牛晓奇，原新生．基尼系数估算的两种方法．河南科技大学学报（自然科学版），2010（6）：95.

② 国家统计局国民经济核算司．中国国民经济核算知识问答．北京：中国统计出版社，2008：186.

其中，X_i 表示各组人口占总人口的比重；Y_i 表示各组收入占总收入的比重；i 表示按收入由低到高顺序排列的组；n 表示按收入分组的总组数；V_i 表示各组累计收入比重。

我们把表 5－5 中的数据代入（5-35）式中，经过整理，就得到：

$$\begin{aligned} G &= 0.2\times(0.046+0.106+0.165+0.237+0.446) \\ &\quad +2\times0.2\times[(1-0.046)+(1-0.152)+(1-0.317)+(1-0.554)]-1 \\ &= 0.3724 \end{aligned}$$

第四节　完全竞争企业的长期均衡与行业长期供给曲线

一、完全竞争企业的长期均衡

完全竞争企业的长期均衡分析建立在长期成本函数的基础之上。在长期内，企业可以根据利润最大化原则对全部生产要素进行调整，具体方式表现为：（1）改变企业的生产规模或选择最优生产规模；（2）进入或退出某一行业，即选择生产的行业。所以，完全竞争企业的长期均衡类似于马克思的“部门之间的竞争”。正是企业长期生产的这一性质，使得企业的利润最大化条件、均衡和供给曲线都具有新的含义。

（一）完全竞争企业的长期利润最大化条件

1. 完全竞争企业长期面临的需求曲线

完全竞争市场条件使得企业在长期中仍然是价格的接受者，因此，它面临的需求曲线仍然是价格水平线，总收益、平均收益和边际收益与短期无异。

2. 完全竞争企业的长期利润最大化条件

完全竞争企业的长期利润最大化条件同样可以通过总量分析法和边际分析法获得。由于完全竞争企业在长期内可以改变一切投入要素，因此企业的成本曲线是长期成本曲线，企业利润最大化条件是：

$$P=MR=LMC=SMC \tag{5-36}$$

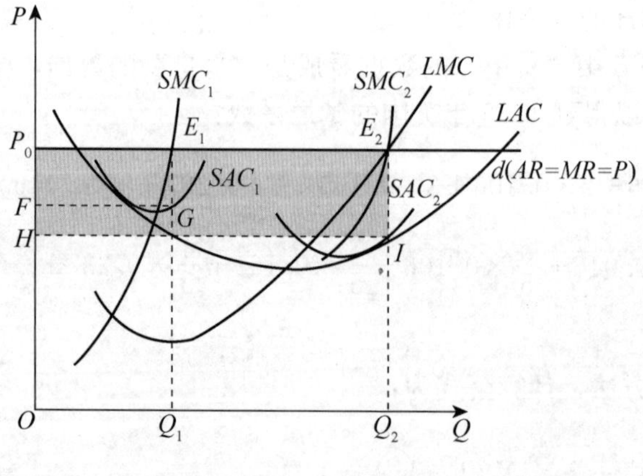

图 5－23　完全竞争企业对最优生产规模的选择

对于（5-36）式，需要说明的一点是，长期边际成本曲线上的每一点都有一条短期边际成本曲线与之相交，该交点所对应的短期平均成本曲线与长期平均成本曲线相切。因此，在长期中，完全竞争企业实现利润最大化的任何一个产量都对应着一个最优生产规模。例如，在图 5-23 中，当市场价格为 P_0 时，企业有两个生产规模可供选择，分别是 Q_1 与 Q_2，并且都能使企业盈利。但是，Q_1 只满足短期均衡，而 Q_2 将满足（5-36）式。因此，完全竞争企业的长期选择是最优生产规模的选择。①

（二）完全竞争企业的长期均衡

1. 完全竞争企业短期均衡的特点

（1）在短期内，完全竞争企业的利润最大化条件就是企业的均衡条件。

（2）企业的短期均衡有五种情况，其中包括盈利和亏损。造成这两个特征的原因是：在短期内，在位企业不可以退出和潜在企业不可以进入该行业，企业的个数是固定的。

（3）在分析企业的短期均衡时，我们无须知道市场均衡价格是如何确定的，只需要知道完全竞争企业是市场均衡价格的接受者就可以了。②

2. 完全竞争企业长期均衡的特点

（1）在长期内，企业实现利润最大化的条件并不是长期均衡的条件。例如，在图 5-23 中，当市场价格为 P_0 时，企业选择 Q_2，虽然满足长期利润最大化条件，但没有实现长期均衡。这是因为，图 5-23 表明，该行业处于盈利状态，“利润是投资的机会成本的净值，正的利润就意味着投资的不寻常的高收益，高收益会诱使投资者从其他行业退出而把资源投入该行业——进入该市场”③。

（2）在完全竞争市场上，当一个企业处于长期均衡时，意味着既没有企业调整它的生产规模，也没有企业愿意进入或退出该行业的情况，即企业的需求曲线与长期和短期平均成本的最低点 $e(P_E, Q_{ie})$ 相切，见图 5-24。

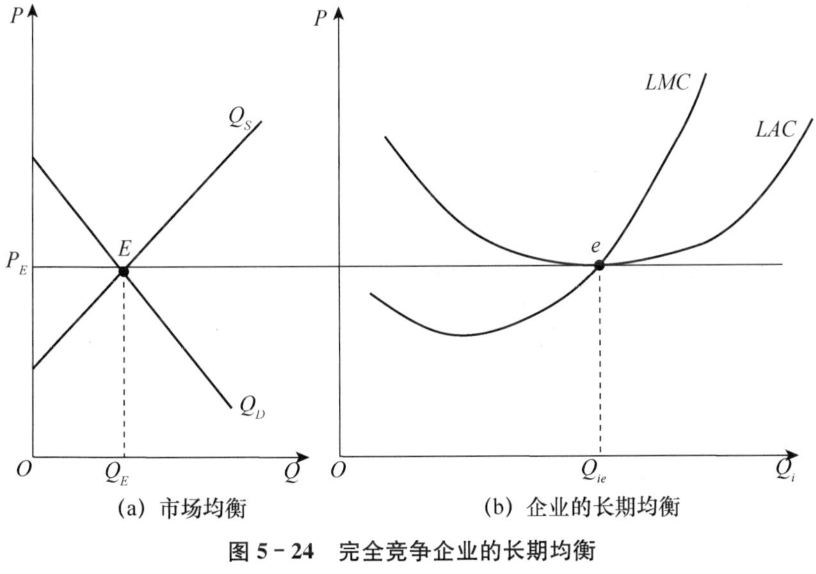

(a) 市场均衡　　(b) 企业的长期均衡

图 5-24　完全竞争企业的长期均衡

---

① 由于无论是在短期还是长期，横轴都表示产量，因此，我们容易忽视二者之间企业选择的含义。在短期内，企业不能改变生产规模，只能改变可变投入，这就决定了（5-6）式是规模既定下的产量选择原则；在长期内，企业可以改变生产规模，这就决定了（5-36）式是规模选择原则。

② 从另一方面讲，我们要先知道企业的短期均衡条件，才能获得企业/市场的短期供给曲线，否则，会给人以循环论证的假象。

③ 罗伯特·S. 平狄克，丹尼尔·L. 鲁宾费尔德. 微观经济学：第四版. 北京：中国人民大学出版社，2000：236.

(3) 在分析完全竞争市场的长期均衡时，我们需要知道市场均衡价格的决定与变动，因为企业的进入或退出将导致市场短期供给曲线的移动。

因此，完全竞争企业长期均衡的条件是：

$$P=MR=LAC=LMC=SAC=SMC \tag{5-37}$$

3. 完全竞争企业的长期均衡条件

根据（5-37）式和图5-24，得到的完全竞争企业长期均衡条件包括：

(1) 完全竞争企业长期均衡条件包含了企业利润最大化条件，即（5-37）式中的$P=MR=LMC=SMC$，它就是（5-36）式。

(2) 完全竞争企业长期均衡条件包含了企业经济利润等于零的条件，即（5-37）式中的$P=LMC=LAC=SMC=SAC$。其中，$LMC=LAC$，意味着长期边际成本交于长期平均成本的最低点；$SMC=SAC$，意味着短期边际成本交于短期平均成本的最低点；$P=LMC=LAC=SMC=SAC$，意味着企业面临的需求曲线与长期平均成本和短期平均成本的最低点相切，经济利润等于零。因此，在位企业不会退出该行业，其他企业也不会进入该行业。

(3) 完全竞争企业长期均衡条件包含了市场均衡条件，因为产品价格是供给量与消费者需求量相等时的价格，用公式表示为：

$$Q_D=Q_S \tag{2-11}$$

如果说上述三个条件是完全竞争企业实现长期均衡的条件①，那么，接下来对（5-37）的进一步说明则包含了完全竞争市场的效率分析。

4. 完全竞争企业长期均衡条件的含义

(1) $LAC=LMC=SAC=SMC$。其中，$LAC=LMC$，长期边际成本交于长期平均成本的最低点，表明生产规模达到了最优；而$SAC=SMC$，短期边际成本交于短期平均成本的最低点，表明可变生产要素的使用达到最优。

(2) $P=MR=LAC=LMC=SAC=SMC$，表明产品价格最低，此时，产品的供给价格（资源的边际机会成本）等于需求价格（产品的边际价值）②，资源配置富有经济效率。

(3) 根据我们在第四讲的假定：企业在长期内只使用两种要素K与L，企业的长期总成本函数为（4-16）式，即$C=wL+rK$。企业的长期平均成本则可以表示为：

$$LAC=\frac{C}{Q_i}=\frac{wL+rK}{Q_i} \tag{5-38}$$

将（5-38）式代入（5-37）式，得到$P=LAC=\frac{C}{Q_i}=\frac{wL+rK}{Q_i}$，经过变形，得到：

---

① “当满足以下三个条件时，实现长期均衡。第一，行业中的厂商都达到利润最大化；第二，因为所有厂商的经济利润为零，没有哪个厂商有动力进入或退出该行业；第三，产品的价格是供给量与消费者需求量相等时的价格。”罗伯特·S. 平狄克，丹尼尔·L. 鲁宾费尔德. 微观经济学：第四版. 北京：中国人民大学出版社，2000：236.

② 正如我们在消费者行为理论中所知道的，“市场价格反映了各种物品和劳务的相对经济价值。也就是说，不同物品的相对价格反映消费者认为他们消费这些物品的最后（或边际）单位的价值有多大。因此选择市场价值作为不同物品的权数不是任意的：从原则上说，这些权数反映了消费者从每种物品上得到的相对满足程度”。保罗·A. 萨缪尔森，威廉·D. 诺德豪斯. 经济学：上册：第12版. 北京：中国发展出版社，1992：175.

$$PQ_i = wL + rK \tag{5-39}$$

（5-39）式的左边是企业的销售收入，右边是企业的销售收入在所有生产要素之间的分配。（5-39）式说明：如果每种投入要素都按其边际产出获得报酬，那么，每种投入要素获得分配份额之和恰好等于总产出，或者说，经济利润等于零。这就是所谓的**欧拉定理**（Euler theorem）。

（4）完全竞争企业的长期利润等于零，但仍然有企业进入或退出一个行业（即仍然存在部门之间的竞争）。"答案在于实现长期均衡需要很长时间，而在短期内有相当的利润或亏损。先进入某一有利润的行业的厂商比后进入的厂商可为它的投资者赚取更多的利润。类似地，先退出某一无利润可赚的行业的厂商可为它的投资者节约更多资金。因此，长期均衡的概念告诉我们厂商可能采取的行动。最终利润为零的观点，即长期均衡，不会使经理人员泄气，因为他的收益依赖于他所获得的短期利润。"①

（5）前面关于完全竞争企业长期均衡的分析建立在同一行业的所有企业都具有相同成本函数的基础之上。现在假设行业中有一家企业因为拥有一种特殊生产要素，使它的平均成本低于其他企业，其结果是该企业的会计利润大于零，但它的经济利润仍然等于零。因为正的会计利润构成了这种特殊生产要素的经济租金（也可以把它看成是完全竞争企业的**长期生产者剩余**），从机会成本的角度看，它仍然是企业生产成本的一部分。②

（6）根据完全竞争企业长期均衡的条件，我们发现企业的长期均衡只有一个点，即零经济利润对应的产量和价格，因此，不存在企业的长期供给曲线。市场的均衡产量与企业长期均衡的产量之间的关系，可用公式表示为：

$$Q = \sum_{i=1}^{n} Q_i \tag{5-40}$$

其中，Q 表示市场的均衡供求数量，Q_i 表示第 i 家企业实现长期均衡时的产量。根据（5-40）式，就可以得到完全竞争市场实现长期均衡时的企业数量。

5. 完全竞争企业没有长期供给曲线

我们能像短期行业供给曲线一样通过水平加总企业的短期供给曲线获得长期供给曲线吗？回答是否定的，原因在于③：

（1）根据完全竞争企业长期均衡的条件，企业实现长期均衡时只存在一个数量与价格的有序偶（表现为坐标中的一个点），而不存在数量与价格的一个有序偶集合（表现为坐标中的一条线）。因此，不存在企业的长期供给曲线。

（2）之所以能通过水平加总企业的短期供给曲线得到行业的短期供给曲线，原因在于，①在短期内，企业不能进入或退出一个行业，因此，一个行业的企业数量在短期内是固定的，这个条件在长期内不成立；②在短期内，假定企业改变可变投入要素，不会影响到它的价格，因此，完全竞争企业短期供给曲线的位置不会因为要素价格的改变而移动，该条件在长期内也不成立。

---

① 罗伯特·S. 平狄克，丹尼尔·L. 鲁宾费尔德. 微观经济学：第四版. 北京：中国人民大学出版社，2000：236-237.

② 同①237.

③ 高鸿业. 西方经济学（微观部分·第七版）. 北京：中国人民大学出版社，2018：167.

二、完全竞争行业的长期供给曲线

既然完全竞争企业没有长期供给曲线，那么，我们将如何获得完全竞争行业或市场的长期供给曲线呢？下面，我们就来回答这个问题。

（一）成本不变行业的长期供给曲线

1. 成本不变行业

成本不变行业是指产量变化所引起生产要素需求的变化不会影响到生产要素价格变化的行业。

2. 成本不变行业长期供给曲线的推导

根据图 5－25，我们可以把成本不变行业的长期供给曲线的推导步骤总结如下：

第一步：假设市场需求曲线 D_1 和市场短期供给曲线 SS_1 的交点 A 所决定的市场均衡价格为 P_1，均衡产量为 Q_1。在价格为 P_1 时，完全竞争企业在 LAC 曲线的最低点 E 实现长期均衡，每家企业的经济利润均等于零。由于行业内不再有企业进入或退出，因此 A 点为行业的长期均衡点，此时，代表性企业 i 的均衡产量为 Q_{i1}，行业均衡产量为 Q_1，且有 $Q_1=\sum_{i=1}^{n}Q_{i1}$。假设所有的企业完全相同，该行业的企业数量 $n=Q_1/Q_{i1}$。

第二步：假设外生变量变化使市场需求曲线移动到 D_2，并与 SS_1 形成新的市场价格 P_2，企业在短期内将沿着代表既定生产规模的 SMC 曲线把产量扩张到 Q_{i2}，并获得经济利润。

第三步：在位企业获得经济利润将刺激新企业进入，导致行业供给增加，这将带来两方面的影响：一是增加对生产要素的需求，导致生产要素价格的变动，从而导致企业成本曲线位置的变动；二是导致行业供给曲线位置的移动。由于在成本不变行业中，产量变化所引起生产要素需求的变化不会影响到生产要素价格的变化，因此，行业供给的增加不会导致企业成本曲线位置的变动，只会导致行业供给曲线移动到 SS_2，使市场均衡价格回到 P_1。此时，企业的长期均衡回到 LAC 曲线的最低点 E，企业产量回落到 Q_{i1}，市场均衡产量增加到 Q_3，并且，$Q_3=\sum_{i=1}^{m}Q_{i1}$。如果所有的企业完全相同，该行业的企业数量 $m=Q_3/Q_{i1}$。由于 $Q_3>Q_1$，企业的长期均衡产量仍然是 Q_{i1}。因此，$m>n$，说明市场均衡产量的增加部分将由新加入的企业提供。

第四步：由于假定生产要素需求的变动不会影响到生产要素的价格，所以，企业长期调整的结果不会影响到企业的长期平均成本，只会影响市场供给曲线的移动，形成新的均衡点 B。通过连接行业的长期均衡点 A 和 B，便得到成本不变行业的长期供给曲线 LS。

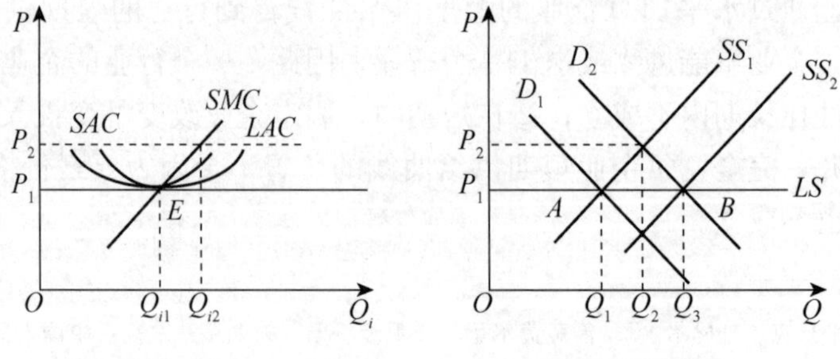

图 5－25　成本不变行业的长期供给曲线

3. 成本不变行业的长期供给曲线

成本不变行业的长期供给曲线是一条水平线。它表示成本不变的行业是在不变的均衡价格水平上提供产量，该均衡价格水平等于企业的不变的长期平均成本的最低点。市场需求变化会引起行业长期均衡产量的同方向变化，但长期均衡价格不会发生变化。

（二）成本递增行业的长期供给曲线

1. 成本递增行业

成本递增行业是指产量变化所引起生产要素需求的增加将导致生产要素价格提高的行业。

2. 成本递增行业的长期供给曲线的推导

根据图 5-26，我们可以把成本递增行业长期供给曲线的推导步骤总结如下：

第一步：假设市场需求曲线 D_1 和市场短期供给曲线 SS_1 的交点 A 所决定的市场均衡价格为 P_1，均衡产量为 Q_1。在价格为 P_1 时，完全竞争企业在 LAC_1 曲线的最低点 E_1 实现长期均衡，每家企业的经济利润均等于零。由于行业内不再有企业进入或退出，因此 A 点为行业的长期均衡点，此时，代表性企业 i 的均衡产量为 Q_{i1}，行业均衡产量为 Q_1，且有 $Q_1=\sum_{i=1}^{n}Q_{i1}$。假设所有的企业完全相同，该行业的企业数量 $n=Q_1/Q_{i1}$。

第二步：假设外生变量变化使市场需求曲线移动到 D_2，并与 SS_1 形成新的市场价格为 P_3（在图中没有标出），企业在短期内将沿着代表既定生产规模的 SMC_1 曲线把产量扩张到 Q_{i3}（在图中同样没有标出），并获得经济利润。

第三步：在位企业获得经济利润将刺激新企业进入，导致行业供给增加，这将带来两方面的影响：一是增加对生产要素的需求，在成本递增行业中，将导致要素价格上升，从而引起企业的长期平均成本曲线和短期边际成本曲线都向左上方移动且分别移动到 LAC_2 与 $SMC_2$①；二是导致行业供给曲线移动到 SS_2，与 D_2 形成新的市场均衡点 B，它对应的市场均衡产量是 Q_2，市场均衡价格是 P_2，完全竞争企业的长期均衡点为 E_2，企业的均衡产量下降到 Q_{i2}。由于新的市场均衡产量 $Q_2>Q_1$，新的企业均衡产量 $Q_{i2}<Q_{i1}$，这说明企业规模下降了，但企业数量增加了。

第四步：由于假定生产要素需求的增加将提高生产要素的价格，所以，企业长期调整的结果不仅使长期平均成本上升，同时也导致市场供给曲线向右移动，形成新的均衡点 B。通过连接行业的长期均衡点 A 和 B，便得到成本递增行业的长期供给曲线 LS。

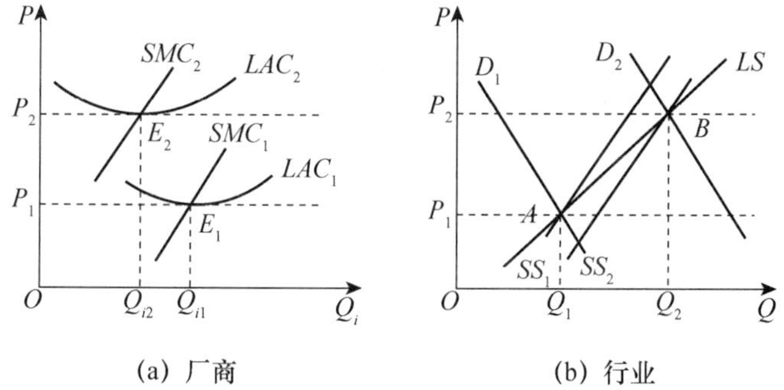

图 5-26 成本递增行业的长期供给曲线

① 这里实际上涉及金融外部性的概念，我们将在第九讲进行讨论。

3. 成本递增行业的长期供给曲线的简介

成本递增行业的长期供给曲线是一条向右上方倾斜的曲线。它表示在长期内，行业的产品的价格和供给量呈同方向变动关系。市场需求变化不仅会引起行业长期均衡产量的同方向变动，同时还会引起长期均衡价格的同方向变动。

（三）成本递减行业的长期供给曲线

1. 成本递减行业

成本递减行业是指产量变化所引起生产要素需求的增加反而导致生产要素价格下降的行业。

2. 成本递减行业的长期供给曲线的推导

根据图 5－27，我们可以把成本递减行业的长期供给曲线的推导步骤总结如下：

第一步：假设市场需求曲线 D_1 和市场短期供给曲线 SS_1 的交点 A 所决定的市场均衡价格为 P_1，均衡产量为 Q_1。在价格为 P_1 时，完全竞争企业在 LAC_1 曲线的最低点 E_1 实现长期均衡，每家企业的经济利润均等于零。由于行业内不再有企业进入或退出，因此 A 点为行业的长期均衡点。此时，代表性企业 i 的均衡产量为 Q_{i1}，行业均衡产量为 Q_1，且有 $Q_1 = \sum_{i=1}^{n} Q_{i1}$ 。假设所有的企业完全相同，该行业的企业数量 $n = Q_1 / Q_{i1}$。

第二步：假设外生变量变化使市场需求曲线移动到 D_2，并与 SS_1 形成新的市场价格为 P_3（在图中没有标出），企业在短期内将沿着代表既定生产规模的 SMC_1 曲线把产量扩张到 Q_{i3}（在图中同样没有标出），并获得经济利润。

第三步：在位企业获得经济利润将刺激新企业进入，导致行业供给增加，这将带来两方面的影响：一是增加对生产要素的需求，在成本递减行业中，将导致要素价格下降，从而引起企业的长期平均成本曲线和短期边际成本曲线都向右下方移动且分别移动到 LAC_2 与 $SMC_2$①；二是导致行业供给曲线移动到 SS_2，与 D_2 形成新的市场均衡点 B，它对应的市场均衡产量是 Q_2，市场均衡价格是 P_2，完全竞争企业的长期均衡点为 E_2，企业的均衡产量增加到 Q_{i2}。由于新的市场均衡产量 $Q_2 > Q_1$，新的企业均衡产量 $Q_{i2} > Q_{i1}$，这说明企业规模扩大了，市场或行业均衡产量也增加了，但我们无法判断企业数量是否增加了。

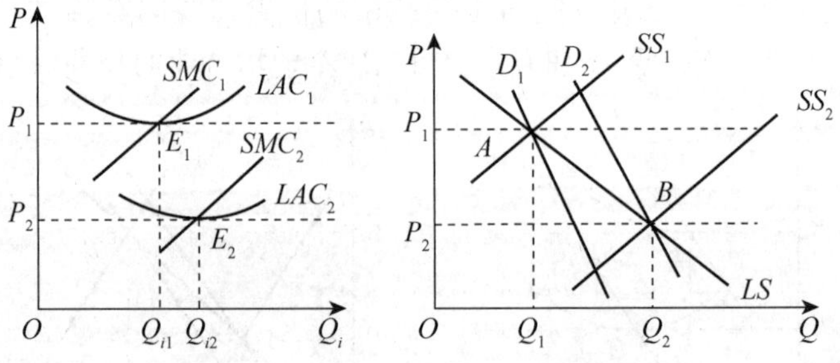

(a) 厂商　　(b) 行业

图 5－27　成本递减行业的长期供给曲线

第四步：由于假定生产要素需求的增加将降低生产要素的价格，所以，企业长期调整的结果不仅使长期平均成本下降，同时也导致市场供给曲线向右移动，形成新的

① 这里实际上涉及金融外部性的概念，我们将在第九讲进行讨论。

均衡点 B。通过连接行业的长期均衡点 A 和 B，便得到成本递减行业的长期供给曲线 LS。

3. 成本递减行业的长期供给曲线的简介

成本递减行业的长期供给曲线是一条向右下方倾斜的曲线。它表示在长期内，行业的产品的价格和供给量呈反方向变动关系。市场需求的增加将引起行业长期均衡产量的同方向变动，引起长期均衡价格的反方向变动。

三、对供求模型的一个简单总结

现在，我们可以借助图 5-28，对所学习过的主要内容进行一个简要的总结。

（1）微观经济学作为一种研究方法，对社会现象做个人经济理性行为的解读，已经渗透到其他社会科学领域，尤其是政治学、法学和社会学。但是，它的传统研究领域依然是市场经济的运行机制，或称市场机制。

（2）在所有描述市场机制的模型中，我们在第二讲学习的“供给和需求的基本模型［即图 5-28（c）］是微观经济学中广为应用的‘马匹’，它帮助我们理解价格变动的原因和方式，以及政府干预某个市场可能产生的结果”①。难怪有人嘲笑说：“你甚至可以使鹦鹉成为一个博学的政治经济学家——它所必须学的是‘供给’与‘需求’这两个名词。”②但是，经济学家们并没有因为有人嘲笑就放弃他们的研究工作，而是认识到“供给-需求模型包含了两个重要的概念：供给曲线和需求曲线。需要指出的一点是，准确地理解这些曲线的含义是非常重要的”③。经过自 19 世纪 70 年代边际革命以来一百多年的努力，微观经济学已经“准确地理解这些曲线的含义”。

（3）在第三讲，我们在确定性情况下刻画了消费者的理性选择行为，它表现为消费者在预算约束条件下追求个人效用最大化的行为。图 5-28（a）与图 5-28（b）中消费者甲与乙的需求曲线，正是消费者在预算约束条件下追求个人效用最大化的行为；市场需求曲线只不过是消费者甲与乙个人需求曲线的水平加总而已。

（4）在第四讲，我们研究了企业性质，指出企业实现利润最大化目标将面临三个方面的约束：技术、要素价格与产品价格。为此，我们分析了企业技术选择上的理性行为，表现为生产函数（即最小的要素投入量与最大的产出量之间的对应关系）；分析了企业最优生产要素组合选择上的理性行为，表现为成本函数（最小的货币投入与最大的产出量之间的关系）。本讲分析了企业产量和规模选择上的理性行为，表现为供给函数（最小的货币投入与最大的货币收入之间的关系），见图 5-28（d）与图 5-28（e）。在完全竞争企业短期供给曲线的背后，隐藏着企业在技术、要素价格和市场价格约束下追求利润最大化的行为；完全竞争市场/行业的短期供给曲线只不过是完全竞争企业短期供给曲线的水平加总而已；完全竞争企业在长期内不存在供给曲线，完全竞争市场/行业的长期供给曲线只是完全竞争市场短期均衡点的轨迹。

（5）在原子似的完全竞争市场中，市场的供求曲线虽然是消费者个人需求曲线与企业

① 罗伯特·S. 平狄克，丹尼尔·L. 鲁宾费尔德. 微观经济学：第六版. 北京：中国人民大学出版社，2006：23.

② 萨缪尔森. 经济学：上册. 北京：商务印书馆，1986：83.

③ 同①.

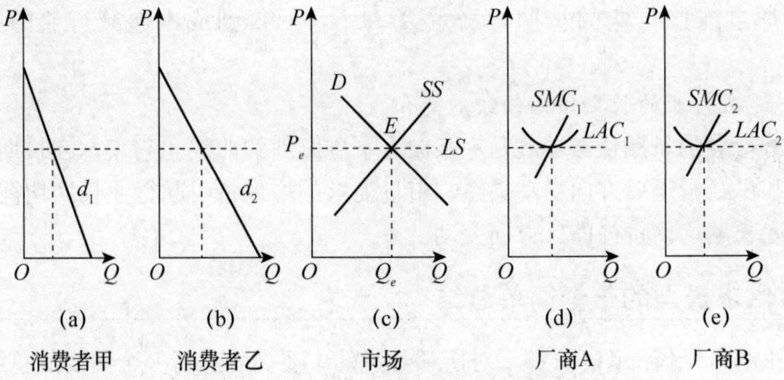

图 5-28　完全竞争市场均衡的综合图

个人供给曲线各自的水平加总，但是，单个的供求行为不会影响到市场的供求状况。相反，市场的供求状况（即市场机制）却会影响到单个的供求行为，它将使消费者在预算约束下实现效用最大化，生产者在技术、要素价格和产品价格约束下实现利润最大化，市场实现出清，社会剩余达到最大。这就是亚当·斯密的“看不见的手”的原理。对于这一原理，英国著名的散文家和历史学家托马斯·卡莱尔评价说：“这种社会科学——不是一门快乐的科学，而是令人懊恼的——在‘供给和需求’中发现了宇宙的奥秘，将人类的统治者的职责降低为让人们自行其是，真是再好不过了。”①

四、典型题解

下面我们将考察武汉大学 2004 年的一道考研题。

假设某产品的市场需求函数为 $Q_d=a-bP$，供给函数为 $Q_s=c+dP$。假定就该商品对厂商或销售方征收从量税，单位商品税收为 T。税收导致的无谓损失是多少？

解题技巧

1. 着力挖掘“已知条件”和“求解目标”

本题是第二讲典型题解的继续。

本题的求解目标是计算哈伯格三角形 ABE 的面积。

本题的已知条件是从量税 T，即第二讲典型题解（1）中求解出来的征税前后的均衡数量之间的差额。

2. 努力寻找解题规则

本题的解题规则是无谓损失的含义和计算方法。

解答：根据第二讲典型题解（1）的计算结果，没有税收的均衡产量 $Q_E=\dfrac{cb+ad}{b+d}$，有税收的均衡产量 $Q'_E=\dfrac{bc+ad-bdT}{b+d}$，税收导致的无谓损失是哈伯格三角形 ABE 的面积，它等于：

$$\frac{1}{2}(Q_E-Q'_E)T=\frac{1}{2}\left(\frac{cb+ad}{b+d}-\frac{bc+ad-bdT}{b+d}\right)T=\frac{bdT^2}{2(b+d)}$$

① 马克·斯考森. 现代经济学的历程. 长春：长春出版社，2006：80.

第六讲

一般均衡论和福利经济学

学习目的

在第五讲第三节，我们运用需求曲线和供给曲线、需求价格曲线和供给价格曲线，讨论了完全竞争市场的实证含义和规范含义。在这一讲，我们只是换一种表述方法，即采用埃奇渥斯盒状图，重新阐述我们在第五讲第二节提出的完全竞争市场的实证含义和规范含义。如果说这一讲有什么新的结论的话，那就是福利经济学的第三基本定理——阿罗定理。因此，这一讲我只为大家介绍两个内容：

1. 一般均衡和帕累托效率的含义；
2. 在纯交换经济中讨论福利经济学的第一、第二、第三基本定理。

第一节　一般均衡和帕累托最优

一、一般均衡

在概念上学习一般均衡的最好方法是将它与局部均衡做一个对比，见表 6-1。

表 6-1　一般均衡与局部均衡

	局部均衡	一般均衡
特征	只考虑一个市场均衡价格和数量的决定，因而不考虑反馈效应	同时考虑所有市场均衡价格和数量的决定，因而考虑反馈效应
	反馈效应是由相关市场的价格和数量调整导致的某一市场的价格或数量调整①	
存在性问题	在所考虑的市场中，是否存在这样一个价格，它能使（1）每个消费者都在自有要素（决定的预算）约束下实现效用最大化；（2）每个企业都在技术和市场价格约束下实现利润最大化；（3）这个产品市场或要素市场的需求都等于供给。如果市场中存在这样一个价格，那么所考虑的市场存在局部均衡，这个价格就是**局部均衡价格**	在所考虑的市场中，是否存在这样一组价格，它能使（1）每个消费者都在自有要素（决定的预算）约束下实现效用最大化；（2）每个企业都在技术和市场价格约束下实现利润最大化；（3）每个产品市场和要素市场的需求都等于供给。如果市场中存在这样一组价格，那么所考虑的市场存在一般均衡，而这组价格就是**一般均衡价格**②
实现过程	由于我们考虑的是完全竞争市场，消费者和生产者都是价格的接受者，因此，无论是一般均衡还是局部均衡，都要通过一个假想的瓦尔拉斯“拍卖人”来实现	
目的	“市场经济是建筑在‘各自为己’的基础上的，每个消费者都追求自己的需要和欲望，每个企业都追求各自的利润。问题是，在这样一个为各自私利而设计的经济制度里，有没有一种稳定的状态呢？或者说，这样的经济制度会不会造成我夺你抢的混乱动荡的局面呢？”③	

（一）反馈效应

我们可以通过图 6-1 来说明**反馈效应**（feedback effect）导致的局部均衡与一般均衡的区别。为此，假设全社会只有四种产品市场：原油市场、煤市场、汽油市场和汽车市场，它们的初始供求曲线分别是 S 与 D，对应的四个初始均衡产量都是 Q_0，四个初始均衡价格都是 P_0。

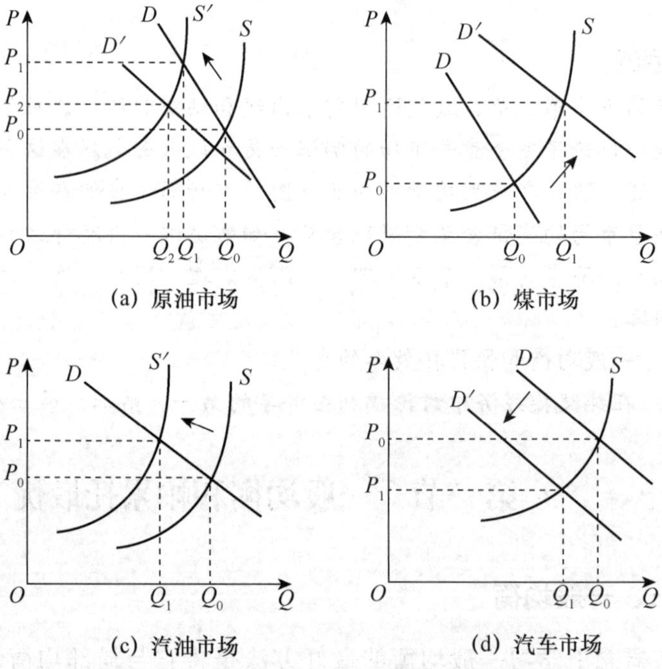

(a) 原油市场　　(b) 煤市场

(c) 汽油市场　　(d) 汽车市场

图 6-1　反馈效应、局部均衡与一般均衡

① 罗伯特·S. 平狄克，丹尼尔·L. 鲁宾费尔德. 微观经济学：第四版. 北京：中国人民大学出版社，2000：502.

②③ 周惠中. 微观经济学. 上海：上海人民出版社，1999：220.

让我们从图 6－1（a）开始考察：

假设原油供给由于某种非价格因素的影响而减少，在图 6－1（a）中表现为供给曲线 S 向左边移动到 S'。根据局部均衡分析，不考虑反馈效应，S'与 D 的交点就是新的市场均衡点，它对应的均衡产量是 Q_1，均衡价格是 P_1。

但是，当我们从局部均衡分析进入一般均衡分析以后，就需要考虑到反馈效应了。例如，原油价格的上涨将导致汽油生产成本上涨，从而导致汽油市场供给减少，表现在图 6－1（c）中，汽油供给曲线从 S 向左边移动到 S'，与 D 的交点决定的均衡产量是 Q_1，均衡价格是 P_1。

由于汽油和汽车是互补品，汽油价格上涨将导致汽车需求减少，表现在图 6－1（d）中，汽车需求曲线从 D 向左移动到 D'，与 S 的交点对应的均衡产量是 Q_1，均衡价格是 P_1。

另外，由于原油和煤是家庭取暖的替代品，因此，原油价格上涨将导致煤的需求增加，表现在图 6－1（b）中，煤的需求曲线从 D 向右移动到 D'，与 S 的交点对应的均衡产量是 Q_1，均衡价格是 P_1。

到此为止，我们还只是考虑了原油供给减少的连锁反应，没有考虑其他市场价格和数量调整对原油市场的反馈效应。例如，汽油和煤的价格上升、汽车的需求减少，都可能导致原油需求减少，表现在图 6－1（a）中需求曲线从 D 向左移动到 D'，与 S'的交点对应的均衡产量是 Q_2，均衡价格是 P_2。这又将对汽油市场、煤市场和汽车市场形成连锁反应，后者的价格和数量变化又对原油市场形成反馈效应，这个过程将一直进行下去，直到所有市场同时实现均衡，即一般均衡。

（二）均衡的存在性问题

1. 局部均衡的存在性问题

我们可以通过图 6－2（即图 2－8）来说明局部均衡的存在性问题。通过第三讲的学习我们知道，需求曲线上的每一点都是消费者在预算约束下的效用最大化点；通过第四、五讲的学习，我们知道，供给曲线上的每一点都是企业在技术和市场约束下的利润最大化点；通过第二讲的学习我们知道，价格的伸缩性将保证市场实现出清，即这个市场的需求等于供给。因此，在图 6－2 中，E 点是均衡点，P_E 是均衡价格，Q_E 是均衡产量。

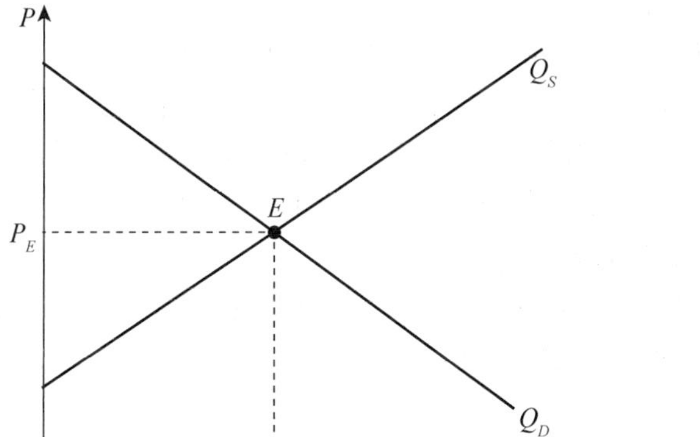

图 6－2　均衡价格与均衡产量

我们在讲课过程中习惯上讲供过于求，企业之间的竞争就会导致降价，反之消费者之间的竞争就会导致提价。实际上这种说法是不正确的。这是因为，在完全竞争市场上，我们假定单个企业和家庭都是价格的接受者。因此，为了保持逻辑的一致性，无论是局部均衡还是一般均衡，其实现过程都需要假设一个瓦尔拉斯"拍卖人"，他的任务是寻找并确定能使市场供求一致的均衡价格。他寻找均衡价格的方法如下：首先，他随意报出一个价格，家庭和企业根据这个价格申报自己的需求和供给。如果市场供求一致，则他就将这个价格固定下来，家庭和企业就在这个价格上成交；如果不一致，则家庭和企业可以抽回自己的申报，而不必在错误的价格上进行交易。拍卖人则修正自己的价格，报出另一个价格。改变价格的具体做法是：当市场供大于求时，就提高价格，反之则降低价格。如果新报出的价格仍然不是均衡价格，则重复上述过程，直到找到均衡价格为止。这就是实现局部均衡和一般均衡的"试探过程"。

只要我们在图 6-2 中结合需求价格曲线和供给价格曲线，就可以得到社会剩余和经济效率等概念，讨论局部均衡与经济效率之间的关系，就构成了旧福利经济学的内容，其目的是为市场经济提供意识形态的支持。

2. 一般均衡的存在性问题

一般均衡的存在性问题，我们将在第二节进行说明。

二、帕累托最优

帕累托最优是福利经济学评价市场机制和政府政策的一种重要标准，它背后隐藏的社会价值判断标准（或者说道德原则）通常为我们所忽略。下面，我们就通过一个二人社会来说明这些价值标准。

（一）假设条件

（1）假设整个社会只有两个人：鲁滨逊（R）和星期五（F）。

（2）假设只有两种可能的资源配置状态 A 和 B。

（3）假设**一个人的偏好类型不受限制**[①]，结合（1）、（2）两个假设，这意味着：

鲁滨逊对 A 和 B 两种资源配置状态的偏好类型可以是：$A>B$（A 优于 B），或者 $A=B$（A 无差异于 B），或者 $A<B$（A 劣于 B）。

星期五对 A 和 B 两种资源配置状态的偏好类型可以是：$A>'B$（A 优于 B），或者 $A='B$（A 无差异于 B），或者 $A<'B$（A 劣于 B）。

（4）**非独裁性**：社会偏好不以一个人的偏好类型来决定。[②]

在上述四个假设中，（3）、（4）两个假设已经不是简单的假设了，它们分别代表着一种社会价值标准：自由选择和民主决策，与第一讲讨论功利主义的两个基本假设一致。

现在的问题是：我们能根据鲁滨逊和星期五的个人偏好"合成"社会偏好吗？

（二）社会偏好的合成规则

由于一个人有三种可能的偏好，二人社会就有 9 种可能的偏好组合、三种可能的组合类型（见表 6-2）。下面，我们依次来讨论如何依据不同的规则合成社会偏好。

1. 一致同意规则

一致同意规则是指一项集体行动方案只有在所有参与者都认可的情况下才能实施。显然，这一规则只适合于表 6-2 中的第一种偏好组合类型。换言之，我们依据一致同意规

---

① 在我们分析阿罗定理时，这个假定叫作定义域不受限制。

② 当我们的讨论扩大到五人以上时，非独裁性意味着社会偏好不以一个人或少数人的偏好类型来决定。

表 6-2　　二人社会中个人偏好的 9 种情况

偏好组合	鲁滨逊的偏好	星期五的偏好	组合类型	社会偏好
1	$A \succ B$	$A \succ' B$	完全一致	A
2	$A = B$	$A =' B$		A 与 B 无差异
3	$A \prec B$	$A \prec' B$		B
4	$A = B$	$A \succ' B$	基本一致	A
5	$A = B$	$A \prec' B$		B
6	$A \prec B$	$A =' B$		B
7	$A \succ B$	$A =' B$		A
8	$A \prec B$	$A \succ' B$	完全相反	—
9	$A \succ B$	$A \prec' B$		—

则，可以从第一种偏好组合类型获得社会偏好。

2. 帕累托标准

对于第二种偏好组合类型，我们就不能采取一致同意规则了。因为其中总有一个人对于选择 A 或 B 无差异。为此，我们需要引入另一个社会偏好的合成规则，那就是**帕累托最优状态标准**，简称**帕累托标准**（Pareto criterion），即如果至少有一个人认为 A 优于 B，而没有人认为 A 劣于 B，则认为从社会的观点看亦有 A 优于 B。

帕累托标准是一个社会价值判断标准，它意味着“由那些对此表示关心的人们来决定社会的偏好”①。当然，我们也可以说，帕累托标准符合功利原则：“一个行动是道德的，当且仅当，在各种可供选择的行动中，它能够最大限度地增加大众幸福。”②

对于第三种偏好组合类型，我们还需要添加一个条件，才能从个人偏好“合成”社会偏好。这个条件就是基数效用：个人偏好可以计量和进行比较。

旧福利经济学建立在基数效用的基础上，新福利经济学建立在序数效用的基础上。第五讲第二节、第七讲和第九讲关于市场成功和市场失灵的讨论，属于旧福利经济学；本讲属于新福利经济学，因此，无法依据自由选择、民主决策和帕累托标准，从第三种偏好组合类型“合成”社会偏好。

根据帕累托标准，可以对资源配置状态的任意变化作出“好”与“坏”的评价：如果既定的资源配置状态的改变使得至少有一个人的状况变好，而没有使任何人的状况变坏，则从社会的角度看，这种资源配置状态的变化是“好”的，否则就是“坏”的。这种以帕累托标准来衡量的“好”的状态改变称为**帕累托改进**（Pareto improvement）。

利用帕累托改进概念可以定义“最优”资源配置：如果对于某种既定的资源配置状态，所有的帕累托改进均不存在，即在该状态上，任意改变都不可能使至少一个人的状况变好而又不使任何人的状况变坏，则称这种资源配置状态为**帕累托最优状态**，简称**帕累托最优**（Pareto optimality）或**帕累托效率**（Pareto efficiency）。

下面，我们就来在一个简单的经济——交换经济——中说明帕累托最优和一般均衡的含义及其相互关系。

---

① 道格拉斯·格林沃尔德. 经济学百科全书. 北京：中国社会科学出版社，1992：767.

② 陈真. 当代西方规范伦理学. 南京：南京师范大学出版社，2006：59-60. 因此，边沁的功利主义也被叫作行动功利主义。

第二节　交换经济

交换经济是一个没有生产活动的经济。假设这样一个社会的目的，在于说明市场交换的实证含义和规范含义。

一、交换经济的帕累托最优配置

(一) 假设和基本概念

(1) 假设整个社会只有两个人：鲁滨逊（R）和星期五（F）。

(2) 假设只有两种产品：X 和 Y。

在上述两个假设条件下，就可以定义鲁滨逊和星期五的**商品组合**（或称**消费束**），分别是（X_R，Y_R）和（X_F，Y_F）。

(3) 假设是交换经济，没有生产活动。因此，X 和 Y 的数量是既定的，分别是 $\overline{X}$ 和 $\overline{Y}$。

根据上述假设，就可以建立**埃奇渥斯盒状图**①，见图 6－3，它是由两个直角坐标建立起来的矩形。其中，O_R 和 O_F 分别是鲁滨逊和星期五的坐标原点，横坐标和纵坐标的固定长度分别是 $\overline{X}$ 和 $\overline{Y}$。

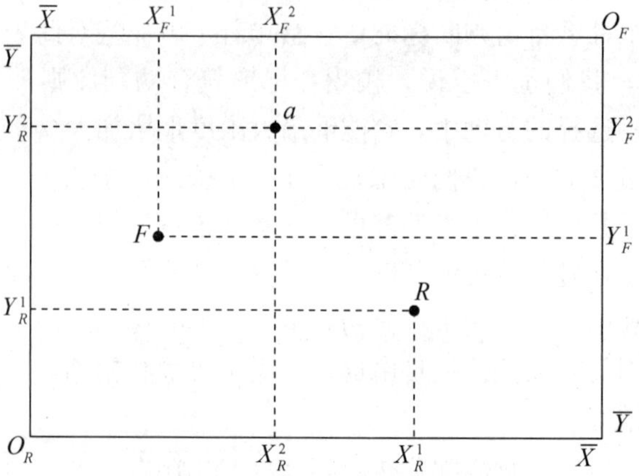

图 6－3　埃奇渥斯盒状图

坐标轴上和坐标轴内任何一点都代表着一个商品组合。例如，坐标轴内的 R 点对应着鲁滨逊的一个商品组合（X_R^1，Y_R^1）；坐标轴内的 F 点对应着星期五的一个商品组合（X_F^1，Y_F^1）。由商品组合派生出的一个概念叫作**配置**（allocation），它表示既定数量的产品在不同社会成员之间的分配，用符号表示为（（X_R^1，Y_R^1），（X_F^1，Y_F^1））。

经济学把满足如下方程组的配置叫作**可行配置**（feasible allocation）：

$$X_R+X_F=\overline{X} \tag{6-1}$$

$$Y_R+Y_F=\overline{Y} \tag{6-2}$$

① 该图取名于政治经济学家 F. Y. 埃奇渥斯（Edgeworth），因为他在自己 1881 年出版的 *Mathematical Psychics*：*An Essay on the Application of Mathematics to the Moral Science*（New York：August M. Kelley，1953）中首先使用了该图。

显然，$((X_R^1, Y_R^1), (X_F^1, Y_F^1))$不是一个可行配置，因为 $X_R^1+X_F^1>\overline{X}$，$Y_R^1+Y_F^1<\overline{Y}$。$((X_R^2, Y_R^2), (X_F^2, Y_F^2))$是一个可行配置。

（4）假设鲁滨逊和星期五对商品组合的偏好（即排序）满足第三讲的四个假设：完备性、传递性、单调性和凸性。这样一来，鲁滨逊和星期五的偏好就可以用标准的无差异曲线表示，用公式分别表示为：

$$U_R=U_R(X_R, Y_R) \tag{6-3}$$

$$U_F=U_F(X_F, Y_F) \tag{6-4}$$

在图 6－3 中添加上鲁滨逊和星期五的无差异曲线，便得到图 6－4。

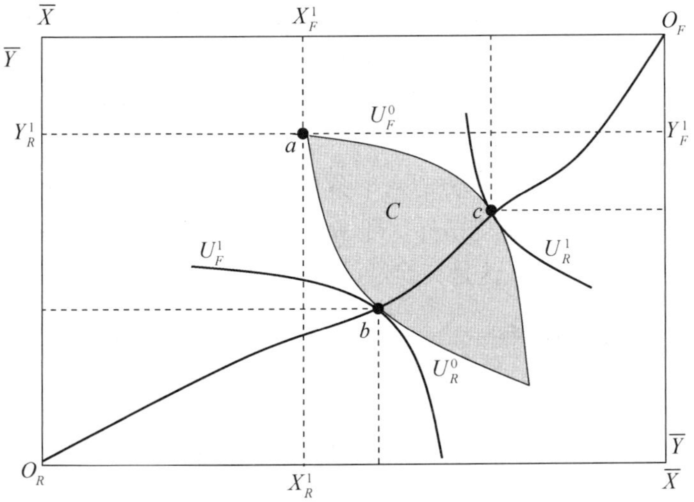

图 6－4　帕累托最优配置与契约线

（二）帕累托最优配置

根据图 6－4 中鲁滨逊和星期五的无差异曲线之间的关系，可以把埃奇渥斯盒状图中的所有可行配置划分成性质不同的两种类型：帕累托最优配置和非帕累托最优配置。

1. 帕累托最优配置

处于鲁滨逊与星期五的无差异曲线切点的可行配置，如图 6－4 中的 b 点和 c 点。由于无差异曲线的斜率的绝对值是边际替代率，因此，这些可行配置都满足：

$$MRS_{XY}^R=MRS_{XY}^F \tag{6-5}$$

其中，MRS_{XY}^R 与 MRS_{XY}^F 分别是鲁滨逊和星期五的边际替代率。由于满足（6-5）式的可行配置都没有帕累托改进的可能性，换言之，在这个可行配置上，任意改变都不可能使至少一个人的状况变好而又不使任何人的状况变坏，因此，这个可行配置处于**帕累托最优状态**，叫作**帕累托最优配置**（Pareto optimal allocation）或**有效配置**（efficient allocation）。（6-5）式叫作**消费的帕累托最优条件**，而把图 6－4 中所有满足（6-5）式的可行配置连接起来，就得到**交换经济的契约线**[①] O_RO_F。

① 我在这里避免使用“交换的契约曲线”这个术语，目的是告诉读者，所有满足（6-5）式的可行配置，与交换活动（以及由此实现的一般均衡）无关。帕累托最优配置与一般均衡是两个不同的范畴，它们分别属于福利经济学与实证经济学。更多区别，我们将在讨论一般均衡时涉及。

2. 非帕累托最优配置

处于鲁滨逊与星期五的无差异曲线交点的可行配置，它们都不满足（6-3）式。例如，在 a 点，$MRS_{XY}^{R}>MRS_{XY}^{F}$，表明鲁滨逊对 X 产品的需求价格（或边际价值）要高于星期五，星期五对 Y 产品的需求价格要高于鲁滨逊。因此，这个可行配置存在着帕累托改进的可能性，并可以用**帕累托改进区域**来表示，如图 6-3 中阴影部分的眼形区域。它的边界是过 a 点的鲁滨逊与星期五的无差异曲线，原因在于沿着其中的一条无差异曲线改变资源配置，将增加一个人的效用而无须降低另一个人的效用。

3. 帕累托标准的缺陷

在第一节讨论帕累托标准时，我们假设一个社会只有两个人和两种配置，有三种偏好类型，这样一来就有 9 种个人偏好组合。即便如此，在偏好类型不受限制和非独裁条件下，这个社会依然有 2 个偏好组合无法依据帕累托标准获得社会偏好。在图 6-4 中，有两个人，但有无穷多种配置。显然，鲁滨逊和星期五无法依据帕累托标准从他们各自对契约线上的任何两个配置的偏好得到社会偏好。

综上所述，一个有效配置需要满足两个条件：一是可行配置，即满足（6-1）式和（6-2）式；二是消费的帕累托最优条件，即满足（6-5）式。但是，一个社会如何通过市场机制去实现帕累托最优条件？这是交换经济的一般均衡回答的问题。①

二、交换经济的一般均衡

（一）假设与基本概念

（1）假设整个社会只有两个人：鲁滨逊（R）和星期五（F）。

（2）假设只有两种商品：X 和 Y。

（3）假设鲁滨逊和星期五的**初始禀赋（endowment）**② 分别是（X_R^0，Y_R^0）和（X_F^0，Y_F^0）。

初始禀赋是指鲁滨逊和星期五最初拥有的商品组合，或者说他们得到法律保护的财产组合。这个假设实际上引入了私人产权的概念。按照阿尔钦的说法：“产权（property rights）是一种通过社会强制而实现的对某种经济物品的多种用途进行选择的权利。属于个人的产权即为私人产权，它可以转让——以换取对其他物品同样的权利。私人产权的有效性取决于对其强制实现的可能性及为之付出的代价，这种强制有赖于政府的力量、日常社会行动以及通行的伦理和道德规范。”③

在交换经济中没有生产活动，因此，鲁滨逊和星期五的初始禀赋决定着交换经济的所有可行配置，用公式表示为：

$$X_R^0+X_F^0=\bar{X}=X_R+X_F \tag{6-6}$$

$$Y_R^0+Y_F^0=\bar{Y}=Y_R+Y_F \tag{6-7}$$

（6-6）式和（6-7）式的左边是鲁滨逊和星期五的初始禀赋量的总和，右边是它们允许的可行配置。

---

① 当然，新古典社会主义理论家（如巴罗内、帕累托和兰格等人）认为，也可以通过计划机制来实现帕累托最优。

② “禀赋”原意是指“人的体魄、智力等方面的素质”。

③ 阿梅恩·A. 艾尔奇安. 产权//伊特韦尔，等. 新帕尔格雷夫经济学大辞典：第三卷. 北京：经济科学出版社，1992：1101.

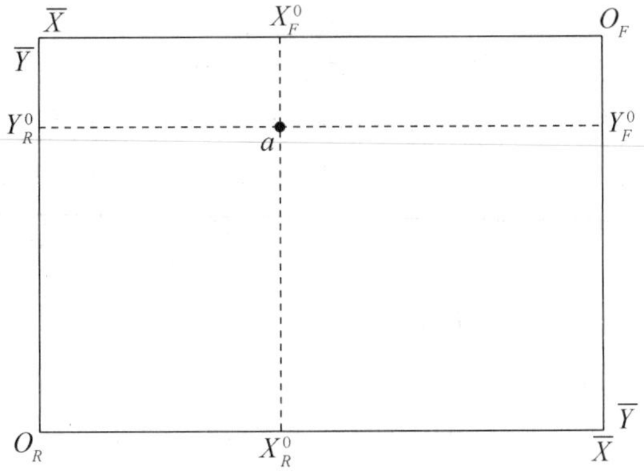

图 6-5　初始禀赋点与可行配置

根据上述第三个假设，可以得到图 6-5。其中，a 点是鲁滨逊和星期五的初始禀赋点。埃奇渥斯盒状图中的任何一点都是鲁滨逊和星期五的初始禀赋允许的可行配置。

（4）假设鲁滨逊和星期五对商品组合的偏好（即排序）满足第三讲的四个假设：完备性、传递性、单调性和凸性。因此，他们的偏好可以用标准的无差异曲线表示，用公式分别表示为（6-3）式和（6-4）式。

根据这个假设，可以得到图 6-6 中的契约线 O_RO_F。

这个假设意味着鲁滨逊和星期五过 a 点分别有一条无差异曲线，假设它们分别是 U_R^0 与 U_F^0，见图 6-6。

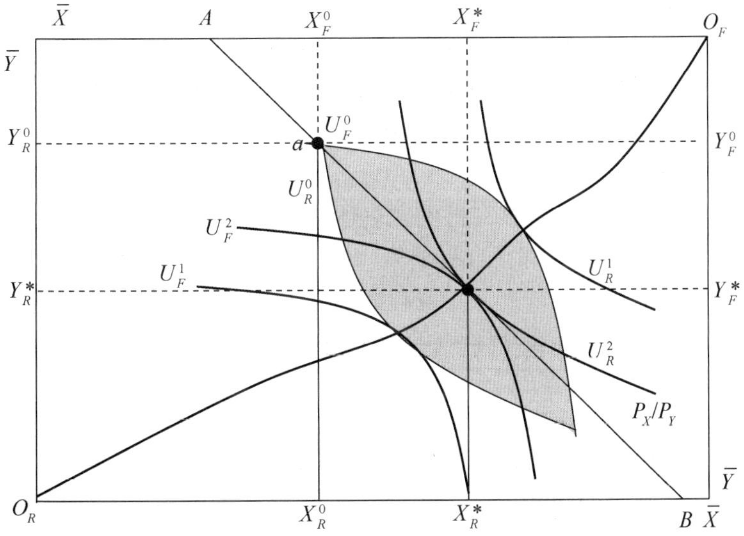

图 6-6　交易获益区域与一般均衡

在图 6-6 中，我们假设鲁滨逊和星期五的无差异曲线在 a 点相交，而不是相切。因此，a 点不是鲁滨逊和星期五的效用最大化点，也就不是一般均衡点。这是因为，在 a 点，鲁滨逊的边际替代率大于星期五的边际替代率，表明鲁滨逊在 a 点比星期五更喜欢 X 商品，而星期五在 a 点则比鲁滨逊更喜欢 Y 商品，鲁滨逊和星期五存在着交易获益的可能性①，

① "只要两个消费者的边际替代率不同，就有进行互利贸易的余地"。罗伯特·S. 平狄克，丹尼尔·L. 鲁宾费尔德. 微观经济学：第四版. 北京：中国人民大学出版社，2000：506.

在图 6-6 中表现为无差异曲线 U_R^0 和 U_F^0 围起来的眼形区域，我们把它叫作**交易获益区域**[①]。

无差异曲线 U_R^0 和 U_R^0 之所以构成交易获益区域的边界，原因在于沿着无差异曲线 U_F^0 进行交易，将使鲁滨逊的效用水平提高到无差异曲线 U_R^1，而无损星期五的效用水平，交易的收益全部归鲁滨逊获得；反之，沿着无差异曲线 U_R^0 进行交易，将使星期五的效用水平提高到无差异曲线 U_F^1，而无损鲁滨逊的效用水平，交易的收益全部归星期五获得。当交易发生在眼形区域时，鲁滨逊和星期五都将从交易中获益。鲁滨逊和星期五的自愿交易不会发生在交易获益区域以外，因为那样的交易将使他们中一个人受损而另一个获益，受损一方不会参加交易。因此，有经济学家把交易获益区域中的那段契约线叫作**核**。[②] 但是，实际交易究竟落在交易获益区域中的哪一点？在没有其他假设的情况下，这就取决于鲁滨逊和星期五各自的谈判能力，甚至武力大小。有关这个问题的讨论，已经进入博弈论的范围，我们将在第八讲讨论。

(5) 假设产品市场是完全竞争市场。

这个假设意味着鲁滨逊和星期五都是市场价格的接受者，或者说，商品 X 的相对价格 P_X/P_Y 是一个外生变量，由瓦尔拉斯“拍卖人”确定。

这个假设避免了鲁滨逊与星期五的策略行为。

过 a 点做一条斜线 AB，使它的斜率等于相对价格 P_X/P_Y，这条斜线就是鲁滨逊和星期五共用的**预算线**（或称**贸易条件线**、**相对价格线**或**消费可能性曲线**），用公式表示为：

$$X_R^0P_X+Y_R^0P_Y=M_R=X_RP_X+Y_RP_Y \tag{6-8}$$

$$X_F^0P_X+Y_F^0P_Y=M_F=X_FP_X+Y_FP_Y \tag{6-9}$$

(6-8) 式、(6-9) 式的左边表示按照市场价格计算的鲁滨逊和星期五拥有的初始禀赋的货币价值 M，右边则表示在现有市场价格条件下相同货币支出可以购买到的不同商品组合。

(二) 一般均衡

我们在第一节将一般均衡的存在性问题表述为：在所考虑市场中，是否存在这样一组价格，它能使 (1) 每个消费者都在自有要素（决定的预算）约束下实现效用最大化；(2) 每个企业都在技术和市场价格约束下实现利润最大化；(3) 每个产品市场和要素市场的需求都等于供给。如果市场中存在这样一组价格，所考虑的市场存在一般均衡，而这组价格就是一般均衡价格。

由于我们考虑的是一个交换经济，没有生产活动，因此在交换经济中，一般均衡的存在性问题是：在交换经济中是否存在这样一组价格，它能使 (1) 每个消费者都在初始禀赋（决定的预算）约束下实现效用最大化，(2) 每个产品市场的需求都等于供给。其中，对问题 (1) 的回答叫作最优化（或理性行为），对问题 (2) 的回答叫作瓦尔拉斯法则。

1. 效用最大化条件

根据 (6-3) 式和 (6-8) 式，我们可以得到鲁滨逊的目标函数与约束条件：

$$\max U_R=U_R(X_R,\ Y_R)$$

$$\text{s. t. } X_R^0P_X+Y_R^0P_Y=M_R=X_RP_X+Y_RP_Y$$

---

① 显然，帕累托改进区域不同于交易获益区域。

② 罗伯特·塞拉诺，艾伦·M. 费尔德曼. 中级微观经济学精要. 上海：上海财经大学出版社，2014：212.

据此我们能够得到鲁滨逊的效用最大化条件：

$$MRS_{XY}^{R}=P_X/P_Y \tag{6-10}$$

在图 6－6 中，(6－10) 式表现为预算线 AB 与无差异曲线 U_R^2 相切，切点对应的商品组合（X_R^*，Y_R^*）是鲁滨逊在初始禀赋（决定的预算）约束下实现效用最大化的商品组合。

同理，根据（6－4）式和（6－9）式，我们可以得到星期五的目标函数与约束条件：

$$\max U_F=U_F(X_F,\ Y_F)$$
$$\text{s. t. } X_F^0P_X+Y_F^0P_Y=M_F=X_FP_X+Y_FP_Y$$

由此得到星期五的效用最大化条件：

$$MRS_{XY}^{F}=P_X/P_Y \tag{6-11}$$

在图 6－6 中，(6－11) 式表现为预算线 AB 与无差异曲线 U_F^2 相切，切点对应的商品组合（X_F^*，Y_F^*）是星期五在初始禀赋（决定的预算）约束下实现效用最大化的商品组合。

根据（6－10）式和（6－11）式得到鲁滨逊和星期五同时实现效用最大化的条件是：

$$MRS_{XY}^{R}=P_X/P_Y=MRS_{XY}^{F} \tag{6-12}$$

2. 瓦尔拉斯法则

在图 6－6 中，鲁滨逊和星期五实现效用最大化的商品组合位于同一个点。但是，它们也可能出现在同一条预算线上，却不在同一个点上，见图 6－7。此时，X 产品市场供不应求，Y 产品市场供过于求，瓦尔拉斯“拍卖人”将重新调整价格。因此，一般均衡还要满足一个条件，那就是每个产品市场的需求都等于供给，鲁滨逊和星期五的效用最大化商品组合还满足（6－6）式和（6－7）式，用公式表示为：

$$X_R^1+X_F^1=\overline{X}=X_R^*+X_F^* \tag{6-13}$$

$$Y_R^1+Y_F^1=\overline{Y}=Y_R^*+Y_F^* \tag{6-14}$$

（6－13）式和（6－14）式叫作**瓦尔拉斯法则**。

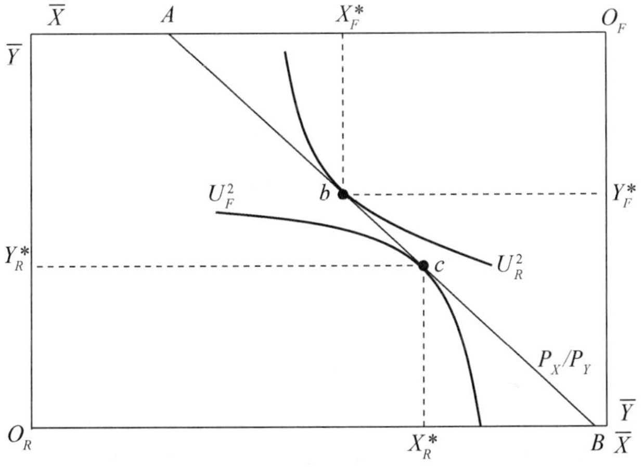

图 6－7　X 商品存在超额需求，Y 商品存在超额供给

综上所述，交换经济的一般均衡需要满足两个条件：第一是效用最大化条件，第二是瓦尔拉斯法则。满足这两个条件的一般均衡配置是契约线（准确地说是核）上的一个点，满足这两个条件的相对价格是一般均衡价格。

三、福利经济学

按照阿伦·M. 弗里德曼的说法，“福利经济学的理论方面是围绕3个主要的命题构建起来的”①。他说的“3个主要的命题”就是福利经济学的三个基本定理。下面，我们就来阐述这三个基本定理。

（一）福利经济学的第一基本定理

根据前面的学习我们知道，(6-12) 式是交换经济的一般均衡条件之一，它满足消费的帕累托最优条件 (6-5) 式。在图6-6中表现为一般均衡点刚好位于交换经济的契约线上。因此，竞争均衡配置是帕累托最优配置，这一结论叫作**福利经济学的第一基本定理**。

（二）福利经济学的第二基本定理

正如我们在第五讲第三节所指出的，市场机制不仅具有资源配置功能，还具有收入分配功能。但是，我们应该如何看待市场机制的收入分配功能呢？福利经济学的第二基本定理认为，“市场机制在分配上是中性的”②。也就是说，市场机制的分配结果与初始禀赋有关，与市场机制无关。例如，在图6-8中，假设鲁滨逊和星期五的初始禀赋点位于预算线 AB 上任意一点，一般均衡点是 a 点。从商品数量上看，无论是 X 还是 Y，鲁滨逊都拥有大量的初始禀赋，这决定了一般均衡的结果依然是鲁滨逊获得更大的效用水平。

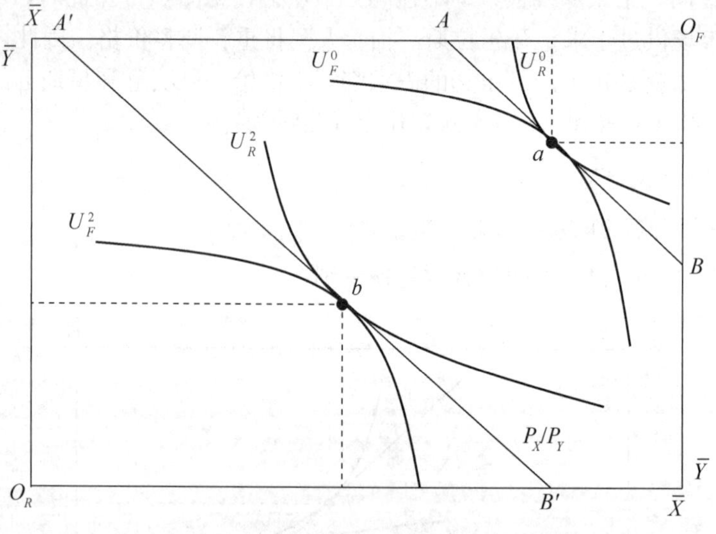

图6-8　福利经济学的第二基本定理

① 阿伦·M. 弗里德曼. 福利经济学//伊特韦尔，等. 新帕尔格雷夫经济学大辞典：第四卷. 3版. 北京：经济科学出版社，1996：961.

② 哈尔·R. 范里安. 微观经济学：现代观点. 上海：格致出版社，上海三联书店，上海人民出版社，2006：457. 马克思在《哥达纲领批判》中指出：“在所谓分配问题上大做文章并把重点放在它上面，那也是根本错误的。”“消费资料的任何一种分配，都不过是生产条件本身分配的结果；而生产条件的分配，则表现生产方式本身的性质。例如，资本主义生产方式的基础是：生产的物质条件以资本和地产的形式掌握在非劳动者手中，而人民大众所有的只是生产的人身条件，即劳动力。既然生产的要素是这样分配的，那么自然就产生现在这样的消费资料的分配。”（马克思，恩格斯. 马克思恩格斯选集：第三卷. 北京：人民出版社，2012：365.）我认为，这个论断同样说明了“市场机制在分配上是中性的”。

对于这样一个分配结果，如果鲁滨逊和星期五都认为“不公平”，并且，他们一致认为公平的结果是 b 点对应的可行配置，**福利经济学的第二基本定理**认为，在假设消费者偏好为凸的情况下，我们无须改变商品的价格，或者说放弃市场机制，只需通过改变消费者的初始禀赋（包括初始财产、初始人力资本等）就可以实现人们希望的（即公平的）具有帕累托效率的资源配置。表现在图 6－8 中，鲁滨逊和星期五只需要通过收入转移，比如对鲁滨逊征收定额税 T_R，并将它补贴给星期五，他们两人的初始禀赋就移动到预算线 $A'B'$ 上的某一点，导致的一般均衡点就是 b 点。

福利经济学第二基本定理带来的问题是：一个社会能够根据个人偏好“合成”关于公平分配方案的“社会偏好”吗？对这个问题的回答就构成了**福利经济学的第三基本定理——阿罗定理**（Arrow's theorem）。

（三）福利经济学的第三基本定理

1. 社会福利函数

从个人偏好“合成”社会偏好，可以用一个公式来表示：

$$W=f(U_R, U_F) \tag{6-15}$$

其中，W 是社会偏好，U_R 和 U_F 分别表示鲁滨逊和星期五的个人偏好，f 表示从个人偏好“合成”社会偏好要遵循的对应规则，其中包括一些社会价值标准。（6－15）式就是社会福利函数。因此，“所谓形成社会福利函数，就是在已知社会所有成员的个人偏好次序的情况下，通过一定的程序，把各种各样的个人偏好次序归结为单一的社会偏好次序”①。

在满足一定价值判断和其他一些条件的情况下，我们能从个人偏好“合成”社会偏好吗？对这个问题的回答是有保留的。例如，在第一节讨论帕累托最优时，假设个人偏好不能计量和进行人与人之间的比较，从个人偏好“合成”社会偏好遵循自由选择原则、非独裁性原则和帕累托标准，我们不能从相反的个人偏好“合成”社会偏好。现在，我们将讨论帕累托最优时候的个人扩展到三个人，候选对象也扩展到三个，我们又能得到什么新的结论呢？

2. 阿罗定理

我们来看看扩展到三个人和三个候选对象后，需要补充些什么原则：

第一，在只有两个候选对象的情况下，不需要考虑个人以及社会偏好的传递性。但是，在引入三个候选对象的情况下，就需要考虑传递性了。

第二，在只有两个候选对象的情况下，社会对两个候选对象的偏好只依赖于个人对这两个候选对象的偏好。但是，在引入第三个候选对象以后，社会对任意两个候选对象的偏好，可能会受到另一个候选对象的影响，后者就会成为隐性独裁者。为此，阿罗提出了一个原则：

不相关方案的无关性：社会对于任何两个被选方案的偏好，只依赖个人对这两个方案的偏好，而不受其他不相关方案的影响。

第三，在只有两个人的情况下，不需要考虑多数票规则（它的简单形式是过半数规则）。但是，在引入第三个人以后，就可以考虑采用多数票规则了。

结合我们前面关于从个人偏好“合成”社会偏好要遵循的价值判断，阿罗论证的结果

① 高鸿业．西方经济学（微观部分·第七版）．北京：中国人民大学出版社，2018：273.

是："不可能找到任何一种方法或规则，使我们能够根据个人的序数偏好，得出具体的社会偏好，而又满足若干合理的条件。经过修订后的定理，这些条件有下述四个：**一、自由选择**。对所有的被选方案，任何人可以有任何偏好，只要符合逻辑性。**二、帕累托原则**。如果全体人偏好 X 胜于 Y，则社会的偏好也是 X 胜于 Y。**三、不相关方案的无关性**。社会对于任何两个被选方案的偏好，只依赖个人对这两个方案的偏好，而不受其他不相关方案的影响。**四、非独裁性**。决定社会偏好的规则，必须不是独裁的。这里所指的独裁，实际上是百分之百的独裁，因为阿罗对独裁的定义是一个人（即独裁者）对任何一队被选方案的选择，只要是他有偏好，则社会的偏好必须和他的一样，即使其他的偏好完全和他的相反，也不能改变社会的偏好。"①

上述结论就是福利经济学的第三基本定理——**阿罗定理**，或通常叫作**阿罗不可能定理**（Arrow's impossibility theorem）。阿罗不可能定理不仅说明人们不能在公平分配方案上达成社会偏好，甚至帕累托最优这个标准的使用范围都非常有限。

为了说明阿罗不可能定理，我们来考察一个"三个人、三个候选对象"的社会，即这个社会有三个人：甲、乙、丙；有三个候选对象：X、Y、Z。为了简单起见，我们只涉及强偏好"$\succ$"。在自由选择的情况下，个人偏好有 6 种可能②，一个社会的个人偏好组合就有 $6^3=216$ 种可能，表 6-3 就是其中一种可能情况。

表 6-3　　个人偏好排序

偏好排序	甲	乙	丙
1	X (7)	Y (5)	Z (6)
2	Y (−1)	Z (0)	X (−2)
3	Z (−4)	X (−1)	Y (−4)

现在的问题是，我们在遵守阿罗提出的四个对应规则（或称价值判断）的情况下，能够从表 6-3 提供的个人偏好"合成"社会偏好吗？显然，我们无法根据一致同意规则"合成"社会偏好。为此，我们来讨论一下第三种"合成"社会偏好的规则：多数票规则。

多数票规则是指一项集体行动方案必须得到所有参加者中的多数认可才能实施。这里的多数可以是简单多数（即过半数规则），也可以是比例多数，如达到 2/3 以上。如果只投一次票，也不能根据多数票规则从个人偏好"合成"社会偏好。一种补充办法是采用配对投票的方式，例如，先在 X 与 Y 之间采用多数票规则，结果 X 将获得 2/3 票胜出；按照这种方法，继续在 X 与 Z 之间采用多数票规则，结果 Z 将获得 2/3 票胜出；最后在 Z 与 Y 之间采用多数票规则，结果 Y 将获得 2/3 票胜出。在引入三个人和三个候选对象以后，采用多数票规则配对投票，结果出现了一种新情况：$X \succ Y \succ Z \succ X$。这就是**投票循环**，或称**投票悖论**（paradox of voting），因为它违背了传递性假设。投票循环重要吗？坎贝尔和塔洛克计算了在不同人数和不同候选对象情况下出现投票循环的百分比，见表 6-4。

---

① 黄有光．经济与快乐．大连：东北财经大学出版社，2000：223-224．对阿罗不可能定理进一步的讨论，请阅读李政军．民主的经济学分析．江苏社会科学，2005（5）．

② 它们分别是：$X \succ Y \succ Z$，$X \succ Z \succ Y$，$Y \succ X \succ Z$，$Y \succ Z \succ X$，$Z \succ X \succ Y$，$Z \succ Y \succ X$。

表 6-4　　投票循环的百分比①　　（%）

候选对象数量	投票人数													
	3	5	7	9	11	13	15	17	19	21	23	25	27	29
3	5.7	7.9	8.4	8.9	8.5	7.3	7.4	8.4	8.0	8.9	9.1	9.7	11.1	11.1
4	10.7	14.6	15.9	15.6	15.1	14.7	15.5	17.3	16.9	17.2	16.4	18.0	18.6	17.4
5	15.4	18.3	21.5	23.0	25.1	22.4	25.3	23.7	23.9	24.8	25.4	24.3	24.0	21.1
6	20.1	25.5	25.8	28.4	29.4	28.1	29.8							
7	23.9	29.9	30.5	34.2	34.3	34.1	35.9							
8	27.7	32.5	36.7	37.8	38.6									
9	30.2	36.7	39.5	41.8	42.1									
10	32.4	40.8												
11	35.2			46.4			49.7							47.5
12														
13														
14														
15														
16														
17	46.4								62.6					
18														
19														
20														

为了从表 6-3 得到社会偏好，通常的做法有**加权规则**②与**互投赞成票**，它们恰恰是市场经济的本质特征。为了便于理解这一点，我们只需要在表 6-3 中每一个候选方案的后面添加上它给各个人带来的收益数字，就可以加以说明。表现在表 6-5 中，甲通过投票赞成 Y，交换乙投票赞成 X，这样一来，甲、乙两人之间就形成**互投赞成票联盟**③，他们两人的净收益分别是 6 和 4。

表 6-5　　互投赞成票联盟

互投赞成票联盟	预期收益		
	甲	乙	丙
甲乙（X，Y）	6	4	−6
乙丙（Y，Z）	−5	5	2
丙甲（Z，X）	3	−1	4

① 戈登·塔洛克. 论投票. 成都：西南财经大学出版社，2007：33.

② “一个集体行动方案对不同的参加者会有不同的重要性。于是，可以按照重要性的不同，给参加者的意愿‘加权’，即分配选举的票数。相对重要的，拥有的票数就较多，否则就较少。所谓加权规则，就是按实际得到的赞成票数（而非人数）的多少来决定集体行动方案。”高鸿业. 西方经济学（微观部分·第七版），北京：中国人民大学出版社，2018：340.

③ 作此判断只是因为这个联盟的总收益最大。当然，也可能出现投票循环。希望更深入了解这个问题的同学，可以阅读李政军. 民主的经济学分析. 江苏社会科学，2005（5）.

3. 特殊形式的社会福利函数

引入加权规则之所以能克服阿罗不可能定理，根源在于它放弃了序数效用论。实际上，一切社会制度、文化、信仰、道德、风俗和习惯等因素，都是克服阿罗不可能定理的社会安排。① 下面，我们在基数效用的基础上讨论体现不同公平理念的社会福利函数。②

（1）**加法型社会福利函数**，也被叫作**功利主义的社会福利函数**，它强调平等地看待每个人的效用水平。因此，社会福利的大小只取决于社会成员的效用总和，与它在成员之间的分配无关，见图 6－9（a）。用公式表示为：

$$W=W(U_A,\ U_B)=U_A+U_B \tag{6-16}$$

我们在第五讲第三节介绍的经济效率标准，就是建立在功利主义的社会福利函数的基础上。经济效率标准，也被有的经济学家叫作**一美元一票的评判标准**（one-dollar, one-vote yardstick），该标准“**同等地看待得到的或损失的每一美元，而无论获得收益或遭受损失的是谁**。这一评判标准意味着，评价贸易中的重大问题所基于的是贸易对总福利水平的影响，而不是它对福利分配的影响。这并不表示我们对分配问题漠不关心，而仅意味着，我们认为福利分配是一个通过其他手段能更好解决的问题”③。这表现在我们随后的分析中，经济效率标准“将消费者的福利和生产者的利益看成是一样重要的”④。

综上所述，经济效率是帕累托最优（或效率）的一种特殊情况，它建立在基数效用论的基础之上，属于应用福利经济学的评价标准；而帕累托最优则建立在序数效用论的基础上，属于理论福利经济学的评价标准。我们在随后的第七讲、第九讲采用的是经济效率标准。

（2）**乘法型社会福利函数**，也叫**贝努利－纳什社会福利函数**或**双曲线型社会福利函数**，它意味着在社会成员的效用总量既定时，分配越平等，社会福利就越大；反之则越小，见图 6－9（b）。用公式表示为：

$$W=W(U_A,\ U_B)=U_A\cdot U_B \tag{6-17}$$

（3）**直角 L 形社会福利函数**，也叫**罗尔斯社会福利函数**，它更强调提高社会上状况最差的那些人的生活水平，见图 6－9（c）。用公式表示为：

$$W=W(U_A,\ U_B)=\min(U_A,\ U_B) \tag{6-18}$$

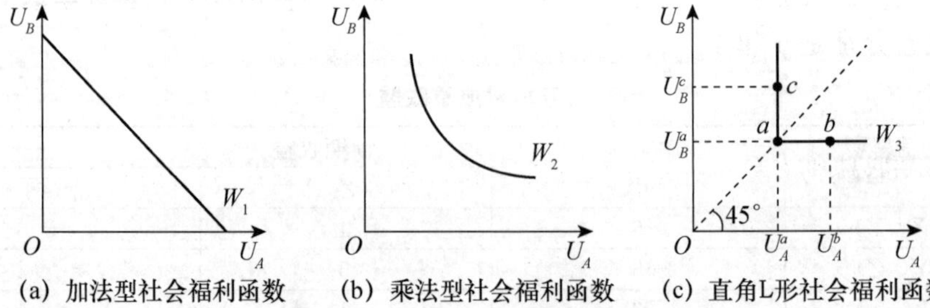

图 6－9　社会福利函数的特殊形状

---

① “社会福利函数（从而社会无差异曲线）取决于环境、制度、文化、信仰、道德、风俗、习惯等诸多因素”。高鸿业．西方经济学（微观部分·第七版）．北京：中国人民大学出版社，2018：275.

② 高鸿业．西方经济学（微观部分·第七版）．北京：中国人民大学出版社，2018：275.

③ 托马斯·A. 普格尔，彼得·H. 林得特．国际经济学．北京：经济科学出版社，2001：22．该标准与帕累托标准一致。

④ 罗伯特·S. 平狄克，丹尼尔·L. 鲁宾费尔德．微观经济学：第四版．北京：中国人民大学出版社，2000：301.

四、典型题解

下面，我们来分析一道清华大学 2005 年的研究生入学考试题，类似考研题也出现在上海财经大学的研究生入学考试之中。

假设甲有 300 单位 x，乙有 200 单位 y，二人的效用函数都是 $U(x, y)=xy$。(1) 推导出所有满足帕累托最优状态的条件（契约线方程）。(2) 如果二人通过交换来实现帕累托最优，求 x 与 y 的价格和二人各自的均衡消费量。

解题技巧

1. 着力挖掘“已知条件”和“求解目标”

本题的已知条件有初始禀赋点：甲的初始禀赋是(300，0)，乙的初始禀赋是(0，200)，初始配置是(300，0；0，200)，它位于埃奇渥斯盒状图图 6－10 的右下角。甲和乙的效用函数都是 $U(x, y)=xy$，它们将在埃奇渥斯盒状图图 6－10 右下角的初始禀赋点相交。

本题的求解目标在图 6－10 中表现为：(1) 求解图 6－10 中的契约线 O_1O_2 的表达式；(2) 求解契约线上的均衡点 b 对应的均衡消费量和价格线 P_X/P_Y。

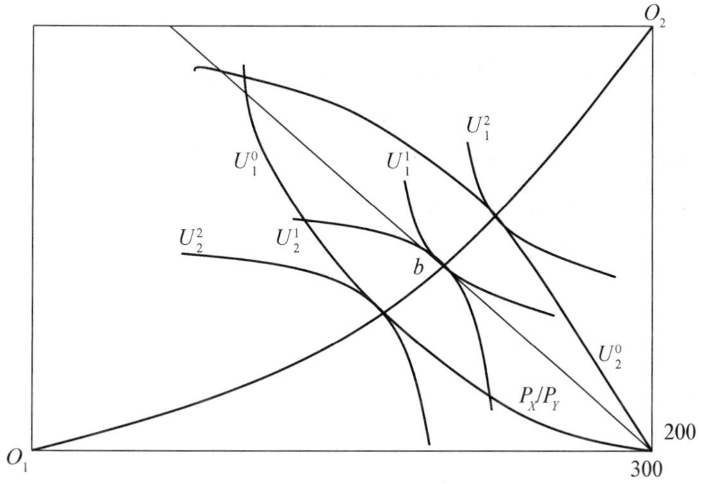

图 6－10　消费（品市场）的一般均衡与经济效率

2. 努力寻找解题规则

本题的解题规则有帕累托最优条件和一般均衡条件，通过利用这两个条件，消除已知条件与求解目标之间的距离。

解答：(1) 设甲、乙两人的消费组合分别是甲(x_1, y_1)，乙(x_2, y_2)，可行配置是：

$$\begin{aligned} x_1+x_2&=300 \\ y_1+y_2&=200 \end{aligned} \qquad ①$$

由于甲、乙两人的效用函数都为 $U(x, y)=xy$，因此，他们各自的边际替代率分别为：$MRS_{x_1y_1}=\dfrac{MU_{x_1}}{MU_{y_1}}=\dfrac{y_1}{x_1}$，$MRS_{x_2y_2}=\dfrac{MU_{x_2}}{MU_{y_2}}=\dfrac{y_2}{x_2}$。

根据消费的帕累托最优条件 $MRS_{x_1y_1}=MRS_{x_2y_2}$，得到：

$$\frac{y_1}{x_1}=\frac{y_2}{x_2} \quad ②$$

联立①式、②式，得到用甲的消费量表示的满足帕累托最优条件的契约线方程：

$$\frac{y_1}{x_1}=\frac{200-y_1}{300-x_1} \Rightarrow y_1=\frac{2}{3}x_1 \quad ③$$

(2) 令 x 的价格为 1，y 的价格为 p，甲的效用最大化条件表示为：

$$\max U(x_1, y_1)=x_1 y_1$$
$$\text{s. t.} \ x_1+py_1=300$$

据此解得：$x_1^*=150$，$y_1^*=150/p$。

乙的效用最大化条件表示为：

$$\max U(x_2, y_2)=x_2 y_2$$
$$\text{s. t.} \ x_2+py_2=200p$$

据此解得：$x_2^*=100p$，$y_2^*=100$。

根据瓦尔拉斯法则，得到：

$$x_1^*+x_2^*=150+100p=300$$
$$y_1^*+y_2^*=150/p+100=200$$

据此解得：y 的价格 $p=1.5$，x 的价格为 1（计价单位）；甲的均衡消费组合是 $x_1^*=150$，$y_1^*=150/p=100$；乙的均衡消费组合是 $x_2^*=100p=150$，$y_2^*=100$。

第七讲

不完全竞争市场

学习目的

现在我们回到第五讲第三节有关市场失灵的讨论。在那里，我们将**市场失灵**定义为市场因为违背市场成功的条件而导致的低效率现象。表 7-1 总结了导致市场失灵的条件、原因和主要形式。

表 7-1　　　　导致市场失灵的条件、原因和主要形式

条件	原因	形式	章节安排
Q_S：$P_S=PMC\neq SMC$	由商品和服务的特点导致的市场失灵	外部性	第九讲
Q_D：$P_D=PMV\neq SMV$		公共物品	
$P_D=P\neq P_S$	由市场的特点导致的市场失灵	非对称信息	
		不完全竞争市场	第七讲

不完全竞争市场是指偏离完全竞争市场的市场。[①] 根据偏离完全竞争市场的不同条件，我们可以将不完全竞争市场划分为垄断市场、垄断竞争市场和寡头市场，见表 7-2。

① 对于不同市场结构的考察，现代经济学教科书都是沿着“完全竞争—垄断—垄断竞争—寡头”的顺序，并以完全竞争为参照系进行；古诺在《财富理论的数学原理的研究》（商务印书馆，1994 年）一书中，则“从单个人收入的最大化向非合作的最优化转变”，沿着“垄断—寡头—完全竞争”的顺序，并以垄断市场为参照系进行分析。二者的区别是，前者强调效率差异，后者强调相互牵制性。

表 7-2　　不完全竞争市场

	完全竞争市场	不完全竞争市场		
		垄断市场	垄断竞争市场	寡头市场
条件	有许多生产者	一个生产者		几个生产者
	同质产品		有差别的同种产品	
	没有进入壁垒	有进入壁垒		有进入壁垒

本讲将沿着“市场结构（条件）—企业行为—市场绩效”的逻辑，分别讨论垄断市场、垄断竞争市场和寡头市场。通过本讲的学习，同学们需要掌握的内容有：

1. 垄断市场的特征：垄断市场的定义、条件、原因和垄断企业的需求曲线；

2. 垄断企业的总收益、平均收益和边际收益及其相互关系；

3. 垄断企业的短期均衡：最优产出原则、停产原则、成本加成方法、垄断市场的税收分摊、垄断势力的定义和度量；

4. 垄断企业的长期均衡：最优规模原则和转产原则；

5. 垄断的社会成本：无谓损失与寻租成本；

6. 价格歧视的定义、条件和类型；

7. 一级、二级价格歧视的定义、市场均衡、收入效应和经济效率；

8. 三级价格歧视的定义、均衡条件和定价原则；

9. 垄断竞争市场的特征：垄断竞争市场的定义与条件、有差别的同种产品、产品差别、生产集团、垄断竞争企业的需求曲线的一般特征、主观需求曲线与实际需求曲线；

10. 垄断竞争企业/市场的短期和长期均衡；

11. 垄断竞争市场的绩效分析；

12. 寡头市场概论：相互牵制性（策略性环境）—策略性行动—策略思维—策略思维的基本原理（知己知彼）—纳什均衡—策略变量；

13. 古诺模型：完全信息博弈与静态博弈，（体现策略思维基本原理的）反应函数法与连续推断法，双寡头古诺模型的均衡产量和价格，将双寡头古诺模型推广到 n 家企业后的一般结论与性质；

14. 斯塔克伯格模型：序贯博弈或动态博弈、完全且完美信息的动态博弈、（体现策略思维基本原理的）“向前展望，倒后推理”、先行者优势。

15. 斯威齐模型：价格跟进、折弯的需求曲线和（体现策略思维基本原理的）价格刚性。

第一节　垄断市场

一、垄断市场的特征

（一）垄断市场的特征：文字描述

1. 垄断市场的定义

垄断市场（monopoly）是指整个市场中只有一个厂商的市场组织，而这家厂商叫作**垄断企业**。据此定义可知：

（1）垄断市场偏离完全竞争市场“有大量独立的厂商”这个条件；

（2）垄断市场与完全竞争市场的一致性是：有大量的消费者，因此消费者是价格的接受者；

（3）垄断企业的短期和长期均衡，也就是垄断市场的短期和长期均衡。

2. 垄断市场的条件

（1）市场上只有一家厂商生产或销售某种产品；

（2）该厂商生产或销售的产品没有任何近似的替代品；

（3）其他任何厂商进入该行业都极为困难或不可能。

其中，（1）、（2）两个条件突出了垄断的字面含义——“只有一个卖家”①，因此，中国台湾和中国香港的教科书将它翻译成“独占”；条件（3）突出了只有一个卖家的直接原因——进入壁垒（entry barriers），将“monopoly”意译成“垄断”，就是取“用垄阻断”之意。

3. 垄断市场的成因

（1）独家厂商控制了生产某种产品的全部资源或基本资源的供给；

（2）独家厂商拥有生产某种产品的专利权；

（3）政府的特许权；

（4）自然垄断（natural monopoly），是指规模经济的程度非常高，以至于在整个市场容量内，一家企业的长期平均成本都处于递减阶段（这个现象也叫作成本的次可加性）。

我们可以把上述四个原因划分为两种类型：（1）、（2）、（3）是**人为壁垒**（artificial barriers），（4）是**技术壁垒**。据此把人为壁垒造成的垄断叫作**人为/行政垄断**，把成本的次可加性造成的垄断叫作**自然垄断**。

我们可以通过表 7－3 让上述内容显得一目了然。

表 7－3　　垄断市场的特征

<table>
<tr><th>定义</th><th>条件</th><th colspan="2">形成原因</th></tr>
<tr><td>只有一个卖家</td><td>只有一家厂商生产或销售某种产品</td><td colspan="2" rowspan="2">独占</td></tr>
<tr><td>垄断企业</td><td>没有任何近似的替代品</td></tr>
<tr><td>有许多卖家
价格接受者</td><td rowspan="4">进入壁垒</td><td>独家控制生产某种产品的全部资源或基本资源的供给</td><td rowspan="3">人为壁垒
行政垄断</td></tr>
<tr><td rowspan="3">垄断市场均衡
垄断企业均衡</td><td>独家拥有生产某种产品的专利权</td></tr>
<tr><td>政府的特许权</td></tr>
<tr><td>自然垄断</td><td>技术壁垒</td></tr>
</table>

（二）垄断市场的特征：垄断企业的需求曲线

前面用文字描述了垄断市场的特征，接下来用垄断企业的需求曲线来描述垄断市场的特征。

第五讲已指出，**企业的需求曲线**是指企业索要的价格与其销售数量之间的关系，用来描述企业所处的市场结构（或称市场环境或特征）。

当市场上只有一家厂商时，它面临的需求曲线就是市场需求曲线，后者通过水平加总消费者个人的需求曲线获得，见图 7－1（a）。这说明垄断市场与完全竞争市场具有一致

① 按照罗伯托·塞拉诺和艾伦·M. 费尔德曼（《中级微观经济学精要》，154 页，上海财经大学出版社，2014 年）的说法，“英文中的垄断一词，源于希腊语，意思是‘只有一个卖家’”。

性，即消费者都是价格的接受者。

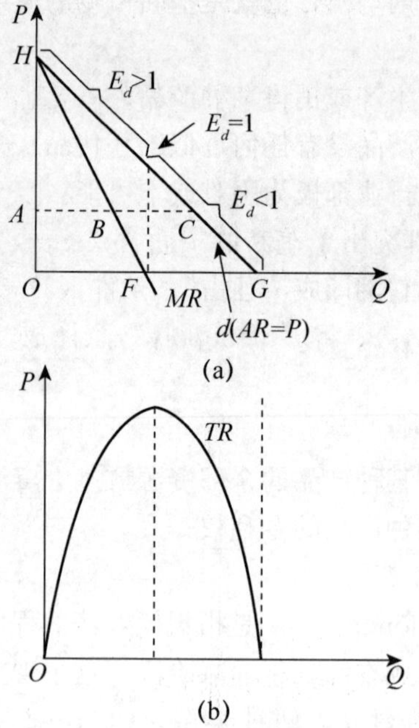

图 7-1　垄断企业的需求曲线和收益曲线

垄断企业的需求曲线是市场需求曲线，而市场需求量是垄断企业的产量，因此，垄断企业的产量与市场价格之间存在着一种反方向变动关系（需求定律）。换句话说，垄断企业既可通过减少产量来提高市场价格，也可通过增加产量来降低市场价格。简言之，垄断企业可以通过改变产量来控制市场价格，“这是垄断企业和完全竞争企业之间的本质区别”①。因此，我们用需求函数的反函数来表示垄断企业的需求曲线，用公式表示为：

$$P=P(Q)\text{且}\frac{\mathrm{d}P(Q)}{\mathrm{d}Q}<0 \tag{7-1}$$

二、垄断企业的收益曲线

（一）总收益、平均收益和边际收益

1. 总收益

垄断企业的**总收益**是指销售产品获得的总收入。用公式表示为：

$$TR=QP=QP(Q) \tag{7-2}$$

由于市场价格与供给量（等于需求量）呈反方向变动关系，因此，在图 7-1（b）中，垄断企业的 TR 曲线是一条抛物线。

2. 平均收益

垄断企业的**平均收益**是指销售单位产品所获得的收益。用公式表示为：

$$AR=\frac{TR}{Q}=\frac{QP(Q)}{Q}=P(Q) \tag{7-3}$$

① 罗伯托·塞拉诺，艾伦·M. 费尔德曼. 中级微观经济学精要. 上海：上海财经大学出版社，2014：155.

由（7−3）式可知，垄断企业的平均收益恒等于商品的市场价格。因此，在图 7－1（a）中，垄断企业的平均收益曲线 AR 与需求曲线 d 重合，是同一条向右下方倾斜的曲线。

3. 边际收益

垄断企业的**边际收益**是指增加 1 单位产量的生产所增加的总收益。当需求函数连续可导时，垄断企业的边际收益用公式表示为：

$$MR=\frac{dTR}{dQ}=\frac{dQP(Q)}{dQ}=P(Q)+Q\times\frac{dP(Q)}{dQ} \tag{7-4}$$

因为

$$E_d=-\frac{dQ}{dP}\times\frac{P}{Q}$$

所以，（7−4）式可以进一步转化为：

$$MR=P(Q)\left(1-\frac{1}{E_d}\right) \tag{7-5}$$

（7−5）式就是我们在第二讲讨论的（2−17）式。

（二）总收益、平均收益和边际收益的关系

根据（7−5）式，我们知道：

1. 需求价格弹性、平均收益、边际收益和总收益之间的关系

我们用表 7－4 来总结这四者还有市场结构之间的关系。

表 7－4　　市场结构、需求价格弹性、总收益、平均收益和边际收益

市场结构	完全竞争市场	不完全竞争市场		
需求价格弹性	$E_d=\infty$	$E_d>1$	$E_d=1$	$E_d<1$
边际收益与总收益	$MR>0$ 总收益与产量同方向变化	$MR>0$ 总收益与产量同方向变化	$MR=0$ 总收益不变	$MR<0$ 总收益与产量反方向变化
平均收益与边际收益	$MR=AR=P$	$MR<P=AR$		

2. 线性需求曲线的平均收益与边际收益曲线

垄断企业的需求曲线既可以是曲线型，也可以是直线型。当垄断企业的需求曲线为直线型时，相应的 MR 曲线还有其他一些重要特征。为了说明这些特征，我们假设线性需求函数的反函数为：

$$P=a-bQ \tag{7-6}$$

其中，a、b 为常数且大于零。该需求曲线的纵截距是 a（饱和数量），横截距是 $\frac{a}{b}$（遏制性价格）。根据（7−6）式可以得到：

$$TR=PQ=Q(a-bQ)=aQ-bQ^2 \tag{7-7}$$

$$AR=\frac{TR}{Q}=\frac{aQ-bQ^2}{Q}=a-bQ=P \tag{7-8}$$

$$MR=\frac{dTR}{dQ}=a-2bQ \tag{7-9}$$

根据（7-8）式和（7-9）式，可以得到如下结论：当垄断企业的需求曲线 d 为直线型时，d 曲线和 MR 曲线的纵截距是相等的（在此均为 a）。此外，MR 曲线的斜率（在此为 $-2b$）是 d 曲线的斜率（在此为 $-b$）的两倍，或 MR 曲线平分由纵轴到需求曲线的任何一条水平线。即：

$$\frac{\mathrm{d}P}{\mathrm{d}Q}=-b,\ \frac{\mathrm{d}MR}{\mathrm{d}Q}=-2b \tag{7-10}$$

或者，当 $MR=P=0$ 时，它们分别对应的横截距是 $\frac{a}{2b}$ 和 $\frac{a}{b}$。

上述论断可借助图 7-1（a）得到说明。其中，只要假设市场需求曲线为 $P=a-bQ$，G 点的值就是 a/b，F 点的值就是 $a/2b$，H 点的值就是 a。

三、垄断企业（或市场）的短期均衡和长期均衡

（一）垄断企业（或市场）的短期均衡

1．总量分析与边际分析

总量分析是将图 4-16 中的短期总成本曲线与图 7-1（b）总收益叠加在一起，分析垄断企业实现利润最大化的产量和价格，对此我们不做讨论。将图 4-23（c）与图 7-1（a）叠加在一起，分析垄断企业实现利润最大化的产量和价格，就是边际分析法，见图 7-2 和图 7-3。

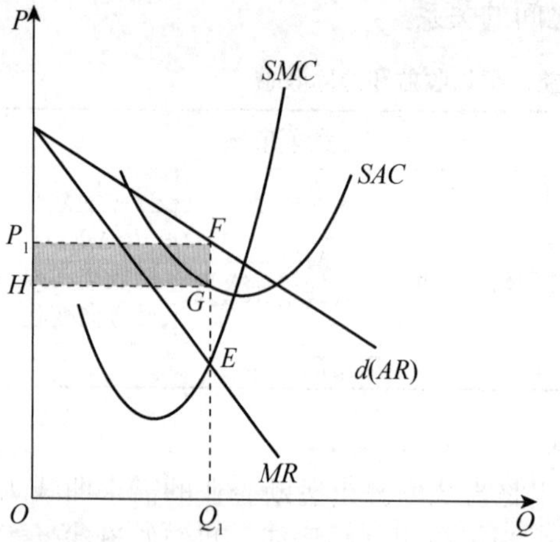

图 7-2　垄断企业的短期均衡（一）

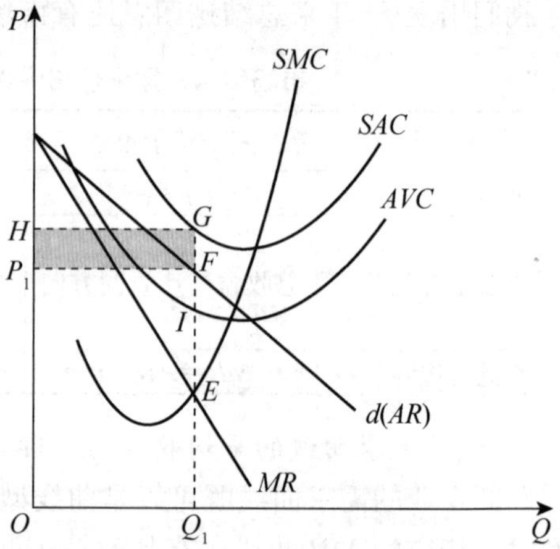

图 7-3　垄断企业的短期均衡（二）

2．最优产出原则与停产原则

在短期内，垄断企业（基于生产函数的固定投入）的生产规模不变。因此，垄断企业的决策有两个：最优产出原则与停产原则。

（1）垄断企业在短期的**最优产出原则**就是它在短期内实现利润最大化的原则，通常叫作**短期均衡条件**，用公式表示为：

$$MR=SMC(Q) \tag{7-11}$$

在图 7-2 中，满足（7-11）式的点是 E 点，它对应的均衡产量是 Q_1，均衡价格是 P_1，垄断企业的平均收益是 FQ_1，平均成本是 GQ_1，平均收益大于平均成本，垄断企业盈

利，单位产品的平均利润是 FG，总利润相当于图中阴影部分的矩形面积。

图 7-2 还说明，垄断企业任何偏离 Q_1 的产量都将导致它的总利润下降，或者说，垄断企业都可以通过增加或降低产量来实现利润最大化。

（2）**停产原则：**垄断企业的短期均衡条件与它在短期内是否盈利无关。垄断企业实现盈利的条件与完全竞争企业一样，它要求满足 $\pi=TR(Q)-STC(Q)>0$，或者

$$\frac{\pi}{Q}=\frac{PQ}{Q}-\frac{STC(Q)}{Q}=P-SAC=P-(AFC+AVC)>0 \tag{5-7}$$

因此，在短期内，垄断企业同样可能面对：①盈利（$P>AC$）；②收支相抵（$P=AC$）；③亏损（$AVC<P<AC$）；④停产（$P\leqslant AVC$）。

3. 垄断企业不会在需求曲线缺乏弹性的部分进行生产

将（7-5）式代入（7-11）式，得到垄断企业短期均衡条件的另一个表达式：

$$SMC(Q)=P\left(1-\frac{1}{E_d}\right) \tag{7-12}$$

由于 SMC 和市场价格不可能为负值，根据（7-12）式，可知垄断企业实现利润最大化的边际收益也必须大于零，故而 $1-\frac{1}{E_d}>0$，或者说，$E_d>1$。因此，垄断企业的决策始终位于需求曲线富有弹性的部分上。①

4. 加成定价方法

通过对（7-12）式进行变形，可以得到：

$$P=\frac{SMC(Q)}{1-1/E_d} \tag{7-13}$$

（7-13）式为垄断企业实现利润最大化提供了一个简单的定价法则：**加成定价方法**②。之所以把（7-13）式叫作加成定价方法，原因在于“加成概念背后的解释是：垄断企业制定的价格超过商品的边际成本。加成便是价格超过成本的相对数量（或百分比）”③。或者说，（7-13）式包含着“价格超过成本的相对数量（或百分比）”，通过对（7-13）式变形就可以得到：

$$\frac{P}{SMC(Q)}-1=\frac{1}{1-1/E_d}-1=\frac{1}{E_d-1} \tag{7-14}$$

5. 垄断企业在短期内没有供给曲线

这个结论已经包含在（7-13）式中，原因如下：

（1）当 $E_d=\infty$ 时，企业处于完全竞争市场，它在短期内实现利润最大化的条件是 $P=SMC(Q)$，它表明在市场价格与企业短期均衡产量之间存在着一一对应关系，这种对应关系就是完全竞争企业的短期供给函数。

（2）当 $0<E_d<\infty$ 时，垄断企业的均衡产量与市场价格之间的对应关系将受到 E_d 值的影响。例如，在图 7-4（a）中，虽然均衡产量（以及它对应的短期边际成本）不同，

---

① 罗伯托·塞拉诺，艾伦·M. 费尔德曼. 中级微观经济学精要. 上海：上海财经大学出版社，2014：157.

② 罗伯特·S. 平狄克，丹尼尔·L. 鲁宾费尔德. 微观经济学：第四版. 北京：中国人民大学出版社，2000：296.

③ 同①.

但均衡价格相同；相反，在图 7-4（b）中，虽然均衡产量（以及它对应的短期边际成本）相同，但均衡价格不同。因此，垄断企业的均衡产量与市场价格之间就不存在一一对应关系（即供给曲线）。

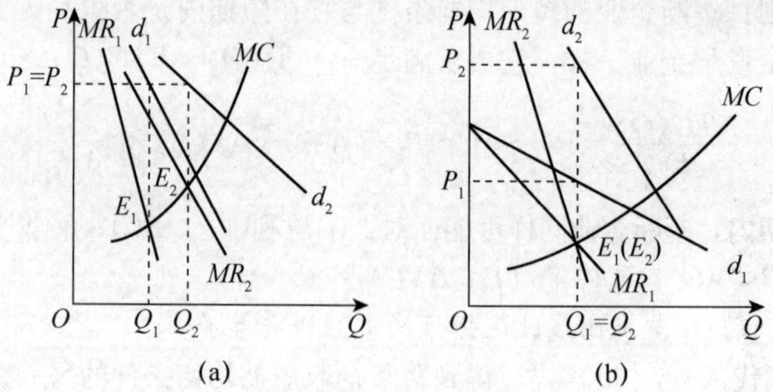

图 7-4　垄断企业的产量和价格

我们可以把上述结论一般化为：凡是在或多或少的程度上带有垄断因素的不完全竞争市场中，或者说，凡是在单个企业对市场价格具有一定的控制力量，相应地，单个企业的需求曲线向右下方倾斜的市场中，不存在具有规律性的企业和行业的短期供给曲线，也就无法通过水平加总企业的供给曲线得到市场供给曲线。

6. *垄断势力与垄断势力度*

当卖方能够索取高于边际成本的价格时，则卖方拥有**垄断势力**（monopoly power，垄断权或垄断地位）①，测定垄断势力的一个方法是计算利润最大化价格超过边际成本的程度：价格减边际成本再除以价格的比率。这种方法由经济学家阿巴·勒纳（Abba Lerner）在 1934 年首先使用，因此取名为**勒纳的垄断势力度**（Lerner's degree of monopoly power）②，或简称**勒纳指数**，它通过对（7-12）式变形得到：

$$L=\frac{P-SMC}{P}=\frac{1}{E_d} \tag{7-15}$$

（7-15）式与（7-13）式完全一致。关于勒纳指数，需要注意以下三点：

（1）"勒纳指数的值总是在 0～1 之间。对一个完全竞争厂商来说，$P=MC$，从而 $L=0$。L 越大，垄断势力度就越大。"③

（2）"该垄断势力指数也可以用厂商面临的需求的弹性来表达……我们必须注意 E_d 现在是厂商需求曲线的弹性而不是市场需求曲线的弹性。"④

（3）"值得注意的是有一定的垄断势力并不一定意味着高利润。利润取决于相对于价格的平均成本水平。厂商 A 可以比厂商 B 拥有更大的垄断势力，但由于它的平均成本要高得多，它的利润可能反而较低。"⑤

7. *垄断市场的税收分摊*

"当对一个完全竞争行业征收一种特定（如按每单位征收）税收时，市场价格的涨幅小于税收，因而税收的负担是由生产者和消费者共同分担的。可是，在垄断的情况下，有

---

① 罗伯特·S. 平狄克，丹尼尔·L. 鲁宾费尔德. 微观经济学：第四版. 北京：中国人民大学出版社，2000：314.
② 同①295.
③④⑤ 同①296.

时候价格的上升超过税收。”① 征税以后，垄断企业的利润最大化原则是：

$$MR=SMC+T \tag{7-16}$$

其中，T 为从量税。(7-13) 式则可以进一步表示为：

$$P=\frac{SMC+T}{1-1/E_d} \tag{7-17}$$

(7-17) 式说明，垄断势力并没有赋予垄断企业任意决定价格的权力。按照利润最大化原则确定垄断价格的垄断企业，将受到市场需求价格弹性、垄断企业的短期边际成本和政府税收的影响。

(二) 垄断企业的长期均衡

1. 总量分析与边际分析

对于垄断企业的长期均衡分析，同样可以采取总量分析和边际分析。边际分析就是将图 4-28 与图 7-1 (a) 叠加在一起，分析垄断企业实现利润最大化的生产规模和价格，见图 7-5。

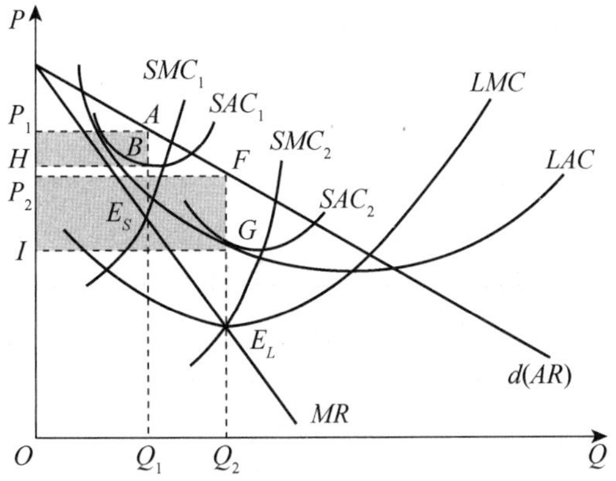

图 7-5 垄断厂商的长期均衡

2. 最优规模原则和转产原则

由于在长期内，企业可以根据利润最大化原则对全部生产要素（即生产规模）进行调整，因此，垄断企业的长期决策同样有两个：最优规模原则和转产原则。

(1) 垄断企业的**最优规模原则**就是长期利润最大化原则，或称长期均衡条件，用公式表示为：

$$MR=LMC=SMC \tag{7-18}$$

在图 7-5 中，满足 (7-18) 式的点是 E_L 点，它对应的最优生产规模是 Q_2（而不是 Q_1），均衡价格是 P_2，垄断企业的平均收益是 FQ_2，长期（与短期）平均成本是 GQ_2，平均收益大于平均成本，垄断企业获得利润，单位产品的平均利润是 FG，总利润相当于图中阴影部分矩形 P_2FGI 的面积。由于有进入壁垒的存在，因此，垄断企业将长期保有这部分利润。

(2) **转产原则：**垄断企业的长期均衡条件与它在长期内是否盈利无关。垄断企业在长

① 罗伯特·S. 平狄克，丹尼尔·L. 鲁宾费尔德. 微观经济学：第四版. 北京：中国人民大学出版社，2000：291.

期内实现盈利的条件为 $\pi = TR(Q) - LTC(Q) > 0$，或者

$$\frac{\pi}{Q} = \frac{PQ}{Q} - \frac{LTC(Q)}{Q} = P - LAC > 0 \tag{7-19}$$

如果垄断企业经过规模调整后仍处于亏损状态，或者说 $P < LAC$，那么它就将退出这个行业，转入其他行业。

四、垄断的社会成本

垄断的社会成本分析是关于垄断市场的绩效分析，它建立在以下假设条件之上。

(一) 假设条件

1. 加法型社会福利函数

加法型社会福利函数也被叫作**功利主义的社会福利函数**，或者说**一美元一票的评判标准**。“这一评判标准意味着，评价贸易中的重大问题所基于的是贸易对总福利水平的影响，而不是它对福利分配的影响。这并不表示我们对分配问题漠不关心，而仅意味着，我们认为福利分配是一个通过其他手段能更好解决的问题。”①

2. 以完全竞争市场为参照系

“我们可以通过一个竞争行业生产一种产品时的消费者和生产者剩余，与由一个垄断者供应整个市场时的消费者和生产者剩余之间的比较来回答这个问题。”② 也就是说，对完全竞争市场与垄断市场进行比较。

3. 相同的成本曲线

“我们假设竞争的市场和垄断者有相同的成本曲线。”③ 该假定意味着垄断市场不存在技术或策略壁垒，造成垄断的原因仅仅是人为壁垒。

(二) 竞争市场与垄断市场在长期均衡与经济效率上的比较

有关垄断社会成本的讨论，实际上是把人为壁垒导致的垄断与完全竞争市场进行比较，见图 7-6。其中，假设边际成本不变，该假定意味着边际成本等于平均成本，不存在规模经济与不经济。结合完全竞争市场与垄断市场的均衡条件，就可以得到表 7-5。

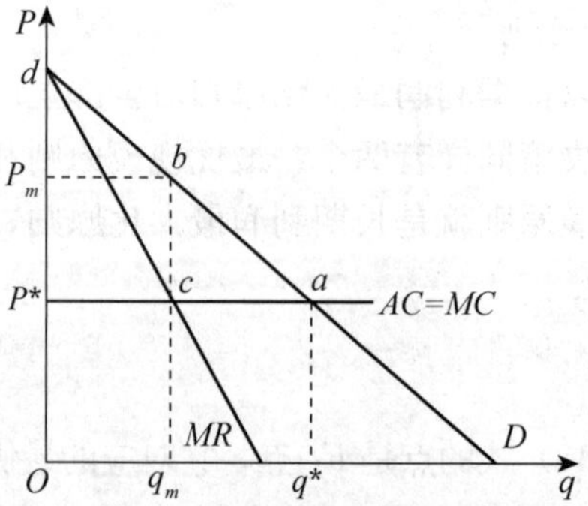

图 7-6　垄断的社会成本

① 托马斯·A. 普格尔，彼得·H. 林得特. 国际经济学. 北京：经济科学出版社，2001：22. 该标准与帕累托标准一致。

②③ 罗伯特·S. 平狄克，丹尼尔·L. 鲁宾费尔德. 微观经济学：第四版. 北京：中国人民大学出版社，2000：301.

表 7-5 垄断的社会成本

	实证/均衡分析		规范/福利分析		
	均衡价格	均衡产量	消费者剩余	生产者剩余	社会净福利
完全竞争	P^*	q^*	$S_{\Delta daP^*}$	0	$S_{\Delta daP^*}$
垄断	P_m	q_m	$S_{\Delta dbP_m}$	$S_{\square P_m bcP^*}$	$S_{\square dbcP^*}$
比较分析	$P_m > P^*$	$q_m < q^*$	$-S_{\square P_m baP^*}$	$+S_{\square P_m bcP^*}$	$-S_{\Delta abc}$
垄断导致	价格上升	企业生产能力闲置	收入再分配和寻租活动		无谓损失

1. 企业（或社会）生产能力闲置

完全竞争企业的利润最大化原则是 $P=AR=MR=MC$，垄断企业的利润最大化原则是 $P=AR>MR=MC$。因此，人为垄断的结果必然导致较高价格与较低的产量。垄断市场的均衡产量为 q_m，完全竞争市场的均衡产量为 q^*。通过市场均衡点的比较可知，垄断市场通过限产保价来实现利润最大化，它使企业没有实现最优生产规模，或闲置生产能力。

2. 无谓损失

完全竞争市场的经济净价值为 D 与 MC 曲线之间的三角形 daP^* 的面积。当该市场变成垄断市场后，消费者剩余损失梯形 P_mbaP^* 的面积，其中，四边形 P_mbcP^* 的面积以垄断利润的形式从消费者那里转移到生产者那里，三角形 abc 的面积被称为垄断的**无谓损失**。由于阿诺德·哈伯格最先从经验数据上估算美国垄断行业遭遇的无谓损失，所以，这个三角形被称为**哈伯格三角形**。

3. 寻租成本[①]

由于获得垄断地位就可以获得垄断利润，垄断利润就为企业投资获得垄断地位提供激励。当企业花费资源以获得和维持垄断地位时，它就在从事**寻租活动**。由于寻租活动的直接结果是花费了资源，但没有生产出产品，所以，有的经济学家也把寻租活动称为**直接的非生产性寻利活动**，简称 DUP 活动。经济学家们倾向于用垄断利润来衡量寻租成本，在图 7-6 中表现为四边形 P_mbcP^* 的面积。由于戈登·塔洛克最先提出这种成本，因此，这个四边形被称作**塔洛克四边形**。

4. 垄断的社会成本

垄断的社会成本等于垄断的无谓损失与寻租成本之和。“这就是经济学家普遍反对垄断和支持促进竞争的经济政策的理论基础。它是自然垄断企业的价格等于边际成本的规制政策的理论基础。”[②]

（三）对垄断的公共管制和反托拉斯法

上述理论并不构成对垄断的公共管制和制定反托拉斯法的理由，因为使上述完全竞争市场转变为垄断市场的根源只能是行政壁垒。因此，根据对症规则，应当在垄断的根源上进行干预，即取消行政壁垒，而不是通过行政壁垒将完全竞争市场转变成垄断市场以后，才在此基础上对垄断进行公共管制或采用反托拉斯法。

---

① 对此问题有兴趣的同学可以阅读：李政军. 寻租理论产生的理论背景和现实契机. 财经科学，2003（3）；李政军. 寻租与 DUP 活动：一个比较分析. 理论经济学，2000（12）；戈登·塔洛克. 关税、垄断和偷窃的福利成本. 李政军，译. 经济社会体制比较，2001（1）.

② 罗伯托·塞拉诺，艾伦·M. 费尔德曼. 中级微观经济学精要. 上海：上海财经大学出版社，2014：159.

五、价格歧视

（一）单一定价与价格歧视

1. 单一定价

垄断企业按照相同价格出售产品的行为，叫作**单一定价**（uniform pricing）①。单一定价一方面给消费者保留了一部分消费者剩余，另一方面也导致了一部分无谓损失，见图7-6。它们都激发着垄断企业采取价格歧视。

2. 价格歧视

垄断企业为了增加自己的垄断利润，凭借自己的垄断势力，根据不同的需求弹性，以不同的价格销售同一种产品的行为，叫作**价格歧视**（price discrimination）②，它的形式分为一级、二级和三级价格歧视。为了实施价格歧视，垄断企业需要以成本有效的方式将具有不同需求价格弹性的消费者或消费量隔离开来，否则就会出现低价买者向高价市场转卖产品以套取差价的行为，或称**消费者套利行为**（consumer arbitrage）。③

（二）一级价格歧视

1. 一级价格歧视的定义

一级价格歧视（first-degree price discrimination），或称**完全价格歧视**，是指垄断企业对每一单位产品都按消费者愿意支付的最高价格（即需求价格）进行出售的行为。④ 例如，在图7-7中，垄断企业按照需求价格 P_1 销售第一单位产品 Q_1，按照需求价格 P_2 销售第二单位产品 Q_2，依此类推。实施一级价格歧视的垄断企业的边际收益曲线就是它面临的

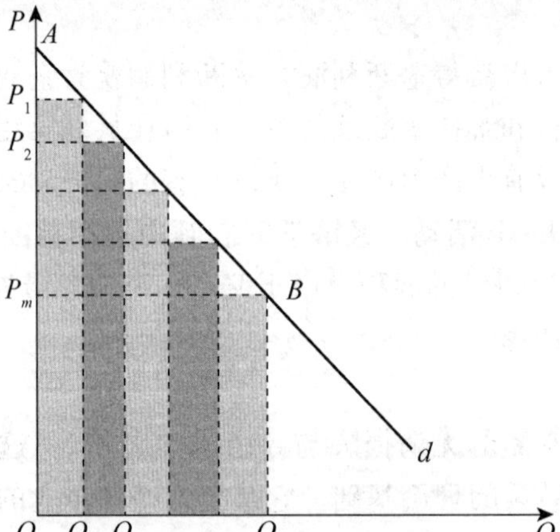

图7-7　一级价格歧视

---

① 求解单一价格对应的垄断市场（或企业）的均衡价格与产量，也被叫作"垄断的标准解"。罗伯托·塞拉诺，艾伦·M. 费尔德曼．中级微观经济学精要．上海：上海财经大学出版社，2014：155.

② 我国绝大多数学者将"price discrimination"译作"差别定价"。值得注意的是，"1920年，在'歧视（discrimination）'一词带有鄙视含义的几十年前，A. C. Pigou 称这种定价实践为差别定价。大多数市场经理都避免使用'歧视'一词，而是用不同的名称称呼这种实践，例如收入管理、产出管理或者市场细分。无论你叫它什么，对同一产品或服务收取不同的价格是为了获取消费者剩余，将它变成企业的利润"。克里斯托弗·R. 托马斯，S. 查尔斯·莫瑞斯．管理经济学：第9版．北京：机械工业出版社，2009：414.

③ 克里斯托弗·R. 托马斯，S. 查尔斯·莫瑞斯．管理经济学：第9版．北京：机械工业出版社，2009：414.

④ 严格地讲，一级价格歧视是指企业对每一个消费者的每一单位消费量都按照其需求价格出售商品的行为。

需求曲线 d①，这对我们理解一级价格歧视至关重要。如果垄断企业的平均成本等于边际成本，并等于 P_m，那么垄断企业的均衡产量就是 Q_m，最后一单位产品的均衡价格为 P_m，垄断利润相当于三角形 ABP_m 的面积。

2. 单一定价与一级价格歧视的比较

通过图 7－6 我们发现，垄断企业实施单一定价，它的均衡条件为 $MR=MC$，均衡点是 c 点，对应的均衡产量是 q_m，均衡价格是 P_m，垄断利润是四边形 P_mbcP^* 的面积，消费者剩余是三角形 dbP_m 的面积，无谓损失是三角形 abc 的面积。如果垄断企业实施像图 7－7 一样的一级价格歧视，那么，在图 7－6 中，它的均衡条件为 $P=MR=MC$，均衡点是 a 点，对应的均衡产量是 q^*，最后一单位产品的均衡价格是 P^*，消费者剩余等于零，生产者剩余是三角形 dP^*a 的面积，无谓损失等于零。

3. 一级价格歧视的效率与公平

垄断企业实施一级价格歧视的均衡条件、均衡产量、最后一单位产品的价格和配置效率都与完全竞争市场相同，唯一的区别是消费者剩余全部被垄断企业占有，并转化为垄断企业的收益（或利润）。因此，一级价格歧视“最终的结果是一个有效率的结果，也是一个很不平等的结果，因为所有收益都被企业获得，消费者没有得到任何收益。这是一个坏消息”②。

（三）二级价格歧视

1. 二级价格歧视

二级价格歧视（second-degree price discrimination）是指垄断企业对消费者的不同消费数量段规定不同价格的行为。例如，在图 7－8 中，垄断者规定了三个不同的价格。在第一个消费段上，垄断者规定的价格最高，为 P_1；当消费数量增加到第二个消费段时，价格降为 P_2；当消费数量再增加到第三个消费段时，价格便降为更低的 P_3。因此，实施二级价格歧视的垄断企业的边际收益曲线是 P_1BGCFD。

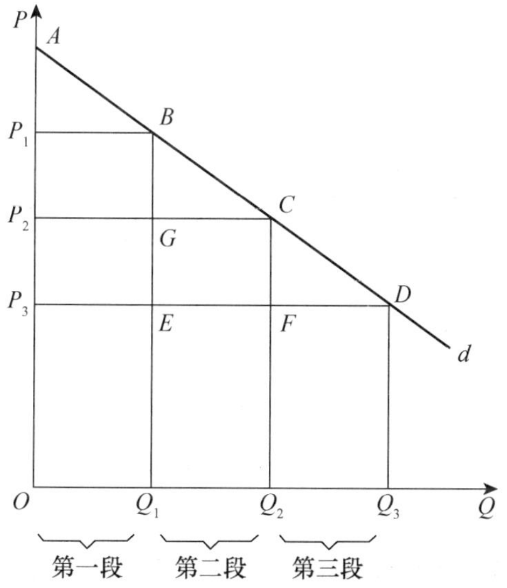

图 7－8　二级价格歧视

① 这就导致实施价格歧视的垄断企业的需求曲线不再是平均收益曲线。

② 罗伯托·塞拉诺，艾伦·M. 费尔德曼. 中级微观经济学精要. 上海：上海财经大学出版社，2014：163.

2. 二级价格歧视的均衡条件

假设垄断企业的边际成本等于平均成本并等于 P_3，它的均衡条件是 $P=MR=MC$，均衡点是 D，对应的均衡产量是 Q_3，最后一阶段产品的市场价格是 P_3，消费者剩余等于三角形 AP_1B、BGC 和 CFD 的面积之和，生产者剩余等于矩形 P_1BEP_3 与矩形 $GCFE$ 的面积之和，社会福利是消费者剩余与生产者剩余之和，表现为三角形 ADP_3 的面积。

3. 二级价格歧视的效率与公平

二级价格歧视的市场均衡条件、均衡产量、最后一单位产品的市场价格和配置效率都与完全竞争市场相同，唯一的区别是更多（而不是全部）的消费者剩余被垄断企业占有，并转化为垄断企业的收益（或利润），但它在程度上比一级价格歧视要低。

（四）三级价格歧视①

1. 三级价格歧视的定义

三级价格歧视（third-degree price discrimination）是指垄断企业对同一产品在不同市场上（或对不同的消费群体）收取不同价格的行为。

2. 三级价格歧视的均衡条件

假设垄断企业仅将消费者区分为两个市场（或群体），见图 7-9，Q_1 与 Q_2 分别表示这两个市场的需求量/销售量，D_1 与 D_2 分别表示两个市场的需求曲线，对应的边际收益曲线分别是 MR_1 与 MR_2。假设企业的边际成本 MC，垄断企业实行三级价格歧视的均衡条件是：

$$MR_1=MR_2=MC \tag{7-20}$$

根据（7-20）式，可以得到垄断企业在两个市场的均衡点分别是 E_1 与 E_2，对应的均衡价格是 P_1 与 P_2，销售量是 Q_1^1 与 Q_2^2，均衡产量是 $Q_1^1+Q_2^2$。

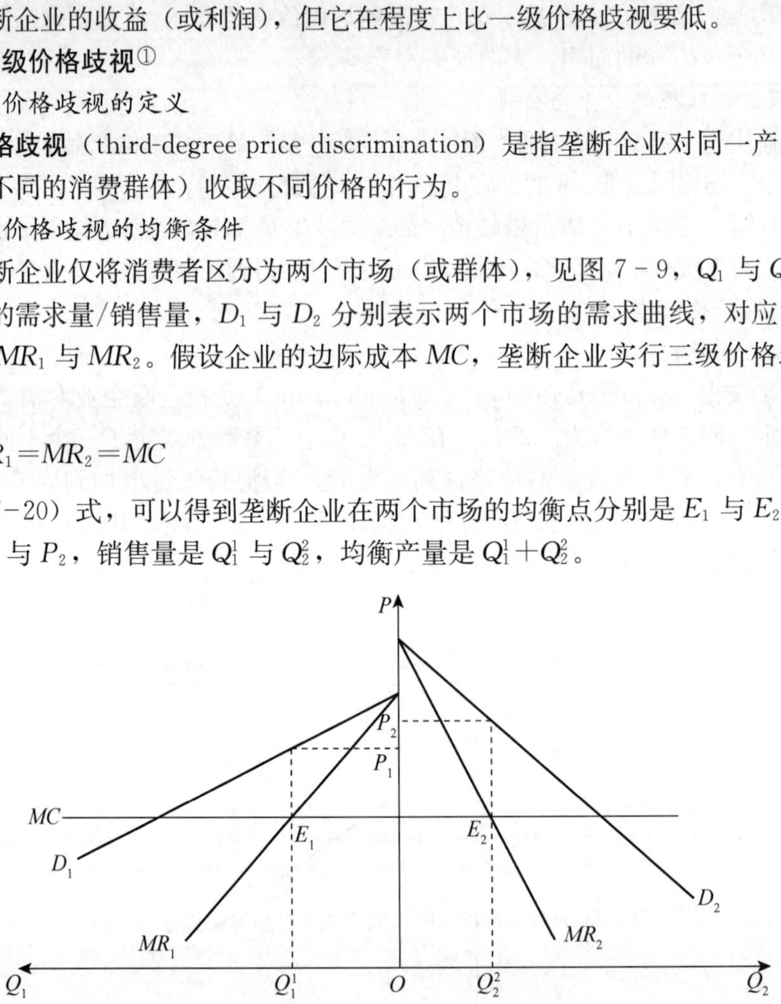

图 7-9　三级价格歧视

（7-20）式实际上包含了两个原则：

（1）**垄断企业在不同市场分配产品的原则**，或者叫作**等边际收益原则**，即不管垄断企业生产多少产品，它总是将总产量在不同市场之间进行分配，直到它从各个市场获得的边

① 关于三级价格歧视对资源配置的影响的分析比较复杂，在正文中不涉及。高鸿业. 西方经济学（微观部分·第七版）. 北京：中国人民大学出版社，2018：193.

际收益相等，否则它就可以通过产量在不同市场之间的分配来实现利润最大化。

（2）**均衡产量原则**，即总产量必须满足各组消费者的边际收益等于生产的边际成本，否则垄断企业可以通过提高或降低其总产量来使利润实现最大化。

3. 三级价格歧视的定价原则

对价格反应不敏感（或缺乏需求价格弹性）的消费者制定较高的价格，而对价格反应敏感（或富有需求价格弹性）的消费者制定较低的价格，见图 7-9。当然，我们可以从数学上证明。根据（7-5）式可以得到垄断企业在市场 1 和 2 的边际收益分别为：

$$MR_1=P_1\left(1-\frac{1}{E_1}\right),\ MR_2=P_2\left(1-\frac{1}{E_2}\right)$$

将上述两式代入（7-20）式得到：

$$P_1\left(1-\frac{1}{E_1}\right)=P_2\left(1-\frac{1}{E_2}\right) \quad 或者 \quad \frac{P_1}{P_2}=\frac{1-1/E_2}{1-1/E_1} \tag{7-21}$$

例如，当$\frac{P_1}{P_2}=\frac{1-1/E_2}{1-1/E_1}>1$，即 $P_1>P_2$ 时，$\left(1-\frac{1}{E_2}\right)>\left(1-\frac{1}{E_1}\right)$，$E_2>E_1$。假设市场 1 和 2 的需求弹性分别为 2 和 4，将其代入（7-21）式得到：$\frac{P_1}{P_2}=\frac{1-1/4}{1-1/2}=1.5$，即垄断企业对市场 1 收取的价格是市场 2 的 1.5 倍。

第二节　垄断竞争市场[①]

一、垄断竞争市场的特征

（一）垄断竞争市场的定义

垄断竞争市场（monopolistic competition）是指一个市场中有许多企业生产和销售有差别的同种产品的市场组织。[②] 垄断竞争市场对完全竞争市场的偏离，就是引入了“有差别的同种产品”。与此概念相关的含义或概念有：

（1）**产品差别**不仅包括同一种产品在质量、构造、外观、销售服务条件等方面的差别，还包括商标、广告方面的差别和以消费者的想象为基础的任何虚构的差别。

（2）由于市场上的产品之间存在差别，使得带有自身特点的产品具有唯一性，因此每个厂商对自己的产品价格都具有一定的垄断势力，这就构成了垄断竞争市场中的垄断因素。

（3）有差别的同种产品是很相似的替代品，每一种产品都会遇到大量其他相似产品的竞争，这又构成了垄断竞争市场中的竞争因素。

---

① “认识到以下这一点很重要：垄断竞争理论的发展是以古诺的非合作对策理论为基础的，诸如霍特林、张伯伦以及 J. 罗宾逊等的成就是基于古诺的非合作对策理论而形成的。”马丁·舒贝克. 古诺，安东万·奥古斯丹，1801—1877 年//伊特韦尔，等. 新帕尔格雷夫经济学大辞典：第一卷. 3 版. 北京：经济科学出版社，1996：768.

② “一个垄断性竞争的市场在存在许多厂商和新厂商进入不受限制的意义上与一个完全竞争市场是相似的，它与完全竞争的不同在于产品是有差别的——各厂商销售在质量、外观或名声方面有差异的品牌或版本，且各厂商是自己品牌的唯一生产者。厂商具有的垄断势力的大小取决于它在将它的产品区别于其他厂商产品方面获得的成功。”罗伯特·S. 平狄克，丹尼尔·L. 鲁宾费尔德. 微观经济学：第四版. 北京：中国人民大学出版社，2000：372.

(4) 在垄断竞争市场，生产有差别的同种产品的企业集合叫作**生产集团**。[①]

(二) 垄断竞争市场的条件

1. 有大量企业生产有差别的同种产品

产品差别使得各个企业都是自己产品的唯一生产者，产品的替代性使得市场又具有竞争的因素。因此，各个垄断竞争企业的垄断势力的大小，取决于它在将它的产品区别于其他厂商产品方面获得的成功。[②]

2. 自由进出

新企业带着新品牌进入市场、无利可图的企业退出市场都比较容易。[③] 这个条件既保证了垄断竞争市场有许多企业，也使垄断竞争企业在长期内经济利润等于零。

(三) 垄断竞争企业的需求曲线

垄断竞争市场偏离完全竞争市场"同质产品"这个条件。产品差别的引入导致垄断竞争企业面临的需求曲线既不同于完全竞争企业，也不同于垄断企业。

1. 垄断竞争企业的需求曲线的一般特征

由于垄断竞争企业可以在一定程度上控制自己产品的价格，即通过改变自己所生产的有差别的产品的销售量来影响价格，所以，跟垄断企业一样，垄断竞争企业所面临的需求曲线也向右下方倾斜。所不同的是，由于各个垄断竞争企业的产品相互之间都是很接近的替代品，进入和退出都是自由的，因此，垄断竞争企业面临的需求曲线具有较大的弹性。总之，垄断竞争企业的需求曲线是比较平坦的，相对比较接近完全竞争企业的需求曲线。

2. 垄断竞争企业需求曲线的两种类型[④]

(1) d 需求曲线。

d 需求曲线表示垄断竞争生产集团中某个代表性企业改变价格而其他企业的产品价格保持不变时，该企业的产品价格与销售量之间的对应关系，它具有较大的弹性，也被称作企业的**主观需求曲线，或预期的需求曲线**。例如，在图 7 - 10 中，假设某代表性垄断竞争企业的初始点是 A，它对应的价格是 P_1，产量是 Q_1，企业主观预期自己将产品价格降到 P_2，生产集团内的其他企业不会作出反应，因此，它的销售量将沿着 d_1 增加到 Q_2。

(2) D 需求曲线。

D 需求曲线表示垄断竞争生产集团中某个代表性企业改变其产品的价格，其他企业也跟着改变价格时，该企业的产品价格与销售量之间的对应关系，它具有较小的弹性，也被称作企业的**份额需求曲线，或实际需求曲线，或市场需求曲线**。例如，在图 7 - 10 中，同样假设某垄断竞争企业的初始点是 A，对应的价格是 P_1，产量是 Q_1，当它将自己产品的价格降到 P_2 时，生产集团内的其他企业也跟着将价格从 P_1 降到 P_2，于是，该垄断竞争企业的实际销售量将沿着 D 需求曲线增加到 Q_3，而不是沿着 d_1 增加到 Q_2。Q_3 之所以小于 Q_2，这是因为集团内其他厂商的买者没有被该厂商的降价行为所吸引，每个厂商销售量的增加仅来自整个市场价格的下降，同时表现为代表性企业的主观需求曲线从 d_1 向下

---

① 高鸿业．西方经济学（微观部分·第七版）．北京：中国人民大学出版社，2018：193.

② 差别产品（heterogeneous products）是产品在消费者心目中的主观差异，而非一定是产品的客观差异。

③ 罗伯特·S. 平狄克，丹尼尔·L. 鲁宾费尔德．微观经济学：第四版．北京：中国人民大学出版社，2000：373.

④ 可能只有我们的教科书才做这样的区分。我查阅了手边所有国外的著名教科书，它们都没有做这种区分。

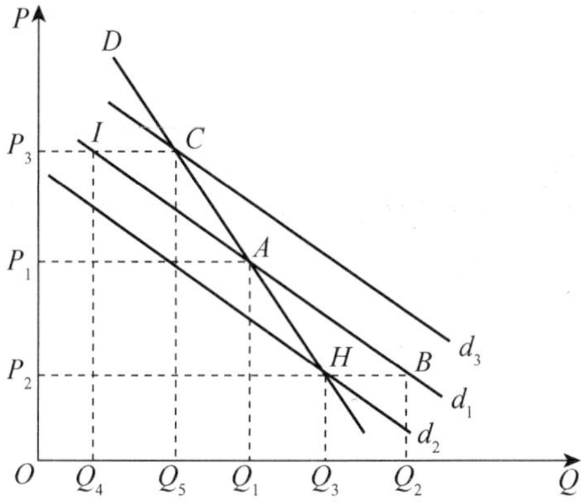

图 7－10　垄断竞争厂商的需求曲线

平移到 d_2，d_1 与 d_2 分别表示整个生产集团将价格固定在 P_1 与 P_2，代表性企业单独改变价格时在各个价格下的预期销售量。

（3）d 需求曲线与 D 需求曲线的关系。

①当垄断竞争生产集团内的所有企业都以相同方式改变产品价格时，整个市场价格的变化会使得单个企业的 d 需求曲线沿着 D 需求曲线发生平行移动。[①]

②由于 d 需求曲线表示单个垄断竞争企业单独改变价格时所预期的产量，D 需求曲线表示每个垄断竞争企业在每一价格水平实际面临的市场需求量，所以，d 需求曲线和 D 需求曲线相交意味着垄断竞争市场的供求相等。

③d 需求曲线的弹性大于 D 需求曲线。

二、垄断竞争企业的短期均衡与长期均衡

（一）垄断竞争企业的短期均衡

1. 边际分析法

虽然我们在前面介绍了垄断竞争企业的两条需求曲线，但是，在确定垄断竞争企业的短期和长期均衡时，使用的需求曲线是垄断竞争企业的主观需求曲线。根据垄断竞争企业的主观需求曲线 d，可以获得与它对应的边际收益曲线 MR，结合图 4－23（c）的短期边际成本和平均成本曲线，就得到图 7－11（b）。

2. 最优产出原则

在图 7－11（b）中，垄断竞争企业的最优产出原则，即短期均衡条件是 $MR=SMC$，它对应的短期均衡点是 E 点，均衡价格是 $\bar{P}$，均衡产量是 $\bar{Q}$。我们之所以要过 H 点画一条实际需求曲线 D，目的在于表明此时的垄断竞争市场也处于均衡状态，即生产集团内没有企业会改变自己的产量和价格。[②] 图 7－11（a）反映的是垄断竞争市场与代表性企业的

① 在后面我们分析垄断竞争企业的长期均衡时还会发现导致垄断竞争企业主观需求曲线移动的因素有企业的进入与退出。因此，我们需要注意，导致垄断竞争企业主观需求曲线移动的因素有两个：垄断竞争生产集团内的所有企业都以相同方式改变产品价格，有企业退出或进入垄断竞争生产集团。

② 在垄断市场中，垄断企业的短期和长期均衡就是市场的短期和长期均衡。在完全竞争市场中，市场的短期均衡是行业短期供给曲线与市场需求曲线的交点，企业的短期均衡条件为 $P=MR=SMC$；市场的长期均衡是行业长期供给曲线与市场需求曲线的交点，企业的长期均衡条件是 $P=MR=LMC=LAC$。

非均衡调整过程，同学们没有必要深究。

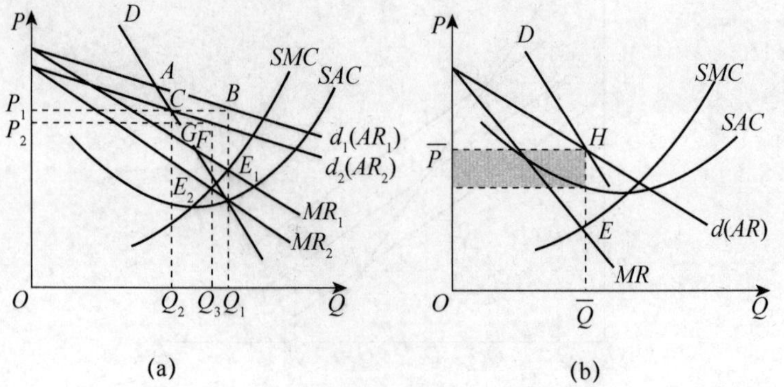

图 7-11　垄断竞争市场代表性企业的短期均衡

3. 停产原则

垄断竞争企业的短期均衡条件同样不同于盈利条件（$P>SAC$），因此，根据短期均衡条件 $MR=SMC$ 确定的价格和产量，同样面临着盈利、收支相抵和亏损三种情况。停产原则同样是 $P<AVC$。

4. 垄断竞争企业没有供给曲线①

5. 非价格竞争

正如前面所指出，各个垄断竞争企业的垄断势力的大小，取决于它在将它的产品区别于其他厂商产品方面获得的成功，因此，垄断竞争企业往往通过改进产品品质、精心设计商标和包装、改善售后服务以及进行广告宣传等手段来扩大自己产品的市场份额，这些手段叫作**非价格竞争**。

（二）垄断竞争企业的长期均衡

1. 边际分析法

在长期内，我们同样根据垄断竞争企业的主观需求曲线来推导它的边际收益曲线，并将它们与图 4-24（b）的长期边际成本曲线叠加在一起，就可以得到图 7-12。

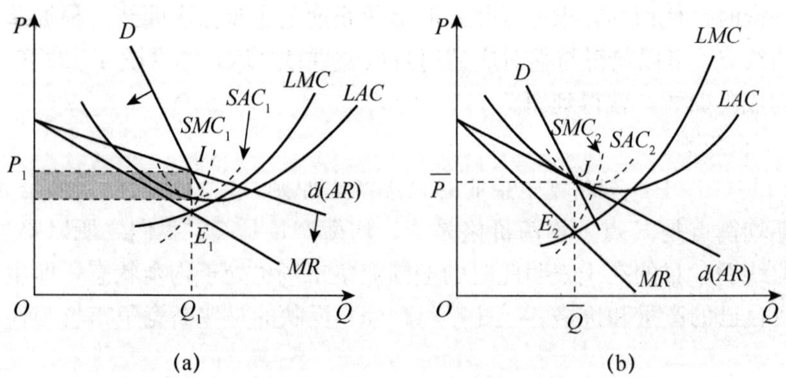

图 7-12　垄断竞争市场代表性企业的长期均衡

① 因此，垄断竞争市场不仅没有供给曲线，而且，也不能通过加总消费者个人的需求曲线获得市场需求曲线。

2. 利润最大化条件

图 7-12（a）表明，垄断竞争企业根据长期利润最大化原则（7-22）式，将最优生产规模确定在 Q_1（对应的短期平均成本与边际成本分别是 SAC_1 与 SMC_1），表明生产集团内的所有企业都处于盈利状态，利润如阴影部分的面积所示。

$$MR=LMC=SMC \tag{7-22}$$

3. 长期均衡条件

我们能说垄断竞争企业满足（7-22）式就处于均衡状态吗？回答当然是否定的。因为当垄断竞争企业满足（7-22）式，并处于盈利状态时，垄断竞争市场的“自由进出”条件就允许有新企业进入。生产集团内有新企业进入将导致垄断竞争企业的主观需求曲线 d 向下移动，实际需求曲线（或称份额需求曲线）将向左移动，如图 7-12（a）所示。反之，当垄断竞争企业满足（7-22）式，并处于亏损状态时，生产集团内就有企业退出（或称转产），导致仍留在生产集团内的垄断竞争企业的主观需求曲线 d 向上移动，份额需求曲线向右移动。在长期内，只有当垄断竞争企业既满足利润最大化条件（7-22）式，又满足：

$$P=AR=LAC=SAC \tag{7-23}$$

即经济利润等于零时①，我们才能说垄断竞争企业或市场处于长期均衡状态。

（三）垄断竞争市场的效率分析

1. 企业和社会的生产能力没有得到充分利用

垄断竞争企业长期均衡产量小于完全竞争企业的均衡产量，在图 7-13 中表现为 $Q_A<Q_C$。过剩生产能力 Q_AQ_C 可以分为两种类型：一是企业没有充分利用现有的生产设备造成的过剩生产能力 Q_AQ_B；二是企业没有充分利用规模经济效应来实现最优企业规模造成的过剩生产能力 Q_BQ_C。

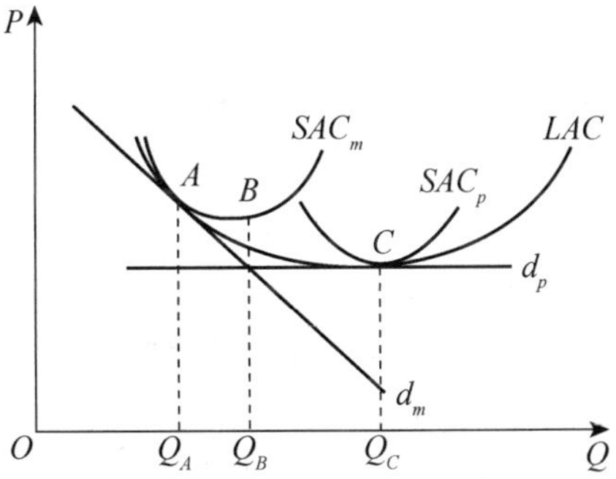

图 7-13　垄断竞争市场的效率分析

2. 无谓损失

在长期均衡中，垄断竞争企业的边际成本等于边际收益，从而小于价格，所以扩大产量的边际成本小于给消费者带来的边际效用。从整个社会的角度看，继续提高产量有助于

① 保罗·克鲁格曼在 1979 年第 11 月的《国际经济学杂志》上发表的《规模报酬递增、垄断竞争和国际贸易》这篇论文，开创性地利用了垄断竞争企业长期均衡的这两个条件，提出了国际贸易的产业内分工理论，这不仅为他赢得了诺贝尔经济学奖，也使垄断竞争理论再次大放异彩，有人甚至将克鲁格曼的产业内分工理论叫作“新张伯伦模型”。（黄卫平，彭刚．国际经济学．北京：中国人民大学出版社，2004：89.）有关该模型的进一步讨论，请参考丹尼斯·R. 阿普尔亚德，小艾尔弗雷德·J. 菲尔德．国际经济学．北京：机械工业出版社，2001：170。

社会总福利的提高。不过，与垄断市场相比，以价格和边际成本的差距来衡量的效率损失在垄断竞争市场上相对较小。因为垄断竞争市场上单个企业面临的需求弹性比较大，边际成本与价格之间的差距相对较小。[①] 这一比较结果可以通过不完全竞争市场上企业均衡的条件说明。

根据（7-12）式可以知道，需求弹性越大，边际成本与价格的差距就越小。当需求弹性等于无穷大（即完全竞争市场）时，两者的差距等于零。由于相对于垄断企业而言，垄断竞争企业面临的需求曲线更富有弹性，因此，边际成本与价格之间的差距就更小，无谓损失（哈伯格三角形）的面积就更小。

3. 寻租成本

企业为了追求产品的差别，将花费相当的资源进行非价格竞争。

基于完全竞争市场对垄断竞争市场的效率分析，除了面临我们在前面指出的问题以外，还面临一个问题，即我们可以把垄断竞争的效率损失看成是消费者获得了产品的多样性而付出的成本，因此，垄断竞争市场同样是有效率的。

第三节　寡头市场

一、寡头市场概论

（一）寡头市场的特征

寡头市场（oligopoly）又称**寡头垄断市场**。它是指少数几家厂商控制整个市场的产品生产和销售的这样一种市场组织。

根据这个定义，我们可以得到寡头市场的三个特征：

（1）寡头市场有大量的消费者，因此每个消费者都是价格的接受者。

（2）寡头市场只有“少数几家厂商”。这里的“少数几家”不是一个不确定的数目，它主要强调寡头市场是指“少数几家厂商控制整个市场的产品生产和销售的这样一种市场组织”。在这种市场环境或结构中，“每个厂商的产量都在全行业的总产量中占一个较大的份额，从而每个厂商的产量和价格变动都会对其他竞争对手以至整个行业的产量和价格产生举足轻重的影响”[②]。我们把这样的市场环境或结构，叫作**策略性环境**（strategic environment）[③]，或者说，寡头企业决策之间具有**相互牵制性**（mutual dependence）。

（3）如果我们问寡头市场为什么只有少数几家企业，回答这个问题自然就涉及形成寡头市场的原因。与垄断市场一样，寡头市场的成因是进入壁垒，“只是在程度上有所差别而已”[④]。

基于第（1）、（2）个特征的考虑，我们将“oligopoly”翻译成寡头、寡头市场、寡头行业或寡占；如果再考虑到第（3）个特征，我们就不难理解为什么有人将“oligopoly ”翻译成“寡头垄断市场”和“（卖方）寡头垄断”[⑤]。

---

① 黄亚钧，姜纬．微观经济学教程．上海：复旦大学出版社，1995：166.

② 高鸿业．西方经济学（微观部分・第七版）．北京：中国人民大学出版社，2018：200.

③ “策略性环境是指，每个人进行的决策和采取的行动都会对其他人产生显著的影响。”高鸿业．西方经济学（微观部分・第七版）．北京：中国人民大学出版社，2018：291.

④ 同①.

⑤ P. 西洛斯-拉比尼．（卖方）寡头垄断//伊特韦尔，等．新帕尔格雷夫经济学大辞典：第三卷．3 版．北京：经济科学出版社，1996：751. 这篇文章重点讨论了进入壁垒对寡头市场价格的影响，值得一读。

（二）分析寡头市场的关键概念

1. 策略行动或决策

寡头企业决策的相互牵制性促使“每个寡头厂商在采取某项行动之前，必须首先要推测和掌握自己的这一行动对其他厂商的影响以及其他厂商可能作出的反应，然后，才能在考虑这些反应方式的前提下采取最有利的行动”① 或决策，这种行动或决策叫作**策略行动或决策**（strategic behavior or decision）②。简单地讲，“一个经济行为者在选择一种行动时如果考虑到了其他经济行为者对其行为的依赖性，那么，该经济行为者就可以说是采取了策略行动”③。

2. 策略思维

在明确了策略行动的定义以后，我们自然要问：每个寡头厂商在采取某项行动之前，如何首先去推测和掌握自己的这一行动对其他厂商的影响以及其他厂商可能作出的反应，然后才在考虑这些反应方式的前提下采取最有利的行动？对这个问题的回答涉及**策略思维**（thinking strategically）。“**策略思维**是关于了解对手如何打算战胜你，然后战而胜之的艺术。”④ 由于策略行动、策略决策或策略思维都类似于室内游戏性赌博或弈赛，所以我们将它们统称为**博弈**（game）。

3. 策略思维的基本原理

“范畴如此广泛的好的策略思维，一直是一门艺术。不过，它的基础是由一些简单的基本原理组成的。”⑤ 迪克西特和奈尔伯特在《〈策略思维〉中文版前言》中将**策略思维的基本原理**归结为两个：

> 一是改变观点。我们希望你可以从别人的角度观察这个世界。正确做到这一点对于确定你自己的最佳策略是必不可少的。不过，从别人的角度观察这个世界做起来并不容易。我们总喜欢把别人看作和我们一样的人，而不是完全不同的类型。（策略思维）要求你设身处地，仔细分析自己若处于对方的境地，思维会有什么变化，哪怕你完全不能同意他们的见解。
>
> 二是向前展望，倒后推理。这里说的是作出一系列行动和反行动，预计沿着你现在前进的道路走下去，最后你会达到哪里。我们听说，有一句成语的大致意思是“如果你留在目前的道路上，这就是你最后的归宿”。“向前展望，倒后推理”的法则却告诉你，应该先确定自己最后希望达到什么目标，然后从这个结果倒后研究，直到找出自己现在应该选择哪条道路，这样才能保证以后可以达到那个目标。⑥

如果我们用中国人熟悉的语言来概括策略思维的基本原理，那就是要求处于策略性环境中的决策者在作出策略行动或决策时要做到“知己知彼”，至于“换位思考（即改变观点）”或“瞻前顾后（即向前展望，倒后推理）”，它们都只是“知己知彼”的具体运用

---

① 高鸿业. 西方经济学（微观部分·第七版）. 北京：中国人民大学出版社，2018：200.

② “策略性决策和策略性行动是指，每个人都要根据其他人的可能的反应来决定自己的决策和行动。”高鸿业. 西方经济学（微观部分·第七版）. 北京：中国人民大学出版社，2018：291.

③ 约瑟夫·E. 哈林顿. 策略行为与市场结构//伊特韦尔，等. 新帕尔格雷夫经济学大辞典：第四卷. 3版. 北京：经济科学出版社，1996：554. 在第八讲中，我们还要涉及这篇文章，值得一读。

④⑤ 阿维纳什·K. 迪克西特，巴里·J. 奈尔伯特. 策略思维. 北京：中国人民大学出版社，2002：3.

⑥ 同④2.

而已。

4. 纳什均衡

寡头企业都按照策略思维行动的最终结果叫作**纳什均衡**（Nash equilibrium）①，即“在给定它的竞争者的行为以后，各厂商采取它能采取的最好的行为”②。

5. 策略变量

由于企业决策之间的相互牵制性决定了如果“不知道竞争对手相互之间的反应方式，就无法建立寡头厂商的模型，或者说，有多少关于竞争对手相互之间的反应方式的假定，就有多少寡头厂商的模型，就可以得到多少不同的结果，因此在西方经济学中，还没有一种寡头市场模型，可以对寡头市场的价格和产量决定作出一般的理论总结”③。鉴于微观经济学，乃至产业组织理论在研究寡头市场时，主要关注价格和产量两个**策略变量**（strategic variable），因此，科斯抱怨说：“产业组织已经成为关于企业特别是在寡头垄断情况下的定价和产出政策的研究（通常称之为市场结构研究，尽管它与市场如何起作用毫无关系）。”④

6. 双头垄断与纯粹寡头行业

由于寡头市场的根本特征是企业决策之间的相互牵制性，它直接促进了**博弈论**（game theory）在微观经济学，尤其是产业经济学中的运用。⑤ 对此，我们将在第八讲做详细的介绍。在本节中，我们假设市场上只有两家企业，这种情况叫作**双头垄断**（duopoly）⑥；它们都向众多的消费者提供一种同质产品，这两家企业的集合就是**纯粹寡头行业**（pure oligopoly）；它们选择的策略变量只有价格或产量；它们或者同时作出决策，或者先后作出决策。根据这些标准，可以对寡头市场模型做一个简单的分类，见表 7-6。

表 7-6　　寡头市场模型的分类

局中人的动机	次序	产量	价格
竞争（非合作）	同时决策	古诺模型	贝特朗模型
	先后决策	斯塔克伯格模型	价格领导模型
合作			斯威齐模型

需要提醒读者的是，我们学习寡头市场的目的，是为了理解前述分析寡头市场的基本概念，尤其是策略思维的基本原理。在此过程中，我将顺便介绍体现策略思维基本原理的两种方法：反应函数法与连续推断法。因此，本节只讨论三个代表性模型，它们依次是古诺模型、斯塔克伯格模型和斯威齐模型。

二、古诺模型

古诺模型（Cournot model）由法国经济学家奥古斯丹·古诺 1838 年在《财富理论的

① 该概念 1951 年由数学家约翰·纳什（John Nash）首先解释清楚，因此以他的名字命名。我们在第八讲做更深入的讨论。

② 罗伯特·S. 平狄克，丹尼尔·L. 鲁宾费尔德. 微观经济学：第四版. 北京：中国人民大学出版社，2000：378.

③ 高鸿业. 西方经济学（微观部分·第七版）. 北京：人民大学出版社，2018：200.

④ 罗纳德·哈里·科斯. 企业、市场与法律. 上海：上海三联书店，1990：133.

⑤ 关于寡头市场与博弈论之间的关系，你可以阅读雨果·索南夏因. 寡头垄断与对策论//伊特韦尔，等. 新帕尔格雷夫经济学大辞典：第三卷. 3 版. 北京：经济科学出版社，1996：755-758.

⑥ 詹姆斯·W. 弗里德曼. 双头垄断//伊特韦尔，等. 新帕尔格雷夫经济学大辞典：第一卷. 3 版. 北京：经济科学出版社，1996：1020-1023. 这篇文章将有助于你对本节内容的理解。

数学原理的研究》一书中提出[①]，它通常被作为寡头理论分析的出发点。“现在，人们一般认为，古诺是第一个清楚地理解和阐述**非协作均衡**的对策论概念的，这一概念被纳什（1951 年）作一般陈述，并构成对策论主要部分的基石”[②]。

（一）古诺模型的基本假设

（1）企业的目标是追求利润最大化。

（2）市场上只有 1、2 两家企业。

（3）它们生产和销售同质产品。

（4）它们的生产成本等于零，因此企业的销售收入就是总利润。

（5）它们面临相同的线性市场需求曲线。

（6）假设两家企业都知道上述 5 个假设，因此，它们能计算出两家企业不同产量组合下的市场销售量、市场价格和利润量。在第八讲，我们将把这种情况叫作**完全信息博弈**（complete information game）。

（7）企业“同时作出它们的产量决策”[③]，意味着企业在知道对家的产量后，“没有哪个厂商有机会作出反应”[④]。在第八讲，我们把这种情况叫作**同时博弈**或**静态博弈**（static game）。结合前述 6 个假设，合称古诺模型是**完全信息静态博弈**（complete information static game）。

（8）“寡头垄断厂商是通过定产进行竞争的”[⑤]，因此，古诺模型是**产量选择的寡头模型**。

上述 8 个假设条件是寡头企业决策的“线索”。现在的问题是：寡头企业如何依据上述线索确定自己的均衡产量？

根据上述线索求解古诺均衡有两种方法：一种是**连续推断法**（consistent conjecture），另一种是**反应函数法**（response function）。[⑥]

（二）古诺模型的均衡解

1. *反应函数法*

假设你处于企业 1 的位置，根据假设（2）、（3）、（5），你知道市场需求曲线的反函数和你与企业 2 的产量构成市场供给量，用公式表示为：

$$P=a-bQ,\ Q=q_1+q_2 \tag{7-24}$$

其中，q_1、q_2 和 Q 分别为企业 1、2 和市场的供给量。在你采用市场需求曲线的反函数时，意味着你采用了假设（8），即把策略变量确定为产量而不是价格。现在的问题是你如何确定自己的均衡产量？根据策略思维的基本原理，你需要做到“知己知彼”：

首先，你要“知彼”（或换位思考）：猜测你的对手（企业 2）如何根据你的产量选择他的最优产量。根据假设（1）和（4），结合你所知道的市场需求曲线，你可以猜测和掌握企业 2 的销售收入，即总利润函数是：

$$\pi_2=q_2\times P \tag{7-25}$$

---

① 中文版请参考奥古斯丹·古诺．财富理论的数学原理的研究．北京：商务印书馆，1994。

② 詹姆斯·W. 弗里德曼．双头垄断//伊特韦尔，等．新帕尔格雷夫经济学大辞典：第一卷．3 版．北京：经济科学出版社，1996：1021.

③④ 罗伯特·S. 平狄克，丹尼尔·L. 鲁宾费尔德．微观经济学：第四版．北京：中国人民大学出版社，2000：383.

⑤ 同③④384．显然，在寡头市场上，企业拥有许多策略变量，诸如产品差异、广告投入量、资本投入量（即企业规模的选择）、员工工资等等。但是，寡头市场模型通常只能考察一个策略变量，并且主要集中在价格和产量选择上。

⑥ 罗杰·A. 麦凯恩．博弈论：战略分析入门．北京：机械工业出版社，2006：96－97．根据附录提供的古诺模型的原始论述，我们不难发现古诺模型采用的第二种解释。

将（7-24）式代入（7-25）式，得到：

$$\pi_2=q_2\times P=q_2\times[a-b(q_1+q_2)]=aq_2-bq_2^2-bq_1q_2 \tag{7-26}$$

（7-26）式反映了企业决策之间的相互牵制性：企业 2 的利润量不仅取决于它自己的产量决策，也取决于你（企业 1）的产量决策。[①]

企业 2 实现利润最大化的条件是：

$$\frac{\partial\pi_2}{\partial q_2}=a-2bq_2-bq_1=0$$

经过整理，得到：

$$q_2=\frac{1}{2}\left(\frac{a}{b}-q_1\right) \tag{7-27}$$

（7-27）式是你推测的企业 2 针对企业 1（也就是你）可以选择的每一个产量[②]所确定的利润最大化产量集[③]，它的学名叫作企业 2 的**最优反应函数**（best response function），简称**反应函数**。当然，它也反映了企业 2 的利润最大化产量受到企业 1 产量的决定或牵制，或者说**策略性相互依存**。[④]

其次，在推测掌握自己对手的各种最优决策以后，现在你需要做到"知己"：站在你自己（也就是企业 1）的角度，计算出你针对企业 2 可能选择的各种产量的利润最大化产量。根据假设（1）和（4），结合你所知道的市场需求曲线，得到你自己（即企业 1）的利润函数：

$$\pi_1=q_1\times P=q_1\times[a-b(q_1+q_2)]=aq_1-bq_1^2-bq_1q_2$$

按照相同的方法，你可以得到自己的最优反应函数是：

$$q_1=\frac{1}{2}\left(\frac{a}{b}-q_2\right) \tag{7-28}$$

（7-28）式同样反映了企业 1 的利润最大化产量受到企业 2 产量的决定或牵制。

第三，结合"知己知彼"的情况，你要在双方的最优反应函数中各自找出一个产量，构成一个产量组合，使双方同时实现利润最大化。只有这样，才能使你或你的对手单独改变产量无利可图。因此，双方都没有动力单独改变自己的产量，这个产量组合就是**古诺均衡**，也是前面介绍的纳什均衡，因此合称**古诺-纳什均衡**。从数学的角度讲，就是将（7-27）式与（7-28）式联立，解得：

（1）两家企业的均衡产量是 $q_1=q_2=\frac{1}{3}\left(\frac{a}{b}\right)$，市场均衡量是 $Q=q_1+q_2=\frac{2}{3}\left(\frac{a}{b}\right)$，均

---

① （7-26）式的用途还不局限于此！你外生地设置一个利润量，就可以得到一条与之相对应的企业 1 和 2 的不同产量组合曲线，这条曲线叫作**等利润线**（isoprofit curve）。有关古诺模型和斯塔克伯格模型的分析也可以利用等利润线进行。相关分析可以参考：哈尔·R. 范里安. 微观经济学：现代观点：第六版. 上海：格致出版社，上海三联书店，上海人民出版社，2006：第 27 章。

② 即你的**策略空间**（strategic space），或者叫你的**策略集**（strategic set）。

③ 在第八讲，我们将把这个产量叫作企业 2 的条件策略组合的集合（conditional strategic set）。

④ "当一位参与人的最优策略和其他参与人的行动有关时，这也被称为**策略性相互依存**（strategic interdependence），经济学家就会使用博弈论。"杰弗里·M. 佩罗夫. 中级微观经济学. 北京：中国人民大学出版社，2014：452.

衡价格是 $P=a-b\times\frac{2}{3}\left(\frac{a}{b}\right)=\frac{1}{3}a$。

(2) 企业 1 的利润量是 $\pi_1=q_1\times P=\frac{1}{9}\left(\frac{a^2}{b}\right)$，企业 2 的利润量是 $\pi_2=q_2\times P=\frac{1}{9}\left(\frac{a^2}{b}\right)$，总利润是 $\pi=\frac{2}{9}\left(\frac{a^2}{b}\right)$。

这种利用最优反应函数求解古诺-纳什均衡的方法叫作**反应函数法**。①在前述基本假定下，企业 2 同样可以推测得到（7-27）式和（7-28）式，因此，它们是企业 1 和 2 的**共有知识**（common knowledge），古诺模型属于完全信息博弈［假设（6）］。既然（7-27）式和（7-28）式是共有知识，企业 2 当然也能同时推测出古诺-纳什均衡解，因此，古诺模型属于同时博弈［假设（7）］。

2. *古诺-纳什均衡的性质*

我们可以通过图 7-14 来展示古诺-纳什均衡解的性质，其中，横轴表示企业 1 的产量（即策略空间），纵轴表示企业 2 的产量（即策略空间）。在企业 1 的反应函数（7-28）式中，q_1 是对 q_2 的最佳反应（或称**条件策略**②）；在企业 2 的反应函数（7-27）式中，q_2 是对 q_1 的最佳反应；E 点是古诺-纳什均衡解，它位于企业 1 和 2 反应函数的交点。

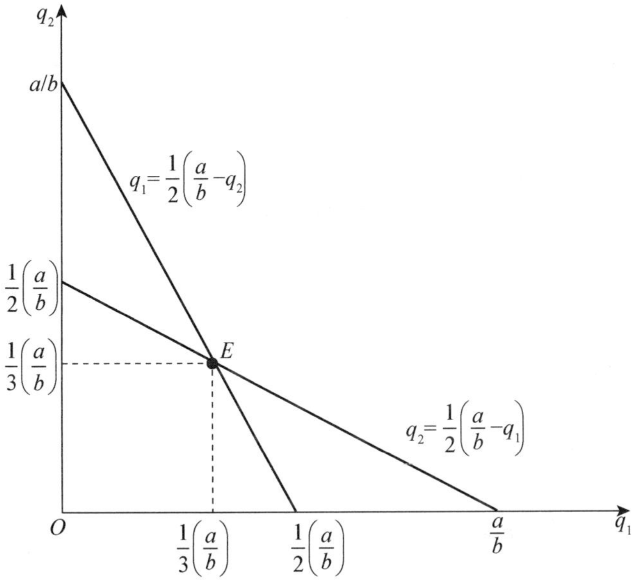

图 7-14 反应函数与古诺-纳什均衡

（三）古诺模型的一般式③

现在我们放弃假设（2），假设市场上有 n 家企业，每家企业的产量为 q_i，市场总产量

① 谢识予. 经济博弈论. 上海：复旦大学出版社，2010：63.

② 我们将在第八讲详细定义这个概念。

③ 高鸿业版教科书只提供了将双头古诺模型推广到 n 家企业以后的一般结论，但它并没有提供具体的证明过程。我在这里不仅补充提供其证明过程，也讨论这些结论的性质。参考宋承先. 现代西方经济学（微观经济学）. 上海：复旦大学出版社，2002：297-304；周惠中. 微观经济学. 上海：上海人民出版社，1999：299.

为 $Q=q_1+q_2+q_3+\cdots+q_{n-1}+q_n$。

企业 1 的利润函数为：

$$\pi_1=q_1\times P=q_1\times[a-b(q_1+q_2+q_2+\cdots+q_{n-1}+q_n)]$$
$$=aq_1-bq_1^2-bq_1q_2-bq_1q_3-bq_1q_4-\cdots-bq_1q_{n-1}-bq_1q_n$$

企业 1 的利润最大化条件是：

$$\frac{\partial\pi_1}{\partial q_1}=a-2bq_1-bq_2-bq_3-\cdots-bq_{n-1}-bq_n=0 \qquad (7-29)$$

同理，可以得到企业 2，…，n 的利润最大化条件为：

$$\frac{\partial\pi_2}{\partial q_2}=a-2bq_2-bq_1-bq_3-\cdots-bq_{n-1}-bq_n=0$$
$$\vdots$$
$$\frac{\partial\pi_n}{\partial q_n}=a-2bq_n-bq_1-bq_2-\cdots-bq_{n-1}=0$$

上列方程组可以变形为：

$$a-2bq_1-b(Q-q_1)=0$$
$$a-2bq_2-b(Q-q_2)=0$$
$$\vdots$$
$$a-2bq_n-b(Q-q_n)=0$$

将上列方程组中各方程相加，得到：

$$na-2b(q_1+q_2+q_3+\cdots+q_n)-nbQ+b(q_1+q_2+q_3+\cdots+q_n)=0$$

经过整理得到：

$$na-2bQ-nbQ+bQ=na-b(n+1)Q=0$$

解得市场均衡产量和价格分别为：

$$Q=\frac{n}{(n+1)}\left(\frac{a}{b}\right) \qquad (7-30)$$

$$P=a-bQ=a-b\times\frac{n}{(n+1)}\left(\frac{a}{b}\right)=\frac{1}{n+1}a \qquad (7-31)$$

将 $Q=\frac{n}{(n+1)}\left(\frac{a}{b}\right)$代入上述方程组，分别解得各家企业的产量为：

$$q_{1,2,3,\cdots,n}=\frac{1}{n+1}\left(\frac{a}{b}\right) \qquad (7-32)$$

根据（7-30）式、（7-31）式和（7-32）式，我们可以得到如下推论：

1. 诺夫希克定理

当 $n\to\infty$ 时，该市场是完全竞争市场。各家企业的市场份额为 $\frac{q_1}{Q}=\left[\frac{1}{n+1}\left(\frac{a}{b}\right)\right]/\left[\frac{n}{n+1}\left(\frac{a}{b}\right)\right]=\frac{1}{n}\to 0$，市场均衡产量为 $Q=\frac{n}{n+1}\left(\frac{a}{b}\right)\to\frac{a}{b}$，市场均衡价格为 $P=\frac{1}{n+1}a\to$

0，等于边际成本。该推论叫作**诺夫希克定理**，即“当（企业的）有效规模（用平均成本的最低点衡量）相对于需求较小时，在厂商可以进入的情况下存在产量调节式古诺均衡，其均衡产量和价格近似于竞争性产量和价格”①。

2. 囚徒困境

当 $n=2$ 时，我们在前面已经讨论过，该市场是古诺-双寡头模型。企业各自的产量为 $q_{1,2}=\frac{1}{3}\left(\frac{a}{b}\right)$，均衡产量为 $Q=\frac{2}{3}\left(\frac{a}{b}\right)$，均衡价格为 $P=\frac{1}{3}a$，见图 7-14。两家企业各自的利润量为 $\pi_{1,2}=\frac{1}{9}\left(\frac{a^2}{b}\right)$，总利润为 $\pi=\frac{2}{9}\left(\frac{a^2}{b}\right)$。

但是，假设两家企业合并成一家垄断企业，即当 $n=1$ 时，这家企业/市场均衡产量为 $q_1=\frac{1}{1+1}\left(\frac{a}{b}\right)=\frac{1}{2}\left(\frac{a}{b}\right)$，均衡价格为 $P=\frac{1}{1+1}a=\frac{1}{2}a$。两家企业的联合利润为 $\pi=PQ=\frac{1}{2}\left(\frac{a}{b}\right)\times\frac{1}{2}a=\frac{1}{4}\left(\frac{a^2}{b}\right)$，假如这两家企业平分利润，各家企业的利润为 $\pi_{1,2}=\frac{1}{8}\left(\frac{a^2}{b}\right)$。

通过比较古诺均衡解与两家企业联合垄断的总利润量，我们发现后者高于前者。因此，古诺-纳什均衡解具有囚徒困境的性质。

三、斯塔克伯格模型

该模型由于德国经济学家海因里希·冯·斯塔克伯格最先于 1934 年提出，故被称为**斯塔克伯格模型**（Stackelberg model）。②

（一）斯塔克伯格模型的基本假定

斯塔克伯格模型与古诺模型的唯一区别是第 7 个假定：

古诺模型假定企业 1 和 2 同时作出它们的产量决策，即**同时博弈**或**静态博弈**。结合前述 6 个假设，或称**完全信息静态博弈**，斯塔克伯格模型假设企业 1 先决定它的产量，企业 2 在得知企业 1 的产量以后才作出自己的产量决策③，即**完美信息的序贯博弈**或**动态博弈**。结合前述 6 个假设，“斯塔克博格模型是一个**完全且完美信息的动态博弈**”④。

（二）斯塔克伯格模型的均衡解

假设你仍处于企业 1 的位置，既然是你先确定产量，然后企业 2 才根据你确定的产量制定自己实现利润最大化的产量，那么企业 2 不需要猜测你的产量，但你需要猜测企业 2

---

① 雨果·索南夏因. 寡头垄断与对策论//伊特韦尔，等. 新帕尔格雷夫经济学大辞典：第三卷. 3 版. 北京：经济科学出版社，1996：757. 不过，索南夏因认为，“有理由相信，在厂商数目相对较小的情况下，完全竞争的结果也仍然成立。这里并没有断言，要使厂商按照似乎它们不能影响价格的方式行动，厂商的数目必须很大。诺夫希克定理（与古诺的经典分析密切相连）提供了在极限情况下获得完全竞争结果的一种结构，因为在极限情况下厂商不能影响价格”。(同前，第 758 页)。

② “Heinrich von Stackelberg”，也被译作“斯塔克博格”，1905 年生于莫斯科附近的库迪诺沃，家人为了逃避十月革命迁移到德国。1934 年他在博士论文《市场形式与均衡》中提出了该模型。斯塔克伯格被认为是他那个时代“德国最有才华的理论经济学家”(伊特韦尔，等. 新帕尔格雷夫经济学大辞典：第四卷. 3 版. 北京：经济科学出版社，1996：505.) 遗憾的是，他不满 41 岁就去世了。

③ 该假定意味着放弃了古诺模型中两家企业具有相同实力的假定，承认企业 1 实力要雄厚，并具有核心开发能力，因此它是产业内的领导者；而企业 2 只能在给定领导者产出水平的前提下，以跟随者的身份选择自己的最优产量。周惠中. 微观经济学. 上海：上海人民出版社，1999：281-283.

④ 谢识予. 经济博弈论. 上海：复旦大学出版社，2010：121.

的产量。“知己知彼”在这里就存在一个时间上的先后顺序：先知彼后知己，即迪克西特说的“向前展望，倒后推理”①。

首先，你要推测（即向前展望）企业 2 将如何根据你的产量确定它的产量，实际上就是要找出企业 2 的反应函数，即（7-27）式，它是企业 2 针对你可能确定的每一个产量而制定的自己实现利润最大化的产量。

其次，依据企业 2 的反应函数，反观（即倒后推理）自己实现利润最大化的产量。从数学上讲，就是将（7-27）式代入你的利润函数，得到：

$$\begin{aligned}\pi_1 &= q_1 \times P = q_1 \times [a - b(q_1 + q_2)] \\ &= aq_1 - bq_1^2 - bq_1\left[\frac{1}{2}\left(\frac{a}{b} - q_1\right)\right] \\ &= \frac{1}{2}aq_1 - \frac{1}{2}bq_1^2\end{aligned}$$

根据上式，解得你实现利润最大化的条件是：

$$\frac{d\pi_1}{dq_1} = \frac{1}{2}a - bq_1 = 0$$

均衡产量是：

$$q_1 = \frac{1}{2}\left(\frac{a}{b}\right)$$

将 $q_1 = \frac{1}{2}\left(\frac{a}{b}\right)$ 代入（7-27）式，解得企业 2 的均衡产量是 $q_2 = \frac{1}{4}\left(\frac{a}{b}\right)$，市场均衡产量是 $Q = q_1 + q_2 = \frac{1}{2}\left(\frac{a}{b}\right) + \frac{1}{4}\left(\frac{a}{b}\right) = \frac{3}{4}\left(\frac{a}{b}\right)$，市场均衡价格是 $P = a - bQ = a - \frac{3}{4}a = \frac{1}{4}a$。

（三）斯塔克伯格模型均衡解的性质

1. 先入优势

通过比较企业 1 与企业 2 的产量，我们发现，首先行动给企业 1 带来利润上的好处，这种利润上的好处叫作**先入优势**（first mover advantage）。②

2. 不同市场结构之间的比较

结合图 7-15，我们可以对边际成本等于零的完全竞争市场、垄断市场、古诺模型和斯塔克伯格模型的市场均衡产量、价格和社会剩余做一个对比。你会发现，完全竞争市场的市场均衡产量最大，市场价格最低；其次是斯塔克伯格模型的市场均衡产量和价格；再次是古诺模型；最后才是垄断模型。社会剩余的排列顺序也是如此。

---

① 整个过程跟你玩扑克一样。如果你是上家，在出牌之前，必须考虑下家对你即将发出的每出一张牌的反应（向前展望以知彼），然后选择出对自己最有利的一张牌（倒后推理以知己）。

② 当然，在这个例子中，如果企业 2 先决定产量，它也可以获得这种先入优势。现在的问题是，通过什么策略行动获得这种先入优势呢？对于这个问题的回答，我们将在第八讲展开。

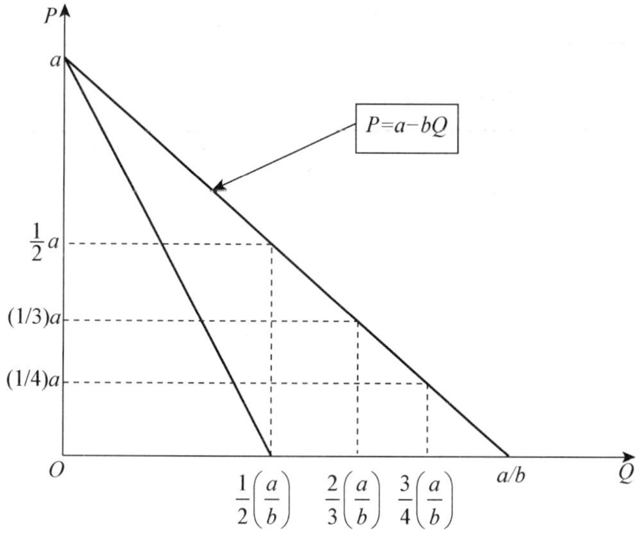

图 7－15　不同市场结构的均衡产量与价格

四、斯威齐模型

斯威齐模型，也叫作**折弯的需求曲线**（kinked demand curve）**模型**。该模型出自保罗·斯威齐（Paul Sweezy）① 1939 年在《政治经济学杂志》上发表的一篇题为《寡头垄断条件下的需求》（Demand under Condition of Oligopoly）的论文。“它是在 20 世纪 30 年代价格普遍稳定的特定环境下发展起来的，有助于解释这种稳定性。它也可以看作是探讨卖方寡头垄断厂商相互依赖的后果的一种相对简便的尝试。”② 我们在这里探讨这个模型，目的是展示策略思维的基本原理。

（一）基本假定与折弯的需求曲线

可以把斯威齐模型看成是对垄断竞争模型的修正，其假设表现为：

1. 只有两家企业生产有差别的同种产品

斯威齐模型修正了垄断竞争市场有许多企业生产有差别的同种产品这个假设，而假设只有两家企业生产有差别的同种产品。这个假设保证寡头垄断企业拥有与垄断竞争企业一样的需求曲线③，见图 7－16。

它具有如下特征：

（1）寡头垄断企业的需求曲线的一般特征是从左上方向右下方倾斜。

（2）寡头垄断企业 1（或 2）的主观需求曲线 d 表示企业 1（或 2）改变价格而企业 2（或 1）的产品价格保持不变时，企业 1（或 2）的产品价格与销售量之间的对应关系，它具有较大的弹性。

（3）寡头垄断企业 1（或 2）的客观需求曲线 D 表示企业 1（或 2）改变其产品的价格，企业 2（或 1）也跟着改变价格时，企业 1（或 2）的产品价格与销售量之间的对应关

① 对斯威齐的学术贡献和个人经历感兴趣的同学，可以阅读约翰·贝拉米·福斯特. 斯威齐，保罗·马洛//伊特韦尔，等. 新帕尔格雷夫经济学大辞典：第四卷. 3 版. 北京：经济科学出版社，1996：626－628.

② M. 索耶. 折弯的需求曲线//伊特韦尔，等. 新帕尔格雷夫经济学大辞典：第三卷. 3 版. 北京：经济科学出版社，1996：58.

③ 这个假定同时也意味着放弃了价格领导者与追随者的划分，寡头垄断企业 1 和 2 都有垄断势力。

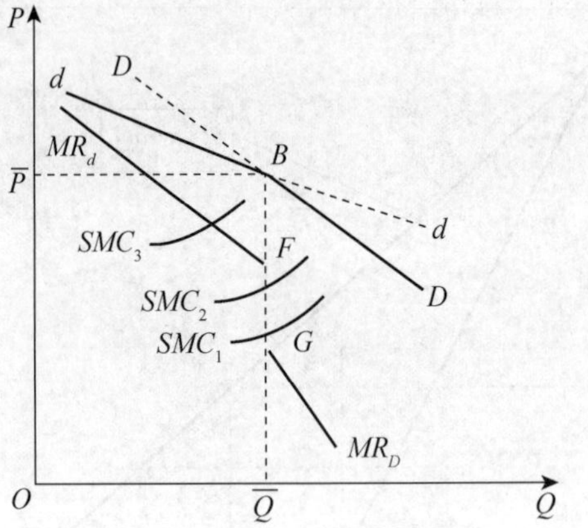

图 7-16　折弯的需求曲线模型

系，它具有较小的弹性。

2. 寡头市场处于均衡状态

斯威齐模型假设寡头市场处于均衡状态，这个假设同样意味着需求曲线 d 和需求曲线 D 相交，在图 7-16 中表现为需求曲线 d 和需求曲线 D 相交于 B 点。这个假定实际上排除了斯威齐模型对市场均衡价格和产量决定的讨论。

3. 跟进任何对手的降价行为的策略承诺

"斯威齐假设，一个试图改变产品价格的厂商一般会认为其他厂商对价格变动的反应取决于价格上涨或是下降的决策。对涨价而言，一般假定该厂商会推测其他厂商将维持原价不变，以便在损害提价厂商利益的情况下扩大它们的市场份额。但对降价而言，一般假定该厂商推测其他厂商将仿而效之，以便维持它们的市场份额。"① 这个假设叫作**价格跟进**（price matching）**的策略承诺**，简言之，就是"跟进任何对手的降价行为的策略承诺"②。这个假设进一步修正了寡头垄断企业的需求曲线，使它表现为**折弯的需求曲线** dBD，扭结（kink）对应着市场均衡价格 $\bar{P}$。

（二）关于价格刚性的两种解释

1. 斯威齐的解释

（1）根据折弯的需求曲线，可以得到与该曲线对应的边际收益曲线，它是一条分段函数或曲线，分别由 MR_d、MR_D 和它们二者之间的垂直部分 FG 构成，见图 7-16。

（2）根据利润最大化原则，得到市场均衡时的企业均衡产量为 $\bar{Q}$，均衡价格为 $\bar{P}$。

（3）在现有市场价格和产量上，即使边际成本发生变动，只要这种变动处于 FG 范围内，企业均衡产量和价格仍将保持不变，这就是所谓的**价格刚性**。

2. 策略思维的解释

假设你处于企业 1 的位置，面临企业 2 的价格跟进策略承诺，使得你涨价对应的需求曲线富有弹性，降价对应的需求曲线缺乏弹性；根据需求弹性与销售收入之间的关系，无论你选择涨价还是降价，都将减少你的销售收入（向前展望），因此，在边际成本变动的

① M. 索耶. 折弯的需求曲线//伊特韦尔，等. 新帕尔格雷夫经济学大辞典：第三卷. 3 版. 北京：经济科学出版社，1996：57.

② 克里斯托弗·R. 托马斯，S. 查尔斯·莫瑞斯. 管理经济学：第 9 版. 北京：机械工业出版社，2009：397.

一定幅度内，你不会改变现有的均衡价格和数量（倒后推理）。

（三）对斯威齐模型的评价

（1）“折弯的需求曲线理论是一种试图对影响价格刚性的因素及价格何时会变动作出解释的理论，而不是一种价格水平理论。”① 换言之，该理论为寡头市场较为普遍的价格刚性现象提供了一种解释，但它并没有说明具有刚性的价格本身，如图 7－16 中的 $\bar{P}$ 是如何形成的。

（2）折弯的需求曲线建立在价格跟进策略承诺的基础之上，如何让这个承诺具有可信性？我将在第八讲回答这个问题。

五、典型题解

下面，我们来分析一道 1996 年北京大学的研究生入学考试题，它取消了古诺模型的第四个假设，或者叫作边际成本大于零的古诺–纳什均衡。

假设一个产品的反市场需求函数为 $P=A-Y$，其中，P 为价格，Y 为需求量，A 是大于零的常数。（1）如果该产品只有一个垄断生产者，成本函数为 $C(Y)=CY$，C 是一个常数（平均成本）。求该垄断者的最优产量、价格和利润。（2）现在假定该产品有两个相同的寡头生产者，成本函数为 $C(Y_i)=CY_i$，$i=1$，2。试求实现古诺–纳什均衡的产量和价格，并说明为什么古诺均衡的总产量大于垄断均衡的总产量。

解题技巧

1. 着力挖掘“已知条件”和“求解目标”

本题的求解目标有两个：一是求解垄断者的最优产量、价格和利润；二是求解古诺–纳什均衡的产量和价格，并说明为什么古诺均衡的总产量大于垄断均衡的总产量。

本题的已知条件有市场需求函数和企业的成本函数，通过前者可以得到企业的收益函数，结合成本函数就可以求解垄断企业的最优产量、价格和利润，以及古诺–纳什均衡的产量和价格。

2. 努力寻找解题规则

本题的解题规则有垄断企业的利润最大化条件，古诺模型的求解方法（先求解反应函数，再求解古诺–纳什均衡）通过利用这两个条件，消除已知条件与求解目标之间的距离。

解答：（1）如果该产品只有一个垄断生产者，根据市场反需求函数，可以得到它的总收益函数 $TR=PY=(A-Y)Y=AY-Y^2$，边际收益函数 $MR=A-2Y$。

根据成本函数 $C(Y)=CY$，得到它的边际成本函数 $MC=C$。

根据垄断企业的均衡条件，得到 $C=A-2Y$，解得均衡产量为：

$$Y^*=\frac{1}{2}(A-C)$$

均衡价格为

$$P^*=A-Y^*=A-\frac{1}{2}(A-C)=\frac{1}{2}(A+C)$$

① M. 索耶. 折弯的需求曲线//伊特韦尔，等. 新帕尔格雷夫经济学大辞典：第三卷. 3 版. 北京：经济科学出版社，1996：58.

垄断利润为

$$\pi = TR - TC = PY^* - CY^* = (P-C)Y = \left[\frac{1}{2}(A+C) - C\right] \times \frac{1}{2}(A-C)$$

$$= \frac{1}{4}(A-C)^2$$

（2）现在假定该产品有两个相同的寡头生产者，它们的产量分别为 Y_1 与 Y_2，二者之和等于市场供给量，即 $Y=Y_1+Y_2$；结合反市场需求函数，得到 $P=A-Y_1-Y_2$。

结合企业 1 的总成本函数 $C(Y_1)=CY_1$，得到企业 1 的利润函数为：

$$\pi_1 = TR_1 - TC_1 = PY_1 - CY_1 = (A-Y_1-Y_2)Y_1 - CY_1 = AY_1 - Y_1^2 - Y_1Y_2 - CY_1$$

利润最大化条件为

$$\frac{\partial \pi_1}{\partial Y_1} = A - C - 2Y_1 - Y_2 = 0$$

解得企业 1 的反应函数为

$$Y_1 = \frac{1}{2}(A-C-Y_2)$$

同理，解得企业 2 的反应函数为

$$Y_2 = \frac{1}{2}(A-C-Y_1)$$

将企业 1 和 2 的反应函数联立，解得各自的均衡产量为：

$$Y_{1,2}^* = \frac{1}{3}(A-C)$$

市场均衡产量为：

$$Y^* = Y_1^* + Y_2^* = \frac{2}{3}(A-C)$$

市场价格为：

$$P^* = A - Y^* = C + \frac{1}{3}(A-C)$$

根据前面的计算结果，我们可以得到如下两个结论：

第一，通过把边际成本等于零与大于零的古诺模型进行比较，我们得到这样一个法则：如果边际成本为正的常数 C，如图 7-17 所示，那么完全竞争的均衡产量为（$A-C$）。只要将水平的边际成本曲线 C 当作横坐标，寡头均衡的解法与零边际成本的情况完全相同。①

第二，图 7-17 实际上提供了三种市场结构的均衡解与经济效率的比较：（1）完全竞争市场的均衡价格是 C，均衡产量是 $A-C$，社会剩余等于消费者剩余，表现为三角形

① 黄亚钧，姜纬．微观经济学教程．上海：复旦大学出版社，1995：182-183.

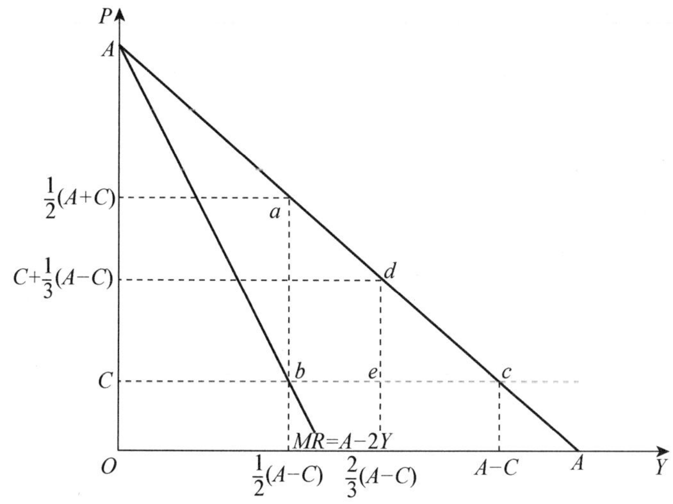

图 7－17　边际成本为正的古诺模型

ACc 的面积；(2) 垄断市场的均衡价格是$\frac{1}{2}(A+C)$，均衡产量是$\frac{1}{2}(A-C)$，无谓损失等于三角形 abc 的面积；(3) 寡头市场的均衡价格是 $C+\frac{1}{3}(A-C)$，均衡产量是$\frac{2}{3}(A-C)$，无谓损失等于三角形 dec 的面积。因此，竞争程度越高，市场均衡产量越大，均衡价格越低，无谓损失越小（市场效率越高）。具体地讲，“竞争结果对社会最好，就是说，它最大化社会剩余。双寡头结构中的古诺均衡劣于竞争结果。垄断结果则最差”①。

① 罗伯托·塞拉诺，艾伦·M. 费尔德曼. 中级微观经济学精要. 上海：上海财经大学出版社，2014：175.

第八讲

博弈论初步

学习目的

在微观经济学中，就如何安排寡头市场与博弈论的内容存在两种做法：

第一种做法是将二者结合在一讲，采用博弈论的方法，分析寡头市场模型（如古诺模型、贝特朗模型、斯塔克伯格模型、价格领导模型和斯威齐模型）。代表性的教材有：

1. 曼昆. 经济学原理（微观经济学分册·第六版）. 北京：北京大学出版社，2012；

2. 保罗·克鲁格曼，罗宾·韦尔斯. 微观经济学：第二版. 北京：中国人民大学出版社，2012；

3. 刘凤良，周业安. 中级微观经济学. 北京：中国人民大学出版社，2012。

第二种做法是将二者分开，其中，寡头市场部分突出作为"艺术"的策略思维，博弈论部分突出作为"科学"的策略思维：前者强调"决策策略的艺术是从经验中学习"，后者强调"博弈论提供一个在相互依存情况下如何进行战略决策的指导工具"①。代表性的教材有：

1. 周惠中. 微观经济学. 上海：上海人民出版社，1999；

2. 罗伯特·S. 平狄克，丹尼尔·L. 鲁宾费尔德. 微观经济学：第六版.

① 克里斯托弗·R. 托马斯，S. 查尔斯·莫瑞斯. 管理经济学：第9版. 北京：机械工业出版社，2009：369. 或者说，第七讲第三节的寡头市场模型突出"知道如何"（叫作实践知识），源于实践活动；第八讲博弈论突出"知道是何"（叫作理论知识），属于科学知识。（参见C. 曼特扎维诺斯. 个人、市场与制度. 长春：长春出版社，2009：24-26.）

北京：中国人民大学出版社，2006；

3. 哈尔·R. 范里安. 微观经济学：现代观点：第七版. 上海：格致出版社，上海三联书店，上海人民出版社，2009。

我在《西方经济学（微观部分）辅导手册》一书中采用了第一种方法，本书将采用后一种方法。

按照杰弗里·M. 佩罗夫的说法，“博弈论试图回答两个问题：如何描述一个博弈，以及如何预测博弈的结果”①。因此，本讲的第一节是讲如何描述一个博弈，第二、三节则是讲如何预测一个博弈的结果。通过本讲的学习，同学们需要掌握的内容有：

1. 博弈和博弈论的定义，描述一个博弈的基本要素和方法；

2. 求解完全信息静态博弈的理论基础与方法：条件策略—条件策略组合—纳什均衡—下划线法与反应函数法；

3. 求解完全且完美信息动态博弈的理论基础与方法：子博弈—子博弈纳什均衡—子博弈完美纳什均衡—逆向归纳法。

第一节　博弈论与策略行动②

一、博弈与博弈论

什么是博弈？什么是博弈论？博弈论大家奥曼（Aumann）在他为《新帕尔格雷夫经济学大辞典》撰写的“对策论（game theory，我们译作博弈论）”词条中很好地定义了这个概念。

按照奥曼的说法：

> 通常叫作对策论的这门学科，较具有描述性的名称也许是“互斗的决策论”。该学科论述决策者（局中人）们的行动，而他们的决策是相互影响的。像在无对手干扰（1个人）的决策论中那样，分析的出发点是理性的，而不是心理的或社会的角度。采用“对策论”这个术语是因为互斗的决策问题（或比赛）形式上类似于室内游戏性赌博或弈赛，如国际象棋、桥牌、扑克、强手、外交或战舰*还强调了分析的理性、“冷静”与计算的性质。③

根据奥曼的定义，我们知道：

1. 什么是博弈？

博弈就是“互斗的决策”。

---

① 杰弗里·M. 佩罗夫. 中级微观经济学. 北京：中国人民大学出版社，2014：452.

② 尼克尔森和西迪尔认为，“博弈论发端于20世纪20年代，在第二次世界大战期间，为建立军事策略研究所需的定量模型，博弈论应运而生，并迅速成长”。（沃尔特·尼克尔森，克里斯托菲尔·西迪尔. 中级微观经济学：理论与应用. 北京：中国人民大学出版社，2012：178-179.）因此，“对策论作为一门学科获得了应有的地位”，其标志是1944年冯·诺依曼与奥斯卡·摩根斯坦出版《对策论与经济行为》一书。（R.J. 奥曼. 对策论//伊特韦尔，等. 新帕尔格雷夫经济学大辞典：第二卷. 3版. 北京：经济科学出版社，1996：495.）

* 外交、战舰均为牌戏名称。——译者注

③ R.J. 奥曼. 对策论//伊特韦尔，等. 新帕尔格雷夫经济学大辞典：第二卷. 3版. 北京：经济科学出版社，1996：492.

"互斗的决策"意味着决策者的行动或决策是"相互影响的"。

"互斗的决策问题（或比赛）形式上类似于室内游戏性赌博或弈赛，如国际象棋、桥牌、扑克、强手、外交或战舰。"因此，我们所说的**博弈**（game）自然包含日常用语内容：

> game（运动，体育运动）：an activity or a sport with rules in which people or teams compete against eath other（人们或团队依据一定规则的互斗活动或运动）。①

在经济学中，"互斗的决策"还有其他名称，如：

策略思维："策略思维是关于了解对手打算如何战胜你，然后战而胜之的艺术。"②

策略性决策和**策略性行动**："策略性决策和策略性行动是指每个人根据其他人的可能的反应来决定自己的决策和行动。"③

我们通常用"策略行动"定义博弈。

2. 博弈论

我们为什么把"game theory"翻译成"博弈论"或"对策论"，而不把它翻译成"运动论"或"游戏论"呢？为了避免与其他学科的重合诚然是一个原因，但更重要的原因是：博弈论"分析的出发点是理性的，而不是心理的或社会的角度"。因此，我们使用博弈论或对策论这个术语的目的在于强调它"分析的理性、'冷静'与计算的性质"④。下面，我提供两个关于博弈论的定义：

> 关于策略思维的科学称为博弈论。⑤
>
> 博弈论是研究在策略性环境中如何进行策略性决策和采取策略性行为的科学。⑥

克雷普斯认为，作为策略思维的科学，博弈论主要有三个作用⑦：

第一，提供了一种统一的语言，比较和对照不同形势下一望而知的直觉结论；

第二，提供了一种技术，探索在较为复杂的形势下怎样获得直觉结论；

第三，提供了一种手段，检验各种特定见解在逻辑上的一致性；提供一种思维方法，即研究任何问题，如果有关假设稍有改变，便可能导致相应结论的重大变动。

佩罗夫将上述第二、三个作用合并，认为博弈论"试图回答两个问题：如何描述一个

---

① 霍恩比．牛津高阶英汉双解词典．4版．北京：商务印书馆，1997：718．显然，这个定义与"博弈"具有一致性。

② 阿维纳什·K．迪克西特，巴里·J．奈尔伯特．策略思维．北京：中国人民大学出版社，2002：3．

③ 高鸿业．西方经济学（微观部分·第七版）．北京：中国人民大学出版社，2018：291．

④ 即指博弈论属于实证分析，而不是规范分析。对此，奥曼在"对策论"词条的"结束语"中写道："虽然对策论在理智上确实依赖于伦理学，但重要的是应认识到它本身没有道德内容，不作道德上的劝告，在伦理上是中性的。策略均衡并未叫我们把效用最大化，它所探讨的是当我们最大化效用时会发生什么结果。沙普利值并不建议按权力分配赢得，它只是度量权力大小而已。对策论是一个工具，它告诉我们激励将引向何方。历史和经验教导我们，如果我们要达到某种目的，包括道德和伦理上的目的，我们最好注意我们所做的事的刺激效果；而如果我们不想要人们为他们自己争夺权力，我们最好建立一些机构秩序，使得它把权力分铺得尽可能薄散和平均。因为有自私自利而责备对策论，或者因此责备经济理论，就像因为有疾病而责备细菌一样。对策论研究自私自利，但并不推崇它。"R.J．奥曼．对策论//伊特韦尔，等．新帕尔格雷夫经济学大辞典：第二卷．3版．北京：经济科学出版社，1996：513-514．

⑤ 同②4．

⑥ 同③．

⑦ 戴维·M．克雷普斯．博弈论与经济模型．北京：商务印书馆，2006：95．

博弈，以及如何预测博弈的结果”①。本讲将围绕着这两个问题展开。其中，本节剩下的内容将展现博弈论如何描述一个博弈，本讲第二、三节将展现博弈论如何预测博弈的结果。

二、博弈的基本构成要素与类型

博弈就是“互斗的决策”：谁在互斗？如何互斗？为何互斗？互斗的次序如何？对这四个基本问题的回答，对应着博弈的四个基本要素（局中人、策略、支付和次序）。根据这四个基本要素的不同特征，可以将博弈划分为不同的类型。

（一）局中人与博弈的类型

1. 局中人

局中人（players，又称**参与人**、**博弈方**）是博弈中独立决策、独立承担博弈结果的个人或组织。

根据局中人的不同特质，我们可以对博弈进行如下分类：

2. 合作博弈与非合作博弈

局中人的动机是什么？是追求个人利益的最大化（也被叫作**个人理性**），还是追求集体利益的最大化（也被叫作**集体理性**）？“一般情况下，集体利益最大化本身不是博弈方的根本目标，人们在经济博弈中的行为准则是个体理性而不是集体理性。但如果我们允许博弈中存在‘有约束力的协议’（binding agreement），使得博弈方采取符合集体利益最大化而不符合个体利益最大化的行为时，能够得到有效的补偿，那么个体利益和集体利益之间的矛盾就可以被克服，从而使博弈方按照集体理性决策和行动成为可能。因此我们必须考虑这种允许存在有约束力协议的，以集体理性为基础的博弈。一般地，我们将允许存在有约束力协议的博弈称为‘**合作博弈**（cooperative game）’。与此相对，不允许存在有约束力协议的博弈则称为‘**非合作博弈**（uncooperative game）’。”② 本讲只讨论非合作博弈。③

3. 完全理性博弈与有限理性博弈

局中人的认知能力如何，是完全理性的，还是有限理性的？“在介绍博弈论的基本思

---

① 杰弗里·M. 佩罗夫. 中级微观经济学. 北京：中国人民大学出版社，2014：452. “对策论的吸引力在于，它提供了一个各种策略都得到完善规定的框架，并且提供了平衡概念，即一个局中人在选择其策略时需要考虑其他局中人的策略（即假设的行动）。”约瑟夫·E. 哈林顿. 策略行为与市场结构//伊特韦尔，等. 新帕尔格雷夫经济学大辞典：第四卷. 3版. 北京：经济科学出版社，1996：554.

② 谢识予. 经济博弈论. 上海：复旦大学出版社，2010：36. 合作博弈论与非合作博弈论之间的“基本差别在于，非合作博弈理论的分析单位是参加博弈理论的参与者（players），合作博弈理论的分析单位是群体（group）。参与非合作博弈的参与者利用一切可能的机会，最大限度地获取个人利益。虽然他们可能合作，但这样做的前提是合作必须符合所有参与者的利益。任何参与者在其他参与者不破坏协定的情况下自行破坏合作是不理智的，因为他会遭到报复，而使处境恶化。合作博弈理论讨论群体（或联合体）利益怎样实现，而不涉及参与者联合怎样影响博弈的结局”。戴维·M. 克雷普斯. 博弈论与经济模型. 北京：商务印书馆，2006：11.

③ “博弈论的一个分支称为合作博弈理论，它假设参与人会达成某个对于整个群体而言是最优的结果，即生产出最大的‘馅饼’在他们之间分配；这一理论集中考察‘馅饼’应当如何分配的规则。第二个分支是非合作博弈理论，这是我们主要关注的理论，其中的参与人被私利所支配。我关注非合作博弈理论是出于多个原因。第一，自利行为并不总会产生一个对于参与人群体而言是最优的结果，而这样的结果是有趣的（正如我们将在之后的囚徒困境中看到的那样），而且实际上是相关的。第二，自利行为的假设是我们在较早章节中对单个参与人决策问题分析的一种自然延伸，现在我们把它应用到策略环境中来。第三，人们可以使用非合作博弈理论来分析合作的企图。也许最重要的是，非合作博弈理论被经济学家运用得更为广泛。”沃尔特·尼克尔森，克里斯托菲尔·西迪尔. 中级微观经济学：理论与应用. 北京：中国人民大学出版社，2012：179.

想、原理和各种基础模型的时候仍然采取完全理性博弈方的假设……讨论有限理性条件下的博弈理论，即‘**进化博弈论**’。”① 本讲只讨论完全理性博弈。

局中人对博弈支付与博弈过程的了解程度（或信息状况）如何？前者涉及**完全信息博弈**与**不完全**或**不对称信息博弈**的划分；后者涉及**完美信息博弈**与**不完美信息博弈**的划分。这些概念，我在随后介绍博弈支付和博弈过程时再具体定义。

（二）局中人的策略与博弈的类型

1. 策略

局中人的**策略**（strategy，又称**战略**）是局中人在一场博弈中的选择。

本讲涉及的策略有两种形式：在静态博弈中，一个策略是局中人可得的可能行动集合中的一种行动（叫作**纯策略**）；在动态博弈中，一个策略是基于另一个局中人首先做什么的相机行动方案。② 例如，毛主席提出的游击作战十六字诀："敌进我退，敌驻我扰，敌疲我打，敌退我追"，就是一个策略，其中，"退""扰""打""追"都是**相机行动**（action）。

2. 策略空间

各博弈方可以选择的全部策略或策略选择的范围，被叫作**策略空间**。

3. 有限博弈和无限博弈

"如果一个博弈中每个博弈方的策略数都是有限的，则称为‘**有限博弈**’（finite games），如果一个博弈中至少有某些博弈方的策略有无限多个，则称为‘**无限博弈**’（infinite games）。"③ 本讲主要讨论有限博弈，第七讲第三节所涉及的寡头市场模型都是无限博弈模型。

（三）局中人的支付与策略的类型

1. 支付

局中人的**支付**（payoff，也被翻译成**得益**）就是参与博弈的各个局中人从博弈中获得的收益，它是各局中人追求的根本目标，也是他们作出行为和判断的主要依据。支付可以是利润、收入或量化的效用和社会福利水平等。

2. 常和博弈和变和博弈

"在两人或多人博弈中，每个博弈方在每种结果（策略组合）下都有相应的得益，可将每个博弈方在同一结果中的得益相加算出所有博弈方得益的总和，并可将其看作博弈方的‘社会总收益’……不管博弈的结果是什么，所有博弈方的得益总和始终为0，或者始终为某一非零常数。得益具有后面这两种特征的博弈分别称为**零和博弈**（zero-sum games）和**常和博弈**（constant-sum games），不具有这两种特征的博弈则相应称为**变和博弈**（variable-sum games）。"④

---

① 谢识予. 经济博弈论. 上海：复旦大学出版社，2010：36. 本讲将不涉及进化博弈论。

② 沃尔特·尼克尔森，克里斯托菲尔·西迪尔. 中级微观经济学：理论与应用. 北京：中国人民大学出版社，2012：180. 该定义与高鸿业版教科书的定义一致："所谓参与人的策略，指的是一项规则，根据该规则，参与人在博弈的每一时点上决策如何行动"［高鸿业. 西方经济学（微观部分·第六版）. 北京：中国人民大学出版社，2014：298］。关于"strategy"（策略、计策、行动计划）的英文定义是："a plan that is intended to achieve a particular purpose"（旨在达到特定目的的一个计划）。（霍恩比. 牛津高阶英汉双解词典. 4版. 北京：商务印书馆，1997：1743.）通过对比，我们不难发现，高鸿业版教科书关于策略的定义与日常用语一致，适合于动态博弈中使用的策略定义，不包括静态博弈的策略定义。

③ 谢识予. 经济博弈论. 上海：复旦大学出版社，2010：27.

④ 同③28.

3. 完全信息博弈与不完全信息博弈

局中人对每个博弈方在每种结果（策略组合）下支付情况的了解程度（或信息状况）如何？“一般地，我们将各博弈方都完全了解所有博弈方各种情况下得益的博弈称为**完全信息**（complete information）**博弈**，而将至少部分博弈方不完全了解其他博弈方得益情况的博弈称为**不完全信息**（incomplete information）**博弈**。不完全信息通常也意味着博弈方之间在对得益信息的了解方面是不对称的，因此不完全信息博弈也是**不对称信息**（asymmetric information）**博弈**。”① 本讲只讨论完全信息博弈，不对称信息博弈将在第九讲讨论。

（四）次序或过程与博弈的类型

1. 次序

次序（orders）或**过程**（processes）② 就是局中人策略选择的次序或过程。

2. 静态博弈与动态博弈

根据参与人在实施策略上是否有时间的先后，可以将博弈区分为同时博弈和序贯博弈。**同时博弈**（也叫作**静态博弈**）指的是博弈中，参与人同时选择行动或虽非同时但后行动者并不知道前行动者采取了什么具体行动；**序贯博弈**（也叫作**动态博弈**）指的是参与人的行动有先后顺序，且后行动者能够观察到先行动者所选择的行动。③

3. 完美信息的动态博弈与不完美信息的动态博弈

“动态博弈的根本特征是行为有先后次序……动态博弈中在轮到行为时对博弈的进程完全了解的博弈方，称为具有‘完美信息’（perfect information）的博弈方，如果动态博弈的所有博弈方都有完美信息，则称为‘**完美信息的动态博弈**’。动态博弈中轮到行为的博弈方不完全了解此前全部博弈进程时，称为具有不完美信息（imperfect information）的博弈方，有这种博弈方的动态博弈则称为‘**不完美信息博弈**’。”④ 本讲只讨论完美信息博弈，不完美信息博弈将在第九讲讨论。

4. 一次性博弈和重复博弈

“除了上述静态博弈和动态博弈以外，还有一种……我们称为重复博弈（repeated games）。所谓**重复博弈**实际上就是同一个博弈反复进行所构成的博弈过程。构成重复博弈的一次性博弈（one-shot games）也称为原博弈或阶段博弈……重复一定次数后肯定要结束的重复博弈称为**有限次重复博弈**（finitely repeated games）。但并不是所有重复博弈都有事先确定的重复次数，也就是停止重复时间的，有些重复博弈似乎是会不断重复下去的。我们称这样的重复博弈为**无限次重复博弈**（infinitely repeated games）。”⑤

表 8-1 提供了根据博弈的四个基本构成要素划分的博弈类型。

表 8-1 只提供了根据博弈的四个基本构成要素划分的博弈类型，基本上没有讨论不同标准之间的交叉。表 8-2 则提供了根据支付信息和结构信息划分的博弈类型之间的交叉情况。

---

① 谢识予. 经济博弈论. 上海：复旦大学出版社，2010：34.

② 因此，谢识予教授在教科书所强调的前面三个基本要素的基础上，增加了第四个基本要素，即次序。虽然任何博弈都离不开一定的规则（rules），但规则通过博弈的四个基本要素得到体现。

③ 张维迎. 博弈论与信息经济学. 上海：上海三联书店，上海人民出版社，1997：12.

④ 同①.

⑤ 同①31-32.

表 8-1　　　　博弈的类型

<table>
<tr><td colspan="3">划分标准</td><td colspan="5">博弈的类型</td></tr>
<tr><td rowspan="6">局中人</td><td colspan="2">动机</td><td colspan="4">非合作博弈</td><td rowspan="10">合作博弈</td></tr>
<tr><td colspan="2">分析和行为能力</td><td colspan="3">完全理性的博弈</td><td rowspan="9">有限理性或演化博弈</td></tr>
<tr><td rowspan="3">信息</td><td>支付的信息</td><td>完全信息博弈</td><td colspan="2">不完全或不对称信息博弈</td></tr>
<tr><td rowspan="2">结构的信息</td><td rowspan="2">同时或静态博弈</td><td colspan="2">序贯或动态博弈</td></tr>
<tr><td>完美信息动态博弈</td><td>不完美信息动态博弈</td></tr>
<tr><td colspan="2">数量</td><td>单人博弈</td><td colspan="2">二人和多人博弈</td></tr>
<tr><td colspan="3">策略</td><td>有限博弈</td><td colspan="2">无限博弈</td></tr>
<tr><td colspan="3">支付</td><td>零和与常和博弈</td><td colspan="2">变和博弈</td></tr>
<tr><td colspan="3" rowspan="2">次序</td><td rowspan="2">一次性博弈</td><td colspan="2">重复博弈</td></tr>
<tr><td>有限次重复博弈</td><td>无限次重复博弈</td></tr>
</table>

表 8-2　　　　根据支付信息与结构信息划分的博弈类型

<table>
<tr><td colspan="2" rowspan="3"></td><td colspan="3">结构信息</td></tr>
<tr><td rowspan="2">静态博弈</td><td colspan="2">动态博弈</td></tr>
<tr><td>完美信息</td><td>不完美信息</td></tr>
<tr><td rowspan="2">支付信息</td><td>完全信息</td><td>完全信息静态博弈</td><td>完全且完美信息动态博弈</td><td>完全但不完美信息动态博弈</td></tr>
<tr><td>不完全信息</td><td>不完全信息静态博弈</td><td colspan="2">不完全信息动态博弈</td></tr>
</table>

注：本讲第二节讨论完全信息静态博弈，第三节讨论完全且完美信息动态博弈。

表 8-1 与 8-2 印证了克雷普斯的两个观点：第一，博弈论“提供了区分不同经济形势的方法”①；第二，“博弈论对于现代信息经济学的发展作出了重要贡献”②。因为表 8-2 表明，对博弈的讨论无法离开有关博弈支付和结构的信息。

三、博弈的两种描述方法

在讲授博弈的两种描述方法之前，我们有必要来讲一个笑话③：

据说在斯大林统治时期的苏联，有一位乐队指挥坐火车前往莫斯科演出，正当他在火车上翻看当晚将要指挥演奏的乐谱时，被两名克格勃军官看到了。他们错把乐谱当密码，立即把乐队指挥当作间谍抓起来。尽管乐队指挥争辩说，他看的东西只是柴可夫斯基的小提琴协奏曲，但仍无济于事。就在他被投入牢房的第二天，审问者自鸣得意地走进他的牢房说：“我们已经抓住了你的同伙柴可夫斯基，我看你最好还是老老实实地招供吧，争取宽大处理。如果你招供了，柴可夫斯基不招供，你将被宽大处理，被判刑 1 年，而柴可夫斯基将被判刑 25 年；如果你不招供，柴可夫斯基招供了，你将被判刑 25 年，而柴可夫斯基则被宽大处理，被判刑 1 年；如果你们都不招供，将分别被关押 3 年；如果你们都招供，将分别被关押 10 年。”

① 戴维·M. 克雷普斯. 博弈论与经济模型. 北京：商务印书馆，2006：41.

② 同①89.

③ 改编自阿维纳什·K. 迪克西特，巴里·J. 奈尔伯特. 策略思维. 北京：中国人民大学出版社，2002：11-12.

上述笑话只不过是囚徒困境（prisoner's dilemma）的翻版[1]，该笑话中包含了博弈的四个基本要素：局中人（乐队指挥和柴可夫斯基）、策略（招供和不招供）、支付（监禁时间）和次序（同时博弈）。博弈论将用两种方法描述上述博弈的四个基本要素：

（一）标准式/型

1．标准式/型的概念

标准式/型（normal form），也被叫作**策略式/型**（strategic form），它用一个以二元数组为元素的矩阵（称为**博弈矩阵**或**支付矩阵**）来描述和分析博弈过程，见表8-3，它是用标准式描述的囚徒困境博弈。

表8-3　　标准式博弈

		柴可夫斯基	
		招供	不招供
乐队指挥	招供	−10，−10	−1，−25
	不招供	−25，−1	−3，−3

表8-3传达了如下信息：

（1）局中人，本例中的乐队指挥与柴可夫斯基。审问者不是这个博弈的局中人，因为他/她只是制定规则，不参与决策活动和独立承担博弈结果。

（2）每个局中人可能采取的各种策略（即策略空间），本例中的“招供”与“不招供”。

（3）在一个博弈中，当所有局中人都选择了自己的策略之后，就得到一个**策略组合**。例如，当乐队指挥与柴可夫斯基都选择“招供”时，就得到一个策略组合（招供，招供）。在一个策略组合中，前一个“招供”是乐队指挥的策略，后一个“招供”是柴可夫斯基的策略。

（4）对于任意一个策略组合，每一个局中人会得到一个支付；所有局中人的支付合在一起，就构成相对于这个策略组合的**支付组合**。例如，与（招供，招供）这个策略组合对应的支付组合是（−10，−10）。其中，第一个数字是乐队指挥选择行策略招供的支付，第二个数字是柴可夫斯基选择列策略招供的支付。

（5）局中人对博弈支付组合的了解情况。在本例中，乐队指挥和柴可夫斯基都知道表8-3中的四种策略组合以及相应的支付组合，并且他们都知道每个局中人知道这些信息。因此，表8-3有关支付组合的信息是**共有知识**，这个博弈是完全信息博弈。

（6）局中人对**博弈过程**的了解情况。在本例中，乐队指挥和柴可夫斯基都在不知道对方选择的情况下作出自己的选择。因此，这个博弈是同时博弈（或静态博弈）。结合完全信息博弈，这个博弈是完全信息静态博弈。或者说，局中人只知道支付矩阵，但没有人知道对手作何选择的博弈。因此，如何利用支付矩阵来猜测对手的选择，确定自己的选择，将是我们在第二节讨论的重心。

2．标准式/型的作用

“用矩阵形式处理对策，这一简单思想本身就是对策论的最大贡献之一。面临互斗的

[1] 囚徒困境是著名数学家阿尔伯特·塔克（Albert Tuker，1905—1995）教授1950年为斯坦福大学心理学家做报告时杜撰的一个笑话，但它对20世纪后半期的社会科学产生了极为重要的影响。对囚徒困境感兴趣的同学，可以阅读阿纳托尔·拉波波特．囚徒的困境//伊特韦尔，等．新帕尔格雷夫经济学大辞典：第三卷．3版．北京：经济科学出版社，1996：1042-1045.

情形，局中人极易想到仅用‘我该怎么办’来处理问题，当他写出矩阵时，就会形成一个不同的看法，他会直接考虑到另一个局中人也有一个决策问题。”① 或者说，“标准式博弈突出了博弈以及与博弈类似的互动行为所具有的一个重要特征：每个参与者的收益不仅取决于自己的战略，还受到其他参与者所选择的战略的影响。”② 因此，每个局中人在选择自己的策略时，即使无法知道另一方的实际选择，也不能忽视另一方的选择对他自己支付的影响，他必须在考虑到另一方有两种可能的选择，而且不同的选择对自己的利益影响不同的情况下，作出自己的选择。例如，乐队指挥选择“招供”将面临两个不同的结果：被关押 10 年或 1 年，最终结果将取决于柴可夫斯基的策略选择。

（二）扩展式

1. 扩展式的概念

扩展式（extensive form，也被译作**展开式**）用博弈树描述和分析博弈过程。见图 8-1，它是用扩展式描述的囚徒困境博弈。在图 8-1 中，博弈树自左向右伸展（当然，也可以根据情况让博弈树向任何方向延展），并由一些“点”和“线段”（以及标在这些点和线段旁边的文字和数字）组成。其中，点包括“起点”（前面没有任何线段的点，如 a 点）、“中间点”（前面有一些线段的点，如 b 点、c 点）和“终点”（后面没有任何线段的点，如 d 点、e 点、f 点、g 点）；点与点之间由线段连接；在点和线段旁边的文字和数字则进一步说明它们各自的具体含义。下面，我们就来介绍图 8-1 所传递的信息：

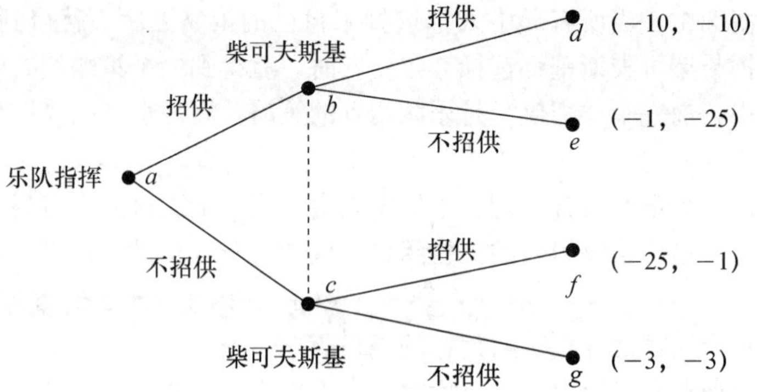

图 8-1　完全信息静态博弈的扩展式

（1）“起点”，又叫作“初始决策点”，通常只有一个。起点是博弈树的“根”，它是博弈开始的地方，即博弈的最先行动者进行决策的地方。例如，在图 8-1 中，我们把乐队指挥放在初始决策点 a 点。从此点出发，有向右延展的两条线段，分别表示乐队指挥可以采取的两个行动（也是策略），上面一条线段表示乐队指挥选择“招供”，下面一条线段表示乐队指挥选择“不招供”。两条线段分别通向两个“中间点”b 点和 c 点。

（2）中间点，又叫作“中间决策点”，通常至少有两个。例如，在图 8-1 中，我们把柴可夫斯基放在中间决策点 b 点和 c 点。由于柴可夫斯基也有两个策略：招供和不招供，

① R. J. 奥曼. 对策论//伊特韦尔，等. 新帕尔格雷夫经济学大辞典：第二卷. 3 版. 北京：经济科学出版社，1996：493.

② 罗杰·A. 麦凯恩. 博弈论：战略分析入门. 北京：机械工业出版社，2006：14. 在麦凯恩看来，“博弈论的精髓是……博弈参与人之间的互动行为”（同前，第 24 页），标准式突出了博弈论的精髓，因此它在博弈论中得到广泛的运用。

因此，从柴可夫斯基的每一个（中间）决策点出发，又可以向右引出两条线段，分别表示“招供”和“不招供”两个策略。表示柴可夫斯基“招供”和“不招供”策略的线段都通向博弈的“终点”①。

（3）与起点和中间点不同，终点不是决策点：它既不是初始决策点，也不是中间决策点。因此，终点不属于任何局中人（终点的旁边没有标注任何局中人）。终点有两层含义：第一，它代表博弈的一个策略组合——从起点开始导向某个终点的所有线段按先后次序排列的一个组合。例如。最上面的终点（d 点）表示的策略组合是（招供，招供），其中，第一个“招供”是乐队指挥的策略，第二个“招供”是柴可夫斯基的策略。第二，它代表与某个策略组合相应的一个支付组合——在每一个终点的旁边，有一对用圆括号围住的数字，其中，第一个数字是先行动者的支付，第二个数字是后行动者的支付。例如，在我们上面的例子中，最上面的终点（d 点）旁边的（－10，－10）表示，在乐队指挥和柴可夫斯基的策略组合为（招供，招供）时，他们得到的支付都是－10。

（4）由于囚徒困境博弈是完全信息博弈，因此，在我们的例子中，乐队指挥和柴可夫斯基都知道图 8－1 中的四个策略组合以及相应的支付组合，并且他们都知道每个局中人知道这些信息。

（5）由于囚徒困境博弈是静态博弈，因此，在图 8－1 中，我们虽然把乐队指挥放在初始决策点，把柴可夫斯基放在中间决策点，但乐队指挥和柴可夫斯基都不知道自己的位置。具体地说，乐队指挥和柴可夫斯基在作出自己的选择之前，并不知道对手的选择。为此，我们可以说位于 a、b、c 三点的局中人属于同一个信息集：只有关于收益的信息，没有关于次序的信息；并用一条叫作**信息线**（an information set）的虚线将中间决策点（b 点与 c 点）连接起来。② 图 8－1 是用扩展式来描述的完全信息静态博弈。

（6）如果我们改编一下这个笑话：假设柴可夫斯基与乐队指挥被放在同一间审讯室里，并且，警察要求乐队指挥先交代，然后才让柴可夫斯基交代。这样一来，轮到柴可夫斯基作出选择时，他已经知道乐队指挥选择的策略，乐队指挥也知道这一点。为了说明这一特征，我们删除了连接中间决策点的信息线，将图 8－1 变成了图 8－2。其中，处于 a 点的乐队指挥知道他先交代，并且他交代的内容（招供或不招供）将被柴可夫斯基知道，而后者将根据他交代的内容选择招供或不招供（但乐队指挥只能根据不同的策略组合对应的支付组合来猜测柴可夫斯基的行动），处于 b 点的柴可夫斯基知道乐队指挥选择了“坦白”，处于 c 点的柴可夫斯基知道乐队指挥选择了“不招供”。因此，处于 a、b、c 三点的局中人有着关于决策次序（或位置）的初始信息集。③ 这个特征在博弈论中叫作完美信息。结合（关于支付的）完全信息假设，图 8－2 是用扩展式表示的**完全且完美信息动态**

① 在更复杂一些的博弈中，从一个中间决策点出发的线段也可能导向另外一个中间决策点，而不是直接导向博弈的终点。

② 戴维·M. 克雷普斯．博弈论与经济模型．北京：商务印书馆，2006：19．为了反映囚徒困境是一个同时博弈的事实，我们想把柴可夫斯基和乐队指挥的行动置于这棵树的同一层次上，但是一棵树的结构不允许我们这样做。为了解决这个问题，我们可以任意选定一个局中人置于这棵树的初始决策点作为第一个行动者，另一个局中人处于中间决策点，但我们随后用信息线将中间决策点连接起来，以表明柴可夫斯基并没有察觉到乐队指挥已经选择的行动，从而也就没能观察到当他做决策时，博弈已经到达了哪个决策点。

③ 我们可以作为一个法则记住，在完全且完美信息动态博弈中，每一个中间决策点都对应着一个子博弈。或者说，“每个完全信息节点都是子博弈的起始点，即所有子博弈都起始于完全信息节点”。罗杰·A. 麦凯恩．博弈论：战略分析入门．北京：机械工业出版社，2006：156．

博弈。①

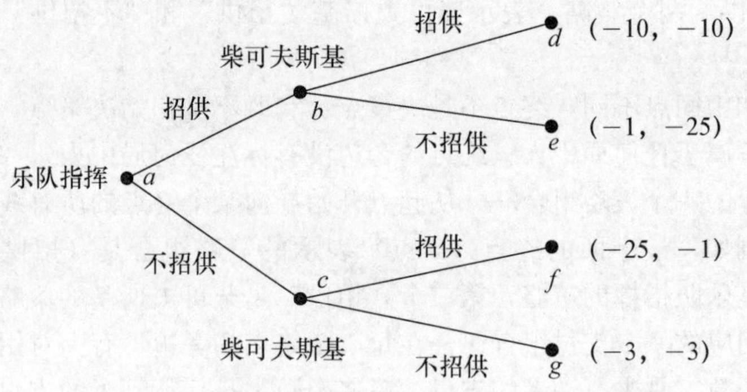

图 8-2　完全且完美信息动态博弈的扩展式

2. 扩展式的作用

"扩展式是由冯·诺伊曼（von Neumann，1929）首先引入的，后由库恩（Kuhn，1953）进行了推广，它的重大影响已远远超过了零和理论。"② 具体地讲，"扩展式的价值也在于，通过它我们可以清楚地看到博弈的参与者在每一个阶段所掌握的信息。所以，当信息比较充分的时候，我们通常使用扩展式。而对于囚徒困境这类缺乏信息的博弈，只用标准式就足以把我们对博弈的了解表示出来了"③。克雷普斯认为，扩展式"提供了模拟和分析动态性竞争互动（dynamic competitive interactions）的技术手段"，它是"博弈论在经济学中获得巨大成就的主要原因"④。

在我们后面的分析中，第二节将使用标准式分析完全信息静态博弈，第三节则使用扩展式分析完全且完美信息动态博弈。

（三）单人博弈与博弈论的定义

1. 单人博弈

"**单人博弈**即只有一个博弈方的博弈。单人博弈由于不存在其他博弈方对博弈中唯一的博弈方的反应和反作用，因此……严格地说，单人博弈已经退化为一般的最优化问题。"⑤ 或者说，退化为经济主体之间的相互牵制性等于零的理性选择行为。为了说明单人博弈的这个性质，我们不妨来看一个简单的单人迷宫游戏，见图 8-3。

单人迷宫游戏中的局中人面临的问题是：如果他从图 8-3 中迷宫的入口处进入迷宫后，能不走任何回头路就顺利到达出口，他将获得一笔奖金 M，否则他将空手而归。显然，该游戏涉及博弈的三个基本要素：(1) 局中人；(2) 策略空间；(3) 与每一个策略对应的支付。由于只有一个局中人，因此不存在与其他局中人的选择次序和相互牵制性问题，局中人清楚自己的策略选择与不同支付之间的对应关系。用标准式来描述和分析这个

---

① 当然，也可以使用标准式来描述和分析完全且完美信息动态博弈。

② R.J. 奥曼. 对策论//伊特韦尔，等. 新帕尔格雷夫经济学大辞典：第二卷. 3 版. 北京：经济科学出版社，1996：492. 奥曼之所以这样说，是因为在 1910—1930 年"这些最早的年代，对策论专注于严格竞争对策，较一般的称谓是二人零和对策"。

③ 罗杰·A. 麦凯恩. 博弈论：战略分析入门. 北京：机械工业出版社，2006：18. 标准式与展开式可以相互转换，具体方法可以阅读该书第二章。

④ 戴维·M. 克雷普斯. 博弈论与经济模型. 北京：商务印书馆，2006：45.

⑤ 谢识予. 经济博弈论. 上海：复旦大学出版社，2010：20.

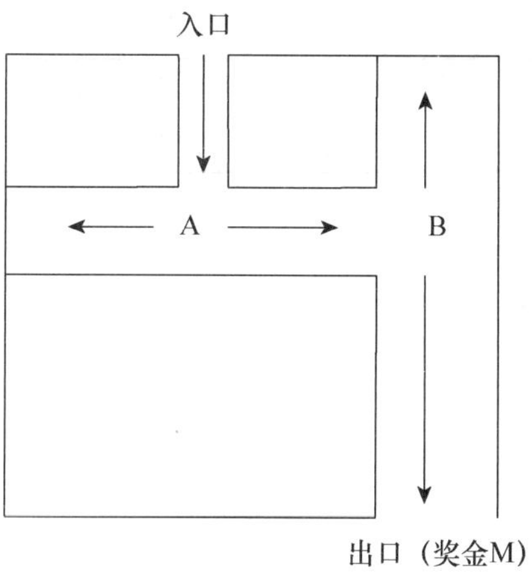

图 8 - 3　单人迷宫

单人博弈，它的支付矩阵就退化为一个向量，见表 8 - 4。

2. 博弈论

读者设想一下，如果我们把表 8 - 4 中第一列的局中人替换成“生产者/企业”或“消费者/家庭”，第二列的策略空间替换成“产量”或“消费量”，第三列的支付值替换成“利润量”或“消费者剩余”，完全竞争市场、垄断市场和垄断竞争市场的企业或消费者选择（实质上也是最优化问题）就成为一种单人博弈，并被纳入博弈论的范畴①，**博弈论**也就成为“关于理性选择的科学”，并与经济学的定义无异了！

表 8 - 4　　单人博弈的标准式

局中人	策略空间	支付
游戏者	A处左转，B处左转	0
	A处左转，B处右转	M
	A处右转，B处左转	0
	A处右转，B处右转	0

第二节　完全信息静态博弈：纯策略均衡

上一节展示了博弈论作为一种语言，如何被用来描述一个博弈。从本节开始，我们将展示博弈论作为一种分析方法（或技术），如何用来求解一个博弈。② 具体地讲，假如你

① 鉴于“单人博弈已经退化为一般的最优化问题，因此不属于博弈论研究的对象。不过讨论单人博弈还是有价值的，因为包括单人博弈可以使博弈理论的结构更加完整，分析单人博弈可以给分析复杂的多人博弈提供启示，而且两人、多人博弈，包括……多阶段动态博弈等，常要转化为多个、多层次的单人博弈进行分析。因此，单人博弈是博弈分析的基础，研究单人博弈的目的，除了解决这些博弈问题本身以外，更在于为分析两人和多人博弈问题打下基础”。谢识予. 经济博弈论. 上海：复旦大学出版社，2010：20.

② “给定一个对策，预期会有什么结局呢？对策论的大部分都是这样或那样地针对这个问题的。”博弈的“一个解概念是一个函数（或对应），它把对策与结局或结局的集合联系起来。通常，一个结局可以等同于该结局使局中人得到的赢得剖面，可是，我们有时希望把结局看成是策略剖面”。R. J. 奥曼. 对策论//伊特韦尔，等. 新帕尔格雷夫经济学大辞典：第二卷. 3版. 北京：经济科学出版社，1996：496.

就是所分析博弈的一个局中人，你将如何利用博弈论来推测对手的最优策略，寻找自己的最优策略，推测互斗决策的结果？表现在本节中，就是局中人如何利用表 8－3 推测对手的最优策略，寻找自己的最优策略，推测表 8－3 所描述的博弈的结果。克雷普斯认为，非合作博弈论在**绝对**与**相对**最优化策略的基础上形成了两种预测完全信息静态博弈结果的方法：优势（dominance）分析和均衡（equilibrium）分析。① 显然，它们都是策略思维——知己知彼——的形式化。下面就来依次介绍这两种方法。

一、优势分析

优势分析包括优势策略均衡分析与反复剔除劣势策略两种方法。

（一）优势策略均衡分析

1. 优势策略

优势策略（dominant-strategy，也被翻译成**占优策略**或**上策**），即“在某个博弈中，如果不管其他博弈方选择什么策略，一个博弈方的某个策略给他带来的得益始终高于其他策略，至少不低于其他策略……我们称这种策略为该博弈方的一个**上策**”②。

根据上述定义不难发现，对策略进行分类的依据是该策略所对应的支付值。如果一个策略所对应的支付值，无论在对手采取什么策略的情况下，都是最高的，那么，这个策略就是局中人的优势策略。例如，在表 8－3 中，乐队指挥的优势策略是“招供”。因为在柴可夫斯基选择“招供”时，乐队指挥可以选择“招供”或“不招供”，其中，选择“招供”的支付值是－10，大于选择“不招供”的支付值－25（前者用单下划线标出）；在柴可夫斯基选择“不招供”时，乐队指挥同样可以选择“招供”或“不招供”，他选择“招供”的支付值是－1，大于选择不招供的支付值－3（前者用单下划线标出），见表 8－5。

表 8－5　　优势策略与优势策略均衡

		柴可夫斯基	
		招供	不招供
乐队指挥	招供	－10，－10	－1，－25
	不招供	－25，－1	－3，－3

同理，我们发现，“招供”也是柴可夫斯基的优势策略。在表 8－3 中，在乐队指挥选择“招供”时，柴可夫斯基可以选择“招供”或“不招供”，其中，选择“招供”的支付值是－10，大于选择“不招供”的支付值－25（前者用双下划线标出）；在乐队指挥选择“不招供”时，柴可夫斯基同样可以选择“招供”或“不招供”，他选择“招供”的支付值是－1，大于选择不招供的支付值－3（前者用双下划线标出），见表 8－5。

2. 优势策略均衡

优势策略均衡（dominant-strategy equilibrium，也被翻译成**占优策略均衡**或**上策均**

① 戴维·M. 克雷普斯. 博弈论与经济模型. 北京：商务印书馆，2006：27.

② 谢识予. 经济博弈论. 上海：复旦大学出版社，2010：40.

衡），即“如果一个博弈的某个策略组合中的所有策略都是各个博弈方各自的上策，那么这个策略组合肯定是所有博弈方都愿意选择的，必然是该博弈比较稳定的结果。我们称这样的策略组合为该博弈的一个**‘上策均衡’**。上策均衡是博弈分析中最基本的均衡概念之一，上策均衡分析是最基本的博弈分析方法”①，见表 8－5。其中，优势策略均衡是 2 个数字都有下划线所对应的策略组合，即（招供，招供）。关于优势策略均衡的一般性质，我们将在后面讨论。

3. 策略思维的第一法则

既然“优势策略意味着，无论对手采取什么策略，这一策略都将胜过其他任何策略”，那么，根据局中人的优势策略，我们（或局中人）可以很方便地找到（或预测）一个博弈的优势策略均衡。据此，迪克西特和奈尔伯特提出策略思维的第一法则：**“假如你有一个优势策略，请照办**。假如你没有优势策略，但你的对手有，那么，尽管认定他一定会照办吧，然后相应选择你自己的最佳策略。”②

4. 优势策略分析的局限性

“博弈方的最优策略随着其他博弈方的策略而变化正是博弈问题的根本特征，是博弈关系相互依存性的主要表现形式。因此上策均衡不是普遍存在的……（这）是博弈理论的价值所在。因为如果上策均衡在所有博弈问题中普遍存在，那么博弈问题与一般的个人最优化问题就没有任何实质性的区别，博弈分析也就不会有什么新意，就不可能成为一种独立的理论，更不用说成为一种重要的革命性理论方法了。”③

5. 囚徒困境④

（1）从表 8－3 所描述的囚徒困境看，囚徒的困境是面临选择“招供”与“不招供”的困境；从表 8－1 所描述的囚徒困境看，囚徒的困境是不知道“同伙”选择的是“招供”还是“不招供”的困境。囚徒的困境是他们策略选择的相互牵制性导致的“坦白从宽把牢底坐穿”与“抗拒从严回家过年”的困境。

（2）从表 8－5 的分析看，囚徒的困境是“两个决策者从各自的最大利益出发选择行为，结果是既没有实现两人总体的最大利益，也没有真正实现自身的个体最大利益。该博弈既揭示了个体理性与团体理性之间的矛盾——从个体利益出发的行为往往不能实现团体的最大利益，同时也揭示了个体理性本身的内在矛盾——从个体利益出发的行为最终不一定能真正实现个体利益的最大化，甚至会得到相当差的结果”⑤。因此，从

---

① 谢识予. 经济博弈论. 上海：复旦大学出版社，2010：42.

② 阿维纳什·K. 迪克西特，巴里·J. 奈尔伯特. 策略思维. 北京：中国人民大学出版社，2002：71. 寻找优势策略，并据此预测博弈的结果，这个法则体现了策略思维的基本原理“知己知彼”。其中，“知己”是寻找自己的优势策略，“知彼”是寻找对手的优势策略，优势策略均衡就是博弈的结果。

③ 同①.

④ 囚徒困境出现在一些著名大学的研究生入学考试题之中。例如，清华大学 2004 年研究生入学考试题就要求考生论述囚徒困境对经济学的意义。

⑤ 同①8. 用奥曼的话说，囚徒困境“这个对策的普遍魅力是由于它在十分完全而明白的形式下描述了如下痛苦的事实，当个体都按自身利益行动时，其结果可能对大家都是灾难性的，在日常生活中，这个原理有许多大小不同的应用。不能为他们自己相互的利益而合作的人们未必是愚蠢的或不理智的；他们的行动可能完全是理智的。我们越早认识这点，就越能及早采取步骤设计社会交往的条件以便鼓励合作。”（R. J. 奥曼. 对策论//伊特韦尔，等. 新帕尔格雷夫经济学大辞典：第二卷. 3 版. 北京：经济科学出版社，1996：502.）奥尔森以公共物品为例，将囚徒困境总结为，“从理性的和寻求自我利益的行动这一前提可以逻辑地推出集团会从自利出发采取行动，这种观念事实上是不正确的”。（曼瑟尔·奥尔森. 集体行动的逻辑. 上海：上海三联书店，上海人民出版社，1995：2.）

本质上讲，囚徒困境是自利行为与帕累托最优之间的困境，也被叫作**社会两难**（social dilemma）①。

（3）将囚徒困境推广到两个以上参加者（局中人），囚徒困境变成所谓“公地的悲剧”（哈丁，1968）的另一种说法。对在公社草地上放牧的每个农民有利的是给自己的畜群增加一头牛。但是每个农民都按照自己的个人利益办事，草地可能会因过量放牧而对每个人不利。每个参加商业捕鱼的国家在追求利润时都过量捕获，这实质上是在现代外衣下的**公地的悲剧**。② 关于公地的悲剧的讨论，我们将在第九讲展开。

（4）需要注意的是，在表 8－5 中，囚徒困境是一种优势策略均衡，但优势策略均衡不一定是囚徒困境，见表 8－6。该博弈描述这样一种情况：假设甲、乙两家企业正考虑联合开发一项技术，每家企业都有两种策略可供选择：为该项目投入足够的资源，或者留一手，即只投入少量的资源。假设两家企业之间不存在相互监督或强制，它们开发的是一种实用技术，即便合作项目失败，这两家企业也能利用已经开发的部分技术获得利润，见表 8－6。显然，“投入”是两家企业的优势策略，优势策略均衡是（投入，投入），它所对应的支付值，无论从单独的企业看还是从总体看，都是最大的。因此，优势策略均衡与合作解重合。

表 8－6　　优势策略均衡与合作解重合　　单位：10 亿美元

		乙企业	
		投入	留一手
甲企业	投入	5，5	2，3
	留一手	3，2	1，1

（5）既然优势策略均衡与合作解可以重合，为什么博弈论一般不讨论这种情况呢？麦凯恩的解释是：“导致此种现象的一个最为重要的原因可能是博弈论的研究性质。博弈论是一门注重实用的研究，找到并解决问题是它的主要目的，占优策略均衡与合作解相同的博弈对个人和社会都不构成问题，自然也就不被作为研究的重点了。然而，这类博弈不仅逻辑上成立，也可能是企业司空见惯的。毕竟，非合作均衡是企业增加利润的障碍，正如经济学家乔治·斯蒂格勒所发现的那样，‘企业’会动用我们所知道的一切办法，扫除阻止它们增加利润的障碍。”③

（二）劣势策略与反复剔除劣势策略

让我们来看表 8－7 所描述的博弈，其中，只有甲厂商有优势策略（不合作），乙厂商没有优势策略。我们应该如何来求解这个博弈的均衡呢？④ 为了回答这个问题，我们有必

① 即“参与者采用这种均衡战略的收益比采用非均衡战略的收益差。”罗杰·A. 麦凯恩. 博弈论：战略分析入门. 北京：机械工业出版社，2006：26.

② 阿纳托尔·拉波波特. 囚徒的困境//伊特韦尔，等. 新帕尔格雷夫经济学大辞典：第三卷. 3 版. 北京：经济科学出版社，1996：1042.

③ 罗杰·A. 麦凯恩. 博弈论：战略分析入门. 北京：机械工业出版社，2006：26. 或者说，囚徒困境促使我们“发展一个描述理论的问题，这个理论会主张描述（或预测，如果可能的话）人们在面临这种困境时如何在不同条件下进行实际决定”。阿纳托尔·拉波波特. 囚徒的困境//伊特韦尔，等. 新帕尔格雷夫经济学大辞典：第三卷. 3 版. 北京：经济科学出版社，1996：1043.

④ 当然，我们仍然可以根据迪克西特和奈尔伯特提出的预测静态博弈均衡的第一个法则来求解这个博弈的均衡。

要引入劣势策略与反复剔除劣势策略这两个概念。

表 8-7　　劣势策略与劣势策略的反复剔除法（一）

		乙企业	
		合作	不合作
甲企业	合作	5，6	1，5
	不合作	7，1	2，3

1. 严格劣势策略与弱劣势策略

严格劣势策略（strongly dominated strategy，也被翻译为**严格下策**），即"如果在一个博弈中，不管其他博弈的策略如何变化，一个博弈方的某种策略给他带来的得益，总是比另一种策略给他带来的得益要小，那么我们称前一种策略为相对于后一种策略的一个'**严格下策**'"①。只要我们把该定义中的"总是比另一种策略给他带来的得益要小"，改变成"总是不大于另一种策略给他带来的得益"，那么，我们就可以称前一种策略为相对于后一种策略的**弱劣势策略**（weakly dominated strategy）。鉴于弱劣势策略不适用于反复剔除严格劣势策略，因此，我们往往剔除"严格"二字，简称**劣势策略**与**反复剔除劣势策略**。例如，在表 8-7 中，"合作"就是甲企业的劣势策略。因为无论乙企业选择"合作"还是"不合作"，甲企业选择"合作"的支付值总是小于选择"不合作"的支付值。同样的情况也出现在表 8-3 中，"不招供"是乐队指挥和柴可夫斯基的劣势策略。

2. 策略思维的第二法则

反复剔除劣势策略（iterated elimination of strongly dominated strategies）。既然"劣势策略意味着无论对手采取什么策略，这一策略都将逊于其他任何策略"，那么，迪克西特和奈尔伯特提出**策略思维的第二法则："剔除劣势策略，不予考虑**。如此一步一步做下去。假如在这么做的过程当中，在简化之后的博弈里出现了一个优势策略，应该采用这个优势策略。假如这个过程以一个独一无二的结果告终，那么意味着你找到了参与者的行动法则以及这个博弈的结果。即便这个过程可能不会导出一个独一无二的结果，这么做也可以缩小整个博弈的规模，使其变得更加容易控制。"② 需要注意的是，剔除劣势策略的方法既可以在同一个局中人的策略空间中反复运用，也可以在各个局中人的策略空间中交叉运用，只要各局中人剩余的策略空间中还有劣势策略，就可以继续消去，直到找不出任何劣势策略为止。

例如，在表 8-8 中，剔除甲企业的劣势策略以后（用横线删除），甲企业就剩下一个策略，即"不合作"。面对甲企业的"不合作"，乙企业可以选择"合作"与"不合作"，前者所对应的支付值要小于后者。因此，"合作"在此时是乙企业的劣势策略。剔除乙企业的劣势策略以后（用竖线删除），剩下的一个策略组合，即（不合作，不合作），就是该博弈的均衡解。

① 谢识予. 经济博弈论. 上海：复旦大学出版社，2010：43.

② 阿维纳什·K. 迪克西特，巴里·J. 奈尔伯特. 策略思维. 北京：中国人民大学出版社，2002：71. "剔除劣势策略，不予以考虑"同样体现了策略思维的基本原理。其中，"知己"是寻找自己的劣势策略，"知彼"是寻找对手的劣势策略。

表 8-8　　劣势策略与劣势策略的反复剔除法（二）

		乙企业	
		合作	不合作
甲企业	合作	5，6	1，5
	不合作	7，1	2，3

3. 策略思维的第三个法则

(1) “反复剔除劣势战略的方法是简化大而复杂的标准式博弈的一种强有力的工具。”①

(2) 反复剔除劣势战略的方法不能解决所有的博弈均衡问题。这是因为，“博弈方之间普遍策略依存的特征，也就是说一个博弈方的不同策略之间，往往不存在绝对的优劣关系，而只存在相对的、有条件的优劣关系”②。因此，**“走完寻找优势策略和删除劣势策略的捷径之后，下一步就是寻找这个博弈的均衡”**③。这是**策略思维的第三法则**。

二、纳什均衡④

克雷普斯认为，“博弈论在经济学中的主要应用就是分析纳什均衡”⑤。下面，我们就来介绍纳什均衡的性质和由此引出的求解方法。

（一）纳什均衡的含义和性质

1. 纳什均衡的含义

阿维纳什·K. 迪克西特、巴里·J. 奈尔伯特：“寻找这个博弈的均衡，即一对策略，按照这对策略，各个参与者的行动都是对对方行动的最佳回应。”⑥

高鸿业：**“所谓纳什均衡，指的是参与人的这样一种策略组合，在该策略组合上，任何参与人单独改变策略都不会得到好处**。或者换个说法，如果在一个策略组合中，当所有其他参与人不改变策略时，没有人会改变自己的策略，则该策略组合就是一个纳什均衡。”⑦

2. 纳什均衡的性质

根据上述定义，我们可以得到有关纳什均衡的三个性质：

(1) 纳什均衡是一个策略组合。

---

① 罗杰·A. 麦凯恩. 博弈论：战略分析入门. 北京：机械工业出版社，2006：85.

② 谢识予. 经济博弈论. 上海：复旦大学出版社，2010：45. 优势策略均衡分析与反复剔除劣势策略，它们的相同之处在于根据支付值比较策略之间的绝对优劣关系；不同之处在于前者重在“选出”优势策略，后者重在“剔除”劣势策略。

③ 阿维纳什·K. 迪克西特，巴里·J. 奈尔伯特. 策略思维. 北京：中国人民大学出版社，2002：64.

④ “如果提到博弈论中最重要的概念，那就是策略型博弈的纳什均衡。”哈罗德·W. 库恩. 博弈论经典·评论. 北京：中国人民大学出版社，2004：5. 有兴趣的同学，可以阅读：戴维·M. 克雷普斯. 纳什均衡//伊特韦尔，等. 新帕尔格雷夫经济学大辞典：第三卷. 3 版. 北京：经济科学出版社，1996；约翰·纳什的《n 人博弈的均衡点》和《非合作博弈》，这两篇论文包含了对纳什均衡概念最早的正式论述，它们都被收入哈罗德·W. 库恩. 博弈论经典·评论. 北京：中国人民大学出版社，2004.

⑤ 戴维·M. 克雷普斯. 博弈论与经济模型. 北京：商务印书馆，2006：37.

⑥ 同③71.

⑦ 高鸿业. 西方经济学（微观部分·第七版）. 北京：中国人民大学出版社，2018：295.

（2）“按照这对策略，各个参与者的行动都是对对方行动的最佳回应。”①

（3）“在该策略组合上，任何参与人单独改变策略都不会得到好处。”②

根据纳什均衡的上述性质，可以推导出预测静态博弈均衡的两种方法。

（二）寻找纳什均衡的两种方法

1. 条件策略的下划线法

既然“按照这对策略，各个参与者的行动都是对对方行动的最佳回应”，那么寻找一个博弈的纳什均衡的思路是：首先找出每个局中人针对其他局中人每种策略或策略组合（对多人博弈）的最优对策；然后找出所有局中人最优对策的交集，即是纳什均衡。为了将这一思路具体化，我们需要引入条件策略与条件策略组合这两个概念。

为了说明这对概念，我们假设新街口百货公司与中央商场都准备在南京选一个地方再建一个商场，它们可选择的地区有个：仙林、浦口、扬子和六合，其收益见表 8－9。现在，让我们来分析中央商场面临的策略选择：如果（if）或相对于（comparative）新街口百货公司选址“仙林”，中央商场选址“仙林”的支付为 30，选址“浦口”的支付为 115，选址“扬子”的支付为 125，选址“六合”的支付为 105。显然，如果或相对于新街口百货公司选址“仙林”，中央商场选址“扬子”的支付值最高。为此，我们在“125”下面画一条下划线，并把它对应的策略“扬子”叫作中央商场的**条件优势策略**（或**相对优势策略**），简称**条件策略**③；把与这一条件策略相联系的策略组合（扬子，仙林），叫作中央商场的**条件优势策略组合**（或**相对优势策略组合**），简称**条件策略组合**。

表 8－9　　条件策略下划线法

		新街口百货公司			
		仙林	浦口	扬子	六合
中央商场	仙林	30，40	50，95	55，95	55，120
	浦口	115，49	100，100	130，85	120，95
	扬子	125，45	95，65	60，40	115，120
	六合	105，50	75，75	95，95	35，55

按照相同的方法，我们可以找出中央商场的其他条件策略和条件策略组合，它们是表 8－9 中元素的第一个数字下标有单下划线的支付组合所对应的策略和策略组合，并可以将它们总结在表 8－10 中。按照相同的方法，我们还可以找到新街口百货公司的条件策略和条件策略组合，它们是表 8－9 中第二个数字下标有双下划线的支付组合所对应的策略和策略组合，并可以将它们总结在表 8－10 中。

当所有局中人的条件策略正好相同，意味着“按照这对策略，各个参与者的行动都是对对方行动的最佳回应”，因此，这个策略组合就是纳什均衡。例如，在表 8－10 中，中央商场与新街口百货公司的条件策略组合同是（浦口，浦口），它就是选址博弈的纳什均衡。④

---

① 阿维纳什·K. 迪克西特，巴里·J. 奈尔伯特. 策略思维. 北京：中国人民大学出版社，2002：71.

② 高鸿业. 西方经济学（微观部分·第七版）. 北京：中国人民大学出版社，2018：295.

③ 它也被尼克尔森和西迪尔叫作“最优反应”，即“给定其他参与人的行为，在所有可能的策略中为一个参与人创造最高支付的策略”。沃尔特·尼克尔森，克里斯托菲尔·西迪尔. 中级微观经济学：理论与应用. 北京：中国人民大学出版社，2012：181，注释①。

④ 根据纳什均衡预测博弈结果的方法同样体现了知己知彼的策略思维，其中，“知己”是寻找自己的条件策略（或者最优反应函数），“知彼”是寻找对手的条件策略（或者最优反应函数）。

表 8-10　　中央商场和新街口百货公司的条件策略和条件策略组合

中央商场的条件策略组合			新街口百货公司的条件策略组合		
	新街口百货公司的策略	中央商场的条件策略		中央商场的策略	新街口百货公司的条件策略
C_1	仙林	扬子	N_1	仙林	六合
C_2	浦口	浦口	N_2	浦口	浦口
C_3	扬子	浦口	N_3	扬子	六合
C_4	六合	浦口	N_4	六合	扬子

为了直观地展示策略、条件策略组合与纳什均衡之间的关系，我们不妨建立一个坐标系，见图 8-4。其中，横坐标表示中央商场的策略空间，纵坐标表示新街口百货公司的策略空间；点 N_i（i=1，2，3，4）是新街口百货公司的条件策略组合，点 C_i（i=1，2，3，4）是中央商场的条件策略组合；E 点表明新街口百货公司与中央商场的条件策略组合点 C_2 与 N_2 重合，因此它是纳什均衡点（浦口，浦口）。当我们用直线将中央商场与新街口百货公司的条件策略组合点分别连接起来时，就可以得到它们各自的**条件策略组合曲线**，它们的交点是 E 点，即纳什均衡点。图 8-4 中的条件策略组合曲线就是我们在第七讲第三节学习的（最优）反应函数，利用反应函数求解纳什均衡的方法，就是**反应函数法**。①

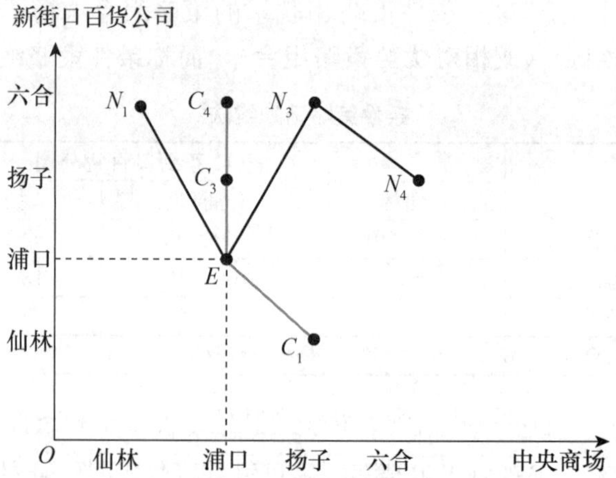

图 8-4　条件策略组合曲线与纳什均衡

我们可以把上述寻找纳什均衡的方法叫作**条件策略下划线法**，具体步骤是：(1) 分别找出每个局中人的所有条件策略组合，如表 8-9 中有下划线的支付所对应的策略组合；(2) 找出所有局中人共同拥有的条件策略组合，这个/些条件策略组合就是纳什均衡，如表 8-9 中元素的两个数字都有下划线的支付组合所对应的策略组合。

2. *箭头法*

既然处于纳什均衡的"任何局中人单独改变策略都不会得到好处"，那么根据这个侧

① 推而广之，我们在第三讲学习的消费者均衡条件和据此推导出来的产品需求曲线与要素供给曲线，我们在第五讲学习的完全竞争企业短期均衡条件和据此推导出来的产品供给曲线和要素需求曲线，都是条件策略曲线（或反应函数），完全竞争市场均衡就是纳什均衡，其中，局中人是消费者和生产者，策略变量是供求数量而不是价格（因为消费者和生产者都是价格的接受者），支付分别是消费者剩余和生产者剩余。因此，我们不难理解，整个微观经济学都可以建立在博弈论的基础之上。

重点，我们可以得到寻找纳什均衡的另一种方法——**箭头法**，具体步骤是：(1) 检查每一个策略组合，考察每个局中人是否可以通过单独改变策略获得好处；如果可以，则从所检查的策略组合对应的支付引一个箭头到改变策略后策略组合对应的支付；(2) 检查每个策略组合的箭头方向，如果只有箭头引入而没有箭头引出，这个策略组合就是纳什均衡；否则就不是。为了简要地说明这种方法，我们来看表 8-11，它是表 8-3 的再现。

表 8-11　　箭头法

		柴可夫斯基	
		招供	不招供
乐队指挥	招供	−10，−10	−1，−25
	不招供	−25，−1	−3，−3

让我们从策略组合（不招供，不招供）开始。在这个策略组合中，柴可夫斯基或乐队指挥都可以通过单独改变策略而得到好处，例如，在柴可夫斯基选择“不招供”时，乐队指挥通过单独选择“招供”而使自己的监禁时间从 3 年下降到 1 年；同理，在乐队指挥选择“不招供”时，柴可夫斯基通过单独选择“招供”而使自己的监禁时间从 3 年下降到 1 年。因此，从这个策略组合可以引出两个箭头，分别表明柴可夫斯基和乐队指挥的策略变动方向。在（不招供，招供）或（招供，不招供）组合上，乐队指挥或柴可夫斯基通过单独选择“招供”而使自己的监禁时间从 25 年下降到 10 年，如箭头所指。只有在（招供，招供）组合上，没有箭头引出，因此该组合是纳什均衡。

箭头法与条件策略下划线法都是根据纳什均衡的性质得到的寻找博弈均衡解的方法，二者的区别在于，前者强调“剔除”非博弈均衡，后者强调“选出”博弈均衡。

（三）古诺模型与反应函数法

1. *古诺模型*

根据本讲第一节有关博弈的分类，结合第七讲第三节有关古诺模型的讨论，我们知道，古诺模型不仅是完全信息静态博弈模型，而且也是无限博弈模型。

2. *反应函数法*

“古诺模型的纳什均衡也可以通过对划线法思路的推广来求。划线法的思路是先找出每个博弈方针对其他博弈方所有策略（或策略组合）的最佳对策，然后再找出相互构成最佳对策的各博弈方策略组成的策略组合，也就是博弈的纳什均衡。在无限策略的古诺博弈模型中这样的思路实际上也是可行的，只是其他博弈方的策略现在是无限多种，因此各个博弈方的最佳对策也有无限种，它们之间往往构成一种连续函数关系……也就是反应函数，而解出的各个博弈方反应函数的交点就是纳什均衡。这种利用反应函数求解博弈的纳什均衡的方法称为‘反应函数法’。”①

三、纳什均衡与优势策略均衡

（一）纳什均衡与优势策略均衡的关系

纳什均衡与优势策略均衡都是一种策略组合，在这种策略组合中，各个局中人的策略都是对其他局中人策略的最佳回应，任何局中人单独改变策略都不会得到好处。

---

① 谢识予. 经济博弈论. 上海：复旦大学出版社，2010：62-63.

纳什均衡与优势策略均衡都是一种寻找博弈均衡的方法，前者以条件策略为基础，后者以优势策略为基础，二者都以策略所对应的支付值为依据。如果无论在对手采取什么策略的情况下，一个策略所对应的支付值都是最高的，那么，这个策略就是局中人的优势策略；如果只是在对手采取某种策略的情况下，一个策略所对应的支付值才是最高的，那么，这个策略就是局中人的条件策略。因此，优势策略具有唯一性、绝对性；条件策略具非唯一性、相对性。优势策略一定是条件策略，但条件策略不一定是优势策略。

优势策略与条件策略的关系决定了优势策略均衡与纳什均衡的关系：优势策略均衡具有唯一性，纳什均衡可能具有非唯一性；优势策略均衡一定是纳什均衡，纳什均衡不一定是优势策略均衡。

（二）纳什均衡的缺陷与出路

1. 纳什均衡的非唯一性与策略思维的第四法则

为了说明纳什均衡可能具有非唯一性，我们不妨来看这样一个例子：假如某人和他的女朋友约好周末一起出去玩，他喜欢去体育馆看足球赛，他的女朋友希望去看芭蕾，但是，由于某种原因，他们都无法联系对方。在这种情况下，见到对方的唯一办法是他们赶往同一个地点。对于他们每个人来说，都有两个策略可以选择，相应的支付见表 8－12。

表 8－12　　情侣博弈与纳什均衡（一）

		他的女朋友	
		足球赛	芭蕾
某人	足球赛	2，1	0，0
	芭蕾	−1，−1	1，2

根据条件策略下划线法，我们首先找出他的条件策略组合（用单下划线标出）——（足球赛，足球赛）和（芭蕾，芭蕾），他女朋友的条件策略组合（用双下划线标出）——（足球赛，足球赛）和（芭蕾，芭蕾），见表 8－13。接着，再找出他与他女朋友共同拥有的条件策略组合——（足球赛，足球赛）和（芭蕾，芭蕾），这两个策略组合都是纳什均衡，即任何一个局中人都不会改变自己的最优策略，如果其他局中人均不改变自己的最优策略。

表 8－13　　情侣博弈与纳什均衡（二）

		他的女朋友	
		足球赛	芭蕾
某人	足球赛	2，1	0，0
	芭蕾	−1，−1	1，2

表 8－13 所描述的博弈被叫作**情侣博弈**（或称**斗鸡博弈**，**协调博弈**），它提出了一个问题：某人和他女朋友如何在这两个纳什均衡中选出一个，即在这个周末见上面？为此，迪克西特和奈尔伯特提出**策略思维的第四法则**："假如存在许多这样的均衡，你就需要用一个普遍认同的法则或者惯例作出取舍。"① 这种以"普遍认同的法则或者惯例"为基础

① 阿维纳什·K. 迪克西特，巴里·J. 奈尔伯特. 策略思维. 北京：中国人民大学出版社，2002：71.

选择的均衡，叫作**谢林点**（Schelling point）①。对谢林点的进一步讨论已经超出了教学的内容。

2. 没有纳什均衡与策略思维的第五法则

在同时博弈中，有可能没有**纯策略的纳什均衡**，见表 8－14，甲厂商与乙厂商没有条件策略组合的交集。针对这种情况，迪克西特和奈尔伯特提出**策略思维的第五法则**："假如并不存在这样的均衡，这通常意味着一切有规则可循的行为都有可能被对方加以利用，这时候你需要将你的策略混合运用。"②

表 8－14　　没有纳什均衡的完全信息静态博弈

		乙厂商的策略	
		左	右
甲厂商的策略	上	4，<u>6</u>	<u>9</u>，1
	下	<u>7</u>，3	2，<u>8</u>

3. 纳什定理

对于混合策略均衡的讨论，将为我们引出**博弈均衡的存在性定理："在每一个参与人都只有有限多个纯策略的博弈中，至少存在一个混合策略纳什均衡。"**③由于博弈均衡的存在性定理首先由纳什（1950）证明，因此，它也被叫作**纳什定理**。④ 纳什定理是博弈均衡被叫作纳什均衡的原因⑤，也是纳什均衡被广泛应用的原因⑥。"纳什也因为这个发现而获得了诺贝尔经济学奖。"⑦

不过，本书不打算讨论混合策略均衡的求解方法。

第三节　完全信息动态博弈

现在，我给同学们介绍如何利用图 8－2 预测完全信息动态博弈的结果。根据表 8－2，我们知道，完全信息动态博弈有两种类型：完全且完美信息动态博弈与完全但不完美信息动态博弈。本节只讨论前者，后者将在第九讲涉及。因此，准确地讲，本节的标题应该叫作"完全且完美信息动态博弈"。为此，我们首先来回顾总结一下完全且完美信息动态博弈的特征。

---

① 该概念以托马斯·C. 谢林的名字命名，以纪念他在非合作博弈理论方面的贡献。"在非合作博弈理论中，有许多概念被称为纳什均衡的精练，它们为在多纳什均衡情况下排除一些均衡、聚焦另一些均衡提供了可信的理论基础。"（罗杰·A. 麦凯恩. 博弈论：战略分析入门. 北京：机械工业出版社，2006：41.）谢林点只是其中之一。

② 阿维纳什·K. 迪克西特，巴里·J. 奈尔伯特. 策略思维. 北京：中国人民大学出版社，2002：71.

③ 高鸿业. 西方经济学（微观部分·第七版）. 北京：中国人民大学出版社，2018：308. 或者说，"如果一个静态博弈的参与人数量和行动数量都是有限的，那么这个博弈至少有一个纳什均衡，尽管这个均衡可能是个混合策略的均衡"。杰弗里·M. 佩罗夫. 中级微观经济学. 北京：中国人民大学出版社，2014：459.

④ 谢识予. 经济博弈论. 上海：复旦大学出版社，2010：89.

⑤ "纳什在他 1950 年的经典论文中，首先提出了他自己称为'均衡点'（equilibrium point）的纳什均衡概念，并且同时证明了在相当广泛的博弈类型中，混合策略意义上的纳什均衡是普遍存在的。纳什的这个存在性证明，实际上正是它提出的'均衡点'被称为'纳什均衡'的主要原因。"同④.

⑥ "纳什均衡，作为一个定义，被经济学家如此广泛地应用，不仅是因为可以用它来选择一个稳定的结果，还因为在所有的博弈中，都存在一个纳什均衡（正如将我们看到的那样，有些乍看起来不存在纳什均衡的博弈最终将有一个混合策略的纳什均衡）。"沃尔特·尼克尔森，克里斯托菲尔·西迪尔. 中级微观经济学：理论与应用. 北京：中国人民大学出版社，2012：181.

⑦ 罗杰·A. 麦凯恩. 博弈论：战略分析入门. 北京：机械工业出版社，2006：76.

一、完全且完美信息动态博弈的特征

1. 完全信息博弈

"一般地，我们将各博弈方都完全了解所有博弈方各种情况下得益的博弈称为**完全信息**（complete information）**博弈**。"① 具体到图 8-2 中，这意味着乐队指挥和柴可夫斯基都知道四个终点的策略组合和它们对应的支付组合，并且，他们相互之间也知道对方知道。这一特征与完全信息静态博弈一致。

2. 动态博弈

"动态博弈的根本特征是行为有先后次序。"② 具体到图 8-2 中，乐队指挥与柴可夫斯基的交代行为有先后次序。其中，乐队指挥先交代，然后才轮到柴可夫斯基交代。

3. 完美信息动态博弈

"动态博弈中在轮到行为时对博弈的进程完全了解的博弈方，称为具有'完美信息'（perfect information）的博弈方，如果动态博弈的所有博弈方都有完美信息，则称为'**完美信息动态博弈**'。"③ 具体到图 8-2 中，意味着柴可夫斯基是在知道乐队指挥选择"招供"或"不招供"后，根据乐队指挥的行动相机选择自己的行动（招供或不招供）的。乐队指挥和柴可夫斯基都知道这一点。

完全且完美信息动态博弈的上述特征决定了柴可夫斯基无须"费力劳心"地去猜测乐队指挥的行动，因为他在乐队指挥交代之后，并且轮到他交代时，能够知道乐队指挥的行动和据此决定自己的行动。所以，在完全且完美信息动态博弈中，先行动者（如乐队指挥）需要去猜测后行动者（如柴可夫斯基）的行动，预测博弈的结果，并据此确定自己的行动。这就决定了本节所揭示的"预测博弈的结果"的方法，适用于先行动者（如乐队指挥）。

为了给先行动者（乐队指挥）找到"预测博弈的结果"的方法，下面，我们就以图 8-2描述的博弈为例，探讨先行动者猜测完全且完美信息动态博弈结果的方法和理论基础。

二、子博弈完美纳什均衡与逆向归纳法

先行动者猜测完全且完美信息动态博弈结果的方法是**逆向归纳法**（backwards induction），这种方法的理论基础是**子博弈完美纳什均衡**（subgame perfect Nash equilibrium，也被译作**子对策完全均衡**）④。为此，我们首先需要区分**原博弈**与**子博弈**（subgame）这对概念。

（一）原博弈与子博弈

1. 原博弈

由于动态博弈中各个局中人的选择行为有先后次序，因此，每个局中人的选择行为会

①②③ 谢识予. 经济博弈论. 上海：复旦大学出版社，2010：34.

④ "1965 年，泽尔腾（Reinhard Selten，也被译作赛尔藤，1994 年诺贝尔经济学奖获得者、德国经济学家）首先规定了子博弈完美（subgame perfect）的概念，他研究纳什均衡在扩展型博弈中是不是可置信威胁/策略。子博弈完美有一些限制，所以他在 1975 年的论文中，本书第 18 章，泽尔腾重新规定了子博弈完美，给出了应用于所有具有完美回忆的扩展型博弈的完美的概念。概念本身对于研究动态竞争的相互作用是至关重要的工具，但更重要的是，它是泽尔腾研究竞争动态而不仅仅是简单的静态同时选择策略这一基础任务的基石。"哈罗德·W. 库恩. 博弈论经典. 北京：中国人民大学出版社，2004：5-6.

形成依次相连的时间阶段，其中，一个局中人的一次选择行为常常被称为**一个阶段**(stage)。例如，在图 8-5（来自图 8-2）中，乐队指挥和柴可夫斯基都各自只有一次选择（招供或不招供），并且，乐队指挥先选择（处于第一阶段），柴可夫斯基后选择（处于第二阶段）。因此，这个动态博弈是一个**两阶段博弈**，包括所有阶段的动态博弈叫作**原博弈**。

2. 子博弈

“由从一个动态博弈第一阶段以外的某阶段开始的后续博弈阶段构成的、有初始信息集和进行博弈所需要的全部信息，能够自成一个博弈的原博弈的一部分，称为原动态博弈的一个**子博弈**。”① 例如，在图 8-5 中就有两个子博弈，它们是用虚线围起来的两个第二阶段的博弈。下面，我们就以它们为例，说明子博弈的定义。

根据子博弈的上述定义，我们可以得到它的如下三个性质：

(1) 子博弈“由从一个动态博弈第一阶段以外的某阶段开始的后续博弈阶段构成”。在图 8-5 中，由于该动态博弈是一个两阶段博弈，因此，“从第一阶段以外的某阶段开始的后续博弈阶段”就只有柴可夫斯基从中间决策点 b 或 c 开始的第二阶段博弈，即虚线围起来的部分。

(2) 子博弈要“有初始信息集和进行博弈所需要的全部信息”。表现在图 8-5 中，处于 b、c 点的柴可夫斯基不仅拥有关于不同策略组合所对应的支付信息，还拥有乐队指挥是否招供的信息，它们构成了柴可夫斯基不同于乐队指挥的初始信息集和进行博弈所需要的全部信息。相反，在图 8-1 中，柴可夫斯基与乐队指挥拥有相同的支付信息，没有关于次序的信息，因此，他们共同拥有一个初始信息集和进行博弈所需要的全部信息，由此决定了图 8-1 中只有一个子博弈，那就是原博弈。

(3) 子博弈是“能够自成一个博弈的原博弈的一部分”，也就是说，子博弈的信息集和支付组合都直接继承自原博弈。表现在图 8-5 中，b、c 点的信息集当然继承自处于 a 点的乐队指挥的选择，终点的支付组合同时也是原博弈的支付组合。

需要指出的是，图 8-5 中的两个子博弈都是单人博弈。

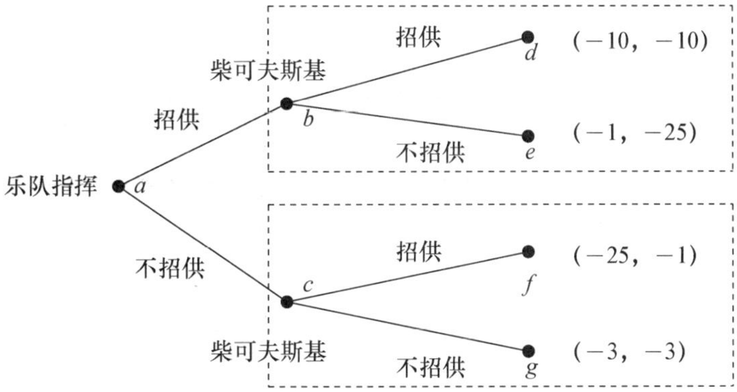

图 8-5 子博弈与子博弈完美纳什均衡

(二) 子博弈纳什均衡与子博弈完美纳什均衡

在说清楚子博弈的定义以后，现在可以来定义子博弈完美纳什均衡了。

---

① 谢识予. 经济博弈论. 上海：复旦大学出版社，2010：118.

按照谢识予的定义，“如果在一个完美信息的动态博弈中，各博弈方的策略构成的一个策略组合满足，在整个动态博弈及它的所有子博弈中都构成纳什均衡，那么这个策略组合称为该动态博弈的一个子博弈完美纳什均衡”①。

根据上述定义，我们知道子博弈完美纳什均衡要满足三个条件：

(1) 它是一个策略组合；

(2) 它是子博弈的纳什均衡；

(3) 它是整个动态博弈（或者说原博弈）的纳什均衡。

利用上述性质，我们来寻找图 8-5 的子博弈完美纳什均衡。

第一，在图 8-5 中，有四个策略组合，从上往下是：(招供，招供)、(招供，不招供)、(不招供，招供) 和 (不招供，不招供)；

第二，在图 8-5 中，有两个子博弈：第一个是在乐队指挥选择“招供”的情况下，柴可夫斯基选择“招供”或“不招供”；第二个是在乐队指挥选择“不招供”的情况下，柴可夫斯基选择“招供”或“不招供”。

第三，在图 8-5 中，有两个子博弈纳什均衡：第一个是在乐队指挥选择“招供”的情况下，柴可夫斯基选择“招供”，由此得到的支付（−10）要高于选择“不招供”得到的支付（−25），因此子博弈纳什均衡是（招供，招供）。第二个是在乐队指挥选择“不招供”的情况下，柴可夫斯基选择“招供”，由此得到的支付（−1）要高于选择“不招供”得到的支付（−3），因此子博弈纳什均衡是（不招供，招供）。

第四，在两个子博弈纳什均衡中，乐队指挥虽然可以选择“招供”或“不招供”，但他选择“招供”得到的支付（−10）要高于选择“不招供”得到的支付（−25），因此，只有（招供，招供）既是子博弈纳什均衡，也是整个动态博弈的纳什均衡，因此它是图 8-5 的子博弈完美纳什均衡。

（三）逆向归纳法

1. 逆向归纳法的含义

上述子博弈完美纳什均衡的定义包含了求解完全且完美信息动态博弈的方法，即**逆向归纳法**，它包括两个步骤：“第一步，先从博弈的最后阶段的每一个决策点开始，确定相应参与人此时所选择的策略，并把参与人所放弃的其他策略删除，从而得到原博弈的一个简化博弈；第二步，对简化博弈重复第一步骤的程序，直到最后，得到原博弈的一个最简化博弈。这个最简化博弈就是原博弈的解。”② 由于这种方法是先行动者“从众多的纳什均衡中进一步确定‘更好’的纳什均衡”③，因此也被叫作**对纳什均衡的精炼**。下面，我们同样以图 8-2 为例，说明逆向归纳法的具体步骤。

第一步，先从博弈的最后阶段，即第二阶段的 b、c 决策点开始，确定柴可夫斯基此时所选择的策略，并把他放弃的其他策略删除，从而得到原博弈的一个简化博弈。具体地讲，在 b 决策点，柴可夫斯基选择“招供”，（招供，招供）是这个子博弈的纳什均衡。为此，我们可以将图 8-2 中最后阶段的四条线段中的第二条以及它们后面的终点和支付组合全部删除（为方便起见，这里只做象征性的“删除”，即只把相应的线段从原来的“实线”改为“虚线”），见图 8-6。在 c 决策点，柴可夫斯基选择“招供”，（不招供，招供）

① 谢识予. 经济博弈论. 上海：复旦大学出版社，2010：119.

②③ 高鸿业. 西方经济学（微观部分·第七版）. 北京：中国人民大学出版社，2018：316.

是这个子博弈的纳什均衡。于是，我们将图 8-2 中的最后阶段的四条线段中的第四条（以及它后面的终点和支付组合）删除，见图 8-6。

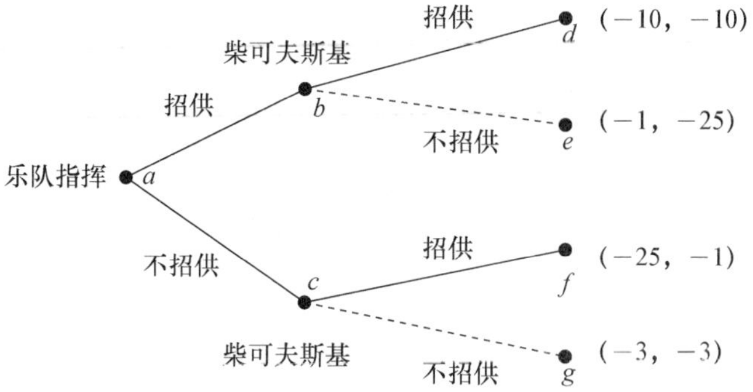

图 8-6　简化的完全且完美信息动态博弈

在删除了如上所说的两条线段（以及它们后面的终点和支付组合）之后，我们得到一个与图 8-2 等价的简化模型，见图 8-6。需要注意的是，在简化模型图 8-6 中，我们只需要关注其实线部分，因为虚线及其后面的点和支付组合是已经被删除的部分。

第二步，对简化博弈重复第一步骤的程序，得到原博弈的一个最简化博弈。具体地讲，我们向后退一个决策点（在两阶段博弈中，也是初始决策点），就是 a 点，乐队指挥选择“招供”。于是，我们可以像上面那样，把图 8-6 中第一阶段的两条线段中的第二条（以及它后面的点、线段和支付组合）删除。

在进行了如上所说的删除之后，剩下的是一个与图 8-6 从而图 8-2 等价的最简单的模型，见图 8-7。其中，实线部分叫作**子博弈完美纳什均衡的路径**[①]，该路径上（从左往右）顺次出现的策略组合（招供，招供），就是图 8-2 描述的完全且完美信息动态博弈的解（就是子博弈完美纳什均衡）：乐队指挥选择招供，柴可夫斯基选择招供（它们是决策树上每一个决策点的子博弈纳什均衡），相应的支付组合为（−10，−10），即乐队指挥被关 10 年，柴可夫斯基被关 10 年。

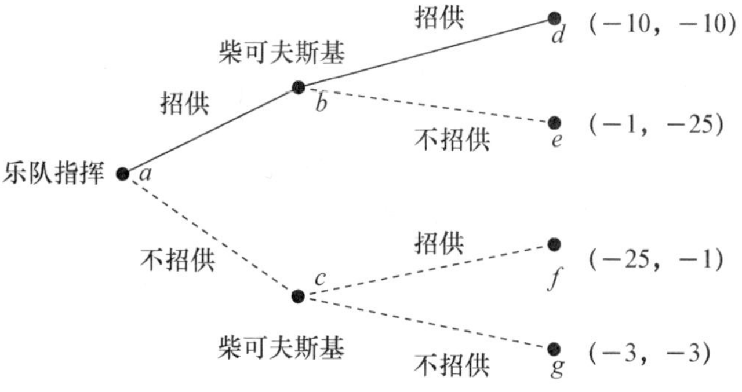

图 8-7　子博弈完美纳什均衡的路径

2. 策略思维的第六法则

迪克西特和奈尔伯特把逆向归纳法概括为策略思维的第六法则（即先行动者猜测完美

① 克里斯托弗·R. 托马斯，S. 查尔斯·莫瑞斯. 管理经济学：第 9 版. 北京：机械工业出版社，2009：382.

且完全信息动态博弈的结果的原则)：**“向前展望，倒后推理。”**[①] 其中，“向前展望”就是找出每一个子博弈的纳什均衡，“倒后推理”就是从众多的子博弈纳什均衡中精炼出子博弈完美纳什均衡。

3. 囚徒困境的性质

通过上面的分析，我们可以发现两个有趣的结论：

(1) 完全且完美信息动态博弈的囚徒困境模型，它的子博弈完美纳什均衡与完全信息静态博弈的囚徒困境模型的纳什均衡一致，并且都具有唯一性，那就是（招供，招供)。[②] 因此，奥曼认为，那种认为囚徒困境源于“局中人事先交换意见是不准许的”的观点是不对的，局中人可以相互交换意见直至面红耳赤，并庄严保证选择（f，f)，但当面临实际决策时，理智的局中人会选择 g[③]。

(2) 奥曼的论述包含了在完全且完美信息动态博弈的囚徒困境模型中，乐队指挥不会相信柴可夫斯基“不招供”的“庄严保证”。这导致我们换个角度重新考察子博弈完美纳什均衡的性质及其逆向归纳法的作用。

三、可信的承诺或威胁与阻止进入策略

(一) 承诺或威胁的可信性

1. 威胁与承诺

“**威胁**（threats）是对不肯与你合作的人进行惩罚的一种回应规则。”

“**承诺**（commitment）是对愿意与你合作的人提供回报的方式。”[④]

在此可把它们都看成是目的在于改变你的对手的行动或看法，使之变得对你有用的策略。

2. 威胁或承诺的可信性

为了理解承诺（或威胁）的性质，我们再回到图 8 - 2。对乐队指挥和柴可夫斯基最有利的策略组合是（不招供，不招供)，它对应的支付组合是（－3，－3)，两人的监禁时间之和最少。但是，是否可以通过柴可夫斯基承诺“不招供”，换得乐队指挥选择“不招供”呢？或者说，柴可夫斯基“不招供”的承诺具有**可信性**（credibility）吗？回答当然是否定的。这是因为，策略组合（不招供，不招供）不是子博弈完美纳什均衡，因此，它被逆

---

① 阿维纳什·K. 迪克西特，巴里·J. 奈尔伯特. 策略思维. 北京：中国人民大学出版社，2002：71. “‘向前展望，倒后推理’的法则告诉你，应该首先确定自己最后希望达到什么目标，然后从这个结果倒后研究，直到找出自己现在应该选择哪条道路，这样才能保证以后可以达到那个目标”。同前，2 页。

② 其中的原因是不相同的：在完全信息静态博弈中，囚徒困境的纳什均衡因为是优势策略均衡而具有唯一性；在完全且完美信息动态博弈中，子博弈完美纳什均衡因为剔除了对手的不可信威胁“招供”而具有唯一性。

③ R.J. 奥曼. 对策论//伊特韦尔，等. 新帕尔格雷夫经济学大辞典：第二卷. 3 版. 北京：经济科学出版社，1996：502. 其中，f 是指“不招供”，g 是指“招供”。

④ 阿维纳什·K. 迪克西特，巴里·J. 奈尔伯特. 策略思维. 北京：中国人民大学出版社，2002：104. 在英文中，“threat”（对某人进行威胁）的解释是：“a statement in which you tell sb that you will punish or harm them，especially if they do not do what you want”（一种陈述，其中告诉某人你将惩罚或伤害他，尤其是他不按照你的想法行事时)。“commitment”（承诺，许诺，允诺承担，保证）的解释是：“a promise to do sth or to behave in a particular way；a promise to support sb/sth；the fact of committing yourself”（答应做某事或以某种特定的方式行事；答应支持某人或某事；公开表态)。分别参见霍恩比. 牛津高阶英汉双解词典. 4 版. 北京：商务印书馆，1997：1841，328. 因此，我们可以说，承诺是为了增加承诺人的好处而采取的无条件行动，威胁是“如果你采取行动 A，我会采取对你昂贵的行动 B”的有条件的策略行动。

向归纳法剔除了!

由此可见，在完全且完美信息动态博弈中，由于博弈中的局中人的行动有先有后，后行动者又能观察到先行动者的行动，因此，后行动者可以“承诺”采取对先行动者有利的行动，也可以“威胁”先行动者以使先行动者不得不采取对后行动者有利的策略。这样一来，对先行动者来说，这种“承诺”与“威胁”就存在一个可信可不信的问题。① 以子博弈完美纳什均衡（或对纳什均衡的精炼）概念为基础的逆向归纳法，正好可以用来剔除不可信的承诺或威胁。或者说，只有承诺或威胁是子博弈完美纳什均衡时，它们才具有可信性。②

（二）阻止进入策略

1. 阻止进入策略

在第七讲讨论进入壁垒时，我们只涉及两种类型：技术壁垒和行政壁垒。这里补充一种壁垒，叫作**阻止进入策略**（strategic entry deterrence），它是指现有企业为了阻碍新企业进入其市场而采取的策略行为。③ 下面，我们通过一个例子来说明阻止进入策略的性质及其对经济学的含义。

假设S是市场上唯一一家生产工作站专用计算机处理芯片的公司，它现有一家工厂，年产量是300万个，总成本是10亿美元，市场价格是700美元，利润是11亿美元。S公司的管理者了解到，P公司正在考虑新建一家工厂以生产同类芯片。这样一来，芯片的市场总产量将增至600万个，市场价格将下降到400美元，每家企业的年销售额是12亿美元，利润是2亿美元。如果此时S公司也新建一家工厂，市场总产量将增加到900万个，市场价格将下降到200美元，S公司将亏损8亿美元，P公司将亏损4亿美元。现在的问题是：如果S公司先建一家工厂，之后它会阻止P公司进入芯片市场吗？换句话说，即使S公司新建了一家工厂，P公司威胁也要建立一家工厂具有可信性吗？

为了回答上述问题，第一步，S公司的管理者首先将上述博弈用扩展式描述为图8-8。其次，根据逆向归纳法，S公司的管理者先从图8-8的最后阶段，也就是第二阶段的b、c决策点开始，猜测P公司针对S的不同选择所选择的最优选择，并把它放弃的其他策略删除（用虚线表示），得到原博弈的一个简化博弈。第二步，对简化博弈重复第一步的程序。具体地讲，就是S公司针对P公司的两个最优选择，作出自己的最优选择，并把自己放弃的选择删除。据此得到如实线所表示的子博弈完美纳什均衡的路径和它对应的子博弈完美纳什均衡（建厂，不建厂），即S建厂，P不建厂，见图8-9。我们把S公司通过扩张生产能力来将P公司阻止在芯片市场之外的行动叫作**生产能力限制进入**（capacity expansion as a barrier to entry）④，它是阻止进入策略中的一种类型。⑤ 由于（建厂，建厂）

---

① 张元鹏. 微观经济学. 上海：格致出版社，上海人民出版社，2009：203. 因此，动态博弈也可以从承诺或威胁的可信性角度加以定义。例如，“有些时候，人们只能按一定的顺序选择战略，只有在特定的限制条件下或一段时间过后，才能实施他们承诺的战略，这类重要的博弈就是**序贯博弈**（sequential game），我们可以说，这类博弈具有一定的**承诺结构**（commitment structure）”。罗杰·A. 麦凯恩. 博弈论：战略分析入门. 北京：机械工业出版社，2006：154.

② 罗杰·A. 麦凯恩. 博弈论：战略分析入门. 北京：机械工业出版社，2006：163.

③ 克里斯托弗·R. 托马斯，S. 查尔斯·莫瑞斯. 管理经济学：第9版. 北京：机械工业出版社，2009：397.

④ 同③394-395.

⑤ 当然，在特定情况下，在位垄断企业还可以作出可信的承诺，使定价低于利润最大化水平，以此来阻止新企业进入，这种策略叫作**限制价格**（limit pricing）。同③392-394.

不是这个博弈的子博弈完美纳什均衡，因此，P公司威胁说即使S新建一个工厂后仍将新建一个工厂是不可信的。

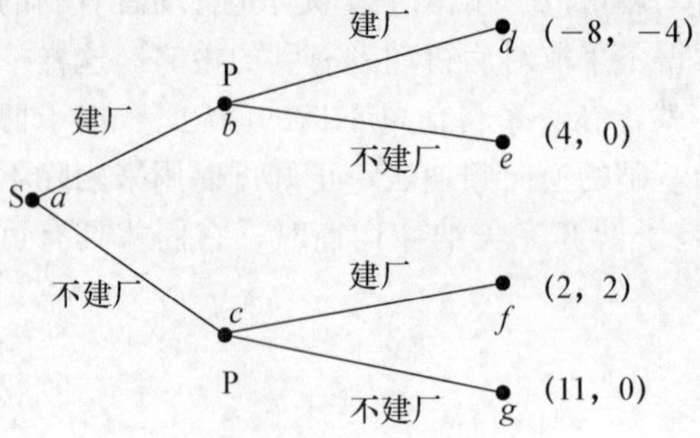

图8-8　生产能力限制进入的扩展式（一）

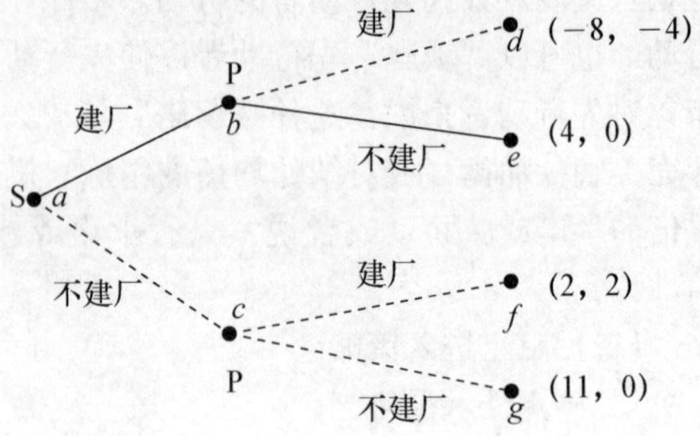

图8-9　生产能力限制进入的扩展式（二）

2. 阻止进入策略的意义

正如我们在第七讲所指出的，第五、七讲分析市场理论的方法或理论框架是：**结构**（structure）**—行为**（conduct）**—绩效**（performance），简称SCP分析方法。这种分析方法"从以下前提出发：市场结构取决于一个（产业）部门中的基本条件，如技术和需求弹性。然后市场结构影响厂商的行为，而厂商的行为又决定着经济成果。按照传统，产业组织的研究把市场结构看作由外生决定，并且分析市场结构对厂商的行为和经济成果的效应"①。但是，前面以生产能力限制进入为例对阻止进入策略的讨论，说明在位企业可以通过对生产能力、价格、广告和其他手段的策略利用来影响未来的市场结构。对于阻止进入策略如何影响市场结构的"逆"因果分析②，构成了20世纪80年代以来产业组织中理论研究的一个主要领域。③

（三）斯塔克伯格模型与斯威齐模型：一个博弈论的解释

1. 斯塔克伯格模型

"斯塔克伯格模型是一个**完全且完美信息的动态博弈**"④。其中，子博弈均衡表现为追随企业的反应函数，而子博弈完美纳什均衡则是斯塔克伯格均衡。

2. 斯威齐模型

我们可以用扩展式来呈现斯威齐模型（价格刚性模型）。鉴于斯威齐模型建立在价格跟进策略的基础之上，而价格跟进策略是"跟进任何对手的降价行为的策略承诺"⑤，因此，我们假设市场实现寡头均衡时，甲、乙两家企业的利润分别是5；如果一家企业降价

① 约瑟夫·E.哈林顿.策略行为与市场结构//伊特韦尔，等.新帕尔格雷夫经济学大辞典：第四卷.3版.北京：经济科学出版社，1996：554.

② "用来分析策略竞争的所有非合作对策的共同性质是它们都是多阶段的，所以局中人的对策都具有序列性质。为了使一个局中人能有机会去影响另一个局中人的行动，它必须首先对策，而其他局中人在选择他们的行动时必须获得那次对策的信息。这样，同时对策的对策，不适用于分析那些对厂商为影响市场结构而采取策略行动有刺激作用的因素。当然，局中人按序列对策是否合理，要取决于特定的经济情况。"同①555.

③ 约瑟夫·E.哈林顿为《新帕尔格雷夫经济学大辞典》（第四卷，554～557页，经济科学出版社，1996年）撰写的"策略行为与市场结构"词条，"集中评价研究工作者在考察策略竞争中所使用的分析方法，厂商为从策略上影响市场结构所掌握的机制和手段，以及由此产生的不同类型的后果"。对此问题感兴趣的读者可以阅读。

④ 谢识予.经济博弈论.上海：复旦大学出版社，2010：121.

⑤ 克里斯托弗·R.托马斯，S.查尔斯·莫瑞斯.管理经济学：第9版.北京：机械工业出版社，2009：397.

而另一家企业维持原价，则降价企业的利润将提高，而维持原价的企业的利润将降低；如果甲、乙两家企业都采取价格跟进策略，那么，一家企业降价必将导致另一家企业也跟着降价，两家企业的利润都将降低。根据这个假定，我们就可以得到斯威齐模型的扩展式，见图 8－10。这是一个三阶段博弈，它有三个子博弈。其中，第三阶段的子博弈表明，如果甲企业维持原价而乙企业却降价了，那么，甲企业必将采取价格跟进策略，即降价。

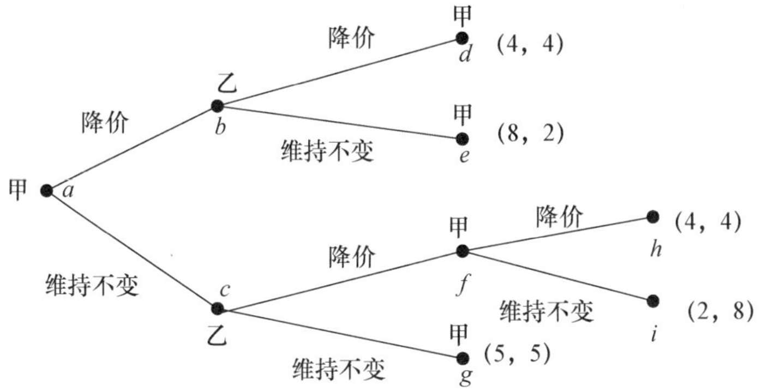

图 8－10　斯威齐模型的扩展式

根据逆向归纳法，第一步是找出甲企业位于决策点 f 的子博弈纳什均衡（维持不变，降价，降价），即甲企业维持不变，乙企业降价，甲企业降价。第二步是找出乙企业位于决策点 c 的子博弈纳什均衡（维持不变，维持不变），找出乙企业位于决策点 b 的子博弈纳什均衡（降价，降价），第三步，找出子博弈完美纳什均衡（维持不变，维持不变），对应的支付组合是（5，5）。因此，斯威齐模型的价格刚性是子博弈完美纳什均衡。

四、典型题解

下面，我们来分析一道 2003 年华东师范大学的研究生入学考试题。

请你根据表 8－15 描述的智猪博弈，回答如下问题：（1）是否存在优势策略和优势策略均衡？（2）是否存在纳什均衡？

表 8－15　　智猪博弈

		大猪	
		按电钮	等食
小猪	按电钮	1，5	－1，9
	等食	4，4	0，0

解题技巧

1. 着力挖掘“已知条件”和“求解目标”

本题的求解目标有两个：一是找出优势策略和优势策略均衡，二是找出纳什均衡。

本题的已知条件是智猪博弈的展开式表 8－15。

2. 努力寻找解题规则

本题的解题规则有优势策略的定义、优势策略均衡的条件、条件策略的下划线法。通过利用这些概念和方法，消除已知条件与求解目标之间的距离。

解答：（1）优势策略是指在某个博弈中，不管其他博弈方选择什么策略，一个博弈方的某个策略给他带来的得益始终高于其他策略，至少不低于其他策略。根据这一性质，我们发现，“等食”是小猪的优势策略，但大猪没有优势策略，见表 8-16。

优势策略均衡要求一个博弈的某个策略组合中的所有策略同时是各个博弈方的优势策略。据此判断，智猪博弈没有优势策略均衡。

表 8-16　智猪博弈中的优势策略

		大猪	
		按电钮	等食
小猪	按电钮	1，5	−1，9
	等食	4，4	0，0

(2) 根据条件策略下划线法，我们知道这个博弈的纳什均衡是（等食，按电钮）。

这个博弈是典型的公共物品或外部性博弈。其中，大猪的消费具有外部性，或者说大猪提供了公共物品——食物，而小猪是搭便车者。这也是我把公共物品和外部性放在第九讲学习的原因。

第九讲

市场失灵和微观经济政策

学习目的

在第五讲第三节，我曾给同学们指出，**市场失灵**是指市场因为违背市场成功的条件而导致的低效率现象。表 9-1 总结了导致市场失灵的条件、原因和主要形式。在第七讲，我们重点讨论了由市场的特点导致的市场失灵——不完竞争市场。本讲将重点讨论由商品和服务的特点导致的市场失灵——外部性与公共物品，由市场的特点导致的市场失灵——非对称信息。

表 9-1　　导致市场失灵的条件、原因和主要形式

<table>
<tr><th>条件</th><th>原因</th><th>主要形式</th><th>章节安排</th></tr>
<tr><td>Q_S：$P_S=PMC\neq SMC$</td><td rowspan="2">由商品和服务的特点导致的市场失灵</td><td rowspan="2">外部性
公共物品</td><td rowspan="3">第九讲</td></tr>
<tr><td>Q_D：$P_D=PMV\neq SMV$</td></tr>
<tr><td rowspan="2">$P_D=P\neq P_S$</td><td rowspan="2">由市场的特点导致的市场失灵</td><td>非对称信息</td></tr>
<tr><td>不完全竞争市场</td><td>第七讲</td></tr>
</table>

通过本讲的学习，同学们需要掌握的内容有：

1. 外部性的定义与类型、市场失灵的表现、庇古税与科斯定理；

2. 公共物品的定义与类型、萨缪尔森条件、搭便车行为与公地的悲剧；

3. 非对称信息的定义与类型、逆向选择与信号显示、道德风险与激励机制设计。

第一节 外部性

一、外部性的定义与类型

在第五讲第三节讨论福利经济学的第一基本定理（或称“看不见的手”的原理）时，我曾给同学们指出，“看不见的手”的原理要依赖于一个隐含的假定：单个消费者或生产者的经济行为对社会上其他人的福利没有影响，即不存在所谓的“外部影响”（也叫“外部性”）①。换句话说，单个经济单位从其经济行为中产生的**私人成本**和**私人收益**被看成就等于该行为的**社会成本**和**社会收益**。见图 5-16 或者（5-24）式和（5-25）式。当这个假设条件不成立，即出现（5-27）式和（5-28）式时，就可能出现了外部性或公共物品。本节讨论外部性，下一节讨论公共物品。

1. 外部性

外部性（externalities）概念源于我们在第四讲第二节涉及的马歇尔对内在经济与外在经济的区分：“我们可把任何一种货物的生产规模之扩大而发生的经济分为两类：第一是有赖于工业的一般发达的经济；第二是有赖于从事工业的个别企业的资源、组织和经营效率的经济。我们可称前者为外在经济，后者为内在经济。”② 随着经济学的发展，马歇尔的内在经济概念演变成企业的规模经济，而外在经济概念与它的对立词外在不经济一起被作为外部性的两种类型广泛地应用于生产活动和消费活动。

2. 金融外部性

准确地讲，外部性的全称应该是技术的外部性。因为在历史上曾经出现过**金融外部性**的说法，即指生产者或消费者的行为带来的有利或不利的价格影响。例如，我们在第五讲讨论完全竞争行业的长期供给曲线时，就涉及这个问题：随着一个行业要素需求量的增加，投入要素的价格可能降低或提高。但是，20 世纪 30 年代关于金融外部性的讨论，“相当一致的意见是，金融外部性和福利经济学不相关”③。

3. 技术外部性

拉丰给《新帕尔格雷夫经济学大辞典》撰写的“外在性”词条，将技术的外在性（即外部性）定义成：“我们把**技术的外在性**称为某种消费活动或生产活动对消费者的消费集的间接影响，或消费者的效用函数或生产者的生产函数。所谓间接性是指，其影响涉及的不是进行这一经济活动的厂商，而是别的厂商，其影响不通过价格系统起作用。”④

根据这个定义，我们可以归纳出外部性的两个本质特征：

---

① 高鸿业. 西方经济学（微观部分·第七版）. 北京：中国人民大学出版社，2018：327.

② 马歇尔. 经济学原理：上册. 北京：商务印书馆，1974：279-280. 在 J.J. 拉丰看来，外部性的思想渊源可以追溯到西齐威克和马歇尔的开创性研究（J.J. 拉丰. 外在性//伊特韦尔，等. 新帕尔格雷夫经济学大辞典：第二卷. 3 版. 北京：经济科学出版社，1996：248）。但限于手边的资料，我只讨论马歇尔外部性思想。为了便于读者更好地理解这段话，我把《新帕尔格雷夫经济学大辞典》对这段话的翻译转引如下：“我们把任何产品的生产规模的扩大所产生的经济效应划分为两类——第一类经济取决于产业的一般发展，第二类经济取决于从事工商企业的单个企业的资源、它们的组织以及它们管理的效率。我们把前者称为外在经济，后者称为内在经济。”

③ J.J. 拉丰. 外部性//伊特韦尔，等. 新帕尔格雷夫经济学大辞典：第二卷. 3 版. 北京：经济科学出版社，1996：283.

④ 同③282.

第一，外部性是指某一生产者或消费者的行为对其他生产者的生产函数或消费者的消费函数产生的影响，即改变了其他生产者的生产函数或消费者的消费函数，故被称为技术外部性。

第二，外部性是一种间接的影响，即它能不通过价格机制反映出来，所以，有的经济学家称它为“不付代价的副作用”①。

为了进一步说明外部性的特征，我们以生产的外部性为例，用一个简单的公式来定义外部性。假设第 i 家企业的产量 q_i，不仅受它控制的变量 x_i 变化的影响，而且也受其他企业 j 所控制的变量 e_j 的影响，那么，第 i 家企业的生产函数为：

$$q_i = f_i(x_i, e_j) \tag{9-1}$$

（9-1）式说明，企业 j 所控制的变量 e_j 对第 i 家企业的生产函数产生了外部性。如果变量 e_j 增加了第 i 家企业的产量，这种影响就被称为**正外部性**（或**外部经济**）；反之，则称为**负外部性**（或**外部不经济**）。当然，如果用（9-1）式来表示消费者 i 的效用函数的话，它也可以用来说明**消费的外部性**。

4. 外部性的分类

根据（9-1）式中 e_j 的主体和它对 q_i 的影响，我们可以将外部性划分成四种类型，见表 9-2。

表 9-2　外部性的类型

		外部性的后果	
		正外部性（外部经济）	负外部性（外部不经济）
外部性的来源	生产的外部性	当一个生产者采取的经济活动对他人产生了有利的影响而自己却不能从中得到报酬时，便产生了**生产的外部经济**	当一个生产者采取的经济活动使他人付出了代价而未给他人以补偿时，便产生了**生产的外部不经济**
	消费的外部性	当一个消费者采取的行动对他人产生了有利的影响而自己却不能从中得到补偿时，便产生了**消费的外部经济**	当一个消费者采取的行动使他人付出了代价而未给他人以补偿时，便产生了**消费的外部不经济**

二、外部性与科斯定理

（一）外部性引发的市场失灵与庇古税

1. 外部性引发的市场失灵

既然外部性是指某一生产者或消费者的行为对其他生产者的生产函数或消费者的消费函数产生的影响，而这种影响又无法通过价格机制得到配置，那么，对于外部性的制造者，既没有信号提醒他考虑外部性，也没有激励刺激他考虑自己制造的外部性，结果是供给曲线不能完全反映生产的边际成本（即私人成本与社会成本出现分离），或需求曲线不能完全反映消费的边际价值（即私人边际价值与社会边际价值出现分离），市场成功（或福利经济学的第一基本定理）的条件（5-24）式或（5-25）式得不到满足，出现了市场

① 彼得·博姆. 外部经济//伊特韦尔，等. 新帕尔格雷夫经济学大辞典：第二卷. 3 版. 北京：经济科学出版社，1996：280.

失灵，即（5-27）式或（5-28）式。

鉴于“从实践观点看，最有意义的是负的污染活动”①，我们就以空气污染为例，说明外部性与市场失灵之间的关系，见图 9-1。

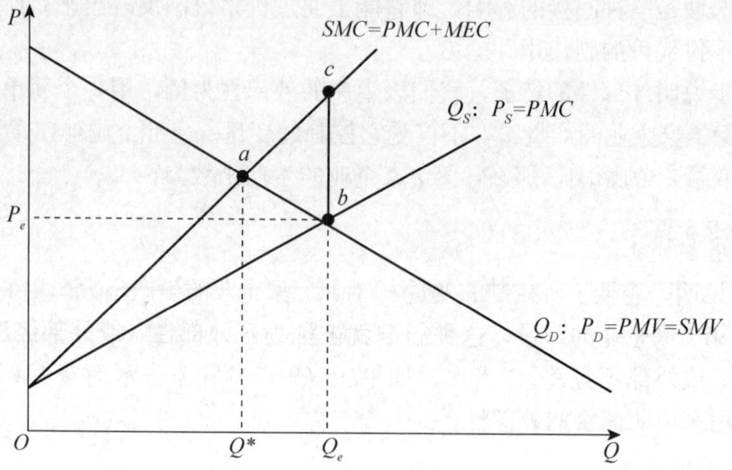

图 9-1　外部性与市场失灵

假设某一地区有许多企业，它们生产某一产品的私人边际成本是 PMC。如果企业将废气直接排放到空气中，给附近居民带来的外在边际成本是 MEC，企业生产的社会边际成本就是 $SMC=PMC+MEC$。由于企业污染空气给附近居民带来的外在边际成本无法通过价格机制得到体现，因此企业在从事生产活动时就只考虑自己的私人边际成本，企业（也是市场）的供给曲线 S 是私人边际成本曲线 PMC。假设产品的市场需求曲线是 D，不存在消费的外部性，它也是产品的私人边际价值和社会边际价值曲线，即 Q_D：$P_D=PMV=SMV$。在完全竞争市场条件下，供求曲线的交点 b 所对应的 Q_e 是市场均衡产量，均衡价格是 P_e。显然，Q_e 并不是帕累托最优产量 Q^*，因为它对应的无谓损失是三角形 abc 的面积，这就是生产的负外部性导致的市场失灵。

2. 庇古税

针对上述市场失灵，福利经济学家庇古提出的解决办法是对企业征收污染税，因此叫作**庇古税**，其数额相当于外在边际成本的数量，即 $MEC=SMC-PMC$。这样一来，企业就会将其污染给附近居民带来的外在边际成本内部化，使它生产的私人边际成本等于社会边际成本，并成为企业的供给曲线，它与市场需求曲线相交于 a 点，使市场均衡产量 Q^* 等于帕累托最优产量。

（二）科斯定理

1. 传统分析的缺陷

对于上述有关外部性的讨论，科斯在 1960 年的《社会成本问题》一文中指出：“传统的方法掩盖了不得不作出的选择的性质。人们一般将该问题视为甲给乙造成损害，因而所要做的决定是：如何制止甲？但这是错误的。我们正在分析的问题具有相互性，即避免对乙的损害将会使甲遭受损害；必须决定的真正问题是：是允许甲损害乙，还是允许乙损害

① J.J. 拉丰. 外部性//伊特韦尔，等. 新帕尔格雷夫经济学大辞典：第二卷. 3 版. 北京：经济科学出版社，1996：283.

甲？关键在于避免较为严重的损害。”①

为了理解科斯的上述批评，我们需要对图 9-1 中的外在边际成本进行重新考察。根据图 9-1，我们知道，$MEC=SMC-PMC$，在图形上表现为企业每增加一单位产量所对应的 *SMC* 与 *PMC* 之间的距离。只要我们假设产量与空气污染量之间的比例是 1∶1，*MEC* 就可以直接表现为企业的空气污染量的函数（假设空气污染量的单位是立方米），并可以用图 9-2 中的曲线 *MEC* 来表示。其中，横轴表示空气污染量，当我们从横轴的左边往右边看时，*MEC* 曲线表示企业增加空气污染量给附近居民带来的外在边际成本；当我们从横轴的右边往左边看时，*MEC* 曲线就代表企业降低空气污染量给附近居民带来的社会（或私人）边际价值，或附近居民对清洁空气的需求曲线；纵轴表示不同空气污染量给附近居民带来的外在边际成本，或附近居民对清洁空气的需求价格。

通过对外在边际成本的重新考察，我们发现，企业污染空气的外在边际成本是附近居民对清洁空气或空气污染的主观评价，它表明企业与附近居民使用了相同的“投入”——清洁空气。其中，企业把清洁空气作为生产投入，附近居民把清洁空气作为健康投入。显然，外部性的传统分析只考虑了企业污染空气给附近居民带来的外在成本，忽视了附近居民呼吸清洁空气将给企业带来的外在成本。因此，它掩盖了稀缺资源——清洁空气——的竞争性使用将面临的“不得不作出的选择”，表现在图 9-2 中，只有企业使用清洁空气的边际成本曲线 *MEC*，“因而所要做的决定是：如何制止甲？”

2. 科斯定理

当我们考虑到附近居民要呼吸清洁空气时，就需要在图 9-2 中增添一条曲线，用来表示企业净化空气或放弃使用清洁空气的边际成本。不难想象，随着企业采用越来越清洁的生产方法以降低空气污染，它们为此付出的边际成本将会不断增加；反之，当企业把清洁空气作为处理废物的廉价手段时，也就节约了采用清洁生产方法的成本。所以，企业采用清洁生产方法所付出的边际成本，也是企业污染空气所获得的边际收益，可用 *DD* 曲线表示。当我们从横轴的左边往右边看时，*DD* 曲线表示企业污染空气的边际收益曲线，或对污染空气的需求曲线；当我们从横轴的右边往左边看时，*DD* 曲线表示企业提供清洁空气的边际成本曲线或供给曲线。纵轴在这里表示企业对不同空气污染量的边际成本或需求价格。

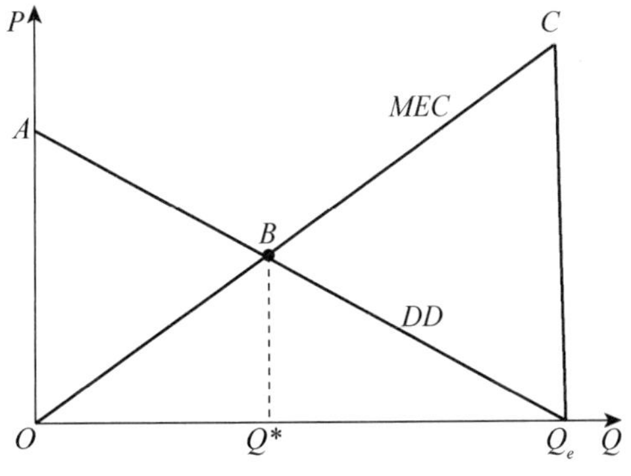

图 9-2　外部性与科斯定理

① 罗纳德·哈里·科斯．社会成本问题//罗纳德·哈里·科斯．企业、市场与法律．上海：上海三联书店，1990：78.

图 9-2 有关企业与附近居民无法通过市场机制来解决负外部性问题的假定，实际上相当于赋予企业污染空气的权利（或产权）。因此，企业将根据利润最大化原则，污染 Q_e 立方米的空气，或者说，直到污染空气的边际收益等于零。与此相对应，企业污染空气的总收益是三角形 AQ_eO 的面积，给附近居民带来的总成本是三角形 OCQ_e 的面积，社会净福利水平是三角形 AQ_eO 的面积与三角形 OCQ_e 的面积之差，无谓损失是三角形 CBQ_e 的面积，它等于图 9-1 中三角形 abc 的面积。针对这种情况，庇古建议政府对污染企业征收污染税，其幅度为 BQ^*。这样一来，企业将把空气污染量降低到 Q^*（与图 9-1 中的帕累托最优产量相对应），社会净福利水平是三角形 ABO 的面积，并达到最大。

关于庇古税的传统批评是它的可行性问题，即庇古税隐藏有一个假定，那就是“调节者已经完全通晓国民经济，因此，能够计算最优税收，或者私人经济行为者的策略行为似乎并不根据他们的私人信息。但情况常常不是这样。问题是设法获得这个私人的信息，并使用它计算税收，这是个困难的问题”①。这个批评并没有触及庇古税的实质，甚至是一种误解，因为完全竞争市场包含完全信息假定，庇古税所需要的私人信息没有问题。

科斯的批评是，在完全竞争市场假定下，只要企业有污染权，它同样会把空气污染量控制在 Q^* 而不是 Q_e。因为当企业把空气污染量扩张到 Q_e 时，它给企业带来的边际收益是零，给附近居民带来的边际成本是 CQ_e，附近居民只要支付大于零的价格，就可以从企业那里购买清洁空气（即让其减少污染量），这种交易会一直持续到 MEC 与 DD 曲线的交点 B 所对应的污染量 Q^*、价格 BQ^*。同样的结果也出现在把清洁空气的权利赋予附近居民的情况中。例如，当附近居民要求企业把空气污染量降低为零时，得到的边际收益等于零，带给企业的边际成本是 AO，显然，只要企业支付高于零的价格，就可以从附近居民那里购买污染空气的权利，这种交易同样持续到 MEC 与 DD 曲线的交点 B 所对应的污染量 Q^*、价格 BQ^*。

因此，“只要财产权是明确的，并且交易成本等于零或者很小，则无论在开始时将财产权赋予谁，市场均衡的最终结果都是有效率的”②。这个结论就是**科斯定理**（Coase theorem）③。需要说明的是，零交易成本的科斯定理除了“削弱庇古体系”以外，更重要的意义是被“当作一块垫脚石，以便进一步分析一个有交易费用的经济”④。

---

① J.J. 拉丰. 外部性//伊特韦尔，等. 新帕尔格雷夫经济学大辞典：第二卷. 3 版. 北京：经济科学出版社，1996：282-283.

② 高鸿业. 西方经济学（微观部分·第七版）. 北京：中国人民大学出版社，2018：331.

③ 该术语由乔治·斯蒂格勒最先在《价格理论》中提出。根据我的查阅，斯蒂格勒在他的《价格理论》中有两处使用到这个概念：第一，“高斯定理断言，在完全竞争的条件下，私人成本和社会成本会相等”（乔治·斯蒂格勒. 价格理论. 北京：北京经济学院出版社，1990：125）。第二，“用于解决争执的法律规则近年来已经成了法学家和经济学家们进行经济分析的基础。‘高斯定理’大大地促进了这种分析，它断言，在一个交易成本等于零的世界里，法律规则对于资源的使用不产生任何影响……这种看法自然地把人们的注意力引向法律规则对交易成本的影响。这里，交易成本包括搜寻交易伙伴订立契约的成本，以及解决由于交易而产生的争执的成本”（同前，第 326 页）。只要把交易成本等于零的世界等价于完全竞争，那么，这两个关于科斯定理的定义就是一致的，并与教科书的定义一致。

④ 罗纳德·H. 科斯. 生产的制度结构//王宏昌. 诺贝尔经济学奖金获得者讲演集 1987—1992. 北京：中国社会科学出版社，1994：156. 对此问题感兴趣的同学，请阅读约瑟夫·费尔德. 科斯定理 1—2—3. 李政军，译. 经济社会体制比较，2002 (2)。

第二节　公共物品[①]

一、产品的性质与分类

（一）产品的性质

经济学家通常从两个维度去定义产品的性质：一个是竞用性与非竞用性，另一个是排他性与非排他性。

1. 竞用性与非竞用性

竞用性（rivalness）是指如果某个人已经使用了某产品（如某一火车座位），则其他人就不能再同时使用该产品。可用公式表示为：

$$\bar{X}=\sum_{N}x^{i},\ i=1,\ 2,\ \cdots,\ N \tag{9-2}$$

其中，$\bar{X}$ 表示某种产品的既定产量，x^i 表示第 i 个消费者对 X 的消费量。（9-2）式表明，在产量既定的情况下，一个人对该私人产品消费数量的增加，必将减少其他人对该产品的消费数量。或者说，个人消费量的总和等于既定产量。**非竞用性**（non-rivalness）是指一个人的消费不会减少其他任何人的消费数量，用公式表示为：

$$\bar{X}=x^{i},\ i=1,\ 2,\ \cdots,\ N \tag{9-3}$$

（9-3）式说明，每个人对该产品的消费没有减少任何其他人的消费。或者说，每个人的消费量都等于既定产量。

2. 排他性与非排他性

排他性（excludability）是指只有对产品支付价格的人才能使用该产品。与此相反，**非排他性**（non-excludability）是指没有对该产品支付价格的人同样可以使用该产品。

显然，竞用性是产品的技术属性，排他性是产品的制度安排。我更喜欢用马克思的话说，竞用性是商品的使用价值，排他性是商品的价值。

（二）产品的分类

根据上述两个性质，可以把产品划分为**私人物品**（private good）、**俱乐部产品**（club good）、**公共资源**（common resource）和**公共物品**（public good），见表 9-3。

表 9-3　物品的性质与类型

		竞用性	
		有	无
排他性	有	私人物品	俱乐部物品
	无	公共资源	公共物品

二、公共物品与公共资源

根据表 9-3，我们知道，公共物品具有两个基本属性：非竞用性与非排他性。下面，

① 有关公共物品问题，存在太多的疑问与争论。因此，这里对该理论的学习将严格局限于一般教科书的内容。有兴趣的同学可以阅读李政军．萨缪尔森公共物品的性质及其逻辑蕴涵．南京师大学报（社会科学版），2009（5）；李政军．公共物品理论的性质与研究重心．江苏社会科学，2011（5）。

我们就来依次讨论这两个属性的经济学含义。

(一) 非竞用性与萨缪尔森条件

1. 非竞用性与社会边际价值

(9-3) 式表明，非竞用性意味着不同的消费者可以等量消费同一个物品。因此，只要引入消费者的效用函数，就可以得到个人对**公共物品的私人边际价值或边际替代率**。例如，假设第 i 个消费者的效用函数为 $u_i(x_i, y_i)$，则他的边际替代率为：

$$MRS_{xy}^{i}=-\frac{\Delta y}{\Delta x}=\frac{MU_x}{MU_y} \tag{9-4}$$

只要我们假设 y 是私人物品，甚至是货币，x 是公共物品，(9-4) 式就满足 (9-3) 式，并可以简化为第 i 个消费者对公共物品的个人边际价值函数：

$$MRS_{xy}^{i}=-\frac{\Delta y}{\Delta x}=\frac{MU_x}{MU_y}=\frac{MU_X}{MU_y} \tag{9-5}$$

根据相同的道理，我们可以得到其他消费者对公共物品的个人边际价值函数。

假设全社会只有两个人：鲁滨逊和星期五，他们对公共物品的个人边际价值函数分别为 MRS_{xy}^{R} 和 MRS_{xy}^{F}，见图 9-3。我们之所以将公共物品的个人边际价值曲线画成一条斜线，原因在于我们假设边际替代率递减，即随着公共物品消费量的增加，鲁滨逊和星期五对它的主观评价是递减的。

根据 (9-3) 式，公共物品的非竞用性使得鲁滨逊和星期五消费相同的公共物品数量，因此，他们对同一数量的**公共物品的社会边际价值**，就是他们个人边际价值的总和，在图 9-3 中表现为同一数量上个人边际价值的垂直加总，简言之，加价不加量。[①] 用公式表示为：

$$MRS_{xy}^{s}=MRS_{xy}^{F}+MRS_{xy}^{R} \tag{9-6}$$

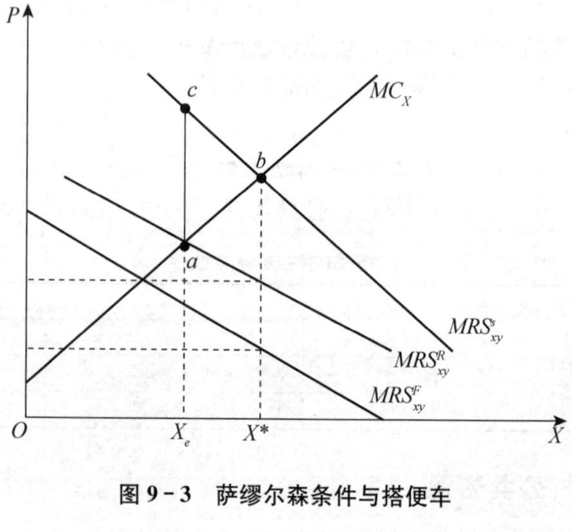

图 9-3 萨缪尔森条件与搭便车

2. 萨缪尔森条件

假设公共物品生产的边际社会成本是 MC_X，**公共物品的有效供给条件**是：

---

① 因为公共物品的个人边际价值也是个人需求价格。

$$MC_X = MRS^s_{xy} = MRS^F_{xy} + MRS^R_{xy} \quad (9-7)$$

（9-7）式也被叫作**萨缪尔森条件**，见图 9-3。其中，MC_X 与 MRS^s_{xy} 的交点 b 所对应的产量 X^* 是满足萨缪尔森条件的公共物品供给量。

（二）非排他性与市场失灵

1. 搭便车

搭便车（free rider）一词出自美国西部的一个掌故。早年道奇城盗马贼横行，牧场主们就组织起来保护牧场，每个牧场主都为这种自发的保安力量贡献一定的人力、财力、物力。但不久有一些牧场主开始撤出这种组织，因为他们发现，只要这种自发的保安力量依然存在，自己撤出后就可以免费地享有它所带来的好处，这些撤出的人也就被称为“自由骑手”（free-rider）。但没过多久，由于人人都企图通过自己的撤出占集体的便宜，保安力量也就不复存在，盗马贼又猖獗起来。后来，经济学就把对公共物品的贡献小于其获益的人或行为，称为**搭便车**。①

2. 公共物品引发市场失灵

在图 9-3 中，鲁滨逊对公共物品的个人边际价值高于星期五，他将按照自身利益最大化原则提供公共物品，均衡产量位于 MC_X 与 MRS^R_{xy} 的交点 a 所对应的产量 X_e，小于有效供给 X^*。究其原因，在于公共物品具有非排他性，星期五无须支付成本（或价格）就可以享受到 X_e 数量的公共物品，得到的总效用是由 MRS^F_{xy} 曲线、垂线 X_e 与横轴和纵轴围起来的面积，因此，星期五将选择搭便车，从而使公共物品的私人供给量小于帕累托最优产量，无谓损失用三角形 abc 的面积表示。这就是公共物品导致的市场失灵。

3. 公地的悲剧

根据表 9-3，我们不难发现，公共资源介于私人物品与公共物品之间：公共资源与私人物品的一致性是竞用性，与公共物品的一致性是非排他性。当资源存在竞用性时，非排他性激发消费者或生产者的搭便车行为，最终结果是导致公共资源的过度使用，从而出现灾难性的后果，这就是所谓的**公地的悲剧**（common tragedy）。

最后，我们可以用表 9-4 对私人物品与公共物品提供一个结论。

表 9-4　　私人物品与公共物品

	私人物品	公共物品
性质	竞用性与排他性	非竞用性与非排他性
帕累托最优条件	$MC_X = MRS^F_{xy} = MRS^R_{xy}$	$MC_X = MRS^s_{xy} = MRS^F_{xy} + MRS^R_{xy}$
消费者的消费数量	不相同	相同
消费者的边际替代率	相同	不相同
均衡产量	等于帕累托最优产量	小于帕累托最优产量

第三节　非对称信息

在完全竞争产品与要素市场分析中，我们通常假定同质产品或要素（homogeneous

① 樊纲．市场机制与经济效率．上海：上海三联书店，上海人民出版，1996：156，注释①。

products or factors)。该假定忽视了"有关情况、个人和事情等的某些事实或细节"，即忽视了有关产品或要素的**信息**（information）①。本节将讨论非对称信息对市场行为的影响。

一、非对称信息的定义与分类

（一）非对称与不完全信息

1. 信息

信息是一种经济资源，它的价值（或作用）在于降低经济主体的决策风险和失误，从而提高其预期收益。因此，人们可以根据经济主体获得新信息所增加的预期收益来确定其新信息的价值。在有关经济主体的信息状况描述中，我们需要区分不完全信息（incomplete information）与非对称信息（asymmetric information）。

2. 完全信息

"**信息不完全**不仅是指那种绝对意义上的不完全，即由于认识能力的限制，人们不能知道任何时候、任何地方发生的或将要发生的任何情况，而且是指'相对'意义上的不完全，即市场经济本身不能够生产出足够的信息并有效地配置它们。"②

3. 非对称信息

"**非对称信息**是指市场的某些参与者拥有，但另一些参与者不拥有的信息。换言之，在市场上，买方与卖方所掌握的信息是不对称的，一方掌握信息多一些，另一方所掌握的信息少一些……在经济学文献中，常常讨论委托人-代理人关系。所谓**委托人-代理人关系**是泛指任何一种涉及非对称的交易，交易中拥有信息优势的一方称为代理人（agent），另一方则称为委托人（principal）。简单地讲，知情者（informed player）是代理人，不知情者（uninformed player）是委托人，从这个意义上来说，所有非对称信息下的经济理论分析都可概括成**委托-代理理论模型**。"③

（二）非对称信息的类型

经济学家通常根据非对称信息的内容与发生时间对其分类，见表 9-5。

表 9-5　非对称信息的类型

标准	类型	具体内容
发生时间	**事前非对称**：非对称性发生在当事人签约之前	研究事前非对称信息的模型称为**逆向选择**（adverse selection）模型
	事后非对称：非对称性发生在当事人签约之后	研究事后非对称信息的模型称为**道德风险**（moral hazard）模型
内容	涉及参与者的行动（action）	研究不可观测行动的模型称为**隐蔽行动**（hidden action）模型
	涉及参与者的知识（knowledge）	研究不可观测知识的模型称为**隐蔽知识**（hidden knowledge）模型

下面主要根据事前与事后非对称信息来归纳高鸿业版教科书所涉及的内容。

---

① 朗文当代高级英语辞典. 北京：外语教学与研究出版社，2006：1005.

② 高鸿业. 西方经济学（微观部分·第七版）. 北京：中国人民大学出版社，2018：343.

③ 张培刚. 微观经济学的产生和发展. 长沙：湖南人民出版社，1997：481-482.

二、逆向选择与克服途径

（一）逆向选择

逆向选择是指在买卖双方信息非对称的情况下，差的产品总是将好的产品驱逐出市场。换句话说，逆向选择是指拥有信息优势的一方，在交易中总是趋向于作出这样的选择——尽可能地有利于自己而不利于别人。高鸿业版教科书上分别介绍了产品市场、保险市场和劳动市场存在的逆向选择。

1. 产品市场的逆向选择

一个典型的例子就是二手车市场。假定有一批二手车要出售，其中，有一半是优质车，有一半是劣质车；优质车车主的要价是 200 元，劣质车车主的要价是 100 元。假设只有车主知道自己车的质量，而买主只知道优质车与劣质车的比重。因此，买主愿意支付的价格是 $0.5\times200+0.5\times100=150$。这样一来，优质车将退出旧车市场，旧车市场上只会剩下劣质车。或者说，逆向选择将使优质二手车市场消失。

2. 保险市场的逆向选择

“对保险公司来说，更坏的情况是，那些最容易出事故的开车人常常也是购买保险最积极的人!”①

3. 劳动市场的逆向选择

“招聘者当然知道，如果他降低工资，应聘者的数量肯定就会减少。但是，他还会发现，在由于低工资而减少的应聘者中，主要是那些工作效率较高的人，而不是工作效率较低的人。”②

（二）克服逆向选择的途径

针对事前非对称信息产生的逆向选择问题，通常的解决方法有：

1. 建立信誉

“所谓**信誉**，可以看成是消费者对企业行为的一种主观评价。”③ “信誉在解决信息不完全和不对称问题上所起的最重要的作用是‘区分市场’。信誉使由于信息不完全和不对称而搞得混乱不堪的市场变得清晰分明起来。信誉好的商品意味着质量高，信誉差的商品意味着质量低。在‘区分市场’的同时，信誉也使得‘优质高价’成为可能：产品质量高的价格就高，反之则低。‘优质高价’鼓励了生产和销售优质产品的企业，同时也惩罚了生产和销售劣质产品的企业——它们的产品被打上了劣质的烙印，无法再冒充优质产品。总之，信誉提高了企业诚信的收益和欺骗的成本。”④

2. 信号传递

信号传递（signalling）是指拥有私人信息的一方通过采取可被观测到的行动向另一方发送信号来显示私人信息。例如，在二手车市场上，拥有优质二手车的卖主可以通过向买主提供保修期限，以证明自己出售产品的质量。为此，“消费者可以根据生产者的商品保修期限的长短来判断。保修期限长常常意味着产品质量高。因为对于低质量产品来说，较

---

① 高鸿业. 西方经济学（微观部分·第七版）. 北京：中国人民大学出版社，2018：346.

② 同①348.

③ 同①.

④ 同①353-354.

长的保修期限是不划算的，它会大大提高维修成本。”① 在劳动市场，“雇员知道自己的能力，雇主不知道，但雇员的教育程度向雇主传递了有关雇员能力的信号。教育水平之所以成为传递雇员能力的信号，其中关键之处在于，高能力的人受同等教育的成本低于低能力的人，低能力的人的理性选择是选择低的教育水平，因此，高能力的人才能通过选择接受教育把自己与低能力的人区分开来”②。

3. 信号甄别

信息甄别（screening）是由处于信息劣势的一方通过一定的措施来甄别信息。例如，在保险市场上，保险公司提供不同的保险合同供投保人选择，不同风险的投保人选择适合自己的最优合同。信号传递与信息甄别之间的区别是，在信号传递中，有私人信息的一方先行动；而在信息甄别中，没有私人信息的一方先行动。

4. 控制信息

“市场机制并不能解决所有的信息不完全和不对称问题。在这种情况下，政府有必要在信息方面进行控制。信息控制的目的主要是保证消费者和生产者能够得到充分和正确的市场信息，即增加市场的‘透明度’，以便他们能够作出正确的选择。”③

三、道德风险与激励机制设计

（一）道德风险

1. 道德风险的含义

道德风险产生于事后非对称信息，即在交易合同签订后，拥有信息优势的一方对不掌握真实信息的另一方造成的不利影响。

2. 道德风险的典型形态

“在保险公司很难了解投保人具体情况的条件下，‘保险’这种商品往往会诱发投保人的**‘败德’行为**：在购买保险以前，那些潜在的投保人总是小心翼翼地提防着风险，随时随地准备采取避免风险的行动，以减少由于风险出现而可能导致的损失，因为在这种情况下，风险所造成的损失是完全由他们‘自负’的；然而，一旦购买了保险，这些投保人往往就变得‘粗心大意’起来，不再像以往那样谨慎，因为此时出现风险的损失不再只由投保人自己来承担，而是要由保险公司承担一部分甚至全部。从保险公司的角度来看，投保人的这种‘败德’行为，就是它们面临的**‘道德风险’**。在信息不完全的时候，投保人的‘败德’行为或保险公司所面临的‘道德风险’会进一步造成市场机制的困难。”④

3. 委托-代理问题

道德风险的另一表现形式是委托-代理问题。“在现实生活中，委托人对代理人的情况往往缺乏足够的了解：委托人很难有足够的时间和精力来监督代理人的一举一动；即使有这样的时间和精力，也可能缺乏必要的知识和能力；更何况，在许多场合，监督本身也许都不可能。在信息不完全、委托人无法对代理人的行为进行直接‘监控’的条件下，委托人有什么办法能够确保代理人不偷懒、不耍滑、严格按照合同的规定来为自己

---

① 高鸿业. 西方经济学（微观部分·第七版）. 北京：中国人民大学出版社，2018：344.

② 张培刚. 微观经济学的产生和发展. 长沙：湖南人民出版社，1997：486.

③ 同①354.

④ 同①347.

的利益服务呢？”① 这个问题就是**委托-代理问题**。

（二）激励机制设计

1. 激励机制的设计原则

针对道德风险，阿罗提出的激励机制设计原则是：“一个成功的经济体制的特征之一，就是委托人和代理人之间的相互信任和依赖关系足以强烈到这样的地步，以至于即使进行欺骗是‘理性经济行为’，代理人也不会实施欺诈。”②

2. 激励机制的典型做法

“解决委托-代理问题的一个方法是采用‘木马计’：委托人把自己的利益‘植入’代理人的利益之中，或者‘搭载’到代理人的利益之上，这样，当代理人为自己的利益而采取行动时，他同时也就在为委托人的利益服务。”③

四、典型题解

下面，我们来分析 2001 年复旦大学的一道研究生入学考试题。

苹果园附近是养蜂场，以 A 表示苹果产量，以 H 表示蜂蜜产量，苹果园和养蜂场的生产成本分别为 $C(A)=A^2/100-H$，$C(H)=H^2/100$。已知苹果的价格为 3 元，蜂蜜的价格为 2 元。（1）如果苹果园和养蜂场独立经营，产量各为多少？（2）如果苹果园和养蜂场合并经营，产量各为多少？

解题技巧

1. 着力挖掘“已知条件”和“求解目标”

本题的求解目标有两个：一是计算两家企业独立生产时利润最大化的产量；二是计算两家企业联合生产时利润最大化的产量。

本题的已知条件有两家企业的成本函数和产品的市场价格，根据这两个条件，就能获得企业独立和联合生产时的利润最大化条件。

2. 努力寻找解题规则

本题的解题规则是企业独立生产或联合生产的利润最大化条件。下面，我们就根据这个规则来消除已知条件与求解目标之间的距离。

解答：（1）如果苹果园和养蜂场独立经营，苹果园的边际成本为：

$$MC(A)=\frac{\mathrm{d}C(A)}{\mathrm{d}A}=A/50$$

根据利润最大化条件 $MC(A)=P$，得到：

$$A/50=3$$

解得利润最大化的产量为：

$$A^*=150$$

养蜂场的边际成本为：

---

① 高鸿业. 西方经济学（微观部分·第七版）. 北京：中国人民大学出版社，2018：349.

② 张培刚. 微观经济学的产生和发展. 长沙：湖南人民出版社，1997：490.

③ 同①. 具体例子如股东-经理的股票期权计划与雇主-雇员的工资报酬计划，参见教科书第 349-353 页。

$$MC(H)=\frac{\mathrm{d}C(H)}{\mathrm{d}H}=H/50$$

利润最大化条件为 $MC(H)=P$，即：

$$H/50=2$$

解得利润最大化的产量为：

$$H^*=100$$

（2）如果合并经营，总利润为：

$$\pi=3A-\frac{A^2}{100}+H+2H-\frac{H^2}{100}=3A+3H-\frac{A^2}{100}-\frac{H^2}{100}$$

利润最大化的一阶条件是：

$$\begin{cases}\frac{\partial\pi}{\partial A}=3-\frac{A}{50}=0\\ \frac{\partial\pi}{\partial H}=3-\frac{H}{50}=0\end{cases}$$

解得利润最大化的均衡产量为：

$$A^*=150，H^*=150$$

第一问回答了企业存在正外部性情况下的均衡产量，第二问回答了将外部性内部化后的均衡产量，也可以将其看成是存在正外部性情况下的帕累托最优产量。

第十讲

微观经济学的脉络与图解

本讲将利用前面九讲涉及的主要图形，对微观经济学的主要内容提供一个逻辑脉络清晰的简要总结。

第一节　微观经济学概述

在第一讲，我们学习了微观经济学的思维方法、研究对象和理论结构三个方面，与此对应的图形有三张：图 1-5、图 1-8 和图 1-10。下面，我们依次回顾总结这三张图形所涉及的主要观点。

(1) 我之所以选用笛卡儿的名言“我思故我在”作为学习本课程的出发点，无非是想告诉同学们：生命的存在形式是思考，而思考要讲方法，学习经济学的根本目的就在于学习经济学的思考方法，或者说，学习像经济学家一样思考，这样做将改进我们关于市场经济、政府政策优劣和个人决策的认识。

(2) 方法是决定一个主题的范围和界限，并确定在这些界限内可接受的获得真理的工作方式的准则、假定、程序和范例的组合。微观经济学的主题是论证“看不见的手”的原理，可以接受的获得真理的工作方式的准则、假定和程序见图 1-5。

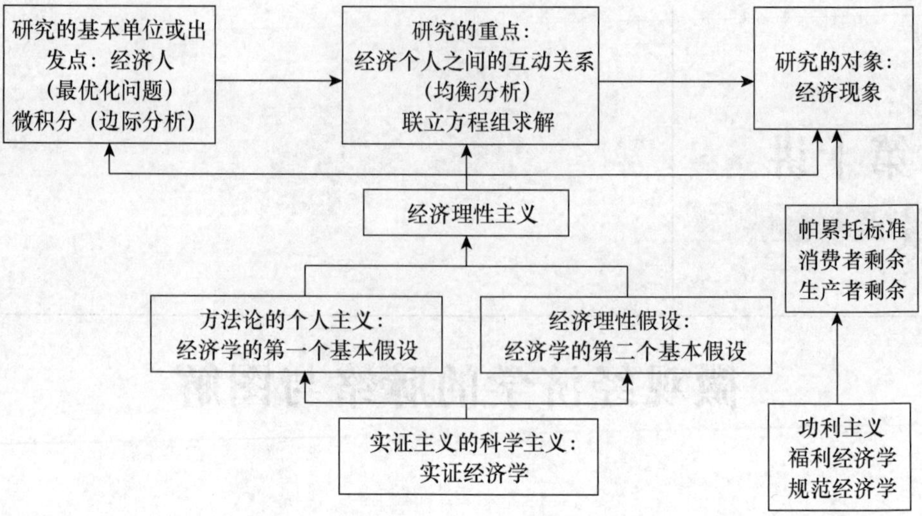

图 1-5　实证经济学与规范经济学的关系

①方法论的个人主义：经济学的第一个基本假设。它要求关于社会整体的陈述能够依据个体特性的陈述来解释，所有对社会现象的解释都必须归结为关于个人的事实。其中，个人是分析社会现象的基本单位或出发点，人与人之间的互动关系是分析社会现象的重点，社会现象则是人与人互动关系的结果。

②经济理性假设：经济学的第二个基本假设。它由微观经济学关于个人特性的两个陈述（或假设）——理性行为和稀缺性——构成。在确定性的情况下，经济理性就是在所有备选方案中选择出你最喜欢的一个，或者说在稀缺性约束条件下为自己争取最大的利益；在不确定性的情况下，经济理性就是运用不同结果各自的概率权衡每种结果价值的形式，然后再将由此得到的用概率加权的总“预期价值”最大化。我们主要讨论前者。

③经济理性主义：微观经济学的第一原则。它是坚持经济理性假设的方法论的个人主义，它将个人决策或行为概念化为最优化问题，将人与人的互动关系概念化为均衡问题；前者的传统数学分析工具是微积分，或者叫作边际分析，后者的数学分析工具是联立方程组求解。

④实证主义的科学主义：经济理性主义的哲学基础。实证主义的科学主义有三个要点：第一，科学的目的在于解释和推测所观察到的社会和自然现象；第二，科学的解释和推测要以**理论**为基础，理论在逻辑形式上表现为一个演绎陈述的等级系统，因此它可以被正式表达为公理的、有前提的演绎结构；第三，科学理论必须具有经验内容，这样才可能得到经验事实的检验，经济学比较主流的观点是对理论结论进行检验。

⑤微观经济学并不满足于对社会现象作出解释和推测，它还希望评价社会现象，这就涉及规范经济学。规范经济学在微观经济学中叫作福利经济学，它的伦理学基础是功利主义（微观经济学的第二原则），分析工具有消费者剩余、生产者剩余（旧福利经济学）和帕累托标准（新福利经济学）。

（3）资本主义常被经济学家叫作市场社会，也常被企业和政府发言人称为自由企业制度，它是由以营利为目的的私人所有者而非政府控制和推动一个国家的生产和交换活动的经济系统。作为一种社会结构，资本主义可以从社会经济生活的基本理念（对于个人自由的尊重和对于公益的重视）、经济制度（私有财产制、契约自由的原则和自我负责的原则）

和经济运行（生产者与消费者的市场行为）三个层面进行研究，见图 1-8。

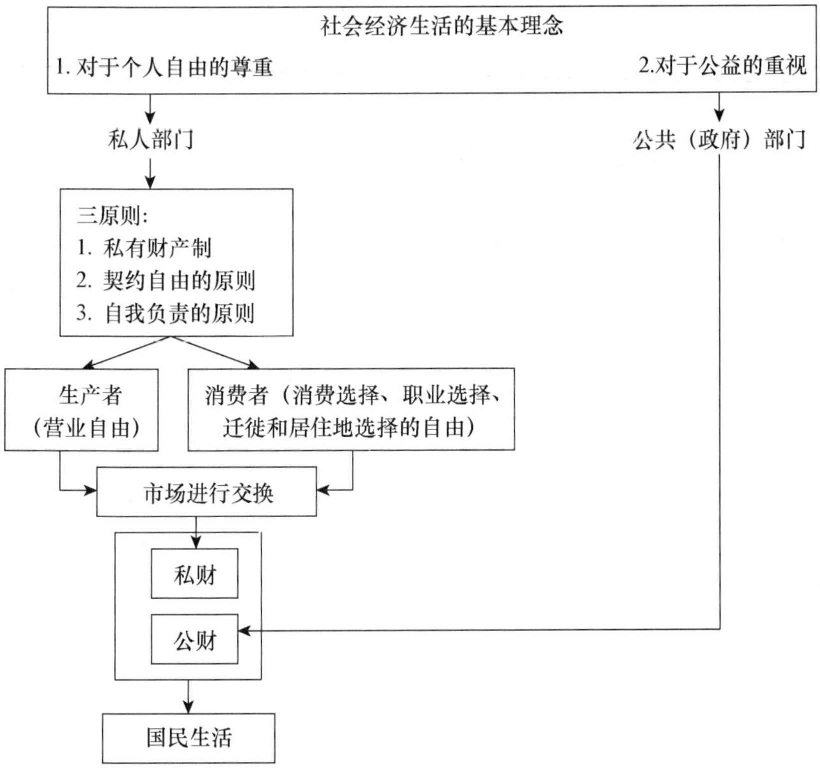

图 1-8　自由经济中财的供给途径

（4）西方经济学的研究对象是资本主义的经济运行，宏观经济学与微观经济学的区别在于研究方法或思维方式，而不在于研究对象。将微观经济学思维方式的两个原则用于研究资本主义经济运行，就可以得到微观经济学的基本理论：消费者理论、生产者理论和市场理论，见图 1-10。

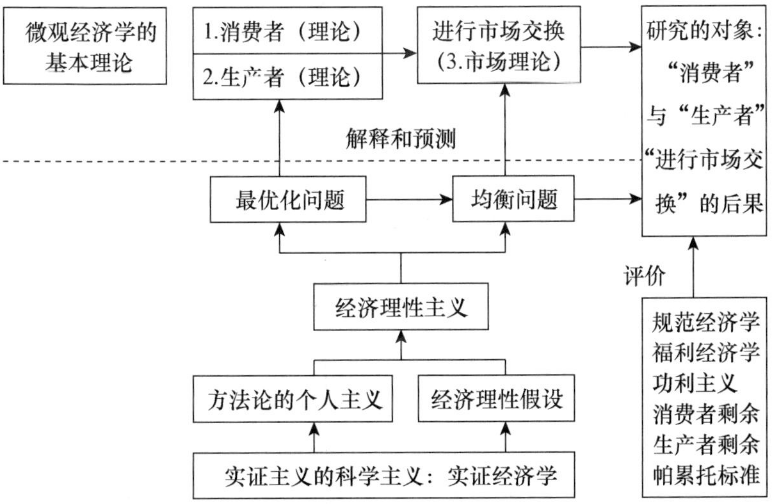

图 1-10　实证经济学、经济理性主义、微观经济学的研究对象与基本理论

第二节　消费者理论

（1）消费者理论以最优化概念为指导，以无差异曲线和预算线为分析工具，解释和预测消费者的理性选择行为，包括购买产品和劳务的行为与出售生产要素的行为，据此推导产品的市场需求曲线和要素的市场供给曲线。

（2）无差异曲线图不仅反映了消费者的理性能力（完备性与传递性），而且还反映了消费者的选择原则（越多越好与边际替代率递减法则），见图 3-16。无差异曲线的斜率的绝对值是边际替代率，它是获得某种商品的边际价值（或需求价格）或放弃某种商品的机会成本（或供给价格）。

（3）预算线不仅是消费可能性曲线，也是相对价格线，见图 3-16。前者决定了消费者的消费束，后者反映商品的市场价格。

（4）消费者理性选择的逻辑很简单，就是在消费束中选出最喜欢的一个消费组合，在图 3-16 中，它是无差异曲线与预算线的切点所对应的商品组合。由于无差异曲线的斜率的绝对值是边际替代率，预算线的斜率的绝对值是相对价格，因此，消费者理性选择的条件是比较商品组合的边际价值与市场价格。用公式表示为：

$$MRS_{XY}=\frac{P_X}{P_Y} \tag{3-12}$$

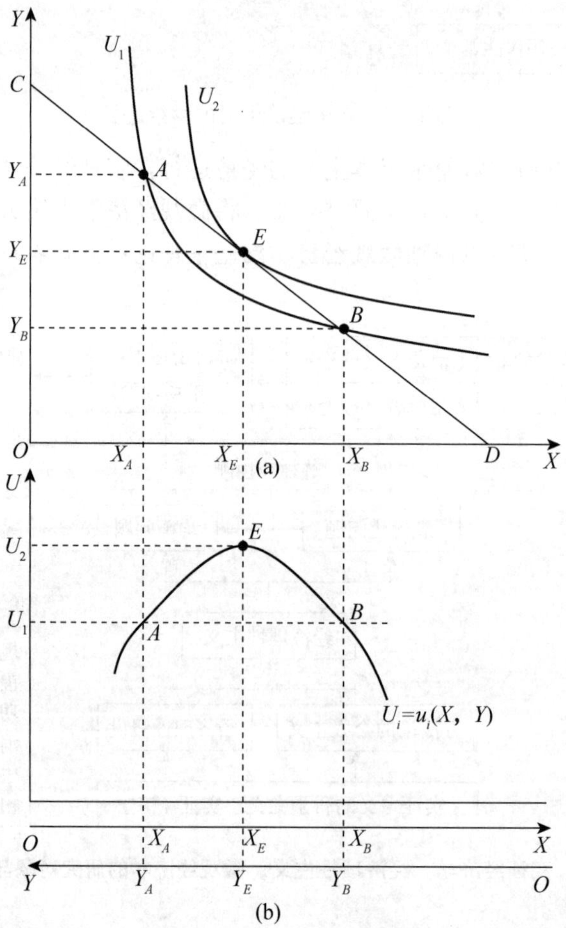

图 3-16　消费者的理性选择

基数效用论对序数效用论的一个重要补充是用边际效用概念计算边际替代率，得到消费者理性选择的条件是等边际原则，或者说不同商品之间的性价比比较。用公式表示为：

$$\frac{MU_X}{P_X}=\frac{MU_Y}{P_Y} \tag{3-14}$$

（5）一种商品的个人需求是指消费者在一定时期内在各种可能的价格条件下愿意购买并且能够购买的数量。其中，“愿意购买”用无差异曲线表示，“能够购买”用预算线表示，二者的统一表示消费者的理性选择条件，见图 3－19。序数效用论用收入效应和替代效应解释需求定律，基数效用论用边际替代率解释需求定律。具体地讲，只要我们假设 Y 是货币量，单位货币的价格为 1；再令货币的边际效用 $MU_Y=\lambda$，商品 X 的需求量用 Q 表示，（3-14）式就可以简化为：

$$\frac{MU(Q)}{\lambda}=P \tag{3-16}$$

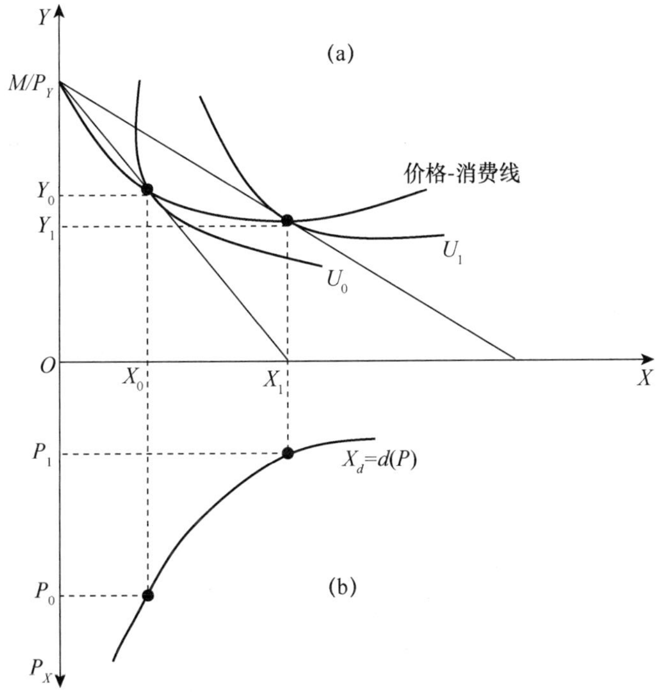

图 3－19　价格-消费线与消费者个人需求曲线

（3-16）式就是用消费者均衡条件式表示的**马歇尔需求函数**，其中，P 是自变量，由市场供求双方共同决定；Q 是因变量，由消费者决定。从数学表达式的角度看，P 是因变量，X 是自变量。因此，马歇尔遵从数学习惯，用横轴表示数量，纵轴表示价格。通过对（3-16）式变形，就可得到（2-1）式，通常叫作**瓦尔拉斯需求曲线**：

$$Q_d=d(P) \tag{2-1}$$

水平加总个人需求就可以得到市场需求曲线。

（6）消费者剩余是指消费者愿意支付的最高价格（需求价格）与实际支付的价格（市场价格）之间的差额。

（7）将上述分析方法运用于消费者自有资源（或要素）的消费选择，就可以得到时间、土地和收入的供给和自用组合。据此可以得到它们的供给曲线。

第三节　生产者理论

（1）在市场经济中，生产者是“厂商”或“企业”，它是以营利为目的的生产和销售单位。这里的“利”是指企业利润，即企业的总收益（或销售收入）与总成本之间的差额，用公式表示为：

$$\pi = TR(Q) - TC(Q) \tag{4-1}$$

在明确了企业的目标是追求利润，或者说最大化企业的销售收入与成本之间的差额以后，生产者理论的重心就转移到对企业销售收入和成本约束条件的讨论。微观经济学认为，约束企业销售收入与成本的条件有两类：

第一是技术约束：企业只能利用现有的科学技术知识进行生产活动；

第二是市场约束：企业面临的投入和产出市场的约束。

（2）微观经济学用等产量曲线图（或者说生产函数）描述企业的生产技术，它满足单调性（技术效率假设）和凸假设（边际技术替代率递减，包括边际产量递减）；用等成本线描述要素价格对生产者的影响。生产要素的最优组合条件是要素的技术价值等于它的市场价格，见图 4－15，用公式表示为：

$$MRTS_{LK} = \frac{MP_L}{MP_K} = \frac{w}{r} \tag{4-17}$$

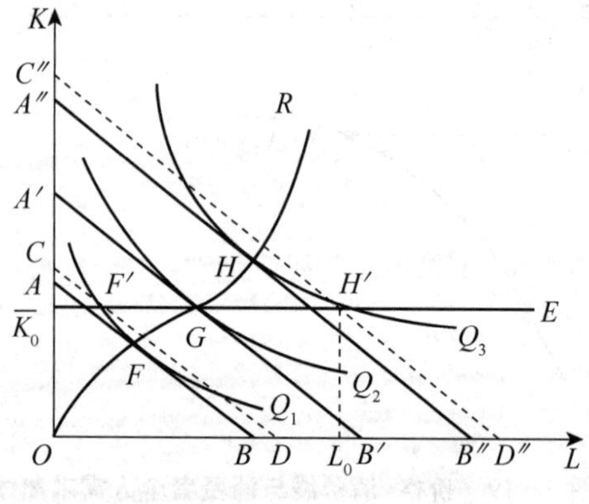

图 4－15　长期与短期扩展线

（3）生产要素的最优组合条件为推导成本函数提供了最重要的基础。其中，根据长期扩展线可以得到企业的长期总成本函数（见图 4－15、图 4－16），它的形状由规模经济或不经济决定；对长期总成本函数进行平均和边际分析，就可以得到长期平均成本和长期边际成本函数（见图 4－28）。根据短期扩展线可以得到企业的短期总成本函数（见图 4－15、图 4－16），它的形状由报酬递减规律决定，位置由固定成本决定。对短期总成本函数进行平均分析和边际分析，就可以得到平均固定成本、平均可变成本、平均成本和边际成本函数（见图 4－28）。

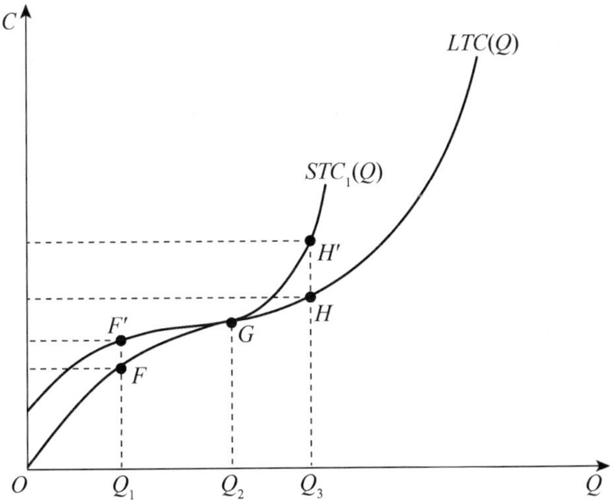

图 4-16　长期与短期成本函数

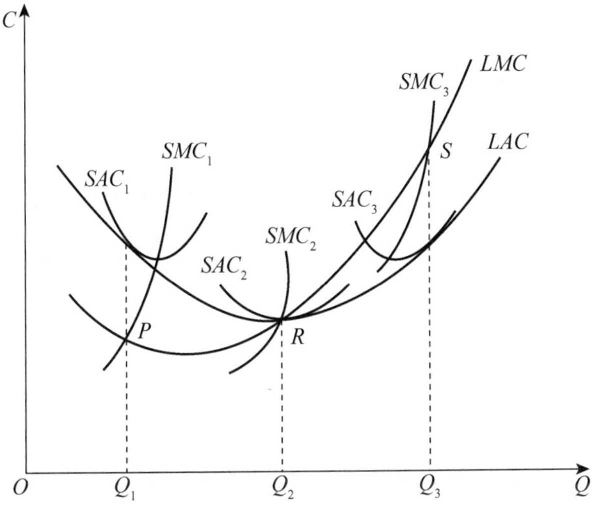

图 4-28　长期与短期平均成本、长期与短期边际成本

（4）企业面临的产品市场约束（即市场结构），用企业面临的需求曲线来刻画。完全竞争企业是市场价格的接受者，决定了它面临的需求曲线是价格处的一条水平线，并且与平均成本曲线和边际收益曲线“三线合一”，见图 5-2（b）。

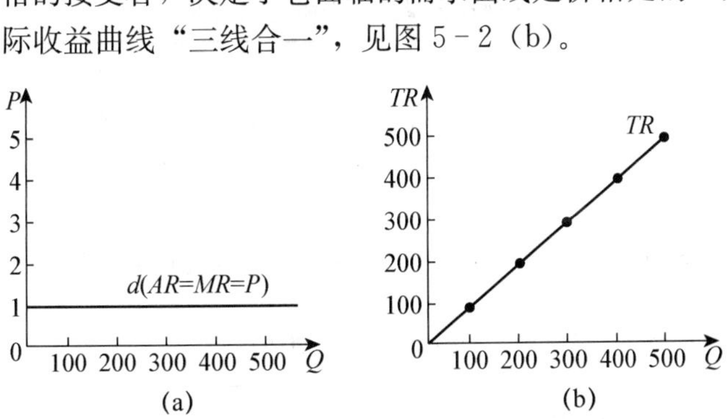

图 5-2　某完全竞争企业的收益曲线

(5) 完全竞争企业利润最大化的短期决策有两个：生产决策和最优产出决策。当固定成本是沉没成本时，完全竞争企业的最优产出原则是市场价格等于边际成本，即(5-6)式；生产原则是市场价格大于等于平均可变成本的最低点，即(5-9)式。

$$P=SMC(Q) \tag{5-6}$$

$$P\geqslant \min AVC \tag{5-9}$$

(6) 满足生产原则的最优产出原则就是完全竞争企业的短期供给曲线，见图5-6。据此也可以得到完全竞争企业的要素需求曲线，微观经济学用报酬递减规律来解释产品的供给定律和要素的需求定律。

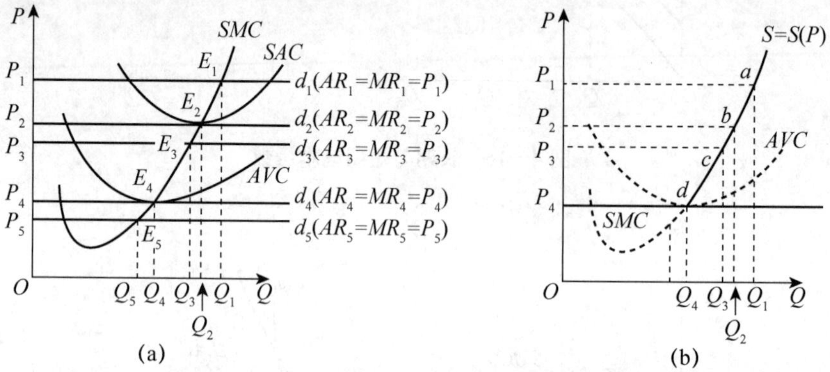

图5-6 由完全竞争企业的短期均衡推导短期供给曲线

(7) 生产者剩余是指企业在提供一定数量的某种产品时实际接受的总支付和它愿意接受的最小总支付之间的差额。

第四节 市场理论

(1) 通过对生产者和消费者的理性行为进行分析，我们或明或暗地得到了微观经济学中的8个概念或函数，见表5-4。如果再加上与"个人"对应的"市场"概念，就有16个概念或函数。市场理论就是运用这8个概念，论证亚当·斯密提出的"看不见的手"的原理。下面，我们着重以产品市场为例对市场理论进行总结。

表5-4 微观经济学的8个概念或函数

		个人	含义
产品	需求价格	$P_d=\dfrac{MU(Q)}{\lambda}$	产品的需求价格用边际替代率表示，假设一种产品是货币，另一种产品的需求价格就是该产品边际效用的货币形式
	供给价格	$P_s=SMC(Q)$	产品的供给价格用短期边际成本表示
	需求曲线	$P=P_d=\dfrac{MU(Q)}{\lambda}$	消费者均衡条件
	供给曲线	$P=P_s=SMC(Q)$	完全竞争企业短期均衡条件

续前表

		个人	含义
要素	需求价格	$w_d=VMP(L)$	要素的需求价格就是它的边际产品价值
	供给价格	$w_s=\frac{MU(24\quad L)}{\lambda}$	要素的供给价格就是自用要素边际效用的货币形式
	需求曲线	$w=w_d=VMP(L)$	完全竞争企业的要素使用原则
	供给曲线	$w=w_s=\frac{MU(24-L)}{\lambda}$	消费者均衡条件

(2) 运用市场供给曲线和需求曲线，可以说明市场机制的定义和作用。市场机制是指完全竞争市场中价格的伸缩性使得市场存在出清的趋势。价格的变动传递着信息，提供着激励（奖惩），协调着一个社会的生产、分配、交换和消费活动，即资源配置，见图 2-8。

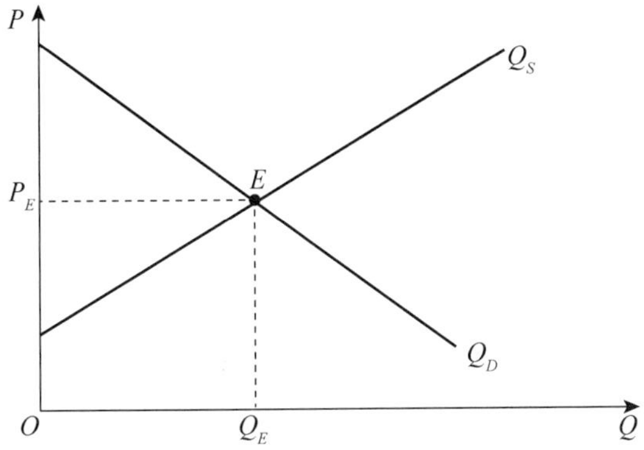

图 2-8　均衡价格与均衡数量

(3) 运用市场供给价格曲线和需求价格曲线可以定义社会剩余，它是生产（或消费）某数量产品的总价值与总经济成本的差额。当经济剩余达到最大时，一个社会的资源配置就实现了经济效率，否则会出现无谓损失，见图 5-15。

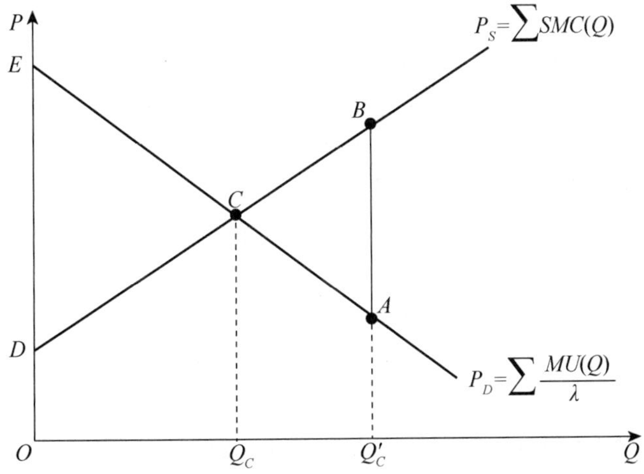

图 5-15　社会剩余与经济效率

（4）在完全竞争市场条件下，市场供给曲线是行业供给价格曲线或边际成本曲线；市场需求曲线是市场需求价格曲线或边际价值曲线；市场机制将使市场具有出清的趋势，在图 2－8 中表现为供求曲线的交点所对应的均衡价格与产量；供求曲线的交点刚好是供给价格曲线与需求价格曲线的交点，前者所对应的均衡产量刚好与后者所对应的具有经济效率的产量一致。因此，任何竞争均衡的产量就是具有经济效率的产量，这种市场均衡与经济效率之间的对应关系，叫作福利经济学的第一基本定理，见图 5－16。福利经济学的第一基本定理的基本思想最早出现在亚当·斯密的《国民财富的性质和原因的研究》一书中，因此，该定理也叫作"看不见的手"定理。

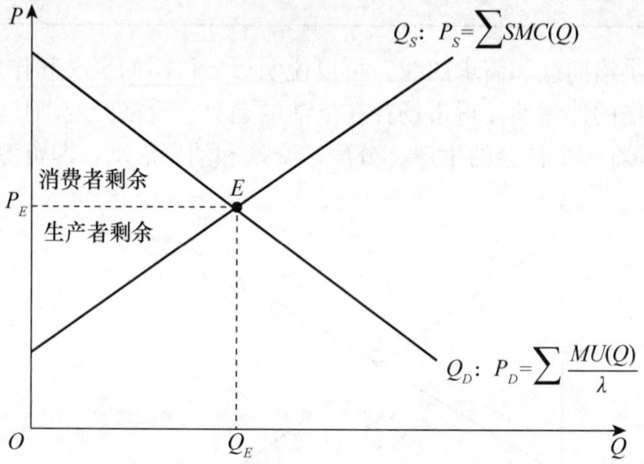

图 5－16　市场机制的配置功能与分配功能

（5）市场机制不仅具有资源配置功能，还具有收入分配功能。表现在图 5－16 中，均衡价格把社会剩余分割成两部分：消费者剩余与生产者剩余，它们分别属于消费者与生产者。但是，福利经济学的第二基本定理认为，市场机制在分配上是中性的，即市场机制的分配结果与初始禀赋有关，与市场机制无关。因此，我们不要把分配的不公平归咎于市场机制，它在于初始财产权的分配。

（6）市场失灵是市场因为违背福利经济学的第一基本定理的条件而导致的低效率现象。市场失灵有两种类型：

第一，由商品和服务的特点导致的市场失灵：导致市场失灵的商品或服务的特点有外部性和公共物品，它们使供给曲线不能完全反映生产者的边际成本（见图 9－1），使需求曲线不能完全反映消费者的边际价值（见图 9－3）。

第二，由市场的特点导致的市场失灵：完全竞争市场是保证帕累托效率的市场结构。影响完全竞争市场的因素有：政府干预、不完全竞争（见图 7－6）、非对称信息、时滞性与交易成本等。这些因素导致供给价格与需求价格相分离。

（7）形式各异的市场失灵为政府干预经济活动提供了依据，但是，政府干预应该遵循对症规则：在问题的根源上进行干预，所采用的政策工具应能够尽可能直接地作用于那些使私人与社会的收益或成本不一致的扭曲的根源。例如，外部性的对症规则是界定产权，而不是庇古税；公共物品的对症规则是实现排他性，而不是由政府提供；垄断的对症规则是消除导致垄断的原因，尤其是行政性垄断，而不是制定管制措施。

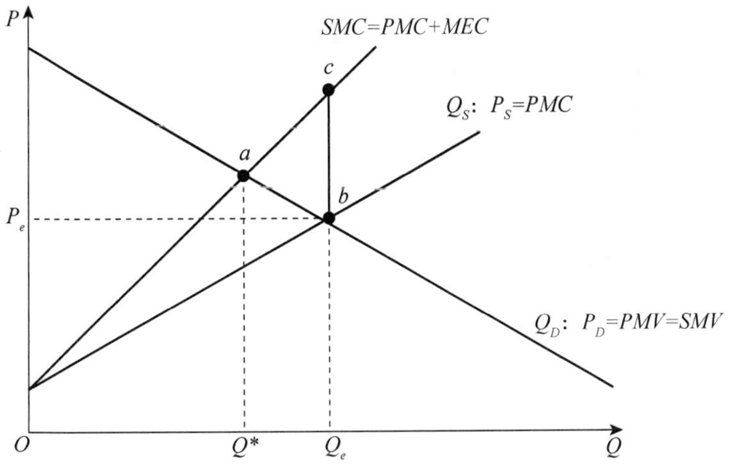

图 9-1　外部性与市场失灵

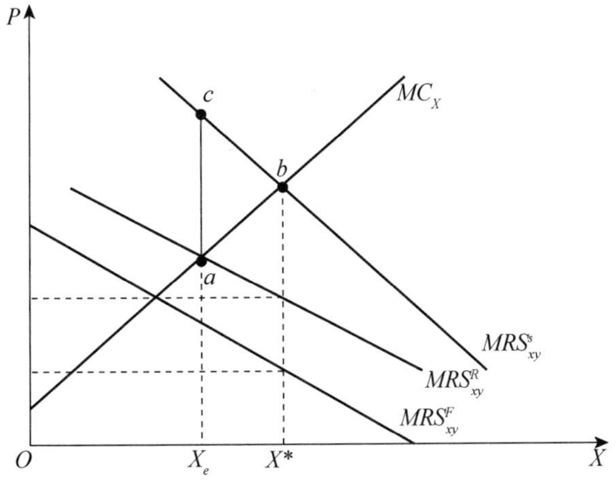

图 9-3　萨缪尔森条件与搭便车

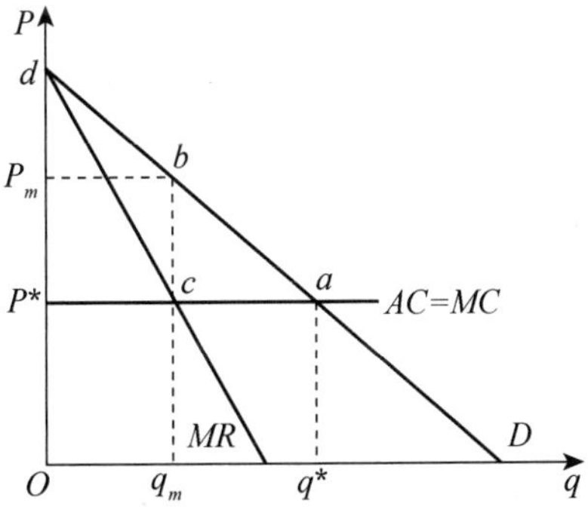

图 7-6　垄断的社会成本

图书在版编目（CIP）数据

微观经济学十讲/李政军著. —北京：中国人民大学出版社，2020.1
21世纪经济学系列教材
ISBN 978-7-300-27824-7

Ⅰ. ①微… Ⅱ. ①李… Ⅲ. ①微观经济学-高等学校-教材 Ⅳ. ①F016

中国版本图书馆CIP数据核字（2020）第002678号

21世纪经济学系列教材
微观经济学十讲
李政军 著
Weiguan Jingjixue Shijiang

出版发行	中国人民大学出版社		
社 址	北京中关村大街31号	**邮政编码**	100080
电 话	010－62511242（总编室）		010－62511770（质管部）
	010－82501766（邮购部）		010－62514148（门市部）
	010－62515195（发行公司）		010－62515275（盗版举报）
网 址	http://www.crup.com.cn		
经 销	新华书店		
印 刷	涿州市星河印刷有限公司		
规 格	185 mm×260 mm 16开本	**版 次**	2020年1月第1版
印 张	18.25 插页1	**印 次**	2020年1月第1次印刷
字 数	435 000	**定 价**	55.00元